Antoine Lefébure

LES CONVERSATIONS SECRÈTES DES FRANÇAIS SOUS L'OCCUPATION

PLON
76, rue Bonaparte
Paris

Remerciements

Sans l'aide des Archives nationales, ce livre n'aurait pas existé. Je tiens donc à remercier tout particulièrement Monsieur Jean Favier, directeur général des Archives de France, et Madame Bonazzi, conservateur en chef de la section contemporaine. Grâce à son soutien actif et à la compétence des personnels du Caran, la plupart de mes demandes ont été satisfaites. Une loi trop restrictive oblige les Archives nationales à suivre une procédure lourde et longue, alors que le personnel et les budgets du service sont insuffisants. J'associe à ces remerciements le conservateur en chef des archives de l'Ain et celui des Alpes-Maritimes.

Mais il me faut aussi remercier les responsables de l'Institut d'histoire du temps présent, et plus particulièrement Monsieur Jean Astruc, son bibliothécaire, dont la compétence n'a d'égale que la gentillesse.

Merci également à Vidar Jacobsen, documentaliste du Centre de documentation juive contemporaine (CDJC). Un lieu dédié à la mémoire mais plein de chaleur et d'humanité.

Merci également aux personnes qui ont pu lire ce manuscrit et m'apporter leurs précieux conseils :

Marie-Thérèse Chedeville, Jacques Delarue, Gérald Gauthier, Pierre Laborie, Maurice Ronai, Henry Rousso.

Il reste que j'assume l'entière responsabilité de cette publication.

ISBN : 2-259-02705-9.

INTRODUCTION

Bien qu'un demi-siècle se soit écoulé depuis la Seconde Guerre mondiale, nombre de mystères et de secrets concernant cette période tragique de notre histoire subsistent encore, sur lesquels il serait présomptueux de prétendre ici lever le voile. Faire apparaître à la lumière tout ce qui, jusqu'à présent, est resté profondément enfoui dans les mémoires, réveiller la douleur, révéler la honte, traquer les consciences n'est pas le propos de ce livre.

Ce qu'il met au jour est cependant précieux : ce n'est rien de moins que le reflet fidèle de la vie quotidienne des Français entre 1939 et 1944, à travers un ensemble de témoignages inédits contenus dans les correspondances et retranscriptions de conversations téléphoniques. Force est de constater la diversité et surtout la complexité des sentiments et réactions de nos concitoyens de l'époque dans un pays en proie à d'irrépressibles bouleversements.

La plupart de ces documents ont échoué dans les archives secrètes du gouvernement de Vichy. Comment sont-ils arrivés là? En l'occurrence, la surveillance systématique des conversations téléphoniques des Français, déjà en vigueur sous la IIIe République, n'a fait que s'intensifier sous le régime de Vichy qui voyait là un excellent moyen de contrôler les mouvements de l'opinion publique mais aussi d'être informé d'éventuelles activités « illégales et séditieuses ». D'où l'importance pour lui d'entretenir et de développer un véritable organisme d'espionnage, baptisé du nom sibyllin de « service des contrôles techniques », qui emploie des milliers de fonctionnaires classant sans relâche des centaines de milliers de pelures dactylographiées.

Miraculeusement réchappés de la destruction, ces documents se trouvent aujourd'hui éparpillés dans les cartons des Archives nationales et dans ceux de certaines Archives départementales. Les identifier, découvrir sous quelles cotes ils étaient conservés – pour ne pas dire dissimulés – procédait d'un minutieux et patient travail de détective. Secret d'État oblige, chaque carton convoité a fait l'objet d'une autorisation spéciale.

Après avoir compulsé plus de 100 000 lettres, mon choix s'est porté sur un dixième d'entre elles environ, le reste présentant un contenu à caractère prosaïque, commercial ou technique limitant par trop leur intérêt. Puis une seconde sélection a été opérée à partir des 10 000 documents retenus où l'on trouvait en abondance impressions, appréciations et réactions, échos tragiques ou cocasses des événements marquants. La difficulté de la tâche consista alors à éviter de tomber dans l'anecdote tout en conservant les témoignages qui paraissaient le mieux retracer les faits. Il va sans dire que j'assume la subjectivité d'un tel choix, lequel s'est déterminé à partir de ma propre perception de l'époque et de l'influence des travaux d'historiens tels qu'Henry Rousso, Pierre Laborie, Robert Paxton ou Jean-Pierre Azéma.

Malgré un souci constant d'authentifier cette recherche et d'en citer les sources, les noms des personnes qui pourraient aujourd'hui être mises en cause pour ce qu'elles ont dit ou écrit à l'époque ont été volontairement masqués.

Quatre-vingt-dix pour cent des correspondances et conversations figurant dans cet ouvrage proviennent donc des archives du service des contrôles techniques qui se chargeait, en outre, de les diffuser dans les différents ministères et organismes publics concernés. Il existait également des témoignages intéressants dans les dossiers de l'administration militaire en France (fonds AJ40) et dans ceux du commissariat général aux Questions juives conservés par le Centre de documentation juive contemporaine (CDJC).

Afin de pallier certains manques, j'ai repris un petit nombre de correspondances déjà publiées et j'en ai recueilli quelques autres chez divers marchands d'autographes ainsi que dans ma propre famille.

La force de ces témoignages « sur le vif » réside essentiellement dans leur spontanéité. Livrés tels quels au fil des pages, sans souci de juger, ils offrent un large spectre de la gamme des sentiments humains dans des circonstances plus que difficiles, alors que le filtre de la mémoire n'avait pas encore fait son travail. Au téléphone, on parle à bâtons rompus de menus détails, de la difficulté à assurer la vie quotidienne, de ses inquiétudes et de ses espoirs. Il arrive également qu'on y négocie d'honnêtes affaires ou qu'on s'y livre à de petits trafics moins glorieux. Tout cela sans se douter que, quelque part sur la ligne, des oreilles indiscrètes écoutent. On s'écrit pour se donner mutuellement des nouvelles. Douleur de la séparation, absence d'un être cher, fiancé, mari ou père prisonnier, on s'indigne, on se révolte. Sans savoir que chaque lettre peut être interceptée par un fonctionnaire zélé, que chaque mot peut la transformer en pièce à conviction. Preuves qui serviront à alimenter d'obscures enquêtes d'opinion sur le comportement des Français ou pire, joueront un rôle décisif dans une arrestation.

Après avoir séjourné cinquante ans dans des travées poussiéreuses, ces témoignages connaissent aujourd'hui une nouvelle vie et procurent encore bien des surprises. Resitués dans leur contexte, ils ont été sélectionnés et classés dans un souci de continuité chronologique et thématique, comme autant d'illustrations de la grande Histoire. Claude Lévi-Strauss affirme que l'histoire anecdotique « apprend plus et explique moins ». Espérons que ce recueil saura remplir son office.

Paris, le 13 juillet 1993.

PREMIÈRE PARTIE

Les temps difficiles

I

LE CONTRÔLE TECHNIQUE
ou la censure à l'œuvre

> « Dans un pays où l'Administration publique est déjà puissante, il naît peu d'idées, de désirs, de douleurs, il se rencontre peu d'intérêts et de passions qui ne viennent tôt ou tard se montrer à nu devant elle. En visitant ses archives, on n'acquiert pas seulement une notion très exacte de ses procédés, le Pays tout entier se révèle. »
>
> Alexis de TOCQUEVILLE,
> *L'Ancien Régime et la Révolution.*

On est en droit de se demander comment le gouvernement a pu, durant la guerre, enfreindre à ce point la liberté individuelle, violant le courrier et les conversations téléphoniques. « Nécessité fait loi », dit le proverbe et Vichy s'y réfère avec d'autant plus d'aisance qu'il n'était pas l'initiateur de telles pratiques.

Si, tout au long de l'histoire de l'Occident, le pouvoir royal a estimé nécessaire de contrôler la circulation des correspondances, c'est qu'il y a vu un moyen idéal de s'informer de l' « esprit public » et de déjouer d'éventuels complots susceptibles de mettre en cause son autorité, qu'il s'agisse de sujets frondeurs ou d'agents de gouvernements hostiles. C'est pourquoi la poste royale dès Louis XIII dispose d'une officine secrète chargée de sélectionner les missives à décacheter avant de les remettre discrètement en circulation, non sans avoir recopié les documents pouvant intéresser le pouvoir. Cette activité est masquée sous des dénominations sibyllines telles que : « Cabinet noir », « Bureau du secret » ou encore « Bureau du dedans ». Comme tout ce qui touche aux « arcanes du pouvoir », ce bureau est financé sur les fonds secrets. Ce qui lui permet d'employer un personnel fidèle, motivé et bien équipé pour procéder à ce qu'on appelle d'un charmant euphémisme l' « art du ramollissement des cachets ».

Dès le début de la poste publique, Richelieu, puis Mazarin et Fouquet puisent des informations dans les correspondances dites « suspectes ». Dès lors, huguenots, frondeurs et autres rebelles voient leurs messages régulièrement interceptés. Louvois confère au Cabinet noir un rôle exceptionnel et en fait ainsi un rouage indispensable du pouvoir, à tel point qu'on va jusqu'à ouvrir, sur ordre de Louis XIV, la correspondance de la famille royale. Saint-Simon dans ses *Mémoires*, Mme de Sévigné dans sa *Correspondance* déplorent ce type de pratiques. Tous ceux qui tiennent à l'intégrité de leur correspondance, notamment les ambassadeurs, utilisent la cryptographie, science des écritures secrètes. Louvois doit alors faire appel à d'habiles déchiffreurs. Le plus célèbre d'entre eux, Rossignol, donna son nom à la clé passe-partout.

L'interception du courrier est donc considérée comme un des moyens permettant au souverain de pratiquer avec succès l' « art de gouverner ». Mazarin, dans son *Dictionnaire des politiciens*, recommande : « Il est bon, de temps en temps, d'intercepter les lettres de tes sujets, de les lire attentivement et de les renvoyer. »

On comprend aisément que les responsables du service royal de la poste soient toujours sélectionnés avec soin. Le roi mettra même plusieurs années à choisir celui de ses sujets à qui il attribuera cette activité stratégique. Les beaux-frères Pajot et Rouillé sont enfin désignés pour tenir la concession de la Ferme des Postes. Ils y font d'ailleurs fortune et maintiennent leur activité pendant trois générations malgré les nombreuses offres de concurrents. Le secret de leur longévité : une extrême discrétion et une totale fidélité au monarque.

Un certain fatalisme règne à la Cour quant à la pratique d'ouverture du courrier. Voltaire ironise en affirmant que le ministre « qui a le département des Postes n'a ouvert les lettres d'aucun particulier, sauf quand il a eu besoin de savoir ce qu'elles contenaient ». Certains s'indignent, tel le Dr Quesnay qui déclare « préférer dîner avec le bourreau qu'avec l'Intendant des Postes ». On retrouve, en 1789, dans de nombreux cahiers de doléances des états généraux des plaintes contre les violations de correspondances, symbole du despotisme royal. Mirabeau, devant l'Assemblée nationale, réclame des assurances quant à l'inviolabilité du courrier. Le budget du « travail secret », soit trois cent mille livres par an, est supprimé, mais de nombreuses municipalités continue la pratique de surveillance afin de trouver des preuves de complots contre la nation.

L'Assemblée législative confirme, en janvier 1792, le principe du secret des correspondances. La crainte de menées contre-révolutionnaires et de complots royalistes fomentés avec le soutien des pays voisins amène le nouveau pouvoir à transgresser cette loi en intensifiant le décachetage des missives, principalement celles en provenance ou partant vers l'étranger. En province, des comités de surveillance sont installés dans les bureaux postaux, contre la volonté des employés. Le Directoire établit un bureau central de contrôle des correspondances. Le seul fait de recevoir une lettre d'un émigré peut mener en prison.

Napoléon se montre un utilisateur fidèle du Cabinet noir. Chaque matin, on lui remet un petit portefeuille de maroquin rouge au titre anodin de « Gazettes étrangères », mais qui contient le résultat des interceptions postales de la veille. L'Empereur est ainsi informé des pensées de ses ministres, de ses proches comme de ses adversaires. Son directeur des Postes, le fidèle et très proche Lavalette, est personnellement chargé de cette mission délicate.

Après une brève interruption, due à l'indignation d'Arago et des républicains de 1848, le Cabinet noir est reconstitué par Napoléon III. Par la suite, chaque gouvernement prendra comme habitude d'annoncer solennellement « la suppression du Cabinet noir » sans bien sûr que l'opinion publique soit dupe. A juste titre d'ailleurs car on ne connaît pas d'exemple de gouvernement français qui n'ait peu ou prou pratiqué l'ouverture des correspondances.

La France n'a pas l'exclusivité de ce type d'activité, comme le rappelle un romancier. Dans son roman *le Revizor*,

Gogol met en scène un gouverneur bien ennuyé de devoir subir le contrôle d'un inspecteur. Pour savoir d'où vient la plainte qui motive cette visite, il lui faut la complicité du directeur des Postes :

« Écoutez, Ivan Kouzmitch, ne pourriez-vous pas, dans notre intérêt à tous... toutes les lettres qui arrivent à votre bureau et qui en partent... ne pourriez-vous pas, comprenez-vous... les décacheter un peu, et les... parcourir ? Nous pourrions ainsi savoir si l'une d'elles ne contiendrait pas, au lieu d'une simple correspondance, quelque plainte qui... Si ce n'est pas le cas, on pourrait les cacheter à nouveau ; du reste, on peut même remettre une lettre décachetée...

« Le directeur des Postes. – Je sais, je sais, vous ne m'apprendrez rien dans ce domaine. Je l'ai fait maintes fois, moins par prudence, du reste, que par pure curiosité ; oui, j'ai toujours une terrible envie de savoir ce qui se passe de nouveau dans le monde. Je vous dirai même que c'est la plus intéressante des lectures. On éprouve, à lire certaines lettres, une véritable jouissance ; il y a de ces passages... et pour ce qui est des renseignements, je vous l'assure, c'est mieux que la *Gazette de Moscou.* »

A la fin du siècle dernier, nous savons que le Quai d'Orsay est assez actif dans l'interception des télégrammes diplomatiques. Grâce à un décrypteur de génie, le commandant Bazeries, le gouvernement français perce à jour la plupart des correspondances diplomatiques, notamment allemandes, échangées lors des grandes crises internationales, telles la guerre russo-japonaise de 1904 ou la crise marocaine de 1905. Dans le même temps, la direction de la Sûreté du ministère de l'Intérieur intercepte et décode régulièrement le courrier et les télégrammes des politiques suspects. L'activité de cet organisme sort de l'ombre au cours de plusieurs procès fameux : celui de Dreyfus et de Caillaux, ministre des Finances soupçonné de complicité avec l'Allemagne.

Dès la déclaration de guerre, la « loi sur l'état de siège » et la « loi sur la censure de la presse » assurent le contrôle des communications par le deuxième bureau de l'armée. Au central télégraphique du 103, rue de Grenelle, où cent mille télégrammes circulent chaque jour, un bureau de la censure tente d'empêcher les opérations d'espionnage et les affaires commerciales de l'ennemi. Télégrammes privés, de presse et même officiels, aucun n'échappe à la vigilance des censeurs. L'exemple des télégrammes de presse fournit une indication intéressante sur l'organisation générale du système. La couleur du papier sur lequel ils sont reproduits donne quelques indications aux opérateurs. Les blancs partent de France et ont déjà été visés. Les bleus arrivent de l'étranger à destination de Paris et peuvent contenir des informations gênantes. Les plus surveillés sont les roses, en provenance de l'étranger et à destination de l'étranger via Paris. En juillet 1915, les autorités militaires décident d'élargir leur contrôle sur l'ensemble de la correspondance avec l'étranger. De même, le courrier arrivant du front est ouvert pour empêcher les indiscrétions et surveiller le moral des troupes.

Après la victoire, les activités du Cabinet noir se font plus discrètes, même si la persistance des tensions internationales amène les gouvernements à maintenir sa surveillance. Au Quai d'Orsay, on la camoufle sous des titres anodins, comme « service spécial » qui deviendra successivement « service des travaux réservés » puis « service technique ». Les radiogrammes et télégrammes interceptés à nos frontières sont décryptés et les dépêches les plus intéressantes transmises à la Présidence du Conseil sur papier à liséré vert, d'où leur nom de « verts ». Dans ses souvenirs, le ministre des Affaires étrangères, Georges Bonnet, note : « Le soir, Léger [secrétaire général du Quai d'Orsay] revenait porteur d'un petit dossier qui nous amusait beaucoup, lui et moi. C'étaient les écoutes téléphoniques des ambassades. Nous nous divertissions en lisant les conversations que certains Parisiens tenaient imprudemment sur les hommes politiques, sur les diplomates, parfois sur Léger et sur moi-même [1]. » Sous l'impulsion de Georges Mandel, le ministère de PTT, en liaison avec l'Intérieur, multiplie les écoutes ponctuelles ou systématiques. Dans les sous-sols de l'avenue de Ségur sont installées des dizaines de cellules d'écoute. On les y trouve encore aujourd'hui, mais désaffectées, non que les écoutes aient été supprimées, mais des locaux plus fonctionnels ont été aménagés.

En 1939, comme en 1914, l'état-major de l'armée applique, dès l'ouverture des hostilités, les instructions visant à lui assurer un contrôle complet des communications. Presse censurée, radios privées réquisitionnées, communications postales, téléphoniques et télégraphiques interceptées par les services de l'armée.

Sur le modèle établi pendant la Grande Guerre, les militaires assurent un contrôle étroit de tous les types de correspondance grâce à des commissions établies aux frontières pour les échanges internationaux et dans les grandes capitales régionales pour la correspondance intérieure. Des bureaux spéciaux sont dédiés à la surveillance du courrier adressé ou destiné aux militaires mobilisés. Ainsi la « commission XA » du deuxième bureau de l'état-major contrôle le courrier de la Ire, de la VIIe et de la Xe armée.

Cette activité est camouflée sous le nom volontairement neutre de « Service des contrôles techniques » (SCT), producteur de synthèses mensuelles secrètes destinées aux plus hauts niveaux du gouvernement et de la hiérarchie militaire. Ces documents sont réalisés à partir du courrier intercepté par les « commissions de contrôle postal » (CCP), les « commissions de contrôle télégraphique » (CCT) et les « commissions interministérielles de contrôle téléphonique » (CICT). Peu de documents subsistent sur ces divers organismes. Beaucoup d'archives ont été détruites en juin 1940 pour éviter qu'elles ne tombent aux mains de l'ennemi, d'autres ont été saisies par les services spéciaux allemands par suite de négligence et récupérés en 1945 par les Soviétiques. Des milliers de documents dormaient pourtant encore aux Archives nationales.

Parmi les commissions de contrôle postal très actives, citons celle de Clermont-Ferrand dirigée d'une poigne de fer par le chef d'escadron G., dont les opinions apparaissent clairement quand il rédige la synthèse de ses interceptions. Dans la synthèse du 5 septembre 1939, il qualifie ainsi la communauté de réfugiés politiques juifs allemands de sa région : « Ce sont des gens peu intéressants qui, s'ils détestent Hitler, n'ont aucune sympathie pour la France qui les a accueillis. » Le 5 octobre, il précise sa pensée : « Alors que les Français de vieille souche ont toutes leurs énergies tendues vers la Défense nationale, les étrangers ou les Juifs fraîchement naturalisés écument la population civile et s'enrichissent de leurs malheurs. »

Le moral des troupes le préoccupe tout autant le

20 novembre : « Alors que les lettres émanant des troupes en ligne sont empreintes d'un véritable patriotisme et d'un moral très élevé, on est obligé de constater que le sentiment du devoir et du sacrifice va en s'atténuant à mesure que l'on s'éloigne de la ligne de feu, pour faire place au plus mauvais esprit lorsqu'il s'agit des hommes des dépôts [2]. »

Le contrôleur de Clermont surveille avec une attention toute particulière ceux qu'il qualifie de « mauvais Français, dont l'activité est de disqualifier la bravoure des combattants et semer la haine et la discorde dans le pays ». Le courrier, fort abondant, d'un couple d'universitaires de Clermont le fait particulièrement enrager : « Michel A. et sa femme, israélites l'un et l'autre. Il faudrait un volume entier pour publier la prose de leurs amis dans l'espace de quelques jours seulement. Communistes, syndicalistes, anarchisants, les époux A. sont abonnés à toutes les revues révolutionnaires. »

Si l'armée garde le contrôle complet des interceptions postales, elle a dû composer avec d'autres ministères pour ce qui concerne les interceptions téléphoniques. Forts de leur savoir-faire technique, le ministère des PTT et celui de l'Intérieur ont pu imposer le principe d'une « commission interministérielle de contrôle téléphonique » présidée par un militaire, le colonel Thierry. Nous avons quelques éléments sur cet organisme ultrasecret grâce à un rapport de février 1941 rédigé pour l'enquête de la Cour suprême de justice réunie à Riom pour juger les « responsables de la défaite [3] ».

Le document nous apprend que trois caisses d'archives ont échappé de justesse aux Allemands en juin 1940 à Bordeaux pour être confiées au service de contrôle des correspondances du général Jouart.

La première caisse comprend des documents intéressant la vie économique, la surveillance d'entreprises comme Manhurin ou Jare à Toulouse; les associations russes et ukrainiennes d'émigrés, les communications téléphoniques entre le Quai d'Orsay, les ambassades, légations, consulats et missions militaires en France; les ambassades et légations étrangères en France avec un suivi important des différents offices soviétiques (Tass, délégation commerciale) et italiens. Les écoutes demandées par divers ministères et les écoutes de diverses personnalités : le magnat de presse Dreyfus, les journalistes Geneviève Tabouis, Pertinax Nègre, Kerillis (Géraud), M. de Polignac pour ses liens avec Ribbentrop, le journal *l'Aube*, l'écrivain Alexis Carrel, Georges Valois, le colonel Behm (LMT), *Paris Soir*, Unilever (Astra) [4].

Le personnel des contrôles techniques opère suivant une technique bien rodée. Pour ce qui concerne le courrier, un examen rapide des enveloppes permet d'isoler les lettres qui pourraient être intéressantes. La sélection se fait à partir de l'adresse du destinataire, ou de celle de l'expéditeur, ou de tout autre indice. Une lettre sur dix est ainsi isolée, puis ouverte discrètement à l'aide d'une aiguille à seringue reliée à un diffuseur de vapeur chaude. L'enveloppe se décolle ainsi facilement. Si le courrier est jugé digne d'intérêt, il est recopié à la machine à écrire ou photographié avant d'être recacheté et remis en circulation. La commission peut décider de saisir une lettre dont la communication « troublerait l'ordre ». Les conversations téléphoniques sont interceptées à partir de postes spécialement équipés qui surveillent des abonnés suspects ou effectuent des contrôles au hasard. Quand une conversation paraît intéressante, elle est enregistrée sur un disque en cire, puis retranscrite à la machine à écrire. Le disque est alors réutilisé. Le contrôle télégraphique s'effectue par simple transcription du double des messages envoyés. Les copies de ces interceptions sont envoyées aux ministres concernés ou aux préfets.

Au printemps 1940, la commission de contrôle téléphonique de la région parisienne, sise au 16, boulevard de Vaugirard, compte plusieurs dizaines de tables d'écoute réparties dans les grands centraux (Invalides, Danton...). Soixante autres tables sont installées, dès avril, au central Archives, afin de surveiller les liaisons internationales. L'ambassade d'URSS, l'agence Tass, la Fédération des ports et docks, les organisations de réfugiés politiques allemands et espagnols, le service de l'émigration basque « De Echevania », la Fédération syndicale internationale se trouvent ainsi sous haute surveillance.

Ces écoutes permettent, par exemple, à la commission de signaler un projet de grève à la Société électrométallurgique du Bourget, de surveiller M. Cachin, neveu de l'ex-sénateur communiste, qui fixe ses rendez-vous au premier étage de La Coupole [5]. La commission de contrôle d'Orléans s'intéresse de près aux conversations d'un certain M. Bloch – constructeur d'avions – plus connu sous le nom de Marcel Dassault : « Ses conversations purement techniques, d'ailleurs, n'ont aucun caractère suspect. Elles ont cependant été relevées en raison des renseignements qu'elles comportent [6]. »

Tout change en juin 1940 quand le gouvernement de Vichy doit se plier aux conditions de l'Armistice et voit son autorité limitée au tiers du pays. Les autorités militaires allemandes contrôlent, pour leur part, la correspondance et les conversations téléphoniques dans les deux tiers asservis à l'occupant. Les communications entre la zone occupée et la zone non occupée, « zone nono », sont extrêmement restreintes. Les laissez-passer sont attribués au compte-gouttes, seuls les services officiels peuvent échanger lettres et coups de fil, mais en nombre très limité. Cent cinquante organismes disposent de cette autorisation de part et d'autre de la ligne. En 1941, il n'y a que mille conversations téléphoniques échangées chaque jour sur dix-neuf circuits, entre les deux zones avec une attente moyenne de trois heures [7]. Le commun des mortels, lui, doit se contenter des cartes interzones au texte préétabli et destinées exclusivement aux nouvelles familiales. Sur ces cartes il faut biffer des mentions toutes prêtes du type « légèrement » ou « gravement », « malade » ou « blessé ».

En zone libre, le régime de Vichy impose immédiatement sa loi. Il lui faut « sauver la France » en punissant les « coupables de sa décadence » et en instaurant un « ordre nouveau ». Et pour cela conditionner l'opinion publique par une propagande intensive. L'ouverture du courrier et les écoutes téléphoniques s'imposent donc pour que le nouvel État soit informé des nouvelles qui circulent en zone libre. Il ne s'agit plus là d'une censure militaire habituelle en cas de guerre mais d'un système d'espionnage politique nouveau. Le Service des contrôles techniques à Vichy (SCT) passe sous la férule du deuxième bureau de l'état-major de l'armée, chargé du contre-espionnage et de la répression des atteintes à l'ordre. Une évolution significative. En effet, si les interceptions continuent d'être un moyen pour le gouvernement de mesurer les variations de l'opinion publique, elles deviennent surtout une arme précieuse pour la police dans la répression des « menées antinationales » [8].

Une note de la vice-présidence du Conseil [9] nous apprend qu'en novembre 1940, le Service des contrôles techniques est devenu organisme civil d'investigation et de contrôle. Ce nouveau statut a été adopté pour que les membres du service ne soient pas comptabilisés dans les effectifs militaires français autorisés par l'Armistice. L'organisme conserve pourtant une forte teinture militaire, son personnel est recruté « en priorité parmi les officiers et sous-officiers en congé d'Armistice ». En 1941, son budget atteint cinquante millions de francs, prélevés sur celui de la guerre, mais il n'est pas mentionné en clair dans les chapitres du budget. On finit par se demander s'il y a quelque chose d'explicite dès que l'on touche à ce domaine. Nous pouvons même nous estimer heureux qu'aient survécu aux destructions ces quelques informations lapidaires.

Le premier directeur du SCT, nommé par décret secret, est le colonel Roger Azais. Le nouveau vice-président du Conseil, l'amiral Darlan, réalise rapidement l'intérêt du Contrôle technique dans son projet d'instauration d'un État fort. C'est pourquoi un autre décret secret, non publié au *Journal officiel*, place le service « sous la haute autorité de la vice-présidence du Conseil ». Le nouveau chef du gouvernement se passionne pour les résultats des écoutes. Afin d'y sensibiliser les préfets, il leur envoie la note suivante : « Le rôle de ces interceptions est double : l'une est de recueillir des informations, l'autre permet de connaître des délits et des crimes. Il me semble que les résultats obtenus dans cette seconde catégorie sont encore insuffisants. »

Darlan entend bien faire de ce service une arme contre la « dissidence ». Il le structure dans ce but et fixe ses objectifs par le décret du 1er août 1942, toujours secret, comme il se doit. Voilà en quels termes l'instruction d'application de ce décret, également secrète, définit les missions du Service du contrôle technique.

1. Recueillir des renseignements sur l'état d'esprit de l'opinion ainsi que tous ceux utiles aux intérêts du pays, de l'État, du gouvernement.

2. S'opposer à toute propagande et arrêter les informations dont la divulgation ou la diffusion seraient préjudiciables aux intérêts du pays et de l'Empire, au moral des populations et à la sûreté de l'État.

3. Aider éventuellement à la découverte des infractions aux lois et règlements.

En mai 1942, un nouveau chef du SCT est nommé. Il s'agit du commandant Gaston Brun (arrêté secret du 2 mai 1942). Dans chaque département, la commission de contrôle en place réalise, outre une transcription des documents interceptés, une synthèse régionale hebdomadaire et un rapport mensuel. Ces informations sont envoyées au préfet, à l'inspecteur régional des contrôles techniques, aux généraux commandant les divisions militaires et au service central à Vichy, où une synthèse mensuelle des rapports de tous les départements est rédigée pour les « hautes personnalités de l'État ». Par ailleurs, le chef de l'État et le chef du gouvernement reçoivent chaque semaine un document élaboré à partir des synthèses hebdomadaires régionales.

L'appréciation quantitative de l'activité du SCT reste délicate. D'après les rapports du ministère de l'Intérieur, plus de deux millions de lettres sont interceptées chaque mois en mai 1942 [10]. En janvier 1944, le SCT comptabilise 2 236 120 missives saisies, 1 573 763 télégrammes et 92 000 conversations téléphoniques pour le mois [11]. Le rapport statistique des interceptions postales de février 1944 précise dans son introduction : « Ce rapport a été établi à l'aide de 13 902 opinions recueillies dans 55 544 lettres du 28 janvier au 23 février 1944 [12]. »

Ainsi donc, de 1940 à 1944, des milliers de fonctionnaires anonymes vont, dans le plus grand secret, se mettre à l'écoute de la France.

Les missions du contrôle technique

Le gouvernement demande au SCT d'évaluer en permanence l'opinion des Français sur sa politique et l'évolution de la conjoncture internationale. Ainsi en 1942, les censeurs doivent-ils cerner les évolutions de l'esprit public à propos de quatre questions générales : Le Maréchal est-il approuvé ? L'Amiral est-il approuvé ? La collaboration est-elle approuvée ? L'Allemagne aura-t-elle la victoire finale ?

Les événements considérés comme de première importance, tels le retour de Laval au pouvoir, le lancement du STO, les voyages du Maréchal, l'assassinat de Philippe Henriot, déclenchent une série de « sondages » spécifiques. Grâce à l'ampleur des données ainsi traitées, les synthèses du SCT ont certainement permis au gouvernement de se faire une assez bonne idée de l'évolution des opinions. Ce matériel reste aujourd'hui précieux pour les historiens des mentalités, comme l'a montré l'étude décisive de Pierre Laborie [13]. L'énormité de la masse des documents pris en compte, tout comme l'alignement impressionnant de chiffres divers, ne peuvent toutefois dissimuler l'absence de méthode dans laquelle s'est effectuée cette besogne. Anciens militaires ou fonctionnaires, les censeurs n'ont reçu aucune formation appropriée pour dresser une analyse sérieuse des opinions. Cette technique restera d'ailleurs embryonnaire jusqu'aux années cinquante. En outre, ils ne fondent leurs études que sur une partie restreinte de la population, celle qui écrit et qui téléphone. Un échantillon incomplètement représentatif des sentiments profonds du pays. Certains Français, plus perspicaces que d'autres, se doutent bien que leur courrier risque d'être intercepté et lu. Cela les amène forcément à limiter leurs propos, surtout s'ils sont hostiles à la politique de Vichy. Enfin, à la lecture des résumés des lettres interceptées perce le manque d'objectivité des censeurs. En effet, ces derniers sont proches de l'idéologie de « l'ordre nouveau », ce qui n'est guère étonnant pour des fonctionnaires zélés œuvrant au cœur de l'appareil répressif. Dans le choix des documents comme dans leur interprétation, ils ont fait preuve d'une partialité qui a dû contribuer à masquer au pouvoir l'ampleur du mouvement des esprits qui devait précipiter sa chute.

Il n'en reste pas moins que le SCT a joué un rôle aussi important que discret dans la répression menée par Vichy contre tous les citoyens mis au ban de la nation. Notons que cet aspect de notre histoire récente est resté caché jusqu'à aujourd'hui. Après le secret policier, le silence des archives publiques. Il était temps de révéler enfin cet aspect de notre histoire.

Darlan – on l'a souligné – a demandé aux préfets d'utiliser au mieux le SCT dans la lutte contre les crimes, les délits et l'activité des ennemis du régime. Pour ce faire, le service doit opérer dans la plus totale discrétion afin de ne pas être « grillé » auprès de la population. Le décret de Darlan stipule donc : « Quand une interception est susceptible d'entraîner une suite policière, judiciaire ou administrative, elle doit être démarquée par l'autorité qui la reçoit et faire l'objet d'un renseignement anonyme de type " de source sûre " pour être transmise sous cette forme au service chargé de l'enquête. En aucun cas le renseignement démarquant l'interception ne doit en laisser deviner l'origine [14]. »

Le vice-président du Conseil suit les affaires de près. Le 8 mai 1941, il demande au ministre de l'Intérieur de lui fournir un rapport mensuel indiquant, pour chaque département, le nombre d'enquêtes de police lancées à partir d'écoutes téléphoniques et leurs suites. Un premier bilan donne, pour juillet 1941, 2 866 affaires suivies, 1 051 affaires classées, 1 568 affaires en cours et 116 ayant abouti. L'activité est particulièrement soutenue. Ainsi dans les Bouches-du-Rhône : 102 affaires en cours; dans la Loire, 121; le Lot-et-Garonne, 113; le Rhône, 280; la Savoie, 122.

Un autre exemple, le rapport du préfet de Haute-Savoie d'avril 1942 qui détaille toutes les affaires découvertes grâce aux écoutes : écoute de radio interdite; complaisance d'un inspecteur de police; trafic clandestin de courrier; trafic suspect dans un hôtel de Megève; capitaine de vaisseau Cochin, propagande antigouvernementale et proanglaise; affaire des deux sous-officiers gaullistes, peut-être au service d'une puissance étrangère, enquête en cours.

Le même mois, le préfet de l'Hérault peut se féliciter du travail des écouteurs : « La colonie des anciens députés catalans espagnols est surveillée de près par la police – cas de typhus dans le Gard, l'inspecteur de la Santé a pris des dispositions – enfants martyrisés à l'institution de La Providence de Montpellier, enquête en cours – envoi à un prêtre de photos à caractère pornographique, affaire laissée à la discrétion de M. l'Évêque – 40 personnes surveillées dont 15 pour gaullisme, 12 pour communisme, 6 suspectes au point de vue national, 1 activité juive, 1 propagande maçonnique, 1 anarchiste. »

Que ce soit en Ardèche, dans les Hautes-Pyrénées, l'Aude ou le Cantal, les préoccupations les plus quotidiennes sont minutieusement enregistrées et donnent une idée de la dureté des temps : trafic de farine, trafic de soieries, hausse illicite, troc, marché noir, vente de tickets, trafic de camions, trafic de colis, troc fruits et fromages, réfugiés juifs à Argelès se livrant au marché noir, sanctions prises, incitation à la désobéissance concernant la livraison de blé, organisation de départs clandestins vers l'Amérique et le Portugal, propos alarmistes, abattage illégal de porc, critique au sujet de la récupération des métaux, propos pessimistes.

Le rapport du préfet du Tarn-et-Garonne sur l'activité du SCT en février 1942 est significatif. Une lettre demandant le prêt d'une machine à écrire pour un Juif a provoqué « l'arrestation d'une bande de la IVe Internationale par le commissaire spécial de Montauban. Affaire suivie par le parquet de Toulouse ». Une demande de rendez-vous entre Juifs « amène l'arrestation d'un trafiquant d'or ». Cinq lettres « antigouvernementales » ont entraîné la constitution de dossiers transmis au parquet en mars 1942. Car ces interceptions font l'objet d'un suivi administratif autant que policier ou judiciaire.

En avril, après ouverture de sa lettre une femme est écrouée à Castres pour tentative d'avortement [15]. Une synthèse de la direction du contrôle technique dresse un bilan des affaires individuelles en cours pour mai 1942. M. Bias aurait manifesté des sentiments injurieux à l'égard du chef du gouvernement – enquête de la préfecture de Clermont ; conclusion : comme il est âgé de quinze ans, ses sentiments ne sont pas très dangereux. Montmasson aurait des accointances avec le mouvement Franc-Tireur – enquête du commissariat d'Annemasse – en cours [16].

En juillet 1941, soit quelques semaines après la mainmise de Darlan sur le service, le nombre d'affaires révélées par les écoutes et donnant lieu à ouverture d'une enquête est passé de 1 346 à 2 866. Le gouvernement a, par ailleurs, établi une liste de 1 340 suspects dont toutes les correspondances doivent être interceptées. Il s'agit, pour l'essentiel, d'opposants politiques.

A partir de renseignements donnés par les écoutes téléphoniques, la police intervient souvent très vite. Le 3 décembre 1941, Me Besselère, avocat de Georges Mandel, rendant visite à Urdas à son client, oublie sa serviette chez son confrère, Me Amar qu'il appelle le lendemain :

A. – *Tu téléphones pour la serviette?*
B. – *Oui.*
A. – *Elle est là, tu l'avais laissée dans la voiture.*
B. – *Ah, c'est ennuyeux. Mais ne dis rien à personne, dis qu'il n'y a rien dedans, je la ferai reprendre demain* [...] *Il y a dedans un dossier rouge qui m'est absolument nécessaire.*

Quelques heures plus tard, plusieurs inspecteurs de la Sûreté perquisitionnent chez Me Amar et emportent le contenu de la serviette. Après être allé protester auprès du préfet des Basses-Pyrénées, Besselère envoie une lettre indignée au garde des Sceaux, lettre jointe à l'écoute téléphonique dans le dossier Mandel du cabinet du ministre [17].

Dans cette chasse sans merci aux fauteurs de troubles, les Juifs sont les premiers visés. Ceux, réfugiés en zone Sud, qui ont été identifiés sont étroitement surveillés, leurs correspondances systématiquement ouvertes. Le censeur note soigneusement les nom et adresse des destinataires, ce qui permet à la police d'identifier ses futures proies. La correspondance de M. Gamzon à Lautrec (Tarn) permet de repérer trois réfugiés juifs, les lettres de MM. Jules Weill et René Tennenbaum à Graulhet (Tarn) conduisent à en débusquer huit autres, dont René Kahn, hébergé par le maire de Brantôme (Dordogne) [18].

Parfois la police des Questions juives rédige une note de synthèse à partir des renseignements qui lui sont communiqués après les interceptions. Celle de la direction de Toulouse au directeur du Statut des personnes à Vichy s'intitule « Juifs étrangers se cachant pour ne pas être pris par la police ». Suivent les noms et adresses d'une trentaine de malheureux avec la référence de l'interception et quelques renseignements complémentaires :

« G. Arnal, caserne Lahire, Montauban, signale que ses

voisins ont tout barricadé et une Juive se trouve dedans, prête à se suicider si on vient la chercher.

« J. Mett, à Chasseneuil, signale que son père n'a pu partir à cause de convulsions et cherche à le faire rayer de la liste.

« J. Pergel, cultivateur à Nègrepelisse (T&G), ne se trouve plus en sécurité et cherche à aller dans la Loire.

« Temchine, 27, rue Limogne, Périgueux, demande à Pittermann, 33, rue Barbazin, Montauban, de le faire venir, le Tarn-et-Garonne étant le département le plus hospitalier pour les Juifs étrangers.

« Mlle Frestemberg, villa Raillère, Cauterets, a peur d'avoir été oubliée [19]. »

Quand elle veut espionner la correspondance d'un « Juif suspect », il suffit à la police aux Questions juives de rédiger sa demande en indiquant au préfet le nom et l'adresse de l'intéressé. Il lui arrive parfois d'avoir à se justifier, surtout s'il s'agit d'une requête concernant un notable. Ainsi lorsque la PQJ de Limoges souhaite la surveillance de la correspondance du Dr Rollin à Uzerches (Corrèze), elle argumente ainsi : « J'apprends de source sûre que l'intéressé a délivré à un confrère israélite des pièces d'état civil falsifiées, sans doute dans le but de lui faciliter l'obtention de l'autorisation d'exercer la profession de médecin. Un contrôle sévère de sa correspondance permettra peut-être de découvrir d'autres personnes bénéficiaires des mêmes agissements illégaux [20]. »

Dans les archives du Centre de documentation juive contemporaine (CDJC), nous avons trouvé l'exemple d'une enquête complète menée à partir d'une écoute téléphonique. Le 10 mars 1941, un certain Sigall téléphone de l'hôtel Terminus à Clermont-Ferrand à un correspondant habitant l'hôtel Ruhl de Nice. Dans la conversation est cité un dénommé Rozeck, fourreur de son état, qui disposerait de 2 000 000 de francs de peaux à vendre. L'interception téléphonique n° 630/I/3C est remise au commissariat général aux Questions juives qui déclenche aussitôt une enquête, appâté sans doute par la perspective d'une importante confiscation. But de l'enquête : « Retrouver le fourreur Rozeck et ses 2 000 000 de francs de marchandises. Savoir s'il est juif [21]. »

De multiples vérifications sont faites à Clermont-Ferrand, grâce aux fichiers permettant de contrôler la population : « fichiers de la population flottante de la ville, registre de commerce, service des étrangers et service de délivrance des cartes d'alimentation de la ville de Clermont, listes de recensement des Juifs de la préfecture de l'Allier, du Cantal et de la Haute-Loire ». Le chef de la police aux Questions juives pour Clermont doit s'avouer bredouille, mais son collègue de Toulouse retrouve, dans un meublé, Martin Sigall, « Juif recensé, d'origine polonaise et acheteur de la maison de fourrures Terzakou, 43, faubourg Montmartre ». Interrogé, Sigall justifie de son activité régulière d'acheteur de fourrures et affirme ne connaître aucun Rozeck. L'inspecteur adjoint note dans son rapport que la chambre de Sigall est très confortable et termine par une remarque qui en dit long sur la frustration du policier : « En me présentant à son domicile pour l'interroger, j'ai pu constater sur la table la présence d'une certaine quantité de beurre nettement supérieure à la ration allouée. » Train de vie élevé, marché noir, le chef de la police aux Questions juives pour Toulouse demande « la mise en résidence assignée du Juif Sigall » et, pour faire bonne mesure, il n'oublie pas son employeur : « La maison Terzakou ne paraissant pas sous administration provisoire, signaler au CGQJ de Paris que cette maison travaille en zone occupée avec un Juif. »

Pour faciliter le travail du contrôle technique, il est interdit de parler au téléphone dans une langue étrangère et les demoiselles du téléphone ont pour consigne d'interrompre toute communication qui ne se tiendrait pas en français. Seuls les services allemands de la zone libre échappent à cette contrainte. Le 7 avril 1941, un incident dont les conséquences seront tragiques se produit entre deux correspondants de Nice. La conversation débute en hollandais, la liaison est coupée et l'opératrice demande de parler en français. Réaction des intéressées :

– Il faut parler français.
– Il faut parler français? Et pourquoi?!
– Les employés de la poste doivent couper toutes les fois que l'on parle en langue étrangère.
– Ils nous emmerdent! Ça c'est français!

– (Rires.) *Très bien! Tu fais des progrès!*
– *Ce sont des couillons les Français...*
– (Rires.) *Ça aussi c'est français...!*
– *Eh oui! Ils sont couillons. S'ils l'avaient été un peu moins, ils ne seraient pas obligés de faire tout ça*[22]*...*

Le lendemain l'écoute téléphonique est sur le bureau du préfet qui décide immédiatement de déclencher une enquête pour « paroles outrageantes envers les Français ». Le 28 avril l'inspecteur N. rédige un rapport où il retrace la situation des deux personnes qu'il a pu identifier grâce à leurs numéros de téléphone. Il s'agit de deux femmes juives de nationalité hollandaise qui ont fui Amsterdam et vivent à l'hôtel, l'une à l'Imperator, l'autre au Crillon. En complément au rapport, le chef de la sûreté écrit : « Étant donné les renseignements recueillis sur ces deux étrangères, j'estime qu'il y a lieu de prendre à leur encontre une mesure administrative de rigueur, sans sursis. » L'internement administratif, première étape avant Drancy et les camps de la mort!

S'adapter à la guerre

Les services d'interception utilisent les locaux et les infrastructures des PTT, lesquels ont obligation de leur faciliter la tâche, ce qui n'est pas toujours bien accepté, d'autant que le service des postes et télécommunications a des difficultés pour assurer son activité normale en ces temps troublés. Le pays est coupé en deux et les Allemands ont imposé de très fortes restrictions dans les communications postales et téléphoniques. En outre, de nombreux employés des PTT sont retenus prisonniers en Allemagne. Les autorités allemandes effectuant de nombreuses réquisitions pour couvrir leurs besoins propres, le matériel manque et, dans les zones de combats de 1940, les destructions ont été importantes. En revanche, en zone libre, les communications se sont multipliées en raison de la présence de nombreux réfugiés et des déplacements incessants. 72 000 télégrammes sont traités à Toulouse le 29 juin 1940, contre 8 000 par jour en temps de paix. L'afflux de réfugiés avides de nouvelles explique ce phénomène.

Dès la conclusion de l'Armistice, l'Allemagne s'est souciée de tirer le meilleur parti des ressources humaines et techniques de l'administration des PTT. L'enjeu est de taille puisque les transmissions constituent un outil vital dans la poursuite de la guerre contre l'Angleterre. Les réseaux allemand et français doivent établir les liaisons entre les armées allemandes, la coordination de la défense aérienne, la transmission des informations météo. Le téléphone et le télégraphe assurent également un lien précieux entre usines allemandes et françaises travaillant pour les industries de guerre.

Le 14 juin 1940, selon un plan bien établi, les spécialistes des transmissions de l'armée allemande *(Feldnachrichten Kommandantur)* prennent le contrôle des centraux téléphoniques parisiens et isolent les lignes desservant les édifices réquisitionnés le jour même par leurs différents états-majors. Le haut commandement militaire en France (MBF) s'installe à l'hôtel Meurice, la Feldgendarmerie à l'hôtel Majestic tandis que le Lutetia devient le siège des services secrets de l'armée *(Abwehr)*. L'aviation et la marine s'installent rue du Faubourg-Saint-Honoré et rue Royale.

Les conditions de la collaboration entre l'armée d'occupation et les PTT français en zone occupée et en zone libre sont discutées entre officiels français et allemands à Wiesbaden. Vichy y a installé sa direction des services de l'Armistice (DSA), bureau par lequel doivent passer toutes les négociations officielles franco-allemandes. Deux hauts fonctionnaires des PTT ont donc été détachés afin de participer à toutes les discussions concernant leur administration. Ils ont pour interlocuteurs les dirigeants de la poste militaire allemande *(Armeefeldpostmeister)* et le commandant supérieur des Transmissions *(Höhere nachrichtebführer)*. Afin de s'assurer une collaboration sans faille des services français, les techniciens militaires allemands divisent la zone occupée en quatre régions et en subdivisions correspondant exactement aux régions couvertes par les PTT [23].

Au sommet de la hiérarchie, l'état-major allemand traite directement avec le secrétariat général des PTT à Paris. Un dispositif très efficace, comme l'indique une note interne de l'administration française : « En juxtaposant un organe central de contrôle allemand à l'organe central de l'administration contrôlée, des organes subordonnés à chacun des services d'exécution, les Allemands sont, à tous les échelons de la hiérarchie, en contact permanent avec les services contrôlés en ayant la même compétence technique et territoriale que ces derniers. » L'armée allemande s'attribue royalement près de 50 pour cent du parc de lignes des PTT français [24].

En zone libre, la surveillance des communications est assurée par le contrôle technique. Par lettre confidentielle aux préfets, le secrétaire général à la police rappelle le 29 juin 1942 que seul ce service est habilité à user du libellé « contrôle postal ». Sont visés les personnels de surveillance des « camps de regroupement » de la zone libre, qui exigent que les détenus remettent leurs courriers ouverts et qui ouvrent le courrier reçu; après quoi ils apposent un tampon « contrôlé » pour mieux repérer le courrier clandestin. Face aux plaintes du contrôle technique, cette pratique va cesser, le courrier continuera à être lu sans apposition de cachet.

Le zèle des employés du contrôle technique est peu apprécié de l'administration des PTT qui s'estime lésée d'une partie de ses prérogatives. Supporter que des personnes « étrangères au service » manipulent le courrier et écoutent les conversations téléphoniques dans les locaux mêmes de l'administration et avec son matériel, s'avère difficile pour le postier ou la téléphoniste dévoués. Si, en 1939, la situation était tolérable du fait de l'état de guerre, après la reddition de la France, les fonctionnaires des PTT comprennent difficilement ce que font encore les militaires du contrôle technique dans leurs services. D'autant que les procédés ont changé : on n'ouvre plus ouvertement le courrier, c'est-à-dire aux ciseaux en y apposant une bande notifiant le passage à la censure. Cette fois la démarche est plus sournoise et ces braves fonctionnaires flairent bien la mise en place d'un système policier aux intentions répressives. Le malaise est tel que le vice-président du Conseil se voit obligé de réunir une commission afin de résoudre les difficultés. Une note de la direction de la Poste et des Bâtiments des PTT résume la position du service qui, sans se prononcer sur l'opportunité des interceptions – « affaire de gouvernement » –, tient cependant à limiter l'activité du SCT de manière très stricte. Après avoir rappelé la règle interdisant l'accès des bureaux aux personnes étrangères au service, la note convient que cette interdiction doit être considérée comme levée de fait, mais demande que les correspondances saisies par le SCT donnent lieu à la remise d'une décharge. Le document précise ensuite que, jusqu'à l'Armistice, le courrier était ouvert par la tranche et reconstitué avec une bande et un cachet. Depuis, « on paraît décoller la partie rabattante de l'enveloppe à la vapeur et on la recolle après contrôle, sans cachet. Il arrive fréquemment que l'une ou l'autre de ces opérations soit mal faite et que par suite l'ouverture de la lettre peut être reconnue sans qu'il soit besoin d'un examen attentif. Ces faits, renouvelés des méthodes du " Cabinet noir ", s'ils devaient se perpétuer ne manqueraient pas de provoquer rapidement les mêmes protestations et les mêmes réactions d'opinion que l'on put constater dans le passé ». Enfin, le rédacteur rappelle que l'opinion publique française s'est toujours caractérisée par son attachement à la liberté de pensée et que si l'ouverture des correspondances a pu être acceptée par l'opinion en période de guerre « elle ne l'a supportée que parce que celle-ci était effectuée sans dissimulation [25] ».

Il serait injuste d'affirmer que tous les fonctionnaires et techniciens des PTT ont effectué dans l'enthousiasme les tâches octroyées par l'occupant. La résistance passive devint courante, surtout à partir de 1942. Certains fonctionnaires de la zone occupée, inquiétés en raison de leurs origines juives, étaient « mutés » en zone libre. A partir de 1943, une minorité se lança dans la résistance active, interceptant du courrier envoyé à la Gestapo, écoutant les communications allemandes, effectuant des sabotages avant et après le débarquement.

L'exemple le plus fameux de cette attitude héroïque est celui de l'ingénieur Robert Keller, qui réussit à installer une table d'écoute indétectable sur le câble Paris-Metz par lequel transitaient toutes les liaisons d'état-major entre Paris et Berlin. Après avoir échappé de justesse à une perquisition de leur station clandestine à Noisy-le-Grand, Keller et ses camarades récidivèrent en mettant sur écoute le câble Paris-Strasbourg. Les renseignements recueillis étaient ensuite transmis à Londres. Cette fois, ils ne purent échapper à l'arrestation et furent torturés avant de mourir dans un camp de concentration [26].

Le secret des interceptions

Lié, par définition, à l'activité des PTT, le service du contrôle technique souffre de ce voisinage forcé, peu propice au maintien du secret. Tout est sacrifié à ce principe essentiel, le secret, sans lequel le SCT n'aurait aucune raison d'être, mais qui est aussi son point faible. Si une enquête policière nécessite de briser ce secret, mieux vaut l'arrêter immédiatement. C'est ce que constate le procureur général de Montpellier dans une lettre au garde des Sceaux datée de 1942 : « Je voudrais souligner à quel point il est difficile de lancer une enquête basée sur des interceptions. Les enquêtes menées par les inspecteurs sont sérieusement limitées par l'impossibilité qu'ils ont de produire les preuves qui permettraient les aveux [27]. »

Par ailleurs, les opérations d'interception sont si nombreuses et leurs résultats si largement diffusés dans les organismes de répression et les différents ministères, que les fuites se multiplient. La majeure partie de la population sait par ouï-dire qu'« on » ouvre le courrier et qu'il faut se méfier. Bien entendu, l'efficacité du procédé est, de fait, sérieusement remise en question. C'est pourquoi Darlan tient tant au secret. Il a déjà, nous l'avons vu, entouré le service de mille précautions. En octobre 1941, il en a parfaitement compris les faiblesses : « Les indiscrétions répétées ne sont pas seulement contraires à des instructions explicites, elles risquent de mettre à mal une source précieuse d'informations et de renseignements. Il a été prouvé que la moindre publicité sur l'existence des interceptions paralyse l'expression de l'opinion publique et par là même prive le gouvernement de renseignements très utiles [28]. »

Malgré les mises en garde de Darlan, le phénomène s'amplifie. Le 31 août 1942, Di Pace, secrétaire d'État aux Communications, envoie une lettre sévère aux directeurs régionaux et départementaux. Après avoir rappelé l'obligation de secret absolu, Di Pace ajoute : « On ne saurait admettre que les renseignements fournis aux réclamants, à la suite des enquêtes administratives, laissent plus ou moins clairement deviner l'activité des services du contrôle technique. » Di Pace ne veut pas admettre que la violation des correspondances est un acte choquant pour un personnel astreint au secret professionnel le plus rigoureux. Bien au contraire, il se sert de cet argument pour faire taire les récalcitrants en écrivant aux directeurs : « Vous ne laisserez pas ignorer au personnel que les indiscrétions graves dont ils se rendraient coupables seraient considérées comme violations du secret professionnel et passibles, à ce titre, des sanctions pénales prévues par la loi. »

Pour prendre la mesure du malaise des employés, on lira cette écoute téléphonique de deux d'entre eux parlant de « devinez quoi ? », mais des écoutes téléphoniques, sans se douter, bien sûr, qu'ils sont eux-mêmes écoutés et enregistrés. La conversation a lieu entre O..., receveur des PTT à Navarreux, et son collègue (et ami sans doute), le directeur des PTT de Pau. Le premier commente la qualité de la liaison téléphonique entre M. de Brinon, ambassadeur de France auprès des Allemands à Paris, et les ministères à Vichy [29].

O. – *On entend maintenant très bien, même avec tous ces braillons intermédiaires qui sont à l'écoute en dérivation et qui diminuent l'intensité. J'ai entendu M. de Brinon qui disait qu'il va encore en parler au ministre des Communications pour avoir un circuit parfait. Il faut vous attendre à ce que l'on vous parle encore de cela d'après ce que M. de Brinon a dit.*

Et le postier de Navarreux, visiblement en verve et à cent lieues de se douter qu'il joue peut-être sa carrière, aborde le sujet des interceptions du courrier postal.

O. – *J'ai reçu votre mot pour communiquer les correspondances pour le contrôle postal. J'en ai envoyé et ils ont commencé à me les renvoyer sous enveloppe close, mais c'est dangereux pour nous, cela.*

PAU. – *Ne vous inquiétez pas, nous sommes couverts.*

On imagine l'inquiétude du responsable de Pau face aux bavardages de son collègue. Sa réponse laconique peut lui permettre d'espérer que la conversation va aborder des sujets moins sensibles. Mais O... est lancé et plus rien ne l'arrête.

O. – *Car ça se voit fort que ça a été ouvert, ce n'est pas fait proprement, il y a des bavures sur l'enveloppe. Enfin c'est tout à fait visible... ils* [les destinataires de ces lettres] *vont s'en apercevoir et ils pourraient penser que cela vient de nous. Tout le monde doit faire son métier, d'accord, mais ils pourraient le faire proprement car, du point de vue postal, nous serons soupçonnés et critiqués...*

PAU. – *Ne vous inquiétez pas, nous sommes couverts.*

Dans une lettre à son ami cher, Roger Peyrefitte, datée du 24 novembre 1940, l'écrivain Henry de Montherlant indique clairement que les indiscrétions du contrôle postal ne lui échappent pas : « Toujours sur la correspondance, je vous confirme ce que vous m'indiquiez au début de votre lettre pour les miennes : la vôtre a été lue également. Je suppose que tant de curiosité ne s'exerce que dans votre région. Une lettre du " peintre * ", venant de Saône-et-Loire, est arrivée intacte. Pourtant aussi celle de Roro, qui m'est parvenue hier. Il faut donc croire que cela n'honore que vous (et non moi), et que " ces messieurs " prennent autant de plaisir à vous lire parce qu'ils ne trouvent guère sans doute, aujourd'hui, autant de vie et de saveur sous beaucoup d'autres plumes. Vos correspondants, par ricochet, en bénéficient, car il faut bien que les moindres allusions ne soient pas perdues. Nous devrons bientôt adopter un langage figuré et des signatures anonymes, comme Voltaire qui signait de son mot d'ordre abrégé Ecrlinf, ce qui faisait dire aux lecteurs du Cabinet noir : " Ce Monsieur Ecrlinf a beaucoup d'esprit **. " (Tout cela, d'ailleurs, n'était dit que pour plaisanter, car j'entends dire ici que le moindre notable de village n'est pas moins " contrôlé "). »

Les activités du contrôle postal sont un secret de polichinelle pour beaucoup de hauts fonctionnaires, comme en témoigne la lettre d'André Roux, procureur de la Répu-

* Le peintre, c'est Max Jacob réfugié à Saint-Benoît-sur-Loire.
** Ecrlinf, abréviation de la devise de Voltaire, « Écrasons l'infâme », c'est-à-dire l'intolérance.

blique à Angoulême, à sa femme établie provisoirement à Mende (Lozère), le 5 juillet 1943 : « D. Darling, bien reçu samedi soir votre lettre et ce matin votre autre lettre de vendredi – décachetée à la vapeur par les mouchards une fois de plus. Je ne comprends pas qu'on se donne tant de peine pour ouvrir les lettres à la vapeur, quand il est si facile de le faire avec un canif, et quand tout le monde sait que le courrier est lu au cabinet noir!

« C'est d'ailleurs assez contraire aux principes du régime nouveau, fondé – tout le monde le sait aussi – sur la franchise, alors que le régime déchu l'était sur les mensonges qui nous ont fait tant de mal et sur l'hypocrisie! Mais passons... »

La lettre interceptée est suivie par une petite note piteuse : « Le personnel contrôleur de la CCP de Mende, interrogé, déclare ne pas avoir eu connaissance de la lettre à laquelle il est fait allusion. » Bien que nous manquions d'archives, nous savons que les Allemands faisaient également preuve d'une intense activité de contrôle.

Le contrôle technique allemand

Dès juin 1940, l'armée d'occupation dispose, en zone occupée, d'un bureau très spécial, chargé du contrôle du trafic postal, télégraphique et téléphonique en France. Il s'agit de l'Abwehrleistelle Kommandostab A O III N des services de sécurité du Reich *(Militarbefehlshaber)*. Il ne dépend pas de la hiérarchie allemande des télécommunications militaires mais est directement rattaché au commandant en chef des troupes d'occupation. Cet organe dispose de commissions allemandes de contrôle du trafic, installées à Paris au central télégraphique et au central téléphonique interurbain ainsi qu'à Roanne, au bureau central radio et dans plusieurs grandes villes de la zone occupée. Son but est de collecter, dans les correspondances françaises, les renseignements utiles au double point de vue politique et militaire et également de vérifier la bonne exécution de leurs décisions.

La multiplication des opérations de contrôle entraîne de grandes perturbations dans le courrier. Certaines lettres suivent un parcours très étonnant, telle celle-ci, postée le

23 septembre 1940 de Luanda (Angola) à destination de Cotonou (Dahomey). Le 25 septembre, elle est ouverte par la censure de Brazzaville au Congo, lequel a rallié la France libre. Il n'existe pas de liaisons avec le Dahomey contrôlé par Vichy, aussi les autorités de Brazzaville envoient la lettre en France occupée où elle est ouverte par la censure allemande avant d'être envoyée à Lisbonne, le Portugal étant la plaque tournante entre les deux camps. De là, elle est réexpédiée le 15 décembre 1940, en direction du Congo belge où elle est ouverte une troisième fois avant de revenir à Brazzaville le 16 septembre 1941. La tentative de changement de camp a échoué. Quelques jours plus tard, la lettre repart pour Dakar au Sénégal, non sans avoir été décachetée une quatrième fois. Après une dernière lecture au Sénégal, la lettre parvient à Cotonou, le 10 août 1942. Son périple a duré deux ans [30].

Dès l'occupation de la zone Sud, des militaires allemands s'installent dans plusieurs centraux téléphoniques français pour écouter les communications au coude à coude avec les fonctionnaires du SCT. Le 30 novembre, dix militaires allemands s'installent à l'hôtel des Postes de Toulon. A Lyon, au central interurbain, les Allemands écoutent les lignes entre Lyon et Barcelone, entre Genève et Barcelone. A Grasse, Cannes et Draguignan, ce sont des officiers de la IVe armée italienne qui s'installent le 23 janvier 1943. A chaque fois les autorités françaises protestent énergiquement sans succès, obtenant des réponses allemandes comme : « Après décision du commandant en chef Ouest, la situation actuelle ne permet pas encore de libérer complètement les moyens de transmission d'État à État [31]. » Au même moment, jalouses de leurs prérogatives, les autorités militaires allemandes intiment au gouvernement de Vichy l'ordre de suspendre immédiatement tout contrôle sur les correspondances allemandes et sur celles échangées entre la France et l'étranger. Restent autorisés les autres types de vérifications « à condition qu'à la fin de chaque semaine tous les renseignements fournis par ce contrôle soient communiqués au commandant en chef des forces de l'Ouest [32] ».

Le 4 janvier 1943, Pierre Laval écrit à Abetz pour lui expliquer que cette mesure porte atteinte à la souveraineté française et déplorer la défiance de l'état-major allemand à l'égard des contrôles techniques français. Et de préciser : « Ce service est dans certains cas un auxiliaire précieux pour la police, et il ne peut être de ce fait un obstacle à la sécurité des troupes d'opérations, le loyalisme de son activité en est la meilleure garantie. »

Laval joint à ce message une lettre destinée à Fernand de Brinon, où il dit accepter le principe de la communication des interceptions à l'Allemagne et que « même dans des cas urgents ou graves intéressant la sécurité des troupes d'occupation, le chef du service du contrôle soit autorisé à correspondre directement avec un représentant dénommé du maréchal commandant en chef des forces de l'Ouest [33] ».

Dès le mois de décembre 1942, le gouvernement français avait protesté auprès des autorités d'occupation du fait que, le 30 novembre, des militaires avaient pénétré dans les locaux de la commission du contrôle téléphonique et que « depuis cette date, une dizaine d'entre eux pratiquent l'écoute des communications téléphoniques à côté du personnel français du Service du contrôle technique [34] ». Le même mois, la DSA s'était indignée auprès de ses interlocuteurs allemands, suite à la mise en service à Lyon d'écoutes allemandes sur les circuits Lyon-Barcelone et Genève-Barcelone [35].

Après plusieurs réclamations contre des saisies sauvages de courrier par des militaires et des douaniers allemands dans des centres postaux, la DSA doit examiner une demande officielle allemande concernant la correspondance d'un habitant de Vichy. Le général Girodet indique que les PTT n'ont pas à exercer de surveillance sur le courrier, cela reste la mission du SCT. « L'administration des PTT se trouve donc dans l'impossibilité de saisir des correspondances pour les remettre aux autorités allemandes [36]. »

A plusieurs reprises au cours de l'année 1942, la délégation française pour les transmissions s'élève, auprès de ses interlocuteurs allemands, contre la multiplication des saisies de correspondance. La Wehrmacht décide alors que ces opérations ne pourront être effectuées que par des services spécialisés : police militaire allemande (GFP), douane ou fonctionnaires allemands spécialement habilités. Dans tous les cas, un reçu est remis aux PTT français. De fait, l'armée allemande, au fil des mois, multiplie les saisies directes dans les centres postaux, au grand émoi du personnel qui ne peut s'y opposer. En avril 1944, ce type d'intervention est considéré comme « extrêmement fréquent », exemple la saisie de 14 500 lettres au bureau de la gare de Marseille « malgré les vives protestations du chef de service ». De telles actions permettent aux Allemands de compléter les informations recueillies grâce aux synthèses du SCT, lequel est tenu de les leur fournir. Nous avons la preuve de cette collaboration, grâce à une note de la commission allemande d'armistice informant le détachement français à Paris qu'elle a bien reçu le résultat des contrôles de mars et d'avril 1944 et demandant que les documents parviennent désormais à la censure postale pour l'étranger, boulevard du Montparnasse [37].

Quand les Allemands exigent des PTT lyonnais la pose d'une « boîte de coupure » destinée à écouter les 225 circuits téléphoniques interurbains aboutissant à Lyon ou y transitant, les techniciens français réalisent que l'ennemi pourra directement espionner à partir de l'hôtel Claridge réquisitionné. Le secrétaire d'État à la Production industrielle et aux Communications, Bichelonne, saisit Laval du problème [38]. C'est la direction des services de l'armistice qui répond en ces termes : « Prendre les dispositions techniques nécessaires pour donner satisfaction à la demande allemande mais ne pas se prêter aux mesures d'exécution avant de nouvelles instructions du gouvernement [39]. » Bientôt le secrétaire d'État signale l'amplification des initiatives allemandes de contrôle : saisies de courrier, occupation des centres d'écoute téléphonique à Marseille, Limoges et Toulouse [40].

Si les autorités d'occupation se font de plus en plus pressantes, c'est qu'elles se doutent que certains rapports rédigés par le SCT partent directement pour Londres. En effet, certains membres de la France libre ont réussi à noyauter l'administration de Vichy. Les précieux renseignements qu'ils font parvenir aux gaullistes en exil leur permettent de suivre les évolutions de l'opinion publique et d'ajuster la propagande des Alliés. Les Allemands manœuvrent donc pour avoir la mainmise sur les interceptions téléphoniques effectuées par Vichy. Le 18 octobre 1943, l'état-major du front Ouest somme le gouvernement français de cesser sur-le-champ tout contrôle des circuits téléphoniques et télégraphiques et de mettre à disposition de l'Allemagne les installations françaises. Seule concession : le contrôle postal, dont les résultats devront continuer à être communiqués aux services allemands mandatés. La lettre est signée von Rundstedt.

A Vichy, c'est la consternation. Le gouvernement vient de se voir privé d'un outil d'information précieux, efficace pour lutter contre la montée de la « dissidence ». Laval tente de faire revenir von Rundstedt sur sa décision. Il sait que les Allemands soupçonnent Vichy d'espionner leurs communications téléphoniques et télégraphiques, c'est une des raisons principales de leur détermination. Il défend son service et commence par jurer qu'aucun branchement sur une ligne allemande n'a été effectué par les contrôles techniques de son gouvernement. Si cela s'était produit, « ce ne pourrait être que le fait d'agents agissant pour le compte de puissances étrangères ». Il se lance ensuite dans un vibrant plaidoyer pour une collaboration franco-allemande dans le respect de l'autonomie de Vichy. Mais il lui faut avant tout empêcher la suppression d'un service fort utile « en particulier dans les domaines de la police et du ravitaillement, le contrôle des correspondances téléphoniques et télégraphiques me permet d'agir souvent avec une pleine efficacité. Ce contrôle me permet également d'avoir, à tout moment, connaissance de l'état de l'opinion et m'amène ainsi à prendre en temps opportun, des mesures indispensables.

« Supprimer la surveillance des correspondances téléphoniques et télégraphiques qui constitue, dans les circonstances actuelles, un attribut essentiel de la souveraineté française, risquerait d'avoir pour la France qui, jusque-là, a vécu dans un ordre relatif, les conséquences les plus graves. La suppression de ce contrôle m'empêcherait d'apporter à l'armée d'occupation, par mon action quotidienne, un concours qui, pour être discret, n'en a pas été moins efficace.

« La substitution d'un service allemand de contrôle au service français, si elle était envisagée, risquerait d'amener les autorités allemandes à prendre des décisions qui, en raison de la psychologie française, pourraient aller à l'encontre même du but que vous recherchez.

« La présence de contrôleurs allemands dans les centraux téléphoniques serait immédiatement connue et les résultats que vous pourriez en attendre seraient réduits dans la mesure même où les Français cesseraient d'exprimer librement leur pensée. En outre, la substitution d'un contrôle allemand au contrôle français ne manquerait pas d'apparaître comme une marque de défiance grave vis-à-vis du gouvernement français, dont l'attitude de correction vis-à-vis de l'armée d'occupation ne saurait être mise en doute. »

Les arguments de Laval ne peuvent rien contre la volonté allemande. Le 7 février 1944, le haut commandement de la Wehrmacht, « après examen approfondi de l'argumentation du chef du gouvernement français [...] maintient intégralement sa demande avec mise à exécution avec la plus grande célérité [41] ». Dans une note secrète, l'état-major de la direction des services de l'armistice tente une nouvelle fois de convaincre les Allemands par le truchement de leur délégation : « Au moment où, en plein accord avec les autorités allemandes compétentes, tous les pouvoirs de police ont été concentrés entre les mains du secrétaire général au Maintien de l'ordre, M. Joseph Darnand, afin de lui permettre de faire face à une situation difficile, il n'est ni de l'intérêt français ni de l'intérêt allemand de réduire les moyens d'information du gouvernement d'une manière aussi sensible [42]. »

Le 2 mars, le général Vogel, chef de la délégation allemande, indique que ces observations ont été une nouvelle fois étudiées très soigneusement, sans que la décision soit modifiée. Cependant, « afin que le gouvernement français puisse être à même de sauvegarder ses intérêts dans le cadre du contrôle des transmissions, ordre a été donné aux services allemands intéressés de communiquer au gouvernement français par l'intermédiaire de l'ambassade de France à Paris, le résultat du contrôle des transmissions en tant qu'il se trouvera intéresser le gouvernement français [43] ».

Les Allemands ont donc retourné la situation à leur avantage. Ils prennent entièrement le contrôle du système d'écoute créé par Vichy pour ne laisser ensuite aux Français que des informations de seconde main. Soumis à une pression considérable, le gouvernement s'incline et annonce par télex à la DFA de Wiesbaden que « le Service français des contrôles techniques suspendra son activité à partir du 6 mars à 7 heures [44] ». Cette soumission s'accompagne de la remise aux Allemands d'une liste complète des centres d'écoute téléphonique de la zone libre. La DSA prépare ensuite une note destinée au secrétariat général du chef du gouvernement pour proposer un certain nombre de mesures face à cette situation. D'abord « inviter les intéressés [des lignes officielles et privées] à la circonspection en matière de téléphone », ensuite assurer une certaine discrétion aux communications gouvernementales en utilisant des codes ou en constituant un réseau télégraphique autonome du réseau PTT [45].

Le lendemain, la DSA constate que, depuis trois jours, les activités françaises de contrôle ont cessé mais qu'aucun Allemand n'est venu prendre place dans les centres d'écoute. Situation étrange s'il en est, pour laquelle la DSA propose au général dirigeant le service plusieurs attitudes :

« Il ne paraît pas raisonnable de signaler cette situation aux Allemands. Ce serait hâter la mise en place de leurs services de contrôle. Dans le cas où ils n'auraient pas eu l'intention d'effectuer eux-mêmes ce contrôle, ce serait les inviter à le créer.

« Il ne me semble pas possible de reprendre le contrôle interrompu puisque les Allemands ont été informés de sa cessation. » Et le rédacteur de conclure non sans humour : « Je ne vois aucune solution au problème posé. Mais les Allemands se chargeront probablement de le résoudre à bref délai. »

La fin du service du contrôle technique n'était pas programmée pour autant. L'efficacité du système n'avait échappé à personne, ni au gouvernement de Vichy, ni aux Allemands, ni aux autorités de la France libre qui, grâce aux fuites organisées à leur profit par des fonctionnaires résistants devaient exploiter ce même système et ainsi asseoir leur propre autorité. A l'image du SCT, le commandement en chef français civil et militaire du général de Gaulle créait en 1943, à Alger, son propre Service des contrôles techniques. En septembre 1943, ce dernier avait intercepté 500 000 lettres en Afrique du Nord.

Au fur et à mesure de la libération du territoire, le nouveau pouvoir prend le contrôle de cette activité. Une reprise qui est toujours demeurée très discrète, ce qui explique que les actions du SCT n'aient pas été portées sur la liste des méfaits du régime de Vichy. Le nouveau gouvernement ayant, lui aussi, à maintenir l'ordre et sonder l'opinion publique, il lui était difficile de ne pas utiliser l'arme du contrôle technique, perfectionnée par Darlan et Laval. C'est ainsi que le SCT poursuivit sa délicate mission dans le plus grand secret.

Perdu dans un dossier du ministère de l'Intérieur, nous avons trouvé une synthèse hebdomadaire datée du 20 au 27 novembre 1944. Le document a un en-tête ainsi rédigé : « Services spéciaux, service des contrôles techniques, Inspection régionale de Poitiers[46]. »

La synthèse rend compte d'un travail visiblement moins systématique et moins fouillé que celui des services de Vichy. Dans la première partie consacrée à la surveillance des partis politiques, on sursaute à deux intitulés : « activités communistes » et « menées antinationales ». La synthèse fait part ensuite des opinions au plan intérieur et extérieur et de quelques informations économiques.

Un autre rapport de la commission mixte des contrôles techniques de Toulouse examine, à partir d'interceptions postales, l'évolution politique des réfugiés espagnols de la région de Toulouse.

Il ne reste guère de trace des archives du contrôle technique postérieur à la Libération. Il semblerait que le service, après une discrète épuration, ait continué sous la même forme jusqu'en 1945, après quoi, c'est-à-dire jusqu'à aujourd'hui, le principe a perduré mais uniquement de manière ponctuelle. Il est clair que ces services d'interception postale ou d'écoutes téléphoniques ne concernent en général pas le grand public ; sont seuls soumis à ces systèmes de surveillance les individus soupçonnés par les services de police judiciaire ou de contre-espionnage. Ce service est baptisé du nom peu explicite de Groupement interministériel de contrôle (GIC) et siège à Paris, boulevard Latour-Maubourg, sous la houlette du Premier ministre.

Nous avons déjà tracé les limites du contrôle technique du gouvernement de Vichy. L'organisme n'a été qu'un outil relativement grossier d'information sur l'opinion publique, son rôle policier a été en revanche important. Il a également permis à l'État autoritaire de Vichy d'entretenir un climat d'inquiétude et de délation peu propice à tout mouvement de révolte ouverte. Ouvrir le courrier, intercepter les conversations téléphoniques, c'était prouver aux sujets du « prince » que leur vie privée elle-même n'était pas à l'abri de l'investigation du pouvoir.

L'ACTIVITÉ DU CONTRÔLE TECHNIQUE
ZONE SUD, MOIS DE JUIN 1944

		Lettres lues venant de la zone Sud	*Lettres lues venant de la zone Nord*	*Lettres lues venant de l'étranger (principalement l'Allemagne)*
INSPECTION RÉGIONALE DE LYON 447 018 LETTRES LUES	Lyon	129 383	42 976	44 385
	Bourg	9 740	8 665	288
	Chambéry	30 782	9 409	2
	Grenoble	61 752	13 631	33
	Lons-le-Saunier	7 458	4 703	138
	Mâcon	32 383	10 258	879
	Saint-Étienne	54 847	2 632	0
	Valence	24 948	9 184	173
INSPECTION RÉGIONALE DE MARSEILLE 419 877 LETTRES LUES	Marseille	68 771	32 651	4 672
	Toulon	39 105	16 698	
	Nîmes	22 892	4 768	
	Nice	46 131	27 427	25 219
	Gap	34 068	3 083	406
	Digne	14 638	3 448	1 501
	Avignon	31 913	9 839	

Source : AN F7 14931.

II

LES MALHEURS DE LA GUERRE

Depuis plusieurs années j'ai travaillé sur le monopole des PTT et son lien avec l'activité secrète de contrôle de la correspondance, un sujet tout à fait passionnant. Malgré tous les travaux publiés sur l'occupation, je n'ai trouvé que de rares allusions à ce type d'activité. Compte tenu de ce que je connaissais du domaine, il me paraissait évident que le régime de Vichy avait fait un usage intensif des interceptions, et je n'ai eu de cesse que de retrouver des documents confirmant cette intuition. Grâce aux fichiers des Archives nationales, une première série de cartons du ministère de l'Intérieur au dépouillement fastidieux m'a apporté nombre d'éléments solides. Des archives de la Présidence du Conseil à celles de la Délégation des services de l'armistice (DSA, j'ai été de découverte en découverte. J'avais sous les yeux la description détaillée d'un organisme tentaculaire et ultra-secret dont personne n'avait évalué l'importance. Mieux, j'avais sous les yeux des centaines de milliers de lettres et de conversations téléphoniques, autant de témoignages précieux, cocasses, étonnants ou dramatiques qui constituent aujourd'hui une matière historique du plus grand intérêt.

Depuis cinquante ans ces documents dormaient dans leurs cartons, protégés de la curiosité des historiens par la loi qui n'autorisait leur consultation que passé un délai de soixante ans. Après avoir obtenu les dérogations nécessaires, j'ai compris que j'avais sous les yeux une matière formidable pour retracer une histoire de l'occupation racontée par les Français au moment où ils l'avaient vécue.

Il nous a d'abord fallu faire une sélection des lettres les plus intéressantes, beaucoup étant purement factuelles. Pour un document sélectionné, deux cents environ ont été parcourus. Dans certains cas, nous avons retrouvé ces correspondants qui ont authentifié leur courrier.

Puisque la matière de ce livre est constituée de tranches de vie des Français de 1939 à 1944, nous avons ordonné leurs témoignages en trois grandes parties. Tout d'abord « Les temps difficiles » que sont le conflit lui-même et tous les problèmes matériels qu'il entraîne, sans compter la présence active de l'envahisseur. La deuxième partie, intitulée « Les absents », retrace l'aventure ou les malheurs des hommes qui, mobilisés, prisonniers, travailleurs envoyés en Allemagne, jeunes des Chantiers de jeunesse, sont séparés de leurs familles. Un chapitre est consacré à la persécution des Juifs. La troisième partie enfin, nous permet par des « Regards croisés » d'apprécier l'évolution de l'opinion, celle des simples citoyens et celle des écrivains célèbres de l'époque. Avec les Alpes-Maritimes, nous disposons d'un exemple régional.

Nous proposons ainsi au lecteur une vue, sinon exhaustive, du moins large et humaine de la période.

En septembre 1939, la France vit au rythme d'un conflit qui est d'abord une longue attente, une « drôle de guerre ». Civils et militaires à leur poste échangent leurs impressions. Les premières lettres nous plongent immédiatement au cœur du conflit.

Le 30 décembre 1939, Suzanne Veyssac, professeur de philosophie à Bordeaux, raconte à des amis de Clermont sa visite clandestine au front pour y retrouver son fiancé. « Chers amis, la neige, lente, et qui donne des couleurs sombres aux choses et au ciel. Le ciel tout rose par-dessous – la vie limitée à cet horizon borné – un toit avec des cheminées droites et rouges derrière les fenêtres. Étrange et beau Noël – un pays de soldats – la 2e zone des armées. Depuis Nancy, j'ai pu arriver ici (53 kilomètres) six heures d'auto – une panne – le froid glacial – une taverne pleine de soldats chantant où il a fallu trouver refuge – la peur des gendarmes, chaque fois que la porte s'ouvrait je tressaillais – je n'ai jamais si bien saisi l'opposition entre l'armée et la " maréchaussée " ni la puissance du gendarme – ici une véritable chasse aux femmes. Je suis passée à travers les mailles je ne sais comment. Ce matin, les gendarmes ont frappé à ma porte à 7 heures. Je me suis levée, Jean était parti à 6 heures. Quelques explications. Que faites-vous ici ? Ma seule réponse a été : " Vous voyez bien, je corrige des copies. " Ma table est couverte de copies. Ils sont repartis, pas de suites [...]

« Au front, jamais il n'y eut tant de débauches et ceux qui ont vu l'autre guerre déclarent qu'il a fallu attendre 1917 pour voir quelque chose de semblable à ce qui arrive aujourd'hui. Je ne blâme pas les hommes – je les comprends trop – et j'avoue que je ne me sens pas le moins du monde scandalisée. Tous les pillages, les cris, les chants des soldats, leurs mœurs n'affectent en rien leur visage – il y a de beaux types d'hommes, rien de laid. Quelle étrange malédiction maintenant. Il faut que la vie soit dure pour qu'on s'estime heureux au-delà de toute limite, perdu dans ce bled glacial, enfermé tout le jour et tremblant la nuit d'être réveillé par le gendarme. Heureuse, trop heureuse, et je voudrais qu'en ce moment vous éprouviez cette paix absolue que je sens devant ce spectacle de neige, là toute seule, enveloppée de couvertures, les jambes dans un édredon, à attendre le retour de mon homme qui rentrera glacé et plein de colère *. »

Tirant prétexte de nombreuses lettres dénotant le mauvais moral de la population, le chef d'escadron G., rédacteur de la synthèse bimensuelle du contrôle postal de Clermont-Ferrand, lance le 30 décembre 1939 un cri d'alarme : « Les officines communistes sont nombreuses et pullulent notamment dans les quartiers ouvriers. Les militants sont connus et repérés et pourtant la répression ne s'exerce qu'avec mollesse, parfois même les agents de l'autorité feignent d'ignorer ce qui se passe. »

Le 5 janvier 1940, G. annonce : « Les communistes ne respectent pas la trêve des confiseurs, leur activité continue à s'étaler dans des pamphlets violents où la haine s'étale sans aucune retenue. Ci-dessous quelques échantillons de leurs élucubrations. »

* Cette lettre et toutes celles qui suivent et qui intéressent le moral des soldats ont été tirées des synthèses du contrôle postal militaire, commission XA, conservées dans les archives de la Cour suprême de justice de Riom, AN 2W 57.

A Clermont-Ferrand, du 5 au 20 janvier 1940, 33 878 lettres sont lues et 190 paquets ouverts. Une seule lettre est saisie.

Le 5 février, le rapport de quinzaine contient, en préambule, un bilan d'activité : 400 000 lettres lues en cinq mois lesquelles font état du mauvais moral des troupes. L'inaction, les cantonnements sans confort, le manque de communication entre les soldats et les officiers sont les difficultés le plus souvent évoquées. Chacun espère la démobilisation et, en attendant, « on se débrouille pour souffrir le moins possible. A défaut de chaleur, les uns brisent les meubles des évacués et se chauffent avec, d'autres chapardent ce qu'ils trouvent et qu'ils croient avoir quelque valeur ». Beaucoup tentent de quitter leur régiment pour être affectés spéciaux en usine grâce à une recommandation politique, un certificat de complaisance dont le trafic fait rage. La population civile souffre de l'augmentation des prix et de la pénurie de café et d'huile.

Le 5 mars 1940, le rédacteur de la synthèse se plaint d'une réduction du personnel de la commission de contrôle postal réduite, de 25 hommes et 3 traducteurs en septembre, à 16 hommes.

Un soldat du 18e génie affecté aux transmissions donne le 22 janvier, à ses parents, des nouvelles de son régiment basé à Villerupt : « Le 18e n'a plus de charbon, ni d'argent pour en acheter. Qu'y faire? Se laisser mourir de froid en guise de protestation? Ça aurait peut-être ameuté l'opinion publique mais je ne pourrais pas vous écrire ce soir. Des camarades logent à côté dans un magasin de nouveautés, chapellerie, etc. Le magasin était vide ou à peu près car ses propriétaires ont soldé le stock et se sont évacués eux-mêmes. Il ne restait pas grand-chose, un vieux stock de chapeaux de paille et de melons démodés. Ces quelques articles ont fait la joie de tous, à leur arrivée. Ils se sont installés et se chauffent au bois. Quel bois? Les rayons, les tables, les comptoirs, enfin tout ce qu'ils peuvent trouver dans le magasin assez fourni sous ce rapport et qu'ils débitent à la hache, à la scie. Imaginez le chantier si vous pouvez. Cela me rappelle l'histoire de Bernard Palissy brûlant son mobilier pour chauffer son four. A eux, je leur donne encore quinze jours de combustible, après quoi il ne restera plus que les murs, il faudra qu'ils s'attaquent aux planchers ou aux voisins. » Sur cette période, les lettres dont nous disposons concernent essentiellement des soldats ou leurs familles, puisqu'il s'agit du contrôle postal militaire.

Le 26 janvier 1940, Mme G., à Condrieu dans le Rhône, écrit à une amie influente du Puy-de-Dôme pour qu'elle l'aide à faire revenir son fils du front. « Ma bien chère amie, je partage vos angoisses au sujet de Marc puisqu'il est au front. Mais ne pourrait-il pas se faire mobiliser aux usines Michelin qui doivent certainement travailler pour l'armée ? Imaginez-vous qu'ici tout ou presque tout le personnel ouvrier ainsi que les employés sont revenus des armées pour être mobilisés aux grandes usines de Saint-Clair-du-Rhône ; naturellement la population fulmine, se récrie, mais les dirigeants de ces établissements immenses (les deuxièmes de France) sont excessivement puissants et obtiennent tout ce qu'ils veulent. Ils se moquent des jérémiades et des récriminations, ils sont soutenus par le gouvernement [...] Je vous en prie, tentez tout pour Marc maintenant, il est stupide de parler ou de manifester des sentiments patriotiques, c'est une monnaie qui n'a plus cours. Des gens, femmes, hommes, bien placés pour donner l'exemple d'un patriotisme sincère, ne se gênent plus pour tout faire, tout tenter pour ne pas aller au front. Il y a autant d'injustice sinon plus qu'en 1914. »

Le 28 février 1940, le caporal S. du 6e BCA de Clermont raconte à l'un de ses amis une récente escapade. « Je suis parti sans perm pour quarante-huit heures. Après une fuite rocambolesque à travers trains et quais à Grenoble, je me suis aperçu qu'il était fort utile de savoir faire un rétablissement. J'ai vu Madou " remise à neuf ", le moral bien meilleur et la santé aussi. Cela m'a suffi et c'est avec un large sourire que je vais accepter les quelque vingt jours de tôle nécessaire.

« Pour ce qui te concerne, mon vieux, grignote le temps, crois-en ma dure expérience, il faut avoir l'esprit mort. Ne te laisse pas abattre, mais ne te laisse pas non plus entraîner par un mouvement du cœur. Il n'y a aucun idéal de perdu. Celui qui fait " le soldat " cède en réalité aux instincts militaires et bestiaux innés en tout homme. »

Le 5 mars 1940, Marthe de Lyon écrit à ses parents à Clermont et s'indigne des pratiques du contrôle postal.

« Chers parents, je suis outrée, suffoquée, écœurée !!! Toutes mes lettres sont ouvertes, je m'en fous, mais que le paquet que je vous ai envoyé ait été ouvert, c'est trop fort. J'ai envoyé à pépé : 6 paquets de tabac et 6 de cigarettes et cette bande de chameaux a trouvé le moyen d'en chiper 6 !!!!!!!!

« Scandaleux. Que ces messieurs les postiers lisent ma prose, je m'en frictionne les clavicules avec des pattes de homards en éventail, mais qu'ils fauchent les paquets de trèfle, j'en suis outrée. »

Si l'on en croit la synthèse du contrôle postal du 4 avril 1940, les conditions matérielles ne s'améliorent pas avec le printemps et le moral de la troupe est mauvais au sein de la VIIe armée.

Deux soldats de la compagnie radio font une description avoisinante de la région où ils se sont installés :

« Nous sommes arrivés dans un trou qui sent le purin et le fumier. Nous couchons dans des granges ou des étables à cochons. La première nuit nous l'avons passée à chasser les rats et nous avons eu froid. De plus il n'y a pas d'eau ou si peu... et elle n'est pas propre, il n'est pas rare de retirer du puits des rats crevés, aussi on ne se lave plus et on ne se rase plus...

« [...] Un tout petit bled, deux cents habitants, en pays perdu, moche comme tout, pas de commerçant et nous logeons dans des masures juste bonnes à y mettre des cochons.

« La piscine municipale est une mare où toutes les urines de porcs s'écoulent. Il y a en tout et pour tout trois jeunes filles chaussées de bottines à boutons, ce n'est pas elles qui nous feront tourner la tête... »

Dans la réserve générale (groupe auto lourd), les soldats expriment leur révolte sans craindre les foudres de la censure.

« Rien de changé sauf parmi les gradés supérieurs qui deviennent de plus en plus bêtes et on finirait par vouloir tous aller où ça chambarde pour qu'ils nous foutent la paix. Je ne sais pas si c'est le printemps qui les rend comme ça mais ils nous embêtent salement, et si ça continue, il se pourrait que ça finisse mal un de ces jours ;

j'espère qu'ils comprendont avant, car tous nous en avons assez de se voir traiter comme des sauvages.

« [...] Il y a des gars qui ont réclamé pour la nourriture, voici ce que l'adjudant nous a sorti en plein rapport : " Vous plaignez pas, un de ces jours, on va monter là-haut et comme nourriture vous prendrez des obus et des grenades sur le coin de la gueule. Alors vous n'avez qu'à la boucler, je ne veux pas entendre vos boniments. " Voilà la mentalité d'un de nos chefs : tu juges si nous sommes bien servis avec cela, et crois bien qu'il pourra compter sur nous le cas échéant. On s'en rappellera. Ah! misère, arriver à quarante piges pour entendre ça, tu avoueras que c'est dur, ça n'est pas la peine que les vieux se soient crevés à faire la dernière... La censure peut bien s'emparer de ma lettre, tu parles si je m'en fous, je dis la vérité. Bonsoir, je sens que je deviens enragé... »

L'offensive éclair

Le rapport du contrôle postal militaire du 17 mai rend compte des réactions face à l'offensive allemande. La VIIe armée est entrée en Belgique, ce mouvement rapide semble contenter des soldats qui rongeaient leur frein depuis plus de six mois.

Extrait d'une lettre d'un soldat à sa femme : « Dans cette envolée rapide vers la Belgique, j'aurais voulu que tu assistes à ce tableau, tous les soldats pleins d'entrain, animés du vif désir de combattre afin de repousser l'envahisseur. On reconnaît l'esprit français, les petites rancunes " politicardes " s'effacent bien vite, et tous pleins d'ardeur montaient au combat. Les convois de camions, chenillettes roulaient à folle allure acclamés par les populations, nous considérant comme des sauveurs... »

Extrait d'une lettre d'un soldat à sa mère : « Le moment critique est arrivé pour nous, nous devons faire notre devoir. Nous sommes courageux, sois-le, chère maman, à ton tour. Ne te fais pas de mauvais sang. Si l'arrière a bon moral nous nous battrons bien. Si l'arrière se décourage, la guerre est perdue... »

Les premiers engagements armés impressionnent visiblement ce jeune soldat : « Des parachutistes sont tombés dans le cimetière de la petite ville où je suis et ont attaqué à la grenade les civils, mais nous les avons abattus comme des chiens ! Parmi eux se trouvent des enfants de quinze et seize ans qui tombent d'avions de chasse émettant un nuage artificiel. Les uns sont habillés en civils, etc. Hier soir nous avons fait une chasse dans un pré contre un de ces types muni d'un fusil-mitrailleur, on aurait cru assister à la chasse aux sangliers. Tous ceux qui sont pris sont fusillés, c'est la règle du jeu... »

Les lettres dépouillées rendent compte des rumeurs optimistes ou pessimistes qui parcourent la troupe.

Extrait d'une lettre d'un lieutenant à sa femme : « D'après les dernières nouvelles tenues d'un officier venant de la bagarre à l'instant, il paraît que deux divisions allemandes ont été anéanties par nos divisions motorisées, qui n'ont presque pas de pertes... »

Extrait d'une lettre d'un officier à sa femme : « La bataille est à peine engagée, le gros des forces n'est pas encore entré en action : BELGES & HOLLANDAIS ont " foutu " le camp d'une façon honteuse... »

La Wehrmacht perce le front sur la Meuse, au centre du dispositif allié. Ses chars et ses avions bousculent l'armée française cantonnée dans une position purement défensive. En quelques jours, le corps de bataille franco-anglais engagé dans les Flandres est pris dans une gigantesque nasse. Contrairement à un parti pris largement répandu, la défaite viendra plus du commandement français que de la troupe qui résiste héroïquement. Il faut rappeler les 92 000 morts alliés mais aussi les 45 000 morts allemands au cours de ces six semaines de combats farouches. Plus que des comptes rendus de bataille, le courrier, extrait des contrôles du 27 mai et du 3 juin 1940, raconte la surprise terrible de la troupe, sa résistance acharnée, sa révolte et parfois son désespoir. Les extraits de courrier ci-dessous se passent de commentaires.

Contrôle du 27 mai 1940 – 61e DI. Un officier à sa femme : « C'est simplement honteux. Quand les soldats sont bombardés nuit et jour par de nombreux avions allemands, des groupes de 20, 40, 60 et plus, sans jamais voir un avion français, quand on charge un groupe de

20 hommes avec une mitrailleuse ou un fusil-mitrailleur de défendre un pont contre une colonne blindée ennemie, il est évident que l'on ne peut résister. C'est comme si on demandait à un cavalier d'arrêter avec sa lance une locomotive qui lui accourt dessus. Les vrais coupables ne sont pas les soldats, mais les gouvernants et les parlementaires qui ne leur ont pas donné les avions, les chars et les armes antichars capables de résister à l'ennemi. Voilà la vérité qu'il faut répandre autour de toi... »

61e DI. Un soldat à sa femme : « L'autre soir j'écoutais un officier d'artillerie qui avait fait l'autre guerre, mais il n'avait jamais vu ça. Il n'a pas pu mettre ses batteries en position, ils étaient toujours repérés par l'aviation... »

61e DI. Un soldat à sa femme : « On est plus que désorienté après un kilométrage pareil. Nous avons reculé et il me semble bien que nous ne pouvions faire autrement. Ni DCA, ni antichars, ni aviation, ni ligne de repli, ni troupe de couverture et la trahison, les espions, les parachutistes, la 5e colonne. Ce n'était pas drôle. On peut maintenant nous crier sur le dos, il faudrait d'abord voir comment cela s'est passé, si nous n'avons pas été trahis... »

61e DI. Un soldat à son frère : « Si tu pouvais savoir, mon pauvre vieux, comme vain et inutile peut être le courage quand 3 avions passent à 50 mètres de hauteur en te laissant tomber 6 bombes dans un rayon de 15 mètres et dont une éclate à 5 mètres de toi. Quel courage, quelle défense déployer à l'abri de ton arbre, sinon que de se tasser, se faire tout petit, pauvre c... que l'on est, et attendre. Et se relever les nerfs à bout des 3 secondes d'attente pendant lesquelles il s'en est fallu de 25 cm pour ne pas être atteint par un éclat, tout tremblant, tout vidé, tout pauvre type. Je suis passé par là et d'autres aussi qui y ont laissé leur peau. Le terrible, remarque, n'est pas d'y passer. C'est d'être toute la journée dans l'attente de ce moment qui va se reproduire subitement dans une heure, dans deux ou pas du tout. Ce sont alors les nerfs qui en prennent un coup. Et c'est bien la plus sale maladie que je connaisse. »

61ᵉ DI. Un soldat à son oncle : « Le nombre de nos disparus suffit à prouver que les survivants ne devaient pas se trouver dans une position avantageuse pour refouler l'envahisseur. Ça fait mal au cœur de penser qu'en France de telles trahisons aient pu se produire. Mais n'en parlons plus. Qu'il suffise de vous dire que nous ne sommes pas démoralisés, mais écœurés. Nous avons confiance en nos nouveaux chefs et dans un prochain redressement de la situation... »

61ᵉ DI. Un soldat à un ami : « Reynaud a menti odieusement pour sauver son gouvernement de front populaire coupable d'avoir négligé l'aviation ; il fait dériver la responsabilité sur l'armée, c'est honteux. C'est injuste pour ce qui est du passé : le premier coupable, c'est l'État qui a manqué à son devoir de préparation. Le soldat pulvérisé et mitraillé a fait ce qu'il a pu. »

Contrôle du 3 juin 1940 – 4ᵉ DCR 3ᵉ Cuir. Un soldat à sa femme : « Lorsque avec toutes leurs bombes ils n'attrapent pas l'objet visé, ils se mettent à voler en rase-mottes et puis " zou " à la mitrailleuse. Ah ! les salauds. Hier encore un pauvre paysan travaillait sa terre, l'avion ennemi passe, le voit, descend et tue ce paysan. Ce sont des criminels. Si vous verriez les Anglais avec leur artillerie, ils mettent quelque chose aux boches... »

C° Air 49/104 Région n° 2. Extrait d'une lettre d'un soldat à sa femme : « Ici, en ce moment nous sommes relativement tranquilles, peu de boches, d'ailleurs chaque fois cela leur coûte cher. Je crois que cette fois-ci ils sont " foutus ", ils n'avanceront plus et je puis vous certifier d'avoir confiance... »

Xᵉ armée 10ᵉ Cuir. Un soldat à un autre soldat : « On a été envoyés devant Abbeville où nous avons repoussé les boches qui avaient passé la Somme. Il y a eu ensuite une attaque en règle avec chars et dragons portés ; nous étions en réserve dans un village d'où partait l'attaque d'un bataillon de dragons portés. Au bout de trois heures de combat les dragons portés se sont enfuis, pris de panique parce qu'ils avaient été bombardés. Il a fallu que le pauvre 10ᵉ Cuir tienne encore une fois devant les boches... Je ne sais pas si tu te rends compte de ce que c'est qu'un régiment de découverte faisant un métier de fantassin : tenir à tout prix un village. C'est une aberration. Les Français ne songent qu'à ne pas se faire casser la gueule. »

X^{e} armée 4e DCR 24e BCC. Un soldat à un camarade : « Mais malheureusement on perdait un lieutenant tué dans son char ainsi qu'un caporal-chef, et un caporal et son mécanicien sont sautés avec leur char sur une mine. Les boches attendaient les chars avec leurs canons et tiraient par les soupiraux des caves. On avait été vendus, il n'y avait pas d'infanterie ni artillerie. Les biffins se sauvaient sur les routes avec les réfugiés. »

CRT 6. Un soldat à ses parents : « C'est autour d'Abbeville que s'est passé le drame. Nous avons été bombardés et mitraillés par avions. Cela a duré vingt-quatre heures où je désespérais de revoir ma famille. Très souvent couché dans les fossés, j'entendais les balles des mitrailleuses s'enfoncer dans le talus à quelques millimètres seulement au-dessus de moi. Deux balles ont juste déchiré un peu ma veste de drap à hauteur de l'épaule. J'ai essuyé également un chapelet de bombes à 15 mètres de moi, allongé dans un fossé, je n'ai eu que de la terre projetée sur moi. En plus de cela, j'ai traversé la Somme à la nage sous la mitraille des autos blindées et des tanks. Cela a duré de lundi à mardi. Enfin 7 sur 38 sont arrivés à Rouen et j'étais parmi les 7. »

Les malheurs des populations civiles

Dès le début des hostilités, les Français se trouvent, une fois de plus, confrontés aux souffrances et aux traumatismes inhérents à chaque guerre, mais cette fois dans des proportions que la population civile est loin de soupçonner. On se souvient avec douleur du précédent conflit, mais on n'imagine pas les atrocités que réserve cette nouvelle guerre.

Les malheurs commencent avec l'exode, en mai et juin 1940. Les Belges, puis les populations du nord et de l'est du pays fuient devant l'ennemi. Ces premières migrations gardent des proportions limitées au début, puis dès que l'ennemi enfonce la coalition franco-anglaise, les routes sont submergées par un raz de marée humain qui cherche à échapper à l'avance allemande. Des voitures, des charrettes encombrent toutes les voies. La confusion est totale, début juin, lorsque les Parisiens voient grossir le flux descendant. Le spectacle est hallucinant, tout ce qui peut rouler a été mobilisé, dans la précipitation du départ, des nomades improvisés ont surchargé leurs véhicules, ce qui ralentit encore la progression de ces étranges caravanes. On estime entre 8 et 10 millions le nombre de réfugiés sur les routes de France en juin 1940. Même si les voies de communication sont régulièrement mitraillées et les convois bombardés, les populations estiment que la fuite est leur unique chance de salut. Certains, épouvantés par le récit de la destruction de Madrid ou de Rotterdam, fuient les bombardements, d'autres encore veulent échapper aux sévices de l'occupant qui a déjà massacré des civils. Le gouvernement ne contrôle plus la situation, la peur est trop profonde pour pouvoir être jugulée.

Une fois l'exode terminé et la France coupée en deux par l'armistice qui suit la défaite, la population doit supporter les bombardements, surtout celle qui vit près des ports ou des endroits stratégiques. L'aviation anglaise a pris le relais de la Luftwaffe, puis, à partir de 1942, les Américains se livrent à des raids massifs. 1944 est une année noire : en mai, juin et juillet 1944 l'alerte est quasi permanente. Les bombardements accroissent les difficultés de tous ordres : les villes sont de plus en plus mal ravitaillées, les voies de communication sont coupées. Quant aux sentiments de la population, ils oscillent entre la colère et le désarroi face à des bombardements qui peuvent paraître aveugles et d'un intérêt militaire discutable. Mais d'autres les considèrent comme inévitables, y voient le signe de la supériorité aérienne des Alliés et une preuve de l'imminence de la libération.

La troisième calamité qui frappe les Français à cette époque, ce sont les exactions commises par l'occupant et notamment les sévices dirigés contre les populations civiles. « La crainte de la Gestapo devient une véritable obsession », avoue Yvette qui, comme beaucoup de Français, craint les dénonciations des voisins sur les activités de résistance, le mouchardage, les rafles et, pire que tout, les représailles : des civils pris au hasard ou parmi les notables, fusillés pour dissuader les maquisards de s'en prendre aux Allemands.

La population vit dans la terreur constante des Allemands, des alertes, des bombardements. Ajoutons à cela la pénurie de nourriture et la solitude des femmes car les pères, les maris, les fils sont souvent prisonniers ou impliqués dans le conflit. Ce n'est donc pas un hasard que la majorité des lettres aujourd'hui en notre possession soient de la main de femmes.

Si le courrier des Français pendant la guerre ne contient que rarement des réflexions directement politiques, il abonde en récits relatant les malheurs de l'époque. C'est un sujet qui ne laisse personne indifférent, où chacun peut s'exprimer en toute liberté. Tout va mal, les Français vont le dire et l'écrire sans discontinuer jusqu'en juillet 1944.

L'exode

Quelques conversations téléphoniques, interceptées par la commission de contrôle de Dijon le 16 et le 31 mai 1940, donnent une bonne idée de l'ampleur de la confusion qui règne dans le pays.

D'Auxerre à Paris, le 18 mai :

A. – *Les boches ont volé toute la nuit au-dessus de la ville.*
P. – *Vous avez eu une alerte ?*
A. – *Non, il paraît que la sirène ne marche plus.*
P. – *Tant mieux, comme cela vous serez tranquilles.*
A. – *Il y a tous les réfugiés qui passent, c'est terrible, et puis ils racontent des histoires invraisemblables.*
P. – *Oui, on n'aurait pas dû les laisser partir, ils répandent l'inquiétude* [1].

L'hostilité envers ces réfugiés qui passent et, parfois, s'arrêtent est le sentiment le mieux partagé et le plus spontané. Il faut dire que certains petits villages paisibles se retrouvent envahis du jour au lendemain. A Briare, où il ne reste qu'une centaine d'habitants, il passe chaque jour 12 000 réfugiés.

Pourtant, tout le monde n'est pas encore sur les chemins... Certains attendent la dernière minute pour partir, peut-être espèrent-ils encore...

Le 19 mai, une conversation entre Auxerre et Rambouillet.

R. – *J'ai une auto pour partir dès la moindre alerte.*
A. – *Ne tarde pas, que les routes soient encombrées.*
R. – *Quelles journées d'angoisse nous passons.*
A. – *Il y a des moments où l'on aimerait mieux être mort*[2].

Une conversation interceptée le 20 mai 1940, entre un habitant de Sens et son interlocuteur à Chalette, évoque le défilé incessant des populations du nord et de l'est de la France qui fuient devant l'envahisseur.

– ... *C'est honteux au siècle où on est. C'est la destruction. Et les réfugiés défilent depuis cinq jours. Et des chevaux en masse. Des Luxembourgeois, des Belges, des Ardennais. Quel travail!*
– *Ah! c'est un malheur d'avoir été vendu.*
– *Eh oui, il y a des divisions qui ont monté et qui ont dit qu'ils se feraient faire prisonniers de suite.*

Le 30 mai, la cohue des réfugiés bat son plein. Un garagiste d'Issoire, qui n'a pas perdu le sens des affaires, téléphone aussitôt à un collègue d'Avignon pour l'avertir de l'aubaine à saisir :

ISSOIRE. – *J'ai appris que quantité de Belges, émigrés en France, descendaient dans le Midi : beaucoup, paraît-il, ont des véhicules qu'ils vendent à des bons prix. J'ai quelques collègues ici, qui ont fait des affaires merveilleuses. Pour ce qui me concerne, je cherche des Chevrolet, Ford, etc.*
AVIGNON. – *Je pense que je pourrais, moi, m'en occuper et vous signaler des affaires éventuelles.*
I. – *Je vous remercie beaucoup de vous occuper vous-même de cette affaire, mais je vous assure qu'il y a de l'argent à gagner. Alors, c'est entendu, je compte sur vous. Vous n'aurez qu'à me téléphoner au 39 à Issoire, M. B., adjoint au maire d'Issoire*[3]. »

Le 14 juillet 1940, Mme Andrée Kerkohofs, Française résidant en Belgique, écrit une longue lettre à son cousin pour lui raconter son dur exode, d'Ath (Belgique) à Paris, avec son mari Victor et sa fille Monique. Ce dernier fait un aller et retour à Bruxelles pour récupérer quelques affaires : « Victor arriva le soir après avoir vécu le bombardement d'Enghien où brûla le couvent, il était fourbu, vieilli de dix ans, maigri de 5 kilos. Il prit un bon bain de pieds, mangea et se coucha à la cave dans un lit que je lui avais monté pour lui, car moi aussi et Monique, je préférais dormir à la cave plutôt que de se lever sans cesse surtout que l'alerte donnait toujours trop tard. Victor se leva vers 11 heures et décida de nous mettre en route le jour même. On acheta trois vélos et on partit vers la frontière, les valises sur le porte-bagages. Au village frontière, Nilliers, plus de 10 000 personnes attendaient pour passer, mais impossible : seules les autos passaient. Je me démenai et allai trouver les gendarmes, revendiquant ma nationalité de Française, rien à faire !

« On trouva finalement une voiture avec une petite remorque, qui nous prit de bon cœur. Nous étions 17 personnes et 7 vélos, juge... il fallait bien se tenir pour ne pas tomber et on passa.

« Après être passés à Denain juste avant un bombardement de la ville, nous avons voulu prendre un train à Cambrai, mais la gare était en train de brûler. En vélo, on continua vers Péronne, on profita que nous étions cachés, alors que des avions allemands passaient, pour manger notre morceau de pain et notre orange dans un champ de trèfle. Monique, quoique pas habituée et n'ayant pas le ventre plein, ne se plaignait pas et pourtant il faisait chaud !

« On pensait prendre une chambre à Péronne, manger et passer une bonne nuit mais à 3 kilomètres de la ville nous la vîmes qui brûlait. Arrivés devant les premières maisons je n'osais avancer, des autos brûlaient et on voyait des cadavres, mais Victor voulait passer quand même. Et les avions reviennent, on se couche sur un remblai de chemin de fer, les bombes pleuvaient sur Péronne à 250 mètres, les avions nous mitraillaient, Victor ne disait rien et regardait, moi je tremblais, je priais, je mourais de peur, Monique me disait : “ N'aie pas peur, ils sont passés, attends, en voilà un autre, moi je n'ai pas peur, on est dans le manteau de la Sainte Vierge. " Ne les voyant plus revenir, on se remit en route mais ma chaîne de vélo était cassée et j'étais tombée, la main et le genou mal arrangés, on devait aller à pied. Jamais nous n'arriverions à Paris. Dans Péronne tout était fermé ou brûlé, ou détruit. Victor arrête un camion militaire et demande une pince, puis moi, voyant l'officier, je lui demande s'il ne pouvait nous prendre sur son camion, que j'avais une enfant qui roulait depuis le matin. Il accepte nous disant qu'il allait à Amiens, j'eus préféré le Sud mais on s'éloignait toujours. Arrivé à Amiens vers 11 heures le soir le vendredi, on alla directement à la gare où on fit enregistrer nos vélos et attendîmes le train de Paris qui ne se forma que vers 5 heures du matin. Le train était plein quand nous arrivâmes, on dut ouvrir les portières de force, on devenait féroces. Arrivés à Paris à 16 heures, espérant y trouver le calme et le repos, non on criait : " Alerte dans les abris, dans le métro. " Je n'en pouvais plus et mes nerfs étaient à bout, on descendit avec les valises et on alla fort loin sous le tunnel, marchant sur les cailloux. Puis on sortit, on trouva un taxi et nous arrivâmes rue Liot, sales et misérables, où on commençait à désespérer de nous voir arriver; aussi quelle joie! [...]

« Comme on aurait des choses à se dire, mais je m'arrête, je suis fatiguée et puis tu dois en avoir assez si tu as lu jusqu'au bout ma jolie prose.

« Je t'embrasse bien fort,

« Andrée.

« *PS.* Quelle différence entre le 14 juillet 1939 et le 14 juillet 1940! Mais 1941 sera peut-être plus gai [4]. »

Les Français qui ont cru échapper au drame en fuyant n'ont, en fin de compte, trouvé sur leur chemin que des difficultés supplémentaires, des souffrances inutiles. Beaucoup d'anonymes sont morts le long de ces routes. Très vite, les Allemands ont fait sauter les ponts qui enjambaient la Loire, mettant fin, pour des milliers de Français, à tout espoir de gagner le Sud. Beaucoup rebroussent chemin. Les réfugiés dérangent et des départements, surchargés par ces nouveaux arrivants, se les renvoient, faute de moyens pour les nourrir et les loger. L'allocution du Maréchal, le 17 juin 1940, mettra fin à l'exode, quelques jours plus tard des dizaines de milliers d'évacués rentrent chez eux.

La France est vaincue, le pays est coupé en deux zones, les populations civiles vont devoir subir les privations nécessaires, la priorité va à la satisfaction des énormes besoins de la machine de guerre allemande.

De passage à Vichy, une Parisienne énumère avec sa correspondante de Nice, zone libre, les avantages et les inconvénients de leur vie quotidienne en mai 1941.

X. – *Et à Paris, rien de nouveau?*

M. – *Oh!... on est sous la botte... Pas de lumière ou rien. On ne sort plus. On ne peut plus sortir ou alors il faut avoir constamment l'œil cloué à la pendule pour pouvoir foncer sur le dernier métro au moment voulu et rentrer chez soi à l'heure prescrite.*

X. – *Oui, je sais, Monsieur Maurice me l'avait dit.*

M. – *Et il a l'habitude de minimiser. Croyez que vous êtes mieux ici, allez. Si vous saviez ce que l'on a eu froid cet hiver.*

X. – *Oui, je sais, que faites-vous de beau à Paris?*

M. – *Retour à la terre... J'ai planté des pommes de terre... J'en aurai pour les amis, si les boches me les laissent...*

X. – *Ici aussi c'est terrible. Je suis obligée de me faire envoyer des paquets par mon ancienne concierge. On ne trouve plus aucun fruit... mais aucun...*

M. – *D'ici que l'on nous confisque ou que l'on nous interdise les paquets, il n'y a pas loin.*

X. – *Ce sera pour de bon la Révolution nationale* [5].

Les bombardements

Les tracasseries de tous les instants, les souffrances, la mort font désormais partie de la vie quotidienne. Tout est rude, compliqué. Jamais un instant de paix, les populations vivent dans l'angoisse permanente du nouveau malheur qui s'abattra sur eux. Les bombardements, toujours meurtriers, sont considérés comme la pire catastrophe. Les raids anglais contre les ports ont été nombreux dès la fin de 1940. A partir de 1942, les Alliés multiplient les bombardements de nuit sur les nœuds ferroviaires et les centres industriels. Le 3 mars 1943, la RAF, qui a pour cible les usines Renault, frappe le secteur Sèvres-Saint-Cloud. La presse parlera de six cents morts. D'autres bombardements ont lieu sur Paris le 4 avril 1943, le 16 août, le 15 septembre. Au printemps 1944, les voies ferrées sont systématiquement pilonnées. Le bombardement visant la gare de la Chapelle fait près de cinq cents morts et deux mille blessés.

Le récit de Mme G.H., secouriste de la Croix-Rouge, sur le bombardement de Boulogne (1941) résume le sentiment général :

« ... Ce bombardement a été très meurtrier parce que l'alerte n'a pas été donnée sauf dans les cantonnements allemands ; partout où ils logent (hôtels, immeubles, etc.), ils ont été avertis et sont descendus dans les abris ; chez nous, non ; les gens ont été tués soit dans leur lit, soit dans leurs caves où ils étaient réfugiés en hâte, même dans la rue car cela a été très soudain... J'étais le lendemain à 14 heures sur place, jusqu'à 9 heures et demie du matin, sans arrêt ni repos, ni même une boisson chaude ! C'est le plus sale travail que j'ai fait de ma vie et j'avoue que j'ai eu de la peine à m'y mettre, car on nous a employées, nous Croix-Rouge, uniquement à fouiller, laver et ensevelir les morts. J'ai mis les mains dans des tripes en bouillie croyant chercher dans une poche de tablier, j'ai lavé avec de l'eau sale et une éponge sale je ne sais combien de visages défigurés, hideux, grotesques. J'ai aligné la nuit une vingtaine de cadavres tout chauds, gonflés, la plupart des petits enfants qu'on venait de retirer d'une cave où ils s'étaient noyés ; j'ai vu des morts tellement horribles, des gens déchiquetés, des figures à moitié écrasées, toutes projetées d'un même côté, des visages de femmes si grotesques qu'ils en étaient risibles et des enfants aussi, trop d'enfants un petit tout blond, à peine atteint, qui semblait dormir, et faisant l'inventaire de ses poches j'ai sorti des manches de lustrine, des gants tricotés et des bouts de ficelle et ces morceaux de papier inutiles et soigneusement pliés que les gosses de cet âge ont dans leurs vêtements.

« Ah! L'horrible, la sinistre besogne. Pendant trois jours nous avons travaillé les mains nues, ensuite on a daigné nous donner des gants. Au bout d'une semaine, même avant, c'était une telle puanteur que nous en étions malades, traînant cette odeur de cadavres partout; elle se mêlait à nos aliments, nous réveillait la nuit, nous intoxiquait, et nous l'évacuions et exhalions une odeur infecte.

« Jamais, non jamais je n'oublierai cela.

« En rentrant chez moi je quittais tous mes vêtements dès l'entrée, plongeais ceux lavables dans l'eau et le reste, tailleur et cape, passait des heures à l'air. Ce n'est que bien lavée que j'osais pénétrer dans mon studio.

« Enfin, il faisait encore très froid et nous travaillions dans une maison en construction ouverte à tous les vents, sans qu'on ait jamais eu l'idée de nous abriter un peu et chaque équipe faisait, sauf le 1er jour, 8 heures d'affilée.

« On nous a envoyé à chacun une belle lettre de félicitations du président de la Croix-Rouge. J'ai dit au siège que je m'en fiche et que j'aurais mieux aimé une carte de tabac; je ne sais pas si elles sont revenues de leur ahurissement scandalisé [6]!... »

La chute de cette lettre est pour le moins inattendue, mais n'oublions pas que le pragmatisme est de rigueur. Il faut bien sinon vivre, du moins survivre, et ces atrocités finissent par endurcir le cœur de ceux qui sont confrontés quotidiennement à la mort.

Les Français ont pris l'habitude des alertes. Dès que la sirène retentit, c'est la descente aux abris. Là, on attend. Lorsque le danger est passé, les secours arrivent. Au milieu des ruines, on regagne son logement qui, s'il a été épargné, a souvent ses vitres brisées. Pendant plusieurs jours, on manque d'eau, de gaz, de vivres.

Une ville comme Le Havre a connu mille alertes en quatre ans. Dans une lettre du 10 août 1942, René L..., de Lillebonne, près du Havre, décrit les désastres causés par les bombardements anglais : « Le 27 avril 1942, dans le journal, il y avait un avis donnant l'ordre d'évacuation à plusieurs quartiers du Havre. Quartiers adjacents au port. Il nous a fallu trois grands camions pour enlever tout notre matériel y compris comptoir, glaces, tables, enfin les deux magasins, caves, greniers et logements. Vous savez que ce n'était pas beau à voir tous ces gens qui partaient à pied avec des voitures à bras et cela a duré huit jours. En ce moment, les Allemands nous enlèvent les portes et les refonts pour les coffrages, pour les barrages en ciment. Ils nous volent les conduites de plomb d'eau et de gaz et les fils électriques. Récupération! Aujourd'hui, 13 juillet, ils nous fichent à la porte mais gardent les voitures et nous invitent à aller travailler chez eux, heureusement pour moi, je retourne à l'usine avec mon frère.

« Le Havre a encore été bombardé et vous-même, Madame Germaine, qui êtes venue au Havre avec Monsieur Jean vous ne reconnaîtriez point le quartier de la gare. Une fois en sept minutes, dans l'après-midi vers 16 heures ils ont fait (les Anglais) vingt-sept morts, détruisant plusieurs maisons; et dernièrement dans deux nuits le même quartier a repris, enfin je vous dirai qu'au Havre on ne trouve plus une rue sans plusieurs maisons flambées. Dimanche dernier j'ai été au Havre et je dois vous avouer que je n'ai pas le droit d'entrer dans ma maison. Il faut dire aussi qu'à chaque fois que les Anglais viennent il y a des Allemands en moins. Rouen a pris aussi la semaine dernière, on compte des morts civils.

« Hier, les Anglais sont venus à Dieppe, d'où l'on est, on entendait les bruits, l'aviation allait grand train, enfin on compte sur eux le plus tôt possible pour nous délivrer [7]. »

Le 9 septembre 1943, une Parisienne habitant l'ouest de la capitale décrit la situation tragique de son quartier bombardé : « Le quartier est toujours en état de siège, il faut montrer aux cordons d'agents, papiers d'identité et carte d'inscription pour passer. Tous mes fournisseurs ont été touchés, quelques-uns sont tués. La pharmacie de la Croix-Rouge a brûlé avec son personnel. »

Cette lettre m'en a rappelé une autre, retrouvée dans mes archives personnelles. Plus détaillée, elle confirme le bilan dressé par la précédente correspondante.

Le 21 septembre 1943, Paris, Porte d'Auteuil :

« Ma chère mère, vous ne pouvez vous imaginer combien nous avons été secoués par cette dernière attaque, secoués matériellement et moralement. Nous avons très bien vu arriver les avions, la première décharge sur Colombes, le combat avec les chasseurs avec la chute en flammes de plusieurs assaillants. Puis, l'arrivée sur nous, juste le temps de nous coller au mur, et ce fut la rafale. Par deux vagues à quelques moments l'une de l'autre; la maison a oscillé, le sol a tremblé, nous avons vraiment cru cette fois que nous étions effondrés et, l'ouragan passé, nous nous sommes demandé ce que nous allions voir quand nous pourrions nous rapprocher de la fenêtre. Rien qu'un épais nuage noir sentant la poudre et la fumée, nous étions nous-mêmes noirs, et les pauvres appartements sales de poussière et de suie.

« Pour cette fois encore, nous voilà saufs, mais autour de nous, les bombes sont tombées à peu près aux mêmes endroits sur le malheureux quartier qui essayait de reprendre vie et c'est véritablement effroyable. Notre pauvre église, déjà touchée le 3, est cette fois en petits morceaux, et tous les immeubles qui l'entourent effondrés. Le curé nous disait que, dans la paroisse, quatre cent cinquante foyers ont été détruits le 3, et plus de mille le 15. Dimanche. Le pire peut-être, c'est que l'usine n'a rien!... Par ici, on dit qu'ils vont revenir et plusieurs alertes depuis font descendre bien vite les gens affolés, c'est éprouvant et on ne sait plus très bien où l'on est [8]! »

Habiter Paris ou un quelconque site stratégique devient de plus en plus hasardeux à mesure que l'offensive alliée se précise. En 1944 il tombe sur la France près de cinq cent mille bombes!

« Paris, le 31 mai 1944.

« Dans le Nord, la Bretagne, les rares trains qui circulent encore sont tous mitraillés et nos pauvres cheminots sont admirables de courage et de dévouement [...] il y a parmi eux de nombreuses victimes. A Paris, ce sont surtout les jambes qu'il faut actionner car avec les alertes fréquentes les rares stations de métro encore ouvertes sont inabordables. [...] Les usines travaillent uniquement la nuit, par suite de la suppression totale de l'électricité de 7 heures à 21 heures; par conséquent plus de TSF sinon au milieu de la nuit. On en est réduit à écouter les informations de 3 heures du matin.

« Le ravitaillement devient chose impossible, ce sont des queues interminables, des batailles devant les rares boulangeries qui n'ouvrent qu'à certaines heures [9]... »

Une lettre postée aux Mureaux le 7 juillet 1944, décrit avec un certain humour les bombardements qui sévissent dans l'Ouest parisien : « [...] nous avons eu pour commencer le bombardement du pont, plus d'eau, plus de gaz, plus de téléphone, telles en sont les conséquences.

« Plus de trains non plus car, sur la ligne, chaque locomotive reçoit un copieux arrosage qui la laisse sur place. Depuis hier, les choses semblent aller de mal en pis et les avions sans cesse rasent les toits, des gros, des grands, des moyens, des petits il y en a pour tous les goûts, mais malgré cette gamme nous nous passerions volontiers de ce concert... »

Mais les Français ne sont pas victimes que des bombardements. Il leur faut, en plus de ces malheurs continuels, compter avec l'occupant.

L'occupant

Les exactions de l'occupant varient selon la personnalité de chacun. Les Italiens, dans l'ensemble, sont plutôt jugés favorablement par la population. Ils se montrent en général compréhensifs et tolérants. Cela ne les empêche pas de mener à bien quelques opérations indélicates dans les villas de la Côte d'Azur, ainsi qu'en témoigne cette conversation téléphonique du 8 octobre 1942, entre un journaliste niçois et un correspondant de l'agence United Press à Vichy :

NICE. – *Au début de l'occupation italienne, de nombreux vols furent commis dans les villas. Les Beaux-Arts font rechercher deux tableaux signés Titien qui étaient dans la ville, appartenant à Mrs. F.*

VICHY. – *Ce n'est pas Smith?*

N. – *Non, non, c'est bien Faith-Moore. Ce sont deux vieilles filles américaines qui sont très connues sur la Côte d'Azur. Elles sont immensément riches et vivent actuellement en Amérique.*

V. – *Oui.*

N. – *La villa est, bien entendu, sous séquestre. Ces deux tableaux valaient plusieurs millions. Ils ont été coupés grossièrement avec des rasoirs pour enlever les toiles des cadres. On voit que ce ne sont pas des spécialistes. Ce sont des vandales qui ont fait ça, probablement des gens de l'armée d'occupation.*

V. – *Vous savez ce que représentaient ces deux tableaux?*

N. – *Non, on ne le sait pas.*

V. – *Je vous remercie* [10].

Peut-être ont-ils considéré ces deux Titien comme patrimoine national de l'Italie!

Avec les Allemands, dès le début, les choses se passent mal, ce qui est compréhensible. Les Français supportent avec peine la présence quotidienne de ces envahisseurs qu'ils jugent arrogants. La remarque faite en 1941 par la secouriste de la Croix-Rouge déjà citée est claire : « Les Allemands sont de plus en plus haïs. Les deux faits les plus saillants, les plus odieux ont été cet hiver le bombardement de Boulogne et il y a peu de temps les déportations juives... »

Les Allemands ne se préoccupent guère d'attirer la sympathie. Les gens se plaignent, entre autres, de leur comportement irrespectueux. Le 31 mai 1942, d'un correspondant de Chambéry à la famille Gauthier de Saint-Amour : « Il faut que je te raconte ce qui est arrivé le jour de la communion solennelle. Le matin, à la sortie de la messe de 7 heures, il y avait des Allemands (qui habitent en face) qui étaient ivres et qui ont lancé des bouteilles sur les portes et sur les gens en criant : " Les gens qui vont à l'église ce ne sont que des curés et les curés ne sont pas plus que les Juifs et les bolchevistes. " Nous avons manqué de nous casser les jambes sur les débris de bouteilles [11]... »

A l'autre bout du pays, la situation est identique. Cette lettre date d'avril 1943 mais les événements rapportés sont antérieurs : « A Le Maurent [Normandie], nous avons été occupés par des SS qui nous menaient une vie terriblement dure par leurs exigences et leurs chapardements (*sic*). Ils faisaient des fêtes toutes les semaines et, à l'exemple de leur chef, le lieutenant von Ribbentrop, se mettaient dans des états d'ivresse tels que la population en avait grand-peur. C'est ainsi qu'ils cassèrent les vitres de l'église pour arriver à y entrer et sonner les cloches à 10 heures du soir. Ils menaçaient constamment du revolver et faisaient des feux de joie sur la place avec nos portes de placard, nos chaises et nos meubles. Je me demande encore comment tout le pays n'a pas flambé [12] ! »

Sous le couvert de la « réquisition », les Allemands se servent sans autre forme de procès. Ils prennent de gré ou de force ce qui leur est nécessaire. Le 15 juillet 1942, un correspondant de Romorantin à M. Henri F., pharmacien à Argenton (Creuse) : « Il y a quinze jours, il y a eu réquisition de chevaux, effectuée par des officiers allemands. Ils en ont pris cent qui ont été embarqués le soir même pour l'Allemagne. J'ai vu pleurer un brave cultivateur, combattant de l'autre guerre, à qui on avait enlevé le cheval et maintenant incapable de travailler !

« Il faut livrer le seigle avant le 1er août. Pour les œufs, deux communes en ont donné 39 000 en deux réquisitions. Le syndicat agricole s'est vu réquisitionné 6 000 kilos de petits pois ! L'autre semaine, les soldats arrachaient des pommes de terre dans les champs pour manger. " Nous avons faim. " [*Les simples soldats allemands étaient bien souvent logés à la même enseigne que la population française et souffraient aussi de la faim.*] Ils promettent tout ce qu'ils peuvent pour avoir de quoi manger, six paquets de tabac pour deux œufs ! Et on parle de marché noir [13] ! »

Une autre lettre de Romorantin, interceptée en mai 1942, traduit cette même fureur des cultivateurs : « Je n'ai pas besoin de vous dire que les cultivateurs sont drôlement montés surtout depuis deux mois ! On leur prend tout, comme il a été fait ailleurs, on les paye en papier, et naturellement, avec ce papier, ils ne peuvent rien se procurer... En Beauce, beaucoup de meules de blé ont brûlé, bien plus qu'autrefois ! Je n'ai pas besoin de vous dire la vive sympathie qu'éprouvent les habitants des villes pour nos collaborateurs [14] ! »

Fait rarissime, nous avons retrouvé une seconde lettre du même correspondant, écrite le même jour mais expédiée à un destinataire différent. Les événements subissent quelques variantes. « Actuellement réquisition sur réquisition, chevaux, beurre, une vache doit donner trente kilos par an. Les œufs par dizaines de mille. Je n'ai pas besoin de te dire que la paille, le foin, les pains sont également réquisitionnés. Tant pis si la vache n'a rien à croûter, elle doit donner du lait pour que son patron fournisse le beurre. (Au début, nos collaborateurs graissaient leurs bottes avec.)

« Les poules, même chose, rien pour les nourrir, mais elles doivent donner des œufs... Les chevaux sont raflés, on ne laisse que les carnes ou des bêtes vieilles de trente-cinq ans. Les cultivateurs commencent à être drôlement montés. Ils ne peuvent naturellement rien se procurer contre ce qu'ils vendent. »

Les réquisitions apparaissent logiquement comme un des principaux soucis des Français en 1942. Cette troisième lettre en est la preuve. Elle est envoyée par Louis, de Beaumarchès (Gers) à Mlle Sclosser, pension de jeunes filles à Lyon : « En passant près de la ligne de démarcation, du côté de Mont-de-Marsan, nous avons appris bien des choses : que les Allemands ramassent tout ce qu'ils peuvent trouver. Ils réquisitionnent tout dans les fermes : blé, avoine, maïs, haricots, poules, oies, canards, dindons, veaux, moutons, bétail, même les pièces de cochon suspendues, selon la coutume, au plafond, le vin dans les chais, le bois dans les forêts de pins, les draps de lit et couvertures, les fourrures, les chaudrons en cuivre, la vaisselle en étain et argent, les pièces de bronze qui ornent les portails et les portes, les fermetures, grillage de fer, les statues et monuments aux morts et... les cloches.

« Ce dernier point est certifié dans la presse qui ajoute que la peine de mort frappe tous ceux qui tentent de soustraire quelque chose à la réquisition militaire. Ils ne laissent aux gens que leurs yeux pour pleurer. »

A propos de cette lettre, les services de contrôle font le commentaire suivant : « Plaintes au sujet de réquisitions effectuées par les autorités d'occupation. Cette interception résume assez bien un ensemble de renseignements du même ordre [15]. »

Effectivement, les Allemands ne se privent pas d'exploiter du mieux qu'ils peuvent la France et ses occupants. Non contents d'avoir réquisitionné vivres et matériel, ils s'en prennent ensuite aux hommes, qu'ils obligent à travailler pour eux dans des conditions très proches de celles des travailleurs du STO (voir chapitre VII). Seule différence, ceux-ci restent sur le territoire national. Le 1er septembre 1942, Lucien Sautrez, chasseur alpin du 159e régiment d'infanterie, raconte sa triste situation dans la région de Verdun, directement administrée par le Reich : « Là-bas, la vie devient de plus en plus difficile en tout point de vue. Le ravitaillement est très restreint, les Allemands réquisitionnent la marchandise au fur et à mesure qu'elle arrive... ils font abattre la plupart des forêts leur fallant du bois en quantité : rien que pour Verdun et ses alentours, il leur faut pour le 1er décembre 1942 huit mille mètres cubes de bois. »

Il n'y a rien là que nous ne sachions déjà. C'est la suite qui fait frémir, car l'Allemand, devenu quasiment le seul employeur possible, soumet le travailleur français à sa loi : « [...] ce n'est pas intéressant de travailler pour eux, car ils font signer des contrats dont la loi allemande est seule applicable; cette loi allant de la simple amende à la peine de mort et il ne faut pas faire grand-chose pour la subir; ensuite nous étions gardés par quatre à six sentinelles armées qui, du matin au soir, sont derrière vous, criant sans arrêt de travailler dar dar [*sic*]. J'ai vu partir le matin avec un bol de café et rester jusque 6 ou 7 heures du soir sans manger; ils vous font monter le matin en camion soi-disant pour deux ou trois heures mais quand c'est pour revenir... Ils paient bien, mais le travail mérite ce salaire. »

La lettre se poursuit, cette fois pour décrire le climat de cohabitation franco-allemand : « En zone occupée, les trois quarts de la population sont contre eux, principalement les jeunes gens, ils le savent et nous en font subir les conséquences; il faut voir les bagarres qui éclatent le soir entre Français et Allemands, mais souvent à notre détriment. » Voilà une observation qui m'a fortement étonné, je n'imaginais pas un seul instant que Français et Allemands puissent se battre, sans qu'il y ait des représailles de la part des autorités d'occupation! « Les cinémas, les cafés, les restaurants sont remplis de soldats et, quand ils sont partis à faire la bombe, ils vous cherchent des noises et déclenchent des bagarres, mais si vous en rencontrez un tout seul, il ne bronche pas, au contraire, il viendra vous offrir un verre ou une cigarette. »

La troisième partie de cette longue lettre concerne les représailles : « [...] Jean a été réquisitionné avec son grand-père et trois hommes de Bebrupt par les Allemands pour faire des rondes sur les routes et empêcher un pont de sauter, au cas où ce pont viendrait à sauter ou des parachutistes anglais auraient atterri dans les environs et qu'ils n'en auraient pas fait la déclaration à la Kommandantur, ils sont fusillés ainsi que dix hommes du village. » Et les Allemands, pour justifier cette activité de délateur, les paient ! « Ils gagnent cinquante francs par jour... Le salaire est petit pour ce que le risque est grand; car il faut se méfier de certains Français qui n'hésitent pas à faire sauter le pont, question de vengeance. Combien de pauvres types, pères de famille ont été fusillés soit pour avoir hébergé des prisonniers évadés, soit pour avoir des armes, dénoncés par des Français [16]. »

Quand on pense à ces gens, accablés par les difficultés matérielles, supportant souffrances et humiliations, à commencer par l'omniprésence angoissante de l'ennemi, et qui ne pouvaient même pas compter sur la solidarité de leurs compatriotes. De quelle force morale il leur a fallu faire preuve !

Face à la population occupée, chaque Allemand se comporte selon sa propre nature. On en rencontre de débonnaires, qui aiment « s'amuser ». D'autres, rigides et convaincus du sens de leur mission, appliquent à la lettre les ordres officiels. Mais une minorité, dont la férocité a marqué les esprits, profitent de leur pouvoir pour assouvir leurs pulsions sadiques et la barbarie de leurs actes aujourd'hui encore reste gravée dans les mémoires. De Blois, Yvette écrit le 17 novembre 1943 à sa sœur installée en Égypte : « [...] je suis toujours dans la maison d'où tu es partie, menant une vie relativement recluse, à part les nombreuses fois où l'on guette les autos la nuit, et où on se demande où on sera le lendemain. La crainte de la Gestapo devient une véritable obsession. Il y a eu tant de scènes dramatiques et d'arrestations. Le député notaire D. a fait quatre mois de citadelle. Il y a eu cinquante arrestations le même jour, la plupart ont été remis en liberté après quatre mois à l'ombre. Gal est dans le maquis, et tant et tant sont traqués, fusillés, véritable régime de terreur. Et puis, maintenant ce sont les sabotages des terroristes qui compliquent la vie. Rails déboulonnés, ponts qui sautent, retard dans les trains de douze heures quelquefois, c'est charmant [17]... »

Les revers militaires de l'Allemagne et la multiplication des initiatives de la Résistance entraînent une réaction violente des Allemands. Les effectifs de la Gestapo sont renforcés, à chaque attentat on fusille les otages. La Wehrmarcht sent venir la défaite. En 1944, après le succès du débarquement allié, les divisions SS, harcelées, sèment la terreur sur leur passage, se vengeant ainsi sur les populations civiles impuissantes. La politique du pire est pratiquée par certains régiments dont le tristement célèbre « Das Reich » qui, le 10 juin 1944, décime la population d'Oradour-sur-Glane. C'est ici le massacre de Tulle que nous rapporte une habitante, peu après la libération de la ville.

Lettre d'une habitante de Tulle, communiquée au directeur du *Crapouillot*, peu après le drame qui ensanglanta la ville.

« Tulle, samedi 17 juin 1944.

« Je ne sais depuis quand je t'ai écrit, mais ma dernière lettre doit dater d'assez longtemps, les événements qui viennent de se dérouler à Tulle en sont la cause. Le vieux dicton " pas de nouvelles, bonnes nouvelles " n'est pas exact car celles que je vais te donner sont bien douloureuses. Nous avons vécu les journées les plus tragiques de notre existence; elles sont à jamais gravées dans notre mémoire; peut-être en as-tu eu quelques échos par Mme F. si elle a reçu des nouvelles d'Egleton. Je vais te conter succinctement les faits, car avec tous les détails il me faudrait un journal et je ne suis pas certaine que ma lettre te parvienne : les communications sont interrompues. Donc, depuis un mois et demi tout allait mal dans la région; le maquis avait pris successivement Egleton, Argentat et d'autres localités; toutes communications coupées par rail et par route, le maquis les coupait en mettant des arbres en travers et en faisant rebrousser chemin à tous les paysans. On disait partout : " Ils vont prendre Tulle ", mais on n'y croyait pas trop, lorsque le mercredi 7, à 5 h 30, on entend une fusillade toute proche, les bombes éclatent un peu partout, les mitrailleuses crépitent sans arrêt. Géo se lève et ouvre les volets de la cuisine sur la passerelle. Sur le mur du jardin un maquisard le met en joue avec sa mitraillette ; il rentre vivement. On jette un coup d'œil devant la gare, elle est occupée par le maquis également. Les Allemands sont à l'hôtel Dufayet, puis à l'hôtel Latrémollière, à droite et à gauche de la pharmacie Foussat ; nous sommes entre deux feux. Les balles crépitent de part et d'autre toute la matinée. La fleuriste à côté de Soubranne (une jolie femme) est tuée dans sa chambre, le frère de Foussat est tué derrière ses volets, la nièce de la fleuriste également tuée chez elle ; un cheminot dans sa maisonnette, juste derrière le château d'eau, en ouvrant ses volets est tué, bref le matin se passe ainsi.

« Vers 1 heure, on voit surgir un groupe d'Allemands, mitraillettes en main, qui enfoncent les portes de la gare ; debout sur les fenêtres, derrière nos volets et protégés par les arbres que les Allemands avaient heureusement interdit d'élaguer, nous suivons les péripéties de la bataille.

« Les propriétaires du buffet, au nombre de cinq, s'enfuient au milieu des éclatements de balles, vitres brisées, meubles éventrés, et se réfugient chez Chazale, le coiffeur du rez-de-chaussée de notre immeuble ; puis on voit surgir un groupe important d'hommes désarmés, sortant de la gare les mains levées ; les Allemands en fauchent trois sous nos yeux, que l'on verra mourir et rester là devant nos fenêtres jusqu'au soir ; les autres rampent tels des vers de terre, essayant de fuir dans les abris construits depuis peu. Tous, les uns après les autres, sont ainsi fauchés, en s'enfuyant sur les rails, au total vingt-cinq. Tous les locataires de notre immeuble réunis sur les escaliers, derrière les fenêtres, nous commentons tous les faits. Chagnole dit (et nous sommes de son avis) : " Si c'est ça que les maquisards, ils ne sont guère courageux. " Hélas ! nous parlions en ignorants. Les maquisards avaient pris la fuite, et les malheureux abattus ainsi étaient les gardes-voie qui, après avoir pris la garde toute la nuit sous l'orage, n'avaient pu partir à 6 heures comme ils en avaient l'habitude ; pris dans la fusillade ou peut-être prisonniers du maquis, ils pensaient être libérés par les Allemands. Ce n'est que le soir, à 22 heures, que la Croix-Rouge et les pompiers ont enlevé les vingt-cinq corps, tout violacés et restés exposés au soleil depuis une heure de l'après-midi. Parmi ces malheureux, il y avait des enfants de troupe, des moniteurs, qui prenaient la garde, en remplacement d'autres, pour gagner quelque argent. Une jeune femme réfugiée de Saint-Étienne pleurait chez Vaujour son mari qui lui aussi avait pris une garde pour gagner un peu.

« Bref, l'après-midi s'écoule calmement, les cadavres et le crépitement des balles. Pas un être vivant à l'horizon, le maquis a évacué les jardins de droite et de gauche du nôtre, ne laissant qu'un mort. Je me glisse rue Marbeau, Mme M... me dit que la caserne des GMR a été incendiée et de ce fait le soir nous les voyons partir des fenêtres du troisième. Ils se sont rendus et quittent la ville par la route de Brive. Nous sommes consternés, qui va nous défendre ? La bataille fait rage en ville, les Allemands sont délogés de la poste et se réfugient à l'école normale, ils sont environ cent à cent cinquante. Le maquis met le feu à l'école, les Allemands s'enfuient dans les flammes, quarante sont massacrés et hélas ! la population s'en mêle, achevant les blessés, les mutilant ; elle leur arrache les yeux, leur coupe les parties, leurs mains, leur fracasse la tête, arrache la cervelle, remet les casques sur la tête des Allemands, la cervelle par-dessus. Que sais-je encore ! Des horreurs, le drapeau rouge flotte ; ces nouvelles nous bouleversent. Comment va-t-on passer la nuit ? Nous l'appréhendons. Elle se passe calmement.

« Le lendemain, à part la fusillade qui crépite un peu partout, la gare est calme. Un silence de mort plane, pas un être vivant, une angoisse nous étreint, on attend le pire. Que va-t-il arriver? Je me glisse aux renseignements rue Marbeau, timidement par le derrière et non point par la gare qui reste le point dangereux. Les volets s'entrouvrent, puis les portes, on se hasarde sur le trottoir. Tout à coup un avion allemand surgit en rase-mottes, il mitraille tout sur son passage, au hasard. C'est un sauve-qui-peut éperdu, puis le calme revient, on se glisse en longeant les murs, au jardin. Le mur du garage a reçu des balles, il est troué, il y a également des balles par terre.

« Puis le soir, un bruit de troupes motorisées arrive à nos oreilles. Nous montons chez Chagnole et par la route de

Brive on voit arriver toute une division de SS. Une peur nous envahit, les représailles vont être sanglantes. Déjà les motos à toute vitesse circulent dans les rues et mitraillent tout sur leur passage. Dans les fenêtres, partout, entre la mitraille. Nous nous habillons tout prêts à fuir; les Chagnole sont descendus chez nous et se tiennent dans le couloir, pour éviter les balles. Le jour tombe, je fais ma valise à genoux sur le tapis de ma chambre. J'ai ouvert les volets pour y voir, me croyant à l'abri derrière l'épaisseur des arbres; tout à coup une mitraillette arrive de je ne sais où, je me colle par terre, une flamme surgit dans la salle de bains. On n'a jamais su ce que c'était. Une grenade, dit Marlin.

« En rampant, un moment après, je les rejoins dans le couloir et laisse en plan ma valise. Nous restons là une partie de la nuit serrés les uns contre les autres, puis le calme revenu nous nous allongeons tout habillés sur nos lits. Nuit calme.

« Troisième journée au matin. Nous déjeunons comme nous pouvons, à la cuisine, car nous n'avons ni pain, ni café, ni gaz, ni eau, ni électricité et presque plus de bois. Il est 8 h 30, nous voyons descendre le locataire de la maison derrière la cuisine, entre deux Allemands, il a son pardessus et sa femme s'affole, lui fait sa musette, puis le locataire du dessous; je me glisse rue Marbeau. Je risque un œil en entrebâillant la porte du jardin. Horreur, tout un groupe d'hommes prêts à partir, encadrés par des Allemands. J'accours à la maison et fais préparer Géo. Marlin en fait autant et Chagnole endosse son uniforme, coiffe sa casquette de chef de gare et, risque pour risque, va prendre son poste. Les Allemands chargés de venir chercher les hommes chez nous, paresseux ou fatigués de monter les étages, ont demandé au coiffeur : " Combien d'hommes là-haut? – Trois, a-t-il répondu, mais vieux. " Tout s'est passé ainsi pour notre maison seulement, car toutes les autres ont été vidées. Dans la matinée, on voit les Allemands attacher des cordes aux balcons, aux pylônes électriques (deux cordes pendent chez nous). De chez Brunie au Boulenger à Souillac, des cordes pendent à tous les balcons. On chuchote : c'est pour pendre les prisonniers. Nous étions à cent lieues de penser que c'était pour ces malheureux. L'après-midi on voit revenir des tanks et des tanks qui avaient pris part à la bataille avec le maquis, poursuivi aux environs. Ils sont surmontés chacun de cinq prisonniers dont deux femmes, des gendarmes qui avaient passé dans le camp adverse. Au total environ quatre-vingts. Je respirais, car je savais qu'il fallait cent vingt têtes, c'était autant d'otages en moins. Mais ces prisonniers, on les a fait descendre devant le Terminus et on ne sait ce qu'ils sont devenus.

« De tous les hommes de la ville, on fit trois groupes : les sacrifiés, les déportés et ceux qui rentraient chez eux, cent vingt ont été pendus, neuf cents emmenés à Limoges et les autres ont été libérés.

« Dans les sacrifiés, pris au hasard, un lieutenant allemand les désignait du doigt selon que la tête lui plaisait ou non, et même sans les examiner. Dans les sacrifiés, combien de voisins sympathiques, je ne pourrais le dire. Autour de nous, à droite et à gauche, partout des manquants : à côté de chez Perraut, l'hôtelier qui couche derrière rue Marbeau, tout un chapelet dont un jeune homme qui venait de passer son bac, deux jours auparavant, neveu du professeur de piano de Françoise, c'est la villa qui touche à Majun. Devant le préparateur de Mme Foussat, un jeune pharmacien qui faisait un stage chez elle; un peu plus loin, mon coiffeur, vingt-six ans, qui venait de se marier; le jeune beau-frère de l'ébéniste qui vient de se faire opérer par Bergeret, il était en permission de deux jours, pour venir se faire pendre ici; un jeune réfugié du Havre qui avait une entreprise de gazos et dont les ouvriers venaient se faire soigner chez nous; des tas de clients de Géo jusqu'à quatre dans la même maison, souvent père et fils; deux petits-fils d'un homme que nous connaissons tous aux alentours de chez nous; c'est un crève-cœur; le professeur de latin de Pierre agrégé en philo, deux dans le service de Marlin, qui étaient même des chefs de la légion. Mais les chefs du maquis ont pris le large, ce sont des officiers russes qui ont commandé le coup de main. Un directeur d'usine, ami de Mme Augère, ayant habité la Russie, s'est entretenu avec eux. Les notabilités se sont rendues à Souillac pour assister les malheureux et essayer de sauver quelques têtes. Ce directeur d'usine a réussi à en sauver deux, le directeur de l'usine à gaz également. On reproche à M. Marlin, connaissant l'allemand, de n'avoir pas bougé pour sauver les deux malheureux des services des Ponts et Chaussées. Dans le groupe des sacrifiés, un enfant de quinze ans, fils de la receveuse des postes de Souillac, se trouvait là, un homme l'a poussé dans l'autre groupe en lui disant : " Tu es trop jeune, toi ; moi personne ne me pleurera, je reste là. " Plusieurs ont pu changer de groupe, paraît-il. Enfin, le lendemain samedi, on a eu le droit d'aller chercher du pain. Te dire le spectacle que nous avons eu sous les yeux, c'est affreux ; les corps étaient enlevés heureusement ; les cordes avaient été coupées par les Chantiers de jeunesse, mais les ruisseaux étaient rouges de sang, les cervelles presque entières gisaient sur le trottoir, les escabeaux maculés de sang sur lesquels les malheureux sont montés pour le sacrifice étaient encore là, car on les a mitraillés après. Une odeur de charnier plane sur Souillac. A un balcon, juste après le passage à niveau, dix-huit corps se balançaient, chez Foussat huit, c'est une chose inoubliable ; neuf cents dont six cents jeunes des Chantiers ont été emmenés à Limoges en camion. Là, paraît-il, on a voulu les fusiller ; quelques-uns qui sont rentrés ont raconté qu'on les avait fait mettre à genoux pendant qu'on creusait leur tombe. C'est l'aumônier des Chantiers qui les aurait sauvés, dit-on. Ils ont été déportés en Allemagne.

« Voilà, ma chérie, les journées que nous avons vécues.

« Partout dans la rue, on voit des visages amaigris, tristes, consternés, des femmes en pleurs. Il y a eu des Allemands de passage en quantité, maintenant ils sont plus nombreux, c'est ce qui nous fait peur, car nous craignons une nouvelle tentative du maquis. Cette fois nous n'y échapperons pas. Le général de la division des SS voulait brûler toute la ville à l'aide de lance-flammes et fusiller deux mille hommes dont les notabilités. Le Préfet, par sa ténacité, a réussi à limiter les dégâts : cinq cents tués accidentellement par les balles pendant la bataille ? Tu vois que Tulle est en train de pleurer et d'enterrer ses morts (deux femmes sont mortes de peur).

« Inutile de te dire, ma chérie, que nous n'avons aucun ravitaillement, aucun paysan ni paysanne ne se risque dans la ville maudite. De plus, les troupes ont vidé littéralement les stocks de marchandises et les réserves ; la rue Victor-Hugo a souffert de la bataille, toutes les vitres sont brisées, les maisons éventrées, les trottoirs défoncés, c'est une vision de bataille. Et de peur, car nous avons peur, oui peur. Une angoisse nous étreint; jamais pendant les moments les plus tragiques de l'autre guerre je n'ai éprouvé cette sensation d'angoisse pour les temps qui viennent. Avec cela pas la moindre nouvelle, les bobards circulent plus énormes que jamais, absence totale de courriers, de journaux et sans radio depuis quinze jours.

« Pas une minute d'électricité dans la journée, on se couche au jour, le couvre-feu est à 8 heures, depuis si longtemps d'ailleurs que je ne sais plus depuis quand. Nous sommes placés sous l'autorité allemande, l'Administration française n'a plus la parole et la propriété privée ne sera respectée que selon les événements : déjà nombre de familles ont été pillées. Jusqu'à présent nous avons eu une veine épatante... »

III

LE RAVITAILLEMENT

Les difficultés d'approvisionnement dues à la guerre ont fortement et durablement traumatisé les Français. Combien de fois en effet les nouvelles générations n'ontelles pas entendu de la bouche de leurs parents ou grands-parents ces histoires de rutabagas, de café infect et de chaussures à semelles de bois? Mais, pour tous, la réalité fut encore plus rude que ce que nous pouvons imaginer aujourd'hui. D'ailleurs, on ne se débarrasse pas aisément des réflexes acquis au cours d'épreuves aussi douloureuses et nous avons pu constater qu'en janvier 1991, dès les premiers jours de la guerre du Golfe, les supermarchés étaient pris d'assaut et les rayons d'épicerie dévalisés. Une telle réaction permet de mesurer aujourd'hui encore les traces laissées par ces cinq années de privations.

Jusqu'en juin 1940, la guerre a peu d'incidence sur la vie et les habitudes alimentaires des Français. Ceux-ci se croient à l'abri, persuadés que la France est un pays de cocagne qui produit tout ce dont on peut avoir besoin. Belle ignorance de la réalité : sucre, riz, bananes, cacao, huile de palme et caoutchouc proviennent bel et bien des colonies, le pétrole du Moyen-Orient, la laine d'Australie et la pâte à papier de Finlande. Les ports de l'Atlantique étant tombés aux mains des Allemands après leur offensive réussie de mai-juin 1940, ces denrées viennent rapidement à manquer. Économes de nature, les Français ont fait des réserves qui leur permettront de tenir encore quelque temps avant de devoir affronter la pénurie.

A cela s'ajoute le fort ralentissement de l'activité économique. Les hommes sont absents : ils se battent, sont prisonniers (1 800 000) ou morts au champ d'honneur. Les transports sont quasiment inexistants et les communications avec l'étranger interrompues. Enfin, la dette de guerre commence à peser. La Wehrmacht est riche, grâce à l'amende imposée au gouvernement français et c'est aux Allemands que vont les meilleures parts puisqu'ils peuvent payer, eux! De plus, en dehors de la consommation sur place, s'ajoutent les envois de denrées outre-Rhin. Des acheteurs allemands viennent même sélectionner les produits destinés à garnir leurs boutiques. Pris au jeu de l'offre et de la demande, certains commerçants français se livreront à la pratique du marché noir, ce qui aidera à précipiter l'économie française dans la débâcle.

Face à l'ampleur du problème, Vichy et son ministère du Ravitaillement se révéleront impuissants et ce ne sont pas les lois, les interdictions et amendes de toutes sortes qui assainiront la situation. Dès 1940, le rationnement de l'alimentation est instauré : 1 200 calories par jour et par personne, c'est peu quand on sait que les Français de l'époque étaient, dans l'ensemble, de gros mangeurs et qu'ils en ingurgitaient environ 2 500. Un rapport fourni au général de Gaulle donne une idée de ce que représentait la consommation d'une famille « de la moyenne bourgeoisie dans une ville ni particulièrement bien, ni particulièrement mal ravitaillée : 275 grammes de pain par jour; 175 grammes de beurre et 125 de margarine par mois; 70 grammes de viande sans os par semaine; entre 90 et 180 grammes de charcuterie par mois. Le rationnement, les cartes et les tickets d'alimentation ne sont que de piètres mesures. Bien souvent, après des heures passées dans une file d'attente, on reste le ticket à la main et l'espoir déçu car la marchandise est épuisée ».

Depuis le 2 août 1940, le Français est au régime. La consommation de pain, de sucre, de pâtes est réduite, puis c'est très vite le tour du beurre, de l'huile, des œufs, de la viande, du poisson, des pommes de terre. Les fumeurs, les buveurs de vin sont rationnés. Le mot allemand *Ersatz* fait son apparition dans le vocabulaire quotidien. La margarine remplace le beurre, la saccharine s'utilise en guise de sucre et le petit noir a perdu de sa saveur...

Le 7 août 1940, un Parisien âgé se plaint déjà :

« Chère amie,

« Il n'y a rien à manger, pendant les trois jours sans viande, pour un homme comme moi qui ne sait pas faire la cuisine. Il n'y a ni œufs, ni beurre (augmenté), ni fromage, ni sardines, ni pâtes [?], pas toujours de pommes de terre. Il faut faire la queue aux fruitiers, aux épiciers, aux crémiers, qui d'ailleurs n'ont à peu près rien. Peu de charcutiers ouverts. Queues aussi, je n'en ai pas le courage. Je ne puis rester une heure, une heure et demie debout, au milieu de tout ce peuple. La tête me tourne. Voilà trois jours que je mange avec un morceau de pain et un peu de café.

« Le métro est horrible pour les voyages matin et soir. C'est à s'évanouir tant on est empilé.

« On nous a annoncé de nouvelles restrictions : sucre, riz, pâtes, café, et d'autres choses qu'on ne nomme pas.

« Annonce aussi du peu de charbon pour l'hiver.

« Amitiés [1]. »

En zone occupée comme en zone libre, le ravitaillement mobilise les énergies, ainsi que l'explique un correspondant anonyme en mars 1941 : « Personne ne sort sans son petit sac. Des cyclistes courent dans les campagnes pour prendre dans les maisons tout ce qui leur tombe sous la main... A dire vrai, nous sommes loin de mourir de faim, le marché noir est en fait une organisation prospère, les échanges en nature sont aussi très en vogue. Personnellement, les souliers sont mon grand souci. Il est impossible d'en faire faire car on ne donne pas de cartes. Je serai finalement obligé d'aller nu-pied. C'est une affaire d'habitude. Le marché noir ouvre à 22 heures, puis on va faire des visites et, à 23 heures, tout le monde se débine pour ne pas être pris par les patrouilles et avoir à passer le reste de la nuit à la salle de police à cirer des bottes [2]. »

Cette interception téléphonique du 2 octobre 1941 entre M. Lepetit, commerçant agréé par Vichy et M. Garanger, fonctionnaire au service du ravitaillement pour le café, nous plonge directement au cœur du problème. Pourquoi ce soudain intérêt pour les glands? Que signifie le terme de ramasseur « officiel » et en quoi consiste le marché noir du gland? C'est simple : le café est devenu si rare qu'à défaut des grains parfumés exhalant les arômes les plus subtils, on a trouvé comme succédané les glands de chêne mélangés à des graines d'avoine et des racines de chicorée. On imagine la couleur et le goût...

L. – *Rien de nouveau?*

G. – *Gilg vient aujourd'hui. Demain nous allons décider pour le ramassage des glands. Comme vous vous en êtes déjà chargé l'année dernière je vais vous faire désigner officiellement. Avez-vous déjà fait quelque chose auprès de la préfecture?*

L. – *J'ai vu l'intendant. Il m'a demandé de lui faire un plan de travail; je lui ai envoyé une lettre dont je vous fais parvenir la copie. Il m'a posé une question, il m'a dit : « Que ferez-vous si vous rencontrez quelqu'un qui fait du marché noir? » Je lui ai répondu qu'il fallait qu'il me donne toute l'autorisation nécessaire pour obvier à cela.*

G. – *Oui, vous pouvez très bien tomber sur un type qui achète plus cher, qui vous rafle tout.*

L. – *Le plus embêtant, c'est qu'il faut donner un pourcentage à l'Agriculture.*

G. – *Enfin nous allons mettre tout cela au point. Je vais réunir ceux qui s'occupent des glands dans chaque département et je leur ferai une conférence là-dessus. Vous en avez dans votre région?*

L. – *Je crois que nous pourrons en récolter deux cent cinquante tonnes.*

G. – *Tant que cela?*

L. – *Oui mais il y a déjà des particuliers qui veulent les faire ramasser pour en faire tout un marché.*

G. – *Il faut empêcher cela.*

L. – *Que voulez-vous, le directeur du ravitaillement de Limoges lui-même a autorisé quelqu'un à les ramasser; je suis allé le voir, il m'a dit que ce n'était pas vrai, mais j'ai vu la lettre hier.*

G. – *C'est réel?*

L. – *Puisqu'il a une autorisation écrite! Il y est dit que cette personne est autorisée au ramassage des glands suivant l'accord fait entre le directeur de Limoges et elle. Je ne peux aller revoir le directeur avant d'avoir tout pouvoir.*

G. – *Que voulez-vous qu'on arrive à faire dans des conditions pareilles? Je vais aller au Ravitaillement dire que l'on ne donne aucune autorisation. Nous allons absolument au marché noir.*

L. – *Il y a aussi des annonces dans les journaux. Un nommé Trarieux, de Limoges, a fait paraître une annonce. Ce type-là a fait faillite autrefois. J'en ai été pour deux mille balles. Voilà les gens que l'on introduit dans le marché.*

G. – *Je vais voir pour tout cela, je retéléphonerai samedi. [...] Il faut faire vite mais que voulez-vous, quand on veut un peu remuer le « ravitaillement » c'est comme la tour de Babel. On verra les intendants pour qu'ils ne donnent aucune autorisation et ceux qui en ont eu, eh bien, on réquisitionnera ce qu'ils auront ramassé.*

L. – *Le prix est-il fixé?*

G. – *Oui, 2,50 au centre de stockage.*

L. – *Retéléphonez-moi samedi.*

G. – *C'est entendu* [3].

Ainsi, toute denrée comestible est contingentée afin d'empêcher les plus favorisés de rafler tout ce qu'ils trouvent et de constituer des stocks. Pourtant, si Vichy a instauré le système par souci de justice sociale, cela n'empêche pas certains fonctionnaires d'adapter les consignes en fonction des circonstances. La conversation que nous venons de lire ne nous dit pas si c'est par pure bonté ou par intérêt que le directeur du ravitaillement a donné son autorisation!

L'administration tente tant bien que mal d'organiser le système de ravitaillement pour l'ensemble de la population. La tâche est d'autant moins aisée que l'approvisionnement est devenu rapidement problématique. Lorsque les fonctionnaires réalisent combien la situation est inextricable, ils se démobilisent. D'autres, plus pragmatiques, profitent de leur position pour améliorer l'ordinaire.

Quant aux fumeurs, leur situation est dure. La vente libre a été interdite dès l'été 1941. Il faut être un homme âgé d'au moins dix-huit ans pour obtenir une carte spéciale. Certains adolescents, qui n'ont pas le droit de fumer, frisent la neurasthénie. D'autres sont prêts à tout pour obtenir le précieux paquet. Les gauloises valent cent francs, soit dix fois le prix taxé. On ramasse les mégots, la cigarette devient objet de convoitise et les voleurs, lorsqu'ils se font prendre, sont jetés en prison.

On comprend pourquoi ce fonctionnaire de Vichy, qui reçoit d'une collègue parisienne de petites quantités de tabac, est surnommé « ministre du Ravitaillement » par ses confrères. Voici leur conversation téléphonique du 30 juillet 1941 :

VICHY. – *Dans la mesure de vos possibilités, continuez à envoyer du gris, gauloises bleues, gitanes maïs et celtiques bleues.*

PARIS. – *Il y en a deux paquets pour vous que M. Bascari vous apportera.*

V. – *Bien, car ici ça ne va pas. Je sais que vous êtes bien gentille. Vous ne savez pas comment on me nomme ici ? Le ministre du Ravitaillement !*

P. – *On me donne des qualificatifs moins agréables, mais je m'en fous !*

V. – *Peux-tu envoyer deux litres d'huile et un kilo de sucre cristallisé ?*

P. – *Oui je peux, mais ménagez l'huile, je n'en aurai pas pendant un mois*[4].

Les Français sont obnubilés par les problèmes matériels. Trouver de quoi se nourrir, se chauffer et se vêtir leur demande de rassembler toute leur énergie et de faire fonctionner à plein temps leur matière grise. C'est l'ère du système D. C'est aussi le moment où l'on apprécie les cousins à la campagne. Il fait bon être paysan dans la France de ces années-là. A la ferme, on vit quasiment en autarcie. Le gouvernement porte d'ailleurs une attention toute particulière au monde rural. Pétain cite les paysans en exemple à la nation. Ce qui n'empêche pas l'État de taxer, saisir ou réquisitionner leur production.

En 1941, pour endiguer la famine qui sévit parmi les populations citadines les plus défavorisées, on autorise les agriculteurs à envoyer de la nourriture en quantité limitée. Ce sont les « colis familiaux ». Rien que pour l'année 1942, 13 500 000 colis sont expédiés. Dès lors, certains se « découvrent » une nombreuse parentèle paysanne. C'est le cas de la famille L., de Paris. Trois lettres nous renseignent sur ses sources d'approvisionnement.

Le 21 janvier 1941, d'une « parente » de Compiègne : « Je vous annonce un paquet par la poste. Ne trouvant ces jours-ci ni lapin, ni poulet, ni oie, je vous envoie une boîte de dinde en gelée, un paquet de tapioca et un pavé de pain d'épices. Dites-moi bien sincèrement si cette dinde est bonne et si la boîte est vraiment remplie. Il y a de quoi se fâcher en voyant qu'on a laissé Paris manquer de pain ; des trains de farine ne sont pas difficiles à organiser[5]... »

Le 21 juillet 1941, une correspondante des Charentes leur adresse une curieuse comptabilité. Cette fois, il s'agit d'une paysanne dont la famille L... s'achetait les services : « J'espère que Madame a reçu le dernier colis, il était du 24 juin et contenait 24 œufs et deux fromages. Je n'ai rien envoyer depuis car en ce moment nous sommes déborder par les foins de plus les poules sont enfermées à cause des blés qui mûrissent on ne trouve plus d'œufs. Ce colis du 24 juin ramenait notre compte à 286,05 et il y avait 57 francs que je dois à Monsieur pour le pneu cela fait donc encore 343,05 en compte. Nous avons eu 1 200 F d'amende pour les œufs en trop du mois de mars. Albert trouve que c'est beaucoup pour nous seuls et ils souhaitent que nos correspondants *[les familles auxquelles ils envoient de la nourriture]* nous aident un peu ne serait-ce que 50 ou 75 F. pour le beurre je n'ose plus en envoyer car l'amende serait bien plus forte encore. Si Madame veut je peux en faire tout de même et le faire fondre pour pouvoir l'envoyer aussitôt qu'il y aura une tolérance où si Madame voit un autre moyen pour l'envoyer? en tout cas je ne l'enverrais pas sous mon nom[6]. »

Un an plus tard, les L... quittent la capitale pour aller chercher du ravitaillement en province. Mais, le 21 juillet 1942, ils reçoivent une mauvaise nouvelle de leur cousine restée à Paris : « J'ai reçu un coup de téléphone de votre immeuble le lendemain de votre départ. Il était arrivé un colis : lapin et légumes. En me demandant ce qu'il fallait en faire, la concierge, suggérant que le lapin était très à point pour être mangé, m'a offert de garder le colis et de m'arranger avec vous à votre retour... J'ai pensé que vous ne seriez pas contrariés de cette solution mais, samedi soir, nouveau coup de téléphone [...] il était encore arrivé un colis à votre adresse, cette fois-ci un autre genre de bestioles : trois langoustes. Le lapin étant à peine digéré, elle ne m'a pas offert de les garder mais m'a dit qu'elle en aurait sans doute le placement parmi les locataires. Ainsi vous aurez ravitaillé la maison en votre absence et pour des gens qui en temps ordinaire ne le sont pas beaucoup, tout cela est arrivé bien malencontreusement [7]... » Comme on le voit, la cousine ne se prive pas pour ironiser sur le sort des L... qui, pris par la crainte de manquer, s'embrouillent dans les dates de leurs livraisons. Aucun doute en tout cas sur la situation de la famille L... Elle fait partie des privilégiés qui ont les moyens financiers et l'entregent suffisant pour avoir un niveau de vie meilleur que la masse des démunis.

Dans sa lettre du 30 juillet 1941, retrouvée aux Archives départementales de l'Ain, une habitante de la banlieue lyonnaise décrit longuement, à ses oncle et tante de Genève la situation du ravitaillement dans sa région : « [...] le ravitaillement est toujours de plus en plus maigre. Tout le mois de septembre nous avons eu deux litres de vin par semaine. Heureusement nous en avions un peu d'avance, mais c'est bientôt fini, et chez notre oncle, ils n'en ont plus non plus depuis huit jours, et quand ils vont en recevoir, ils vont être obligés de le vendre 11 F le litre, et même à nous, ils nous le laisseraient à 10 F. On ne peut pas le payer ce prix-là. Quant à la viande, ce mois nous avons eu aussi des tickets de reste, quoique pour nous il ne faut pas encore trop se plaindre, car notre boucher est voisin avec notre oncle, alors la tante, en resquillant pour elle, elle resquille aussi un peu pour nous; en plus ils ont leur bonne qui est de l'Isère et nous ravitaille aussi un peu en œufs, fromage, quelques poulets ou lapins ainsi que de la farine, et notre tante a aussi de temps en temps l'occasion d'aller dans l'Ain chez son frère avec un de leurs clients qui va chercher du bois avec un camion, alors ils peuvent encore aussi pas mal apporter des choses, mais à des prix souvent très élevés. Aussi, je vous assure que même en travaillant tous les deux on joint juste les deux bouts. Tout est à des prix inabordables.

« [...] Bien sûr que pour les légumes frais, nous sommes quand même plus favorisés qu'à Lyon car il y a pas mal de maraîchers par ici. Moi j'ai bien quand même fait 10 kilos de haricots verts en conserve, mais je les ai eus par protection; alors on mangeait les gros et nous mettions les fins dans le pot. J'ai bien fait aussi provision de confitures. Quant au beurre nous n'en sommes pas trop privés car mes parents nous envoient de temps en temps un colis ainsi que du fromage et des lentilles, mais en ce moment ils ne peuvent nous les envoyer que par la poste, car la gare c'est trop souvent qu'ils sont ouverts. Quand nous y sommes allés avec Jean, nous en avons expédié un de 8 kilos et nous a manqué 1 kilo de beurre. Enfin, un peu d'un côté ou de l'autre, nous ne sommes pas encore des plus malheureux, mais je vous assure qu'il y en a des malheureux [tel] celui qui ne peut pas payer le prix. Car je vous assure que le commerce noir marche bien. Je crois que plus on le défend et plus il s'en fait.

« [...] Comme on n'a pas beaucoup de viande, on a toujours faim. En ce moment, moi, j'ai un appétit [tel] que je dévore ; une heure après m'être levée de table je remange, et nous sommes presque tous les trois pareils. C'est malheureux d'avoir faim comme ça, surtout quand il n'y a plus grand-chose à manger.

« Enfin, je m'arrête, car autrement il me faudrait une troisième feuille et le papier est rare aussi. Nous vous embrassons, etc. [8]. »

La pénurie des biens d'équipement est aussi aiguë que celle de la nourriture. Cela n'empêche pas la foire de Marseille de se tenir en 1941. La réaction du public surprend un vendeur de la firme Thomson qui raconte au téléphone ses déboires à un collègue de Lyon :

X. – *Cela marche, cette foire ?*

M. – *C'est effrayant... C'est une véritable foire : les gens viennent de tous les côtés : Toulouse, Montpellier, Nîmes, etc., avec espoir de trouver quelque chose. Quand on leur dit qu'on n'a rien à vendre ils sont furieux. On nous fait des surenchères formidables pour les cuisinières : des bonnes femmes nous offrent cinq cents et même mille francs de plus. On pourrait faire un marché noir formidable. Il y en a même qui nous offrent du beurre, de l'huile, etc. Enfin, je vous dis, c'est incroyable* [9].

Nous ne sommes qu'en 1941 et pourtant la situation est déjà critique. Au fil des mois, l'État a de moins en moins de ravitaillement à distribuer. Les rations de 1940 font d'ores et déjà partie des heureux souvenirs et celles de 1942 sont plus qu'enviables quand on imagine celles qui seront proposées à la fin de la guerre ! La pomme de terre, aliment de base, est très recherchée puisqu'elle permet de caler les estomacs. Certains producteurs, comme Mme Knabre, ont déjà compris qu'ils tenaient là un moyen de s'enrichir. C'est ce que raconte Finette, d'Évian-les-Bains, le 10 octobre 1941 : « Mais pour les pommes de terre, puisque l'expédition est libre à partir du 15 pour 50 kilos, tâche de me faire un envoi... Je vais t'expliquer ce qui m'est arrivé : Knabre a un grand champ où il a récolté environ 2 000 kilos de pommes de terre, c'est assez loin de sa maison, il est allé demander au commissaire l'autorisation de les apporter chez lui, accordée à condition qu'il fasse l'arrachage lui-même et seul. La quantité avouée n'étant que de 600 kilos, il me promet donc de m'en apporter, il les rentrera la nuit, etc. Le lendemain, Henriette me dit : " Êtes-vous bien sûre que Knabre vous donnera des pommes de terre ? Le journal du syndicat a paru, elles sont réquisitionnées à 1,15 franc et 1,25 franc, les paysans vont se dépêcher de les vendre à 4 francs avant la réquisition. " Là-dessus, je file chez Knabre pour savoir quelle quantité il pourra me livrer, je ne trouve que sa femme qui se met à bramer comme une possédée : " Il vous a promis des pommes de terre ! Il est fou cet homme ! Nous n'en avons pas seulement assez pour nous. " 2 000 kilos pour deux, tu parles ! Je m'en vais sans écouter la suite, comprenant que la vieille sorcière a preneur qui paiera plus cher que moi... »

Les mésaventures de Finette nous permettent de mieux saisir l'importance des comportements individuels face aux problèmes de ravitaillement. L'égoïsme, la cupidité de quelques-uns suffisent à désorganiser de fragiles échanges en période de pénurie, creusant davantage le fossé entre les nantis et ceux qui n'ont aucun accès privilégié à la production.

La pénurie se généralise

Début 1942, la situation se dégrade un peu plus. Ce correspondant parle maintenant « de famine et de misère ».

L'hiver a été rude et il devient de plus en plus laborieux de se procurer de la nourriture, en France comme dans tous les pays occupés par les nazis. D'ailleurs, les Français en ont assez de voir l'ennemi « piller » le pays. « Il y a la famine, la misère, mais elles sont atténuées pour les Allemands eux-mêmes, par leurs organisations de pillage dans toutes les nations : un Hongrois disait hier que, dans son pays, la disette et les souffrances étaient plus grandes qu'en France. Je redoute d'ailleurs qu'il en aille bientôt de même en Angleterre car le problème des bateaux de ravitaillement en vivres comme en matériel de guerre s'aggrave de jour en jour... »

A Paris, la situation est particulièrement difficile ainsi que le constate Charles Rist en février 1942 : « Saleté et tristesse de Paris incroyables. Dans les rues, à part les autos militaires et quelques civiles, tous les camions non réparés ni revernis depuis trois ans sont ignobles et roulent en faisant un bruit de vieille ferraille. Dans les devantures des magasins, à peu près rien. Dans les magasins d'alimentation, à part quelques boulangeries, qui ne désemplissent pas, les boîtes vides remplacent en étalage les produits d'autrefois. Quelques magasins ont encore de beaux fruits à des prix invraisemblables. Des tartes et des petits gâteaux faits de farine de sarrasin et recouverts d'une vague couche de marron. Dans le train entre Paris et Versailles, hommes et femmes ont des valises ou des sacs pour transporter les rares victuailles découvertes et rapportées aux familles. Les souliers ont presque tous maintenant des semelles de bois. Ceux de cuir sont un luxe. Enfants à figures de famine. Vieillards maigris et osseux. Quelques femmes chargées de paquets à la figure tourmentée de tristesse. Queues dans la neige devant les boutiques de nourriture. Les gens ont une patience étonnante.

« Haines sociales, haines politiques et haine nationale se superposent. Mais tout cela dans le silence [10]. »

L'exaspération envers l'occupant est à son comble quand, ainsi que l'écrit un correspondant, on a « journellement » sous les yeux les manœuvres des Allemands pour subtiliser et « emporter des approvisionnements en Allemagne et en Italie ». L'homme est d'une grande lucidité quant à la propagande nazie « vantant les fournitures de pommes de terre par l'Allemagne à la France ».

Sa lettre ne comporte aucune adresse, elle a été reçue par un officier de marine à Toulon : « Je fais tous les matins le trajet de La Ciotat à Toulon. C'est la ligne Paris-Vintimille, en d'autres termes, la ligne d'Italie. Eh bien, je vois journellement au moins deux trains de marchandises qui reviennent. Ces trains se composent d'environ quatre-vingts wagons, vides naturellement, mais qui doivent être passés chargés à un autre moment de la journée emportant des approvisionnements en Allemagne et en Italie. Il n'est pas étonnant que nous ayons à souffrir de restrictions. Pour les pommes de terre, les Allemands font preuve de plus d'initiative : on les réunit en Bretagne, puis de temps en temps, à un poste de contrôle, l'étiquette fixée sur le wagon est remplacée par une étiquette allemande... Après cela les journaux vanteront les fournitures de pommes de terre par l'Allemagne à la France... Heureusement, il y a toujours des employés de chemin de fer qui nous éclairent sur la façon de procéder [11]... »

La pénurie alimentaire s'aggrave alors que les Allemands se montrent de plus en plus exigeants. Ils se sont octroyé des quotas de prélèvement qui ne laissent pas beaucoup de marge pour nourrir les Français : 20 % du beurre, 21 % de la viande, 10 % du fromage, 13 % du blé et... 55 % du champagne !

Une conversation téléphonique d'octobre 1942 entre deux fonctionnaires du ravitaillement traduit assez bien les difficultés qu'ils rencontrent à gérer les exigences des Allemands d'une part et le ravitaillement de la population d'autre part :

LYON. – *Je vous téléphone... pour vous dire que ça ne va pas du tout au sujet des expéditions sur Paris, mais alors pas du tout, ça tire, ça tire, partout. Il y a deux départements, la Loire, qui est imposée pour cinq cents têtes de bétail, et l'Isère qui est imposée pour deux cents; il est impossible qu'ils puissent expédier tout cela sur la Seine, ils n'ont rien, que voulez-vous. Quant aux marchés de... ça ne marche pas non plus, que voulez-vous on ne trouve aucun bovin. A part l'Ardèche, aucun autre département n'est en mesure de fournir son imposition. Ainsi la Saône-et-Loire demande à être exonérée de quatre cent quatre-vingts têtes sur Marseille, quant à l'Isère il lui manque cinquante tonnes de congélation, et tout le monde se plaint qu'il n'y a aucun bétail, c'est général, on ne peut pas aller contre cela.*

VICHY. – *C'est ahurissant ce que vous me dites là. Qu'allons-nous faire?*

L. – *Et ceci n'est rien, le gros point c'est le département du Rhône qui est en déficit de trois cents tonnes, c'est-à-dire plus de la moitié.*

V. – *Mais chez vous vous ne pouvez pas trouver quelque chose?*

L. – *Nous avons bien essayé en demandant à la Loire de nous expédier deux cents bœufs sur les mille qu'ils doivent, mais là aussi ils sont à court, on ne trouve plus rien. Le Rhône va manquer d'une bonne moitié de son contingent et en plus de cela nous sommes harcelés tous les jours par le préfet; je vous assure que ça va être joli à voir.*

V. – *Je vais en parler ici. Ce qui nous tue ce sont les troupes d'occupation qui sont de plus en plus exigeantes, elles ne l'ont jamais été comme en ce moment; c'est cela qui nous fout dedans.*

L. – *Ils ne peuvent tout de même pas nous bouffer, et s'ils le veulent, eh bien on se défendra.*

V. – *On y arrivera sûrement à ce résultat, vous verrez.*

L. – *Eh bien, on se défendra, on ne peut pas donner ce qu'on n'a pas*[12].

On sait avec quelle poigne de fer le IIIe Reich a endoctriné et discipliné ses armées. L'organisation est quasiment sans faille, mais on ne peut empêcher qu'en chaque soldat sommeille un homme et, si les temps sont durs pour les Français, l'envahisseur, en 1943, commence lui aussi à souffrir de la faim et des restrictions. Alors, certains se laissent aller à quelques saisies pour leur compte personnel, comme cet officier qui avait chargé un camion entier de victuailles afin de les expédier chez lui.

Lettre d'avril 1943 : « Un camion rempli de marchandises prohibées s'est fait arrêter l'autre jour sur la route de Lyon, il emportait entre autres trois gros cochons tués, du sucre, etc. Quand les gendarmes l'ont fait ouvrir, ils ont trouvé un officier allemand au milieu de toutes ces marchandises, destinées en grande partie à son usage personnel pour les envoyer chez lui (une fois les cochons transformés à Lyon en saucisses), se voyant découvert le B. a tiré son revolver et l'a braqué sur les gendarmes. Ceux-ci ont fait de même et ont fini par s'emparer de l'individu. Il paraît que, ramené ici, ses supérieurs l'ont fait dégrader et condamner à je ne sais combien de temps de prison! »

Dans la même lettre, ce n'est plus la Wehrmacht, mais la gendarmerie française que dénonce le correspondant de Bourg-en-Bresse. Il était en effet tentant pour un gendarme ayant une famille à nourrir de profiter de sa position pour se servir au passage : « Mais nos gendarmes ne font pas toujours du si bon ouvrage, l'autre jour deux d'entre eux ont arrêté sur la route de Ceyzeriat un pauvre diable qui emportait à son jardin ses pommes de terre de semence. Ils les lui ont confisquées, sous prétexte que la circulation des p.d.t. était interdite! Mon homme ne s'est pas démonté, il a surveillé de loin ses " voleurs ", les a vus cacher leurs musettes derrière des buissons. Il les a laissés s'éloigner et est tout simplement allé reprendre son bien auquel il a eu la satisfaction de voir s'adjoindre une livre de beurre!!! prise probablement par le même procédé. Il paraît que c'est courant, et il est recommandé, quand on est arrêté et pris, d'exiger d'être conduit à la police, beaucoup plus accommodante que les braves pandores [13]. »

Dès la fin de l'année 1941, la majorité des lettres interceptées font état des mêmes préoccupations : le ravitaillement, les difficultés, la faim et surtout le froid. Non seulement les Français ont le ventre creux mais il leur faut supporter les rigueurs d'un hiver glacial, le charbon est devenu introuvable. Dans sa lettre évoquée plus haut, Finette poursuit : « [...] A Maxilly, c'est pire, on ne touche rien du tout, le maire a fait afficher qu'on se procure du bois, il n'y a pas de charbon pour Maxilly. Les boches en ont besoin pour faire leur essence synthétique, l'Angleterre leur ayant enlevé le pétrole de l'Irak et de l'Iran... Ça commence, on supprime des trains et les mineurs le ventre creux et sans vin doivent redoubler d'efforts pour fournir le charbon destiné à faire l'essence synthétique et non à chauffer les Français [14]. »

Tout ce qui peut procurer un peu de chaleur est récolté : bois, vieux journaux, papiers. Les autorités lancent une campagne de lutte contre le froid, par laquelle elles dispensent de précieux conseils. Nous en avons retrouvé quelques formules : « Pour les agglomérés à la glaise : triturez dans un récipient hors d'usage des poussières de charbon, des détritus divers (feuilles, épluchures), de l'eau et de la glaise. Tassez cette pâte dans de vieilles boîtes vides. Démoulez et faites sécher. Ces agglomérés permettent de ménager le charbon. Les boîtes de carton ! Ne jetez plus les boîtes maculées, graissées et déformées. Remplies de poussière, de charbon, de bois, de sciure, elles raniment un feu défaillant. Remplies de poussière de charbon, de terre humide, elles forment des briquettes tenant très bien le feu si on les pose sur un foyer incandescent. »

Comment faire avec peu ou pas d'argent pour subvenir à ses besoins ? Quand on connaît l'esprit de débrouillardise des Français, on ne s'étonne pas de l'élevage clandestin dans les appartements, des parcs publics transformés en jardins potagers, des virées à bicyclette à la campagne pour rapporter des provisions. L'ersatz en est un autre aspect : savons maigres, café aux graines de lupin, succédané de café, colle aux débris organiques (qui pourrit !), couvertures rembourrées de genêts d'Espagne... Tout devient précieux, le moindre bout de bois, de ferraille, de tissu est récupéré et recyclé. C'est la grande époque de la combine, comme nous l'indique cette lettre du 25 avril 1941, trouvée dans les archives des services secrets anglais. Rappelons que les Britanniques avaient infiltré les services du contrôle technique et recevaient copie de certaines lettres par lesquelles ils s'informaient de l'opinion publique en France.

25 avril 1941, zone occupée, région de Paris : « Au point de vue " bouffe " ça devient mince. De la viande au compte-gouttes une fois par semaine ; on passe sa vie à trouver des combines pour remplacer les entrecôtes ; boudins, cervelles, rillettes, toutes les cochonneries possibles, mais les provisions sont épuisées et on en est revenu aux " rutabagas " à toutes les sauces. Le pain est trop peu copieux, surtout pour les jeunes. Que veux-tu qu'un garçon (comme J.) fasse avec quatre morceaux de pain par jour et pas bien épais ?

« Depuis que le temps est beau, c'est-à-dire depuis le début de mars, nous travaillons comme des manœuvres au potager. Le labourage est surtout très fatigant quand on a dans le ventre un légume vert. On sent très bien que l'effort est difficile sans une bonne nourriture. Dans les champs, dans le moindre carré de terre où poussaient des ronces ou des orties, on plante. Dans les villages, autour des villes, c'est une véritable fourmilière qui travaille le dimanche avec une ferveur et une confiance qui fait plaisir. Mais les semis sont difficiles à trouver et gare aux patates fraîchement enfouies en terre. Le voisin aura vite fait de fouiller la terre et de manger les semis du copain [15]. »

Une autre lettre, du 18 novembre 1941, Paris, décrit les mêmes préoccupations : « Ici on se sert de toutes sortes de " combines " pour avoir de la nourriture. Des queues immenses ici pour avoir un kilogramme de pommes à la fois et à 16 francs le kilo, ou plus. Déjà tant de choses manquent pour de bon et puis pas moyen d'avoir des légumes sur les marchés, pas de fruits. Si, des mandarines à 22 francs la livre à Paris. Pas de souliers, on ne vous donne même plus de bons et quand on en a on ne peut pas en trouver. Je me suis acheté des sabots : ce sera moins froid [16]. »

L'État lance régulièrement d'autres campagnes d'information pour aider et soutenir les Français, montrant par là qu'il n'est pas indifférent à leurs soucis. Pour cela, il fait appel à des spécialistes de différents domaines. On voit alors de grands cuisiniers rivaliser d'imagination pour concocter de nouvelles recettes sur l'art d'accommoder l'incontournable rutabaga. On apprend à les consommer braisés, à l'étouffée, à la provençale, en salade, aux oignons, au gratin, frits, et même en choucroute...

Les riches heures du marché noir

Conséquence inévitable de la pénurie : l'apparition du marché noir, déjà évoqué ici à plusieurs reprises. Au départ, l'activité est modeste et ne vise qu'à augmenter son bénéfice en fonction de la demande. Rappelons la remarque de Finette dans une lettre citée plus haut : « La vieille sorcière a preneur qui paiera plus cher que moi ».

Mais bientôt, conséquence d'une demande de plus en plus forte et de denrées de plus en plus rares, l'esprit mercantile refait surface. On bascule alors dans « un marché noir florissant », fondé sur le profit immédiat et pratiqué par des gens sans scrupules. Une calamité supplémentaire qui vient s'ajouter à celles que subissent les Français.

Au marché noir, on trouve quasiment tout, mais à quel prix ! Il sévit plus particulièrement dans les grandes villes où la situation alimentaire est souvent désastreuse. Le kilo de pommes de terre acheté 3 francs à la campagne se revend 15 francs à Paris. Le jambon à 200 francs le kilo dans l'Aube atteint 1 000 francs à Lyon. Les œufs payés entre 20 et 35 francs la douzaine sont vendus entre 100 et 120 francs aux Lillois, 180 francs aux Allemands et 240 francs aux Belges. De 12 francs, le kilo de miel passe à 200 francs. La saccharine vaut 80 francs en 1942 et 150 francs en 1943, le café passera de 1 000 à 2 000 francs. A Nice, en janvier 1944, le litre d'huile se vend 1 200 francs, un œuf vaut 40 francs et le beurre coûte 750 francs le kilo, alors qu'on le trouve entre 600 et 700 francs à Paris ou à 100 francs en Normandie.

Quand on sait que le salaire mensuel d'un employé ou d'un ouvrier est d'environ 1 500 francs pour les hommes et 1 300 francs pour les femmes, on imagine combien il est difficile de manger à sa faim. Une enquête réalisée auprès d'assurés sociaux de la région parisienne révèle que, dans ces foyers, on ne dispose que de 876 francs par mois et par personne. Alors qu'à la même période, les additions d'un restaurateur parisien grimpent jusqu'à 1 215 francs, 1 456 francs pour deux personnes, voire 2 005 francs pour trois convives. Motif invoqué : les coûts d'achat élevés. A titre indicatif, précisons que le caviar se négociait 6 000 francs le kilo, le jambon 650 francs et le raisin 160 francs la grappe ! Ce restaurateur sera condamné à une amende de 80 000 francs et à un an de fermeture. Il existe quand même à Paris une cinquantaine d'établissements où, pour 100 à 200 francs par tête, on sert à peu près tout sans exiger de tickets. Le poète Robert Desnos acquitte une note de 650 francs dans un petit restaurant de la Bastille où il a invité trois de ses amis.

Le marché noir revêt des formes multiples et peu y échappent. Mais il n'y a rien de commun entre les modestes trafics destinés à nourrir sa famille, les petits services rendus aux proches et les stratégies déployées par ceux qui n'ont de cesse de s'enrichir vite et beaucoup, en spéculant sur le malheur des uns et la complicité des autres.

Il faut cependant admettre que, dans l'ensemble, le Français ne déteste pas transgresser les interdits et que se procurer de manière illégale n'importe quelle denrée relève d'un sport qui n'est pas fait pour lui déplaire. En règle générale, le marché noir est désapprouvé, mais comme il faut bien vivre... Pour se donner bonne conscience, on peut toujours argumenter : « C'est toujours ça de pris que les boches n'auront pas ! » Naïvement, l'opinion croit que ses ennuis d'approvisionnement ne sont dus qu'aux prélèvements de l'occupant, ce qui, nous l'avons vu, est une vision un peu raccourcie de la situation.

Mais déterminer la part de responsabilités de chacun est un sujet de peu d'importance face à l'urgence de subvenir à ses besoins... Le 12 juin 1941, un correspondant anonyme écrit, de la zone non occupée : « C'est aujourd'hui le commencement des foires de juin. Il est venu beaucoup de monde ; les cultivateurs ne peuvent rien faire, car il ne fait pas beau, mais les places étaient vides d'animaux ; ce n'est pas étonnant, la campagne n'a plus un animal à vendre. Se procurer un lapin, c'est un problème insoluble. Le comble, c'est que nous manquons presque de vin, alors que la France se plaignait toujours de la mévente. Le Midi de la France, à lui seul, aurait pu submerger une partie du territoire. Où donc est passé le “ pinard ” ? Malgré les efforts des autorités, les prix sont élevés, élevés. Aussitôt qu'on taxe une denrée, elle disparaît ou se raréfie. J'ai bien idée que le “ marché noir ” est florissant, on doit certainement trouver encore à peu près ce que l'on veut, en payant le prix de la taxe multiplié par un nombre inconnu. Sais-tu qu'une jeune chevrette vaut 1 000 francs ? Le petit poney de notre voisin aurait eu preneur à 10 000 francs ; un gros cheval doit valoir au moins le double ; le vin se vend 4 à 6 francs le litre, et bientôt il faudra s'en passer. Tout est rare, rare. Maintenant, plus de bas, les femmes vont jambes nues ; plus de coton pour ravauder. Ce qui est recherché, ce sont les vélos. Impossible d'en avoir un, les pneus manquent, les chambres à air également. M. P..., qui s'occupe de bicyclettes, a soixante vélos à monter; ils sont vendus, mais pas de pneus, ni de chambres. C'est, pour tout, à peu près semblable. Tout devient de plus en plus difficile [17] ! »

Quand Finette écrit à Mlle Marie Brochin, tenancière d'un bureau de tabac à Crest, ignore-t-elle sincèrement comment fait son amie pour se procurer du beurre? « [...] Et maintenant donne-moi des explications. Comment peux-tu avoir du beurre tant que tu veux? [...] Il est défendu aux fermières de t'en vendre, même au prix de la taxe. Elles et toi aussi 1 000 francs d'amende, ce n'est pas rien. Et ce mois-ci où la quantité de matière grasse est dérisoire, 320 grammes, je crois, avoir du beurre à volonté me semble bien extraordinaire [18]. »

M. Paul, de Nice, n'a, quant à lui, aucun doute sur la manière de se procurer des vivres. Il en profite d'ailleurs pour se laisser aller à un plaidoyer antisémite, doublé d'une vive critique contre l'esprit mercantile des Niçois. Extrait d'une lettre du 29 septembre 1941 : « Pendant tout le mois de septembre, le ravitaillement de Nice a été lamentable. Pas une seule distribution de pommes de terre, pas de pâtes, rien. Dans tout le mois, 50 grammes de beurre et 50 grammes de fromage, pour ceux qui en usent ce qui n'est pas mon cas. Comme viande, 72 grammes par semaine. Comme vin, un litre par semaine. Et pas de légumes : ils ont complètement disparu du marché, pas de carottes, pas de haricots, pas même de salade, rien... Quelques tomates et quelques melons verts et pas mûrs que s'arrachent les femmes qui se battent au marché et qu'il est difficile de se procurer. Pas de poisson. Ayant plus de soixante-dix ans, j'ai théoriquement droit à un demi-litre de lait écrémé par jour; je n'ai jamais pu en obtenir une goutte.

« Les causes? D'une part, la sécheresse annuelle. Mais surtout la paresse des habitants, et leur caractère. Je suis certain qu'il existe dans le département assez de légumes pour ravitailler largement Nice et les autres villes de la côte. Mais le Préfet a fait la sottise d'expulser une grande partie des Juifs étrangers qui trafiquaient à Nice et à Cannes, et il les a logés dans les petites villes et les villages de la montagne... Ils se sont trouvés dès lors dans les centres de production et se sont livrés à des trafics insensés, alimentant à prix d'or le marché noir des villes et leurs coreligionnaires hôteliers sur la côte. Les Niçois pur sang, plus juifs que les juifs, en ont fait autant, et les pauvres gens tels que les ouvriers, les ouvrières, les employés, les petits commerçants qui ne peuvent tous (il y en a qui le font) s'approvisionner au marché noir, crèvent de faim.

« Tant qu'on ne se décidera pas à faire un nettoyage sérieux et radical en France, la vie y sera impossible[9]... »

Le 10 avril 1942, ce correspondant parisien est plus fataliste. Il voit dans le marché noir la seule solution pour se procurer de quoi manger, même si c'est à prix d'or! « Sans le marché noir on crèverait de faim. Avec la carte d'alimentation on touche 275 grammes de pain ignoble par jour; 180 grammes de viande par semaine, et quelle viande; 3 grammes d'huile par jour, un mois sur deux; une livre de sucre et 100 grammes de matières grasses par mois. Café, thé, chocolat sont absolument introuvables. Le thé coûte au marché noir 3 000 francs le kilo. Non, la vie n'est pas folichonne à Paris... »

Jean Guéhenno fait écho à cet inconnu dans son *Journal des années noires* à la date du 14 février 1942 : « Rien ne peut donner idée de la monotonie, de la sottise résignée de la vie à Paris. Il fait très froid. Chacun se recroqueville dans sa maison sans feu. Ne mangent que ceux qui ont la chance d'avoir des parents en province pour leur envoyer des provisions. »

En dehors des paysans, il existe une autre catégorie de privilégiés, les commerçants en produits alimentaires. L'épicier devient un personnage de première importance dans la vie quotidienne des Français. Il faut être bien avec lui si l'on veut espérer obtenir un petit quelque chose. Les commerçants ont, d'une manière générale, profité de la situation pour s'enrichir aux dépens de leurs malheureux clients. De telles pratiques en choquent plus d'un, comme ce Dr Butterlin, contrôleur sanitaire de la prostitution et médecin des prisons à Grenoble qui, dans une lettre de janvier 1943 adressée à un de ses amis, s'insurge « contre le vol, devenu une occupation journalière. Les commerçants, les restaurateurs, les paysans sont tous des " voleurs ", les prisonniers sont mieux nourris que la population, dans quel monde vivons-nous! ». Il faut prendre cette lettre avec précaution car son auteur manifeste quelques symptômes de paranoïa.

Les jalousies et les haines qu'entraînent les difficultés de ravitaillement amènent quelques-uns à dénoncer leurs voisins au préfet, les « délits économiques » étant sévèrement réprimés. Ainsi dans la Nièvre en 1943, deux lettres [20] :

« Le 7 janvier 1943.

« Monsieur le Préfet,

« Nous tenons à vous écrire. Nous voudrions bien savoir le cours officiel des œufs car Mme M., à La Chaume-de-l'Étang, nous les vend 40 francs la douzaine ainsi que Mme N., au pont de...

« Mme N. ne déclare pas ses poules sous prétexte que ça ne mérite pas. Elle dit toujours j'en ai 5 ou 6 et ma foi elle en a toujours au moins 15 dans sa cour. Elle vend du jardinage d'une année à l'autre au prix fort et cependant elle ne paie pas de patente. Son grenier est très bien garni et en blé et autres pour ravitailler ses bêtes certainement mieux que beaucoup qui récoltent du grain et qu'on leur réquisitionne et toute l'année. Elle commerce sur les lapins, elle en a toujours de 30 à 40 où l'année entière elle vole sur tout son entourage pour les nourrir. »

« Clamecy, le 7 mai 1943.

« Monsieur le Préfet,

« Les Clamecycois vous demandent si oui ou non le marché noir est légal? Si oui, qu'il continue à un rythme accéléré et sans limites jusqu'à la famine du peuple et... ce qui en découlera obligatoirement. Si non, qu'attend-on pour frapper fort et sans pitié les trafiquants sans scrupules, profiteurs de misère humaine?

« Ici, à Clamecy, nous avons des exemples scandaleux qui nous donnent l'impression très nette que le peuple n'est plus protégé contre le banditisme organisé, car les pouvoirs publics se montrent volontairement impuissants à combattre ce fléau né de la guerre qu'est le marché noir.

« C'est ainsi qu'un certain R., marchand [...] à Clamecy peut transporter impunément à Paris de la viande de boucherie que lui fournit le nommé B., boucher au même lieu pour y être vendue de 200 à 250 francs le kilo. L'affaire dévoilée a-t-elle été classée, oui ou non, et pourquoi?

D'autre part, ce même R... vend du soi-disant jus de raisin à 100 francs le litre, pendant que le peuple, lui, ne touche que 70 grammes de viande par semaine et à peine un litre de vin par personne. Inutile de vous dire, Monsieur le Préfet, que ledit R... est gras comme une vache qui va faire veau au point qu'il en dégoûte et qu'il ne craint pas la déportation. »

Rares sont les conversations téléphoniques qui parlent ouvertement de marché noir, telle celle-ci entre un mécanicien de Nice et son correspondant industriel de Toulon. Leur imprudence fait bien l'affaire des oreilles anonymes qui notent leurs propos. Une descente de police se produisait en général moins de six heures après ce type d'écoute.

TOULON. – *Ah! dites! votre frère vous envoie 300 kilos de pommes de terre. Il les met dans une caisse sous la dénomination « Pièces de machines ».*

NICE. – *Oh! c'est très bien, mais ça ne va pas être légal, ça.*

T. – *Oh! vous savez! Si on ne marchait que dans la légalité, nous serions tous morts. Ils sont adressés Établissements Pons, fonderie.*

N. – *Il nous dépanne bien, vous savez. Nous serons moins inquiets pour aborder l'hiver qui s'annonce déjà très dur.*

T. – *A Paris, le marché noir est beaucoup plus important que le marché ordinaire qui est, lui, tout petit. Ceux qui n'ont que les rations normales ne peuvent pas vivre. Le pire est que les paysans ne veulent plus d'argent pour leurs denrées. Ils font des échanges. Ainsi, l'autre jour j'ai eu la visite d'un paysan du Pas-de-Calais qui voulait des tuyaux de caoutchouc et qui m'a dit : « Je sais que l'argent n'est pas intéressant en ce moment, je ne vous en offre pas, mais demandez-moi ce que vous voudrez comme victuailles et nous opérerons ainsi. » Alors! J'ai eu des poulets et des quantités de choses. Ils ont raison. L'argent n'a plus de valeur, on ne sait même plus où le placer et puis, on ne trouve rien à acheter. Le commerce de plus en plus est basé sur des échanges.*

N. – *Oui! oui! C'est exact. Tout le monde troque. Donnez-moi ceci, je vous donnerai cela* [21].

Pour l'année 1943, nous disposons d'une lettre intéressante de l'écrivain Roger Martin du Gard à son ami André

Gide. Belle illustration des problèmes quotidiens de ravitaillement à Nice.

« Nice, 16 juin 1943.

« Mon cher vieux. Votre double lettre m'a fait bien plaisir! Merci à toi!

« Pas surpris que tu passes par des heures de tristesse et de découragement. Ici, c'est général. La sous-alimentation a fait son œuvre, peu à peu. Les gens sont tantôt mornes et tantôt hargneux. La ville retentit d'une lamentation continuelle. Dans les squares, les boutiques, les trams, les interminables queues, ce ne sont que récriminations, menaces vagues, indignations et plaintes. Le refrain : " On n'en peut plus, ça ne peut pas durer, on ne peut pas vivre comme ça, on n'en peut plus, on n'en peut plus! " En ce moment et depuis des semaines, c'est véritablement *la famine*. Les gens ont l'impression qu'ils vont crever. Rien au marché – strictement *rien*. Et tous les jours on y retourne, on fait la queue devant les éventaires vides, de 7 heures du matin à midi, avec l'espoir qu'il arrivera enfin une panerée de betteraves à bestiaux, et qu'on en aura une tranche. On vit de quelques poignées de pâtes et de pois cassés que la Préfecture fait distribuer quand il n'y a rien au marché pendant trois ou quatre jours de suite (et qui sont pris *sur le stock de l'hiver prochain*). Le pain est une pâte gluante, immangeable. Tous les 12 ou 15 jours, un peu de viande : la ration pour deux, c'est une petite escalope... Et en voilà pour 15 jours! *Un* œuf par tête toutes les six ou sept semaines! Ni huile, ni graisse. A la fin du mois, on jette des cartes de tickets inutilisés. Pas le moindre légume, pas le moindre fruit. Au marché noir, une tomate se paye 15 francs *pièce*, une poignée de cerises flétries, 60 francs! L'huile est à 2 250 francs le litre, et ce sont les cuisines des grands hôtels qui la raflent. Je n'exagère rien. Dans les restaurants moyens – menu à 45 ou 55 francs – c'est une assiettée d'eau chaude où on a fait bouillir un peu de betterave (le potage), une laitue cuite à l'eau, sans graisse (le plat du jour), trois feuilles de salade sans assaisonnement, et pas de dessert. Un verre à bordeaux de gros pinard coûte 35 francs, en supplément, et pas tous les jours. Une vieille dame, qui est venue s'asseoir hier sur le même banc que moi, gémissait : " Voilà trois jours que je n'ai rien mangé que ma ration de pain, avec un peu de café d'orge... Et *pas de selles*, monsieur! C'est forcé, pensez, jamais d'*herbage*!... Il y a des semaines où je ne vais pas deux fois à mes besoins... " Les parents donnent le peu qu'ils ont à leurs gosses. Un maçon que je connais a dû renoncer à travailler, n'ayant plus " assez de forces ". C'est un gaillard d'une cinquantaine d'années. Il dit : " Mes trois gosses crient la faim, c'est eux qui mangent tout ce qu'il y a. Ma femme et moi, on reste couchés sur le lit toute la journée, pour avoir moins faim. "

« Si Christiane cessait ses envois d'œufs et de petits fromages écrémés, et si nous n'avions pas encore quelques provisions de vieilles pâtes, de pois secs, nous n'aurions rien à bouffer. (Nous avons dans un placard de quci " subsister " sans sortir de chez nous pendant huit jours : et nous ne touchons pas à cette réserve, persuadés que le jour viendra où cette prudence de fourmis *nous sauvera la vie*.)

« Le miracle, c'est que ça puisse durer. Et ça dure. Les gosses continuent à jouer dans les squares; tout Nice se baigne tous les jours sur la plage; les hôtels sont pleins, et les cinémas aussi. On gémit, on a faim, on écoute la radio, et les jours passent, et les mois. On dure quand même. Un miracle [22]! »

Mais les Français ne sont pas au bout de leurs épreuves. Le blocus maritime imposé par l'Angleterre, la multiplication des bombardements, l'insécurité dans les campagnes et les rafles de main-d'œuvre effectuées par les Allemands sont autant de facteurs supplémentaires dans la désorganisation du ravitaillement. La pénurie atteint de tels sommets en 1943-1944 qu'il faudra quasiment attendre quatre ans après la Libération pour que la situation redevienne normale.

IV

L'ÉCONOMIE FRANÇAISE SOUS CONTRÔLE

En juin 1940, au lendemain de la défaite militaire la plus catastrophique de son histoire, la France doit remettre en marche son économie, avec les contraintes que lui impose l'Allemagne. L'État joue un rôle majeur dans cette tentative de redressement. En 1939, il avait mis en place un contrôle étroit des prix et du commerce extérieur. Au mois d'août 1940, il lui faut intervenir pour sauver une production très ralentie, redonner confiance aux industriels et surtout affirmer sa présence face aux Allemands. Les destructions dues au conflit, qu'il s'agisse des infrastructures de transport ou des usines, ont mis le pays en état de choc. Dès juin 1940, les matières premières et les combustibles font défaut dans les usines à court de main-d'œuvre.

Le gouvernement de Pétain compte bien instaurer une économie dirigée par l'État à partir d'un regroupement en corporations et ce, en s'inspirant du modèle fasciste italien. Il lui faut également traiter avec les dirigeants nazis encore surpris par l'ampleur de leur victoire et qui n'ont pas décidé du moyen le plus efficace pour exploiter les richesses de la France. Ce vide juridique permet à l'État français de garder quelque temps l'initiative. Si les Allemands manifestent clairement leur volonté de s'appuyer sur les ressources du pays pour soutenir leur effort de guerre, aucun article de l'Armistice ne prévoit concrètement les conditions dans lesquelles la France devra aider le Reich. Peu importe, d'ailleurs, puisque Hitler considère cet armistice comme provisoire et qu'il estime préférable de fixer, après la victoire finale, le sort d'une France asservie et démantelée.

L'atmosphère qui règne lors des négociations économiques franco-allemandes est dévoilée, de façon ironique, par Goering : « Que les Français livrent tout ce qu'ils peuvent jusqu'à ce qu'ils n'en puissent plus ; s'ils le font volontairement, je dirai qu'ils collaborent, s'ils bouffent tout eux-mêmes, alors ils ne collaborent pas[1]. » Pour mener à bien ce programme, sans violer de manière flagrante la convention d'armistice, l'Allemagne s'appuie sur une interprétation abusive de l'article 18 : « Les frais d'entretien des troupes d'occupation allemandes sur le territoire français sont à la charge du gouvernement français. » Et l'Allemagne d'exiger quatre cents millions de francs par jour. Une somme démesurée, de quoi couvrir les besoins de dix-huit millions de soldats ! Il va sans dire que le taux de change entre les deux monnaies est fixé d'une manière très avantageuse pour les Allemands. L'argumentation des Allemands pour justifier une amende aussi lourde est implacable. La France n'a presque plus de dépenses militaires, elle peut donc payer d'autant plus que cet argent sera utilisé pour passer des commandes aux entreprises françaises. C'est ainsi qu'une bonne partie de l'équipement de l'armée allemande et la construction du mur de l'Atlantique se feront aux frais du contribuable français. Ainsi l'intitulé « frais d'occupation » masque une participation forcée et massive de la France à l'effort de guerre nazi. Les commandes intéressent tous les secteurs : la mécanique, les constructions aéronautiques et navales, la chimie, le textile, mais aussi et surtout l'agriculture.

Les problèmes de politique générale et de relations économiques relèvent d'une commission ad hoc prévue par l'Armistice et installée, sur ordre de Hitler, à Wiesbaden. C'est donc là-bas que Vichy négocie les exigences allemandes, argumentant des difficultés économiques du pays coupé en deux et privé d'une bonne partie de sa population active. Même si le gouvernement de Pétain accepte le principe d'une collaboration à l'effort de guerre du Reich, il réclame une contrepartie à chaque revendication des Allemands. Curieusement, ceux-ci acceptent de telles négociations, même si elles donnent lieu à des tractations interminables. Grâce à leurs compétences, certains fonctionnaires et juristes de Vichy obtiennent des concessions non négligeables. Les services de la Wehrmacht, visiblement admiratifs du savoir-faire français, hésitent à utiliser les procédés autoritaires que leur permettrait leur position de vainqueurs.

Pour faire face aux pénuries de toutes sortes, Vichy crée un ministère de la Production industrielle et du Travail, fort de seize mille fonctionnaires et habilité à intervenir de manière dirigiste sur l'économie. Les produits indispensables sont taxés, restrictions et interdictions se multiplient pour contrecarrer les effets dangereux d'une libéralisation des échanges. L'économie française tout entière est réorganisée sur le modèle allemand, avec le soutien de l'occupant. Toutes les organisations professionnelles patronales et ouvrières sont dissoutes. Vichy crée un Office central de répartition divisé en sections spécialisées, afin de recenser et de répartir les matières premières. Des comités d'organisation sont mis sur pied pour chaque type d'industrie et de commerce. Ils ont pour tâche de programmer la production, les conditions de travail et les prix de chaque secteur. Cette mise sous tutelle de l'économie par l'État français permet aux Allemands d'avoir un interlocuteur unique. Le chef des services économiques du Reich en France, le Dr Michel, se félicite de cette situation : « Un seul conseiller de l'administration militaire allemande dirige un secteur industriel français avec une seule dactylo. »

L'autorité de Vichy est étroitement limitée par les clauses de l'Armistice. L'armée allemande occupe les trois cinquièmes du territoire. La ligne de démarcation entre les parties occupées et non occupées part de la frontière espagnole, remonte à l'est de Bordeaux, Angoulême, Poitiers, Tours. Elle passe par Moulins, Chalon-sur-Saône jusqu'à la frontière suisse. La « ligne » intègre donc le centre usinier du Creusot dans la partie sous contrôle allemand. Cette nouvelle frontière est faite pour isoler la France de la Grande-Bretagne et permettre à l'Allemagne de tenir le littoral atlantique. Autre coup dur pour l'économie du pays, les trois départements alsaciens-lorrains (Moselle, Haut-Rhin et Bas-Rhin) sont intégrés au Reich et les deux départements du Nord rattachés à l'administration militaire allemande pour la Belgique[2]. Blessé dans son orgueil, amoindri dans ses ressources, le gouvernement du maréchal Pétain se montre très préoccupé de tenir d'une main ferme ce que les Allemands lui ont concédé comme prérogatives.

Dès octobre 1940, afin d'empêcher les industriels français de court-circuiter son action en traitant directement avec l'Allemagne, Vichy fait paraître un décret. Une des clauses de ce texte interdit à des sociétés étrangères d'acquérir des immeubles ou des valeurs mobilières françaises, sauf autorisation spéciale. Toute volonté allemande de prise de participation dans des firmes françaises est traitée au plus haut échelon et doit également donner lieu à des compensations. La police et les contrôles techniques reçoivent l'ordre de surveiller les industriels et les commerçants de la zone libre qui chercheraient à entrer en contact avec l'occupant.

Les efforts de Vichy, s'ils ont protégé l'économie française du pillage généralisé, ont permis à l'Allemagne en guerre de profiter au mieux des ressources du pays, au détriment de la population civile.

La conversation qui suit nous apporte un éclaircissement précieux sur les termes de la collaboration économique entre les Français et l'occupant. Nous sommes à Lyon, le 11 août 1941, M.V., fabricant de chaussures, communique à son collègue de l'usine B. les résultats d'une rencontre entre trois acheteurs allemands et plusieurs industriels de la région. Une réunion qui risque d'avoir d'importantes retombées.

X. – *Et la visite des Allemands?*

B. – *Ça s'est très bien passé. Ils étaient trois acheteurs allemands, un docteur, un grossiste de Düsseldorf et un marchand de chaussures de Munich, des types de premier ordre. Nous avions installé tous les échantillons sur une table en fer à cheval. Au début, il y a eu un peu de rigolade, le président de la commission a dit: « S'il y a des chaussures juives, sortez. » Sur notre affirmation qu'il n'y en avait pas, ils ont fait le tour et, au bout de dix minutes, ils étaient fixés. Après les renseignements sur le classement, le prix, la facturation, ils ont fait leurs papiers, ensuite nous les avons emmenés déjeuner chez La Mère..., un déjeuner réglo, mais* *ils sont tombés sur le cul. Une atmosphère complètement correcte, presque cordiale. Ils nous ont dit que l'Allemagne avait besoin de la France, que la paix (le Führer l'a dit) serait absolument douce et nous surprendrait, que l'Allemagne et la France seraient les deux plus grands pays du monde. Ils ont pris 32 000 paires sur 35 000 présentées, tous les articles fantaisie éliminés, rien, mais les chaussures classiques, oui. [...] Pour les factures, il faut les faire en cinq exemplaires et les soumettre à la chambre de commerce ; pour les échantillons, ils veulent deux paires de chaque, une pour Paris, rue Édouard-VIII, une pour Berlin. Ce qu'ils veulent, ce sont des maisons sérieuses, ils ont été rôtis, pour des brodequins de travail, par des salopards* *.

Dans tous les domaines, les Allemands, cherchant à obtenir d'une France exsangue les produits dont ils ont besoin, n'hésitent pas à faire pression sur les divers syndicats et organismes professionnels. Le 27 septembre 1941, le responsable du syndicat des espadrilles de Romans menace M. Beguerie, un de ses fournisseurs à Mauléon. Il s'agit de mobiliser son usine pour assurer une importante commande que les Allemands ont passée au comité interprofessionnel à Paris :

X. – *Vous avez fourni au syndicat à Toulouse un échantillon d'espadrilles pour livraison à la commission d'Armistice allemande. Pour les quantités, il faudrait 500 000 paires sur quatre mois. Êtes-vous approvisionnés pour ça ?*

B. – *Pas du tout.*

X. – *Cependant le Comité m'a dit que si.*

B. – *Le Comité parle sans savoir. Je ne peux pas faire cela.*

X. – *Dans votre intérêt il faudrait au moins alors 300 000 paires sur trois mois.*

B. – *Je crois que c'est encore impossible.*

X. – *Je pense qu'il faudrait faire cela pour calmer l'officier allemand en ce qui vous concerne.*

B. – *Mais nous sommes très mal approvisionnés ici.*

X. – *Ce chiffre porterait sur la zone libre et la zone occupée.*

* Les conversations et les lettres citées dans ce chapitre proviennent toutes des archives de la Direction des services de l'armistice, cartons AJ 41121 et AJ 41122.

B. – *Je vous répète que je suis très mal placé pour arriver à ce chiffre.*

X. – *Les Allemands seront à Toulouse vendredi. Acceptez-vous ce chiffre ?*

B. – *Je ne peux pas. Je connais la mentalité de ces messieurs du comité de Paris, mais eux ne connaissent pas la réalité d'ici. Je veux bien que là-haut ils donnent des ordres pour nous aider, mais alors ces ordres ne sont pas exécutés.*

X. – *Et si on vous garantit de vous faire avoir la matière nécessaire ?*

B. – *Alors, là, j'accepte.*

X. – *Comment livreriez-vous ?*

B. – *Eh bien, 50 000 paires seulement pour le 15 octobre, ferme. Le reste n'est que propositions.*

X. – *Vous ne pouvez pas faire 100 000 paires pour le 15 octobre ? Il faudrait.*

B. – *Non, non.*

X. – *Et pour fin octobre ?*

B. – *Je ne peux pas vous dire ferme.*

X. – *Et 300 000 paires sur octobre, novembre et décembre ?*

B. – *Je vais voir. Toujours sous réserve d'avoir les matières premières.*

X. – *Je compte sur votre réponse pour la réunion de vendredi.*

Tous les organismes professionnels ne montrent pas autant de zèle. Toujours en septembre 1941, un Lyonnais, M. C., téléphone au responsable de l'Office d'importation des cuirs et peaux à Marseille. Il réclame une nouvelle fois l'autorisation de livrer quarante-quatre balles de peaux à l'Allemagne. Son interlocuteur, M. B., répond que la décision revient au ministère des Finances qui préviendra le répartiteur. Devant l'insistance de C., qui argumente que « ces gens-là [les Allemands] sont tous les jours chez moi pour réclamer », B. laisse éclater sa colère dans une longue tirade patriotique :

B. – *Écoutez, il y a encore des autorités en France, que ça leur plaise ou pas. Ribes est répartiteur-chef, et sait ce qu'il a à faire. Je ne sais pas du reste si ces marchandises rentrent dans l'accord franco-allemand. N'oubliez pas que ces peaux viennent de Syrie, et jusqu'à nouvel ordre la Syrie est considérée comme française. Elles viendraient du Maroc, ça serait la même chose. Si ces messieurs ne sont pas contents, c'est pareil! L'Empire français couvre encore une belle superficie sur le globe, et il est peuplé d'un certain nombre de gens pour lesquels nous sommes les seuls autorisés à parler.*

C. – *Merci, d'accord avec vous!*

La zone occupée est administrée comme un protectorat par la Wehrmacht qui doit, pour ce faire, s'appuyer sur l'administration française et la contrôler. Le général von Brauchitsch est à la tête de deux états-majors, l'un militaire, l'autre administratif. Ce dernier assurera l'exploitation économique de la France, grâce à plus de mille cent fonctionnaires installés à l'hôtel Majestic, avenue Kléber. Une conversation téléphonique datant de novembre 1941, entre B., fonctionnaire au ministère du Travail de Pétain détaché à Paris, et L., son supérieur à Vichy, nous permet de mesurer la complexité des relations économiques avec l'occupant. Les sommes d'argent, en francs, dont ces derniers disposent grâce aux « frais d'occupation » sur les finances nationales, leur servent à passer des commandes aux entreprises françaises. Cependant, il leur faut parfois fournir la matière première manquante. Ici, il s'agit de la gabardine pour exécuter des pèlerines :

B. – *Hier, nous avons eu une conférence avec les intendants allemands, qui a duré deux heures et demie; la position est la suivante : nous écartons la question des gilets de cuir, car il y a eu malentendu, eux en allemand, nous en français, finalement nous allons les prendre en magasin.*

L. – *C'est embêtant.*

B. – *Ces gilets n'entrent pas en ligne de compte. Actuellement, le solde en leur faveur est d'environ 3 200 000 francs. Il reste de notre côté 70 000 jerseys à livrer, cette chose-là a été convenue et signée ainsi que pour 20 000 chapes (pèlerines). De leur côté, ils doivent nous livrer 13 000 mètres de gabardine et ils nous offrent dès maintenant un titre de propriété.*

L. – *C'est très gentil, mais...*

B. – *Je leur ai dit qu'il nous fallait cette gabardine le plus tôt possible.*

L. – *D'accord.*

[...]

B. – *Je vous assure qu'ils ne cherchent pas à nous « rouler ».*

L. – *Nous ne disons pas cela.*

B. – *Ils sont très nets! Lorsque nous avons signé le premier troc, ils nous ont bien prévenu que la gabardine ne serait pas livrée immédiatement.*

L. – *Nous ne le contestons pas, mais ils ont besoin de ces affaires et il faut les donner de suite.*

L. – *Bien. Et pour les boutons?*

B. – *C'est fini, ce sera terminé aujourd'hui ou demain.*

L. – *Il y avait 1/6 de livré. Ça continue?*

B. – *Tous les jours jusqu'à cent tonnes, il y aura même des quantités excédentaires.*

Les industriels à l'épreuve

Dès 1941, la moitié des produits manufacturés en France est livrée à l'Allemagne. L'industrie du bâtiment et la construction aéronautique travaillent presque exclusivement pour l'occupant. Plusieurs conventions, cosignées par les deux États, obligent les industriels français à réserver une part de leur production, pouvant aller jusqu'aux trois quarts, aux industries stratégiques. Entendons par là tout ce qui a trait à l'armement ou au pétrole. Les deux tiers du trafic ferroviaire s'effectuent avec l'Allemagne, un ouvrier français sur trois travaille pour les Allemands [3]. Satisfait, le chef de la délégation allemande à la commission d'Armistice constate, dans un rapport daté de 1942 : « Les travailleurs français de l'industrie, des chemins de fer et de la marine marchande travaillent presque exclusivement pour l'Allemagne. Aucun autre pays, et de loin, n'apporte autant que la France à l'armement et aux importations courantes de l'Allemagne [4]. » C'est bien la double tutelle des Allemands et de Vichy qui permet ce résultat, l'immense majorité des industriels « jouant le jeu » dans le souci de préserver leur existence et d'éviter que leur main-d'œuvre, au chômage, ne doive partir pour l'Allemagne.

Le 8 octobre 1941, un industriel du Rhône s'inquiète, auprès de son correspondant de Tulle, de la lenteur de l'administration à débloquer, pour les besoins nationaux, un fort tirage de minerai. Ses motivations apparaissent clairement, il veut donner la priorité à ses compatriotes dont l'approvisionnement est menacé par les exigences allemandes : « N'oubliez pas qu'avec la tournure que prend la guerre en Russie, les boches vont employer tous les moyens, y compris la menace et le chantage, pour nous souffler toutes nos matières premières. Il faut absolument arriver avant eux et faire travailler des Français. Et faites bien remarquer à Renaud que la question est brûlante, car il va y avoir des demandes qui seront faites par les boches, à coups de poing sur la table et en fin de compte on va tout réquisitionner. Il faut que les boches arrivent trop tard. »

Un peu plus tôt, Favre a avoué qu'il connaissait l'existence des écoutes téléphoniques, sans pour autant imaginer qu'à ce moment précis, il est lui-même enregistré : « Notez que Renaud ne sait pas que vous êtes en si bons termes avec Toinet à Vichy. Moi je ne veux pas lui téléphoner parce que tout ce que l'on dit est enregistré sur des rouleaux de cire. S'il vous échappe un mot de trop, on en fait un état comme s'il s'agissait d'une lettre... »

L'intérêt des Allemands se fixe sur quelques productions stratégiques comme l'aluminium, la bauxite, le minerai de fer. Au lendemain de l'Armistice, les patrons de l'Aluminium français sont sollicités par la firme germanique Vereinigte Alumin Werke, qui veut passer d'importantes commandes. Vichy demande aux Français de minimiser leurs capacités de production et de convaincre les Allemands de ne pas utiliser ces commandes pour fabriquer du matériel de guerre. En outre, le gouvernement rappelle qu'il veut être tenu au courant des négociations et que rien ne doit être conclu sans son accord.

Les discussions s'éternisant, les Allemands se voient contraints d'en référer aux officiels à Wiesbaden. Les Français posent alors la condition que, pour chaque livraison d'aluminium à l'Allemagne, le Reich fournira une contrepartie en charbon. Après quelques atermoiements, un premier accord est signé en septembre 1940. Mais les industriels français ne peuvent s'abriter longtemps derrière leur administration. Trois mois plus tard, l'Allemagne exige 60 % de la production nationale d'aluminium. En cas de refus, ils menacent de déclarer l'aluminium matériel de guerre, entraînant ainsi la saisie des stocks et des installations en zone occupée. La délégation française à Wiesbaden refuse de céder à cet ultimatum qui doit expirer le 12 avril 1941. Les Allemands assouplissent leur position et un nouvel accord est signé en octobre 1941, après neuf mois de tergiversations. En mars 1943, ils réclameront la totalité de la production française moins un contingent dont ils fixeront le pourcentage.

Pour honorer les commandes de l'Allemagne, les fonctionnaires de Vichy qui négocient à Wiesbaden réclament la fourniture des matières premières indispensables. Produire de l'aluminium pour le Reich nécessite du charbon allemand pour alimenter le processus de fabrication. Quand une matière première manque, Vichy veille à obtenir un produit de remplacement : il faut s'assurer que les contrats sont équitables. Mais les Allemands ne se soucieront guère d'organiser une collaboration rationnelle, par mépris pour le vaincu mais aussi par incompétence. Les responsables de l'administration militaire allemande ne sont, en effet, pas formés à ce genre d'exercice et méprisaient cordialement les industriels français.

Deux gros industriels de l'aluminium, l'un à Marseille, l'autre à Lausanne, font le point sur l'extraction d'aluminium dans le sud de la France. Nous sommes en octobre 1941 et l'Allemagne voudrait voir augmenter la production de ce minerai stratégique. Le directeur de la production à Marseille raconte à son collègue comment il a accueilli l'émissaire allemand qui s'inquiétait pour ses commandes :

V. – *Je lui ai ensuite fait remarquer que l'augmentation éventuelle ne serait certainement pas entièrement réservée aux demandes allemandes. Il m'a dit que l'industrie allemande aurait priorité. J'ai objecté que le comité d'organisation de Paris se réservait sans doute quelque chose. Il a affirmé à nouveau la priorité allemande.*

B. – *Ah! non! Pas de ça! Car le marché national français prétend aussi qu'il a priorité pour lui.*

V. – *Oui, on n'y comprend rien à cette situation. Ils sont deux à tirer la couverture. On verra bien. J'ai ensuite insisté sur la question du mazout et les livraisons de fer... Il m'a dit que des maisons allemandes s'en occupent activement. J'ai objecté qu'au taux actuel de leur travail, j'en avais au moins pour deux ans avant d'obtenir la livraison. Il m'a promis d'intervenir auprès du gouvernement allemand.*

B. – *Bon! Maintenant exigez ferme des hommes, beaucoup d'ouvriers et nourris, et chaussés surtout.*

V. – *Je l'ai fait. Mais pour la question des chaussures il n'a pu s'engager ferme.*

B. – *Ils ne peuvent pas pourtant travailler nu-pieds dans les mines. Insistez.*

V. – *Bien. Il m'a ensuite demandé un plan détaillé. Il veut voir l'ingénieur en chef. J'ai dit qu'il est à Brignoles en ce moment. Il a alors laissé Koenig ici pour le rencontrer. Nous irons avec lui à Brignoles cet après-midi. Ils veulent étudier sur place en même temps les conditions d'augmentation de production. Surtout à Mazargues.*

B. – *Ils se bercent d'illusions. Ils ne s'imaginent tout de même pas que tout sera prêt comme ça d'un coup! Il y en aura peut-être pour un ou deux ans avant que ça puisse donner. En tout cas préparez-lui toujours une liste de nos désidératas en insistant sur la nécessité de réserver aussi une part importante pour le marché national.*

Les Allemands réussirent à donner la priorité dans les approvisionnements en matières premières et en énergie aux usines françaises qui prennent leurs commandes. La tentation est grande pour les chefs d'entreprise qui veulent maintenir l' « outil de travail » et éviter de mettre au chômage un personnel qui serait alors envoyé en Allemagne.

Les pressions allemandes et celles des fonctionnaires de Vichy limitent au maximum la marge de manœuvre des industriels français, déjà bien désorientés. La main-d'œuvre et les équipements sont recencés, les marchés et les prix fixés, la production est encadrée. L'Office central de répartition, créé par Vichy, rationalise l'industrie, ferme les établissements au rendement trop faible. L'État français a finalement réussi à s'imposer comme interlocuteur unique de l'Allemagne dans les négociations.

La « doctrine » de Vichy sur les relations de l'industrie française avec l'occupant est parfaitement reflétée dans cette nouvelle conversation d'octobre 1941 entre Dayet, directeur des Aciéries du Rhône, et Carry, responsable du Comité d'organisation des industries de la fonderie de

Lyon. Aux questions du premier, qui s'étonne naïvement de certaines incohérences du régime, le second apporte des réponses précises :

DAYET. – *Lorsqu'on veut prendre des commandes allemandes, est-ce qu'il faut demander l'autorisation à Vichy?*

CARRY. – *Ah! naturellement! Il faut que vous ayez l'agrément de Vichy. Et c'est subordonné à la réserve que les Allemands vous fournissent, non pas le métal, mais le combustible, le coke!*

D. – *Ah!*

C. – *Oui! Nous avons eu encore dernièrement une réunion à l'OFFA. Le répartiteur ne veut absolument pas donner un gramme de charbon pour les fabrications allemandes.*

D. – *Et pour la ferraille, les riblons?*

C. – *Ah! Cela vous donnera la priorité pour les riblons, c'est certain.*

D. – *C'est déjà intéressant. Lorsqu'on travaille pour les Allemands, on touche 250 tonnes de ferraille, tandis que ceux qui ne veulent réserver leur fabrication qu'à l'industrie française en touchent tout de suite 50 tonnes à se partager entre trois! Si on veut ne pas se laisser étrangler, on est bien obligé de prendre des commandes pour les Allemands! Nous sommes pris entre notre patriotisme de bon Français et notre devoir de chef de maison. Nous sommes obligés d'en arriver là pour améliorer notre situation! Et à Vichy ça met longtemps pour obtenir l'autorisation?*

C. – *Oh! si c'est de petites commandes, ça peut mettre deux ou trois mois.*

D. – *Je me suis fait attraper par Paris parce que j'avais déjà donné des prix! En zone occupée, ils travaillent 80 % pour les Allemands et ils ne veulent pas qu'on fasse la même chose dans la zone libre!*

C. – *Non! Ce n'est pas cela! C'est que le gouvernement français veut réduire au strict minimum les commandes allemandes en zone libre, de façon à protéger quand même les fabrications nationales. En zone occupée, il faut bien en passer par là, il ne peut rien dire parce que les Allemands sont les maîtres, mais en zone libre, ce n'est pas pareil, le gouvernement cherche à restreindre ces fabrications.*

D. – *Alors, comment faut-il faire? Si Vichy met des bâtons dans les roues?*

C. – *Vous faites très bien d'accepter des commandes allemandes. Mais n'en n'acceptez pas de trop! Prenez-en par exemple 40 % de votre contingent. Si votre contingent est de 100 tonnes, vous en prendrez 40 tonnes, pour vos commandes allemandes! 40 % est à peu près le chiffre donné par les statistiques pour la zone occupée. Ce n'est déjà pas mal.*

D. – *Entendu. Alors, je vais faire comme cela. Merci, monsieur Carry!*

Aux niveaux régional et départemental, le régime doit pouvoir compter sur des fonctionnaires dévoués à l'« ordre nouveau ». Le rôle politique et économique des préfets est de première importance. C'est pourquoi les services de Pétain se débarrassent sans ménagement de ceux qui sont mal notés. C'est le cas de M. V., préfet de Marseille, monté en octobre 1941 à Riom pour témoigner au procès des responsables de la défaite, avant d'aller plaider à Vichy son maintien à la tête de la préfecture. Visiblement l'affaire se présente plutôt mal pour M. V., qui téléphone à sa femme Christiane :

V. – *Voulez-vous me passer mon appartement?*

X. – *Voilà.*

V. – *C'est toi, Christiane?*

C. – *Oui, comment ça va?*

V. – *J'ai été à la cour de Riom.*

C. – *Tu as été interrogé longtemps?*

V. – *Oui.*

C. – *Tu n'es pas encore arrêté?* (Rires.)

V. – *Je dois voir le Maréchal aujourd'hui, mais j'ai l'impression que mes affaires vont très mal. Passe-moi ta maman.*

Mme V. – *Tu es rentré?*

V. – *Oui. J'expliquais à Christiane que j'étais l'objet d'une offensive effrayante.*

Mme V. – *De la part de qui?*

V. – *Je n'ai pas pu encore démêler l'histoire. Je vais à Limoges et m'entendre avec le préfet.*

Mme V. – *Mais tu ne sais pas d'où ça vient?*

V. – *Je ne sais pas. A mon point de vue je suis un vieux préfet, on parle de me confier autre chose. J'espère avoir un éclaircissement par le Maréchal.*

Mme V. – *Fais de ton mieux, j'ai tout à fait confiance en toi. Ici tout le monde va bien. Au revoir, mon chéri.*

En octobre 1941 toujours, les tracasseries bureaucratiques du gouvernement et les exigences allemandes ont complètement désorganisé le ravitaillement de la métropole par l'Empire colonial. A preuve, cette conversation entre deux importateurs marseillais, R. et X.

R. – *Vous avez du nouveau ce matin?*
X. – *Rien, rien, rien... J'ai des sardines à l'huile et je n'ai pas le droit d'y toucher avant le mois de novembre.*
R. – *Pourquoi donc?*
X. – *Les conserves sont réservées pour l'hiver.*
R. – *Des chinoiseries... et d'Afrique aucune nouvelle?*
X. – *De mauvaises nouvelles: le Maroc envoie tout en Allemagne via l'Espagne, les prix sont plus intéressants. L'Algérie trouve les taxes trop basses, les expéditeurs et les producteurs font la grève. Finalement avec ces procédés on en arrivera que l'Afrique ne ravitaillera plus la métropole et ils auront raison.*
R. – *Bien sûr, il faut que tout le monde gagne sa vie. Les prix taxés doivent être établis par un vague fonctionnaire qui n'a jamais fait de commerce.*
X. – *Le gouvernement avait une bonne idée d'empêcher les prix de grimper, mais il faut laisser une marge. Dès que vous avez quelque chose, vous m'avertissez...*
(Salutations.)

Le 9 octobre 1941, un industriel inquiet relate ses déboires avec Vichy. Alors qu'il a commencé à traiter directement avec la commission allemande d'Armistice d'Avignon pour leur fournir du minerai, il vient de se faire sérieusement admonester par un fonctionnaire de l'État.

X. – *M. Ceccati m'a transmis l'ordre formel de M. Blondel: rompre tous contacts ou relations avec les clients allemands, sous peine de graves sanctions. De ce fait, je n'ai pu traiter aucune affaire avec mes clients allemands. Devant tous ces empoisonnements, j'ai jugé préférable de vous en référer immédiatement.*
R. – *Vous avez bien fait. Je vais agir de suite.*

X. – *D'autre part, M. Blondel m'a fait dire que c'était le général Huntziger qui était contraire à toutes relations économiques avec...*

R. – (coupant brutalement)... *Oui, oui!*

X. – *Qu'est-ce que je fais?*

R. – *Ne bougez pas. Je vous tiendrai au courant.*

L'Allemagne compte sur l'industrie française pour soutenir son effort mais, pour cela, il lui faut autoriser le passage de matières premières et de biens de consommation entre les deux zones, c'est ce qui est graduellement accordé. Quand une usine française de textile décroche un gros contrat avec l'armée d'occupation, il lui faut mobiliser toutes ses énergies pour exécuter la commande dans les plus brefs délais. En octobre 1941, la maison Naef, à Panissières, appelle donc sa filiale de Zurich pour la faire participer à l'effort. Visiblement, le contrat a été obtenu dans des conditions douteuses puisque le prix des fournitures importe peu :

RATTON. – *Allô! Naef Zurich? Passez-moi M. Runz pour Panissières!*

RUNZ. – *Me voici! Quoi de neuf?*

RA. – *Dites donc, voilà, j'ai à vous passer une grosse commande de la part de notre correspondant de Paris, M. Delaye... Il s'agit d'une formidable affaire pour l'armée d'occupation qui a passé la commande à la société Francam, 130, quai de Jemmapes à Paris.*

RU. – *Connais pas cette affaire...*

RA. – *Possible, mais c'est cette société qui travaille le plus grandement pour l'armée d'occupation, voici donc de quoi il s'agit. Il faut fournir deux millions de mètres d'un tissu blanc, conforme à l'échantillon que j'ai sous les yeux, c'est de 80 centimètres de large, tout rayonne, ça pèse 100/120 g au mètre carré. Je peux vous dire d'ailleurs pour quoi c'est faire. C'est du tissu pour gargousse... c'est pour l'armée allemande, quoi! Il faut pouvoir assurer des premiers envois rapidement, pour le prix... pas de limite.. ça importe peu... M. Delaye vous dit bien sûr sa lettre qui arrive de Paris... que du prix... le paiement en francs suisses... inutile de vous dire que cette société de Paris a son permis d'importation, puisque c'est pour l'armée d'occupation... elle a toutes ses licences prêtes.*

RU. – *Oui... mais à nous, il nous faut l'autorisation d'exporter... on n'a justement pas le droit d'exporter de la rayonne de 200 deniers, maximum 150... mais on pourrait s'arranger, là-dessus... ce serait donc tout à livrer en blanc?*

RA. – *Mais vous aurez sans difficulté votre permis d'exportation. La Suisse ne pourra pas le refuser puisque en somme ce n'est pas de la marchandise destinée à la France, mais bien à l'Allemagne et cette marchandise ne fera que transiter en France, d'ailleurs il est spécifié que le paiement se fera en francs suisses.*

Le grand trafic

L'armée, la marine, l'aviation allemandes ont mis sur pied des bureaux d'achat (*Dienstellen*), chargés d'effectuer les approvisionnements nécessaires à leurs troupes. Or ceux-ci se livrent parallèlement à un trafic officieux. Multipliant les relations directes, en zone occupée comme en zone libre, avec des Français peu regardants, ils pillent sans vergogne les ressources du pays. Des intermédiaires et des rabatteurs payés à la commission leur permettent d'agir avec une grande efficacité. Grâce à leurs services de renseignements, les Allemands mettent la main sur d'énormes stocks de matériel militaire et de matières premières « stratégiques » constitués avant la guerre. Outre ces activités « légales », l'Allemagne crée des offices d'achat clandestins au moyen desquels elle se procure, avec l'aide de certains Français opportunistes, une variété étonnante de produits. On a dénombré jusqu'à deux cents bureaux occultes, disposant de magasins et d'entrepôts où viennent se ravitailler les convois ferroviaires pour l'Est. Parmi eux, le bureau Otto, pour ne citer que lui, gère une trentaine de « succursales ». Cette activité sert d'ailleurs souvent de couverture aux services d'espionnage ou de contre-espionnage allemands. Il arrive même que de petits trafiquants français, de par leur cupidité, se retrouvent liés à la Gestapo. Bien souvent, ces opérations mercantiles se traitent à partir de pays « neutres », ravis de prélever leur part du gâteau.

Sur les lignes téléphoniques internationales qui relient Vichy à la Suisse en passant par le centre d'écoutes, l'unité de compte est la tonne ou le million de francs, comme en témoigne cette conversation de novembre 1941 entre deux trafiquants de haut vol :

S. – *Faites le nécessaire pour la choucroute. Il me faut une décision, nos amis hongrois de Zurich ont l'affaire en main jusqu'à vendredi soir 10 heures.*

A. – *Entendu. Je vous téléphonerai dans l'après-midi. Si l'affaire marche, j'ai demandé du beurre de carité, et on vous fera un prix pour les clous de girofle. M. X vous en a déjà parlé, question prix?*

S. – *Oui, 2,50.*

A. – *Mais non.*

S. – *Ah! oui, il a demandé de la gomme d'amandier.*

A. – *C'est difficile à sortir.*

S. – *Il faut en faire 50 tonnes sous réserve des permis d'exportation, car nous nous engageons, nous avons les acheteurs et après on nous dit qu'il n'y a rien.*

A. – *C'est pour cela que je désire vous voir absolument. On arrivera dans l'avenir à traiter plus rapidement. On en fera peut-être moins, mais plus vite.*

S. – *Pour les haricots, on m'a encore téléphoné de la Roumanie qui demande une compensation 100 %. Je leur ai fait dire que ce n'était pas possible; peut-être pour 25 ou 50 %.*

A. – *Il faut compter le tiers.*

S. – *C'est très difficile parce qu'ils aimeraient du coton.*

A. – *C'est impossible; j'en ai parlé ce soir. J'ai essayé d'en obtenir 25 tonnes, on m'a répondu que ce n'était pas possible.*

La conversation peut prendre des allures d'inventaire à la Prévert quand Vichy et Genève font le point sur leurs affaires avec l'autorité allemande.

CHROEDER. – *Alors, et les cinq tonnes de clous de girofle?*

NEFFEL. – *On a obtenu les licences pour 15 tonnes.*

S. – *Quand ça arrive?*

N. – *D'un moment à l'autre. On nous a promis d'ailleurs pour 50 tonnes. Il y aura en même temps de la gomme arabique du Sénégal. Pour le coprah ça n'a pas marché, mais à la place de ça on aura 30 tonnes de gomme arabique à 3,80 en plus des autres 45 tonnes.*

S. – *Mais ça augmente le prix!*

N. – *Eh oui!..*

S. – *Berlin doit me répondre aujourd'hui ou demain matin pour le coton, la laine et le kapok, s'ils tardent encore je me débrouillerai seul et je vends ici, je n'attendrai plus. Il y aura de la gomme qui arrivera cette semaine?*

N. – *Oui, 19 tonnes.*

S. – *Oui. Vous avez promis les échantillons de tapioca, je ne les ai pas.*

N. – *Oui, ils sont partis.*

S. – *Auriez-vous des bananes séchées ou de la poudre de banane?*

N. – *Je vais demander.*

S. – *Et le cacao en poudre?*

N. – *Je n'ai pas encore expédié l'échantillon. Mais j'envoie aujourd'hui gingembre, kola et piment.*

S. – *Qu'est-ce que c'est que vos « picallili »?*

N. – *Ce sont des pickles avec de la moutarde.*

S. – *Ah bon! Et des câpres?*

N. – *J'en envoie aussi.*

S. – *Envoyez aussi du miel, ça intéresse beaucoup.*

N. – *Bon, je vais voir.*

Les grandes banques nationales, inquiètes des conséquences d'une attitude négative à l'égard de l'occupant, continuent à faire leur métier et collaborent sans états d'âme. Paribas accorde des facilités de caisse à Junker et à l'IG Farben pour leurs achats en France. Le Crédit Lyonnais assure les transactions financières avec les travailleurs du STO. Il accorde également des crédits aux acheteurs allemands chargés d'acquérir des œuvres d'art issues du patrimoine national. En revanche, les deux établissements résistent énergiquement aux tentatives allemandes de confisquer leurs succursales dans l'est de la France et à Bruxelles. Globalement, ces banques seront, en 1944, dans une situation financière bien meilleure qu'en 1939. Quand une banque traite avec l'Allemagne, elle doit prouver qu'il n'y a aucun actionnaire ennemi à son capital. Ce problème est soulevé dans la conversation entre deux financiers, l'un à Lausanne, l'autre en Isère en affaire avec les services d'achat allemands :

HUGLI. – *Bonsoir, monsieur Giraudon. Je m'excuse de ne pas vous avoir appelé ce matin. Je n'ai pas pu, j'étais juste-*

ment à Berne où nous avons eu une conférence. On se mettra avec la Banque Ottomane.

GIRAUDON. – *Ah bien. Et quelle est la banque suisse?*

H. – *La Commercial Bank de Berne qui traiterait directement.*

G. – *J'aurais préféré que ce soit la SBB* [Société de banques suisses].

H. – *Oui, mais enfin j'ai l'impression que ce soit cette dernière qui se mettra demain matin en rapport avec la Banque Ottomane à Marseille. Vous comprenez, ils ne connaissent pas la structure de la Banque Ottomane. Ils pensaient qu'il y avait trop d'intérêts étrangers dans cette banque.*

G. – *Il y a quelque chose qui me chiffonne. Nous sommes engagés avec eux et il paraît y avoir de la réticence de la part des acheteurs. Cela fait dix jours que nous sommes bloqués, cela ne devrait plus durer trop longtemps.*

H. – *Ce sont surtout les références sur la Banque Ottomane qui les inquiétaient. Ils craignaient que les Anglais ne soient là-dedans.*

G. – *Il n'y en a aucun là-dedans cette banque. C'est comme la Banque de Paris et des Pays-Bas. Il faut que cette question se dénoue demain.*

Les fonctionnaires de Vichy dépensent une grande énergie à empêcher les relations commerciales directes avec l'occupant. Lors d'une conversation entre Gillet, responsable du ravitaillement à Paris, et son collègue Ménard à Brive, le cas de l'un de ces négociants trop entreprenants est évoqué :

G. – *Maintenant le type qui a écrit au bureau départemental des Fruits et Légumes de Tulle, c'est T. de Nantes, cet imbécile, voilà ce qu'il demande pour fournir les armées d'occupation, tenez je vous lis la lettre qu'il m'a envoyée : « Étant désigné officiellement par le ravitaillement, nous vous prions de bien vouloir faire le nécessaire pour obtenir 25 000 kilos de noix sèches. » L'imbécile, il peut être sûr de ne pas en avoir, il n'y en a pas, et puis il doit passer par nous.*

M. – *Oui, et il n'y en a pas.*

G. – *Je continue : « 22 000 kilos de noisettes, 20 000 kilos d'amandes, 15 000 kilos de raisins de Corinthe, 110 000 boîtes de dattes », vous vous rendez compte quel idiot?... et « 110 000 boîtes de figues », voilà ce qu'il passe, cet imbécile.*

M. – *Il faut leur dire* [aux Allemands] *qu'il passe par nous et par le groupement interprofessionnel et qu'ils ne peuvent pas tenir compte de ceci.*

G. – *Derrière, il y a une confirmation écrite en allemand avec le cachet et l'aigle.*

Les difficultés à se procurer des produits de première nécessité peuvent prendre un tour tragique quand il s'agit d'un médicament comme l'insuline. Le 21 novembre 1941, le correspondant de ce commandant d'intendance à Clermont-Ferrand manifeste son désespoir :

X. – *Comment faire? On n'en fabrique plus alors?*

C. – *Non, il faut tuer des animaux pour ça, ça vient du pancréas, et il n'y en a plus.*

X. – *On tue bien des veaux, bon sang, en France! Et le service de santé?*

C. – *Oh! il n'en a pas, et puis vous êtes civil, et il ne peut servir que les militaires. Vous n'en trouverez pas, même le plus grand pharmacien de Clermont n'en a pas. Il m'a dit l'autre jour que s'il n'en trouvait pas mon père allait mourir.*

X. – *C'est fantastique!*

C. – *Et il n'y a pas que ça qui manque. Il n'y a plus d'alcool dans les hôpitaux...*

X. – *Eh bien, c'est gai. C'est insensé. Et la Croix-Rouge américaine n'en a pas?*

C. – *Elle n'en reçoit plus. Le gouvernement des États-Unis n'est pas pour la collaboration, vous comprenez?*

X. – *Je comprends très bien.*

C. – *Cela ça nous dépasse.*

X. – *Je comprends bien, mon commandant. Et si je m'adressais à la Kommandantur à Royat?*

C. – *Je ne les connais pas, ces messieurs. Le mieux c'est que vous écriviez à la Croix-Rouge américaine à Marseille. Mais je crois qu'ils n'en ont plus.*

X. – *Ah! c'est formidable!*

C. – *S'il n'y avait pas eu la Croix-Rouge américaine, il y a déjà un an qu'il n'y aurait plus d'insuline en France. Ce n'est pas pour faire de la réclame pour eux, mais...*

X. – *Je comprends bien. Ah! c'est effroyable, effroyable. Vous dites qu'il n'y aura plus de livraisons américaines?*

C. – *Si les Américains ne sont pas contents de ce que fait le... vous comprenez?*

X. – *Je comprends très bien, mon commandant.*

C. – *Ce n'est pas qu'ils ne veulent pas en livrer à la France, mais ils ont peur que ça aille à l'Allemagne.*

X. – *Comme tout le reste, quoi. Je vous remercie quand même, mon commandant.*

Restrictions, taxations, réquisitions... la France vit sous cette triple contrainte. Voici, datée du 11 septembre 1941, une conversation étonnante au cours de laquelle Mme Clousau, à Tarbes, supplie son mari de lui faire parvenir d'urgence son manteau de laine. On ne tarde pas à apprendre pourquoi elle est si pressée :

Mme. – *Ici Mme Clousau. Madame Lefoyer? Voulez-vous me passer mon mari?*

– *Oui...*

Mme. – *Bonjour, petit, je te téléphone de Tarbes, parce que nous sommes en panne mais ce n'est pas grave; je te téléphone pour te dire qu'il faut que tu m'envoies de suite demain sans faute mon manteau de laine parce que je ne peux pas sortir en robe.*

M. – *Mais que se passe-t-il?*

Mme. – *Eh bien, tu ne sais pas?*

M. – *Non.*

Mme. – *Eh bien, réquisition.*

M. – *Des cuirs?*

Mme. – *Oui.*

M. – *Comment ils réquisitionnent les cuirs?*

Mme. – *Oui, c'est comme ça.*

M. – *Pas possible?*

Mme. – *Si. Hier ils ont commencé à la sortie de l'arsenal et aujourd'hui les gendarmes courent dans les villages voisins pour en ramasser.*

M. – *Ce n'est pas mal.*

M. – *C'est comme ça.*

M. – *Et comment le faire descendre* [le manteau]*?*

Mme. – *Je ne sais pas.*

M. – *A moins de faire descendre Mado demain.*

Mme. – *Oui, bien sûr.*

M. – *J'espère que tu l'as planqué.*

Mme. – *Bien sûr; tu penses, ils te donnent un bon et 1 000 balles et va-t'en acheter un autre manteau; tu penses il faut en trouver et puis ça doit tenir chaud; alors je suis sans manteau; je sors en robe.*

M. – *Tu dois geler?*

Mme. – *Il n'y a pas d'autres solutions.*

M. – *Empruntes-en un?*

Mme. – *Et à qui?*

M. – *A Monsieur... celui de madame.*

Mme. – *Tu n'y penses pas.*

M. – *Ou à une autre ou encore sors avec le cuir à l'envers.*

Mme. – *Oh alors...*

M. – *Eh bien, fais pour le mieux.*

Mme. – *Oui, allez, au revoir.*

En décembre 1941, le fils d'un gros industriel de Lyon, René B., écrit une longue lettre à une jeune femme de Zurich pour laquelle il éprouve de tendres sentiments. Afin de séduire sa belle, il narre avec complaisance l'importance de ses affaires et les lourdes responsabilités qu'il doit assumer :

« A mon bureau j'ai un revolver de huit coups; vous voyez que c'est sérieux, car j'ai pour plusieurs millions de matériel, avions, autos, camions, essence, benzine, huile, graisses, matériel industriel et matériel agricole, ainsi que tous les produits chimiques indispensables, surtout en agriculture; on passe facilement des avions aux clous de fers de vaches et de chevaux; enfin, tout ce qui manque en ce moment et qui est “ gelé ” par le gouvernement et destiné surtout à l'Allemagne qui nous offre quatre francs le kilo de ferraille. Comme je suis seul comptable et gérant, les patrons étant toujours en voyage dans les ventes aux enchères, même jusqu'en Afrique, je suis obligé de faire beaucoup attention ayant trop de responsabilités. Je passe mon temps entre les administrations gouvernementales, les banques, en petits voyages, entre aussi ma lourde comptabilité et la surveillance des marchandises et des ouvriers, ainsi que de contrôles sévères dans le matériel, ce qui m'oblige à être armé dans mon travail à cause de la grandeur des caves et le peu de sûreté qu'on a en ce moment. Pour faire plaisir aux paysans, j'ai reçu l'ordre de monter mes prix de 31 % hier, nouvel ordre de monter les prix de 25 %, ce qui fait 56 %, et seulement contre monnaie-matière quand on est de bonne humeur car je n'accepte plus les billets de la Banque de France, ils ne valent absolument rien et je préfère mettre l'argent dont je dispose en matériel, car lui ne dévalue pas, au contraire il monte tous les jours de valeur par rapport au franc, et sans oublier qu'on ne trouve presque plus rien. C'est ce qui m'a obligé d'acheter tout le matériel électrique de la ville de Lyon, qui était en ventes aux enchères et qui se composait de quatorze autobus électriques; comme on ne trouve plus de matériel électrique c'est vraiment une encore assez bonne affaire. Mes cousins à Balan offrent des cochons pour 5 000 francs en marché noir; moi, je leur offre légalement des clous et des fers de vaches et de chevaux surtout gratuitement mais contre monnaie-matière, ce qui les fait enrager car ils n'en ont point. Si ces messieurs sont maîtres en agriculture, nous sommes les maîtres en industrie, et je ne connais aucun pays agricole qui a dominé un pays industriel. Avis! Surtout qu'on ne vend plus rien, la monnaie ne valant absolument plus rien, et les Allemands viennent réquisitionner (22 millions de pièces chez les Usines Berliet), mais paient très bien (en papier). »

La pression des Allemands sur la production industrielle de la zone libre est constante. En février 1942, une conversation entre deux patrons de sociétés chimiques de l'Isère témoigne de leurs craintes. Les usines n'ont pas pu assurer les commandes allemandes de chlore et ils préparent au téléphone une parade aux ennuis qu'ils imaginent :

X. – *C'est au sujet de Paris, ça va très mal. Les Allemands seront à l'usine demain. Ils font une enquête serrée. Nous avons 58 tonnes de retard sur janvier, plus 60 tonnes sur février.*

B. – *Oui.*

X. – *Alors c'est embêtant. Quelles raisons va-t-on donner?*

B. – *Manque d'énergie.*

X. – *Oui, mais ça ne va plus cela. M. Bronchat (?) déclare que nous aurions dû ne pas livrer la clientèle, et je crains que M. Bronchat (?) ne se fasse eng... par eux.*

B. – *C'est son métier. Et puis comme raisons nous n'avons pas de charbon.*

X. – *Oui, mais il va toujours dire une chose : Pourquoi avons-nous livré la clientèle ?*

B. – *Mais nous ne savions pas qu'il ne fallait pas faire cela. Vous ne le saviez pas non plus, vous ?*

X. – *Non.*

B. – *Alors ça va. Maintenant quelle est la situation des collègues ?*

X. – *Je n'en sais rien mais Bronchat avait l'air très étonné.*

B. – *Mais quel est son droit de vérification ?*

X. – *Il est envoyé par les Allemands.*

B. – *Oui. Mais il y aura aussi le manque de wagons.*

X. – *Ils vont nous dire que nous n'en avons pas toujours manqué.*

B. – *Oui. Il vient seul, ce type-là ?*

X. – *Je ne sais pas. Normalement il arrive ce soir, mais plutôt demain.*

B. – *Enfin, c'est un Français ce type-là ?*

X. – *Oh ! oui, M. Bronchat. Mais il va certainement venir avec un Allemand.*

B. – *Mais pour le chlore nous n'avons pas de contingent ? En février je ne fais pas de chlore, je fais du magnésium. Et puis, qu'est-ce que vous voulez qu'ils nous fassent ces cocos-là ?*

X. – *Je ne sais pas, mais ça pourrait aller mal.*

B. – *Oui, nous verrons bien. Au revoir.*

Non contents de piller la zone libre, les Allemands s'instaurent interlocuteurs privilégiés des pays neutres pour le commerce des marchandises, y compris les françaises. C'est ce qu'apprend un commerçant genevois à son confrère de Lyon, le 6 février 1942 :

GENÈVE. – *Les Allemands vont livrer à la Suisse du Chanel, Bourjois et Lanvin à des prix meilleur marché. Ils en ont pour 30 000 marks de chaque sorte. Le gouvernement allemand va interdire à la France de livrer directement ses parfums à la Suisse. C'est Berlin qui livrera tout.*

LYON. – *Vous plaisantez?*
G. – *Non, hélas! C'est sérieux. Un Allemand fait sa tournée en Suisse en ce moment et offre tous ces parfums en disant : « Si vous n'en prenez pas maintenant, vous serez obligés d'y passer dans trois mois. »*
L. – *Ce sont des bandits à ce moment-là. Ils veulent prendre la parfumerie. Qu'est-ce qu'ils vont nous laisser, les rutabagas?*
G. – *Ils ont tort, c'est maladroit, s'ils ont quelques sympathies en France, ils vont les perdre, c'est sûr!*

Un blocage des produits français à destination de l'étranger, c'est ce que deux producteurs de cinéma ont constaté à leurs dépens. Ils réalisent à quel point ils sont coincés entre la volonté hégémonique des Allemands et les fonctionnaires de Vichy. Décembre 1941 :

X. – *Les Allemands nous ont interdit l'exportation de nos films. Nous sommes allés à Vichy avec Gaston pour rouspéter, mais nous n'avons qu'à nous incliner.*
Y. – *Je ne comprends pas pourquoi.*
X. – *Nous ne comprenons que trop bien, nous autres. Les Allemands empêchent l'exportation de nos films pour inonder le marché étranger avec leur production. Un pays comme l'Espagne, par exemple, réclame à cor et à cri des films français, mais on ne peut rien leur envoyer sans l'autorisation allemande. Pour nous déprécier aux yeux de l'étranger, ils n'autorisent l'exportation que pour nos « navets ». C'est alors que le comité d'organisation, soutenu par Vichy, refuse l'exportation pour ne pas porter atteinte au prestige dont nous jouissons à l'étranger. C'est un cercle vicieux. Si vous passez outre, on vous enlèvera votre carte de producteur.*

En février 1942, un exportateur de Dakar conseille à son correspondant nîmois de se mettre en relation avec l'Allemagne pour mieux écouler la marchandise qu'il reçoit à Marseille car « les deux tiers des exportations coloniales sont destinées à l'Allemagne ou à l'Italie ou à tout autre pays d'Europe, ou peut-être même à la France après accord de l'Allemage; enfin c'est bien l'Allemagne qui dispose de 66 % de nos envois.

« Or ces produits sont bien achetés par des Français, soit maisons de commerce, soit courtiers, soit banques, lesquels expédient aux mêmes à Marseille. »

En avril 1942, le directeur d'une fabrique de pelles grenobloise s'inquiète des réquisitions allemandes auprès de son interlocuteur à Saint-Étienne :

– M. Sarrazin repart à Paris, parce qu'il paraît que nos collaborateurs veulent mettre la main sur nos pelles. Il paraît que c'est très sérieux.
– Je n'ai pas entendu ce son de cloche.
– M. Vicaleau m'a dit « pour la grosse industrie, nous sommes sous la pression de ces " messieurs ", ils voudraient carrément nous foutre au cul ».
– Il y a peut-être un peu d'excès !
– Oh ! vous savez, je n'en serais pas surpris.
– Moi non plus, parce que, comme on connaît ses saints, on les honore !

A mesure que les mois passent, Vichy a de plus en plus de mal à limiter les exigences de l'Allemagne dont la situation économique se détériore et qui connaît ses premiers revers militaires.

Autre difficulté pour l'économie française, la mise au ban des Juifs et la confiscation de leurs biens par les Allemands. Ces derniers, insatisfaits sans doute des résultats de leur opération d'« aryanisation », taxent la communauté juive d'une amende d'un milliard. Le 10 mai 1942, un Juif, réfugié dans une maison de repos à Grenoble, reçoit un coup de téléphone de M. D., un de ses amis qui habite Arles. La brutalité des exactions allemandes est un douloureux sujet de conversation :

DOMINIQUE. – *Le certificat de religion ne signifie rien à lui seul. La législation allemande est telle que la personne soupçonnée de n'être pas aryenne doit elle-même en faire la preuve et fournir les actes de baptême du père et du grand-père paternel. La thèse de Lang est qu'il a été l'objet d'une dénonciation faite dans le but de couvrir des Juifs de Paris chez qui il était. Je n'ai pas très bien saisi son explication. En tout cas, il a été coffré soixante-sept jours à Fresnes.*

GIRAUDON. – *Elle est curieuse cette législation!*

D. – *Oui. Lorsque quelqu'un est dénoncé aux Allemands, on arrête l'homme indiqué, même si la dénonciation est anonyme. Puis on ouvre une enquête, qui est très longue, car il y a un nombre considérable de prévenus. Il a été libéré sur ce fait, apparu aux Allemands, que David n'était pas génériquement synonyme d'israélite.*

G. – *C'est ignoble. Vous savez que les Allemands sont venus chez moi. Ils m'ont pris des draps et des matelas, en vertu de la loi de réquisition, sans donner la moindre explication. J'avais, paraît-il, écrit quelque chose qui ne leur avait pas plu.*

D. – *Il ne faut même pas en demander, on risque d'être condamné à mort.*

G. – *Il y avait dans mon appartement pour 150 000 francs au moins de linge et autre, je crains qu'ils aient tout pris.*

D. – *S'il y en avait pour 500 000 francs, ils seraient d'autant plus contents de vous les prendre. Vous vous imaginez que les Allemands vous demandent des autorisations! Vous n'avez pas l'air de vous rendre compte de ce que c'est que l'occupation.*

G. – *Alors, sur ce point très spécial, il faut considérer tout ça comme perdu? Tout appartient pourtant à ma femme, tout est à son nom.*

D. – *Je n'en sais rien.*

G. – *Comment le savoir?*

D. – *En tout cas, il ne faut pas aller le leur demander. A la minute où les Allemands mettent la main sur quelque chose, il ne faut pas aller le leur disputer.*

G. – *M. Benoist-Méchin en a écrit autant que moi.*

D. – *Oui, mais c'est leur homme. Il leur arrive de déménager des maisons entières, des hôtels particuliers. Ils envoient des camions et des hommes qui font place nette en rien de temps. Ils ont l'habitude!*

G. – *Ils n'ont pas le droit!*

D. – *Vous pensez que le droit préside à ces opérations!*

G. – *Non, mon opinion sur eux est faite depuis longtemps.*

D. – *Cette ordonnance du 31 janvier 1942 sur la réquisition en dehors des autorités françaises, de toutes personnes et tous biens, a déjà été utilisée en Roumanie en 1918. C'est, en somme, un vaste plan de déménagement des grandes villes. Elle provoquera incessamment la réquisition de 500 000 ouvriers.*

G. – *Savez-vous quelque chose sur la vente de mon immeuble?*

D. – *Je crains bien que vous ne voyiez jamais les fonds et qu'ils soient englobés dans l'amende d'un milliard infligé par les Allemands aux Israélites. Mon sentiment là-dessus est que, dans un délai très rapide, on leur prendra tout ce qu'ils ont. Un fonds bloqué est un fonds perdu.*

G. – *Vous pensez qu'il n'y a pas possibilité de retirer la moindre somme?*

D. – *Je ne le pense pas. Les administrations ont peur de s'exposer à des ennuis.*

G. – *C'est la spoliation dans toute sa brutalité et la venue de Darquier de Pellepoix n'est pas pour modifier cet état de choses.*

D. – *Au contraire. Une partie du milliard provient de prélèvements en banque, dont les cent millions que les autorités allemandes ont remis avec beaucoup de battage, au comité des sinistrés de la région parsienne, pour les victimes des bombardements.*

Le 16 juillet 1942, le bureau des Pyrénées-Orientales pour les fruits et légumes reçoit un coup de téléphone d'un fonctionnaire de Vichy qui relaie avec efficacité les priorités que Laval a accordées aux troupes d'occupation :

B. – *Je viens de recevoir à l'instant un télégramme imposant une priorité de 3 700 tonnes pour les troupes d'occupation. D'autre part, j'ai sous les yeux votre papier accusant 3 500 tonnes de possibilité. Pouvez-vous faire davantage?*

X. – *Mais toute la production va y passer. Je vais en parler à la corporation. Avec la taxation baissée à 1,75 la production était très réduite – les gens ne soignaient plus les plants. Je vais me documenter avec les syndics locaux et vous fournirai l'état de production le plus juste possible.*

B. – *Pour les pêches, nous rectifierons au fur et à mesure, les situations sont fausses, en général car la production n'est généralement pas exactement ce qu'on prévoyait.*

X. – *Pour les pêches nous sommes à 600 tonnes actuellement.*

B. – *Nous avons reçu un télégramme très impératif de M. Pierre Laval et de M. Leroy-Ladurie.*

X. – *Vous êtes au courant de l'effort que nous avons déjà*

fait pour l'Aude et pour l'Hérault. Je ne peux prendre actuellement sur moi de voius dire actuellement si nous atteindrons ou dépasserons 3 700 tonnes.

B. – *Je serai obligé de voir le préfet régional.*

X. – *3 700 tonnes, c'est très très gros, malgré les quantités de tomates nous n'avons pas dépassé 2 000 tonnes.*

Un commerçant de Béziers, écœuré par les manœuvres de collègues qui trafiquent avec l'occupant, écrit à la BBC une lettre fort instructive. Il y dénonce avec virulence les viticulteurs de la région qui ravitaillent l'armée allemande. Envoyée à Londres par l'intermédiaire de l'ambassade du Mexique à Lisbonne, la missive sera interceptée par la police de Vichy le 21 juillet 1942. Elle n'arrivera jamais à destination puisque les CT l'ont interceptée à la frontière franco-espagnole.

« Le pillage de notre pays par l'ennemi, la misère et la famine qui en sont les conséquences auraient certainement été moins rapides et moins brutales, si certains Français ne s'étaient non seulement prêtés, mais offerts aux agents de l'ennemi et de Vichy pour les aider à rafler par n'importe quels moyens les produits de toute nature qui auraient dû être conservés pour les besoins de la population.

« Vous pourriez peut-être croire que ces Français-là sont de pauvres bougres qui se sont vendus pour avoir de l'argent pour vivre eux et leur famille. Hélas! détrompez-vous, ce sont au contraire des négociants, industriels et commerçants, disposant de capitaux et de belles situations.

« Dès la signature de l'Armistice, ces gens-là se sont mis à manger de l'Anglais tout en faisant des sourires à nos détrousseurs. Aussi ont-ils pu grossir rapidement leur fortune laquelle ils se sont empressés d'investir en immeubles, terrains et travaux d'embellissement et d'agrandissement de leurs installations dans le but d'échapper à l'impôt sur les bénéfices. Ils ont joué sur le velours et continuent à le faire attendu que, épaulés par l'ennemi, ils peuvent obtenir et exiger de Vichy que le matériel de transport nécessaire à leur mauvaise besogne soit mis à leur disposition par priorité. Ces sans-scrupules auraient tari la production en moins de deux mois si on ne les avait freinés autant qu'il a été possible de le faire.

« Bien que ce trafic malfaisant soit à lui seul plus que suffisant pour déclencher le châtiment qu'il mérite, ces mêmes personnages pratiquent le mouchardage et la délation et sont excessivement dangereux.

« Parmi ces charognards, qui devront un jour rendre des comptes et l'argent volé, je vais vous en désigner quelques-uns qui méritent une attention toute particulière. Ce sont :

« Monsieur P., à Béziers, Président du Syndicat des négociants en vins, boche 100 %, principal pourvoyeur. Cet individu ne se gêne pas de réquisitionner dans les campagnes des vins déjà achetés par d'autres négociants non collaborateurs. Réalise un gain annuel de 3 à 5 millions.

« Messieurs F. frères, Béziers, deux gaillards aux allures de boches qui font, eux aussi, la razzia du vin pour leurs maîtres et qui encaissent également 3 à 5 millions de bénéfices par an.

« Les deux négociants ci-dessous, draineurs de vins au profit de nos affameurs, sont en train de chercher à mettre à l'abri le fruit de leur mauvaise besogne en faisant construire de somptueux chais et bureaux d'une valeur estimée à plusieurs millions. »

Après d'autres précisions du même genre, l'auteur du courrier indique ce qu'il attend des futurs libérateurs :

« J'en connais d'autres dont je vous donnerai les noms à leur tour, mais déjà pour ceux que je viens de citer, il paraît nécessaire de prendre toutes dispositions utiles pour, le moment venu, opérer la confiscation totale de l'argent volé et traduire les auteurs de ces vols qui sont en même temps des traîtres, devant un tribunal d'exception où ils devront être déchus de la nationalité française, avec toutes les conséquences que cette déchéance doit entraîner.

« Cette épuration est d'ores et déjà réclamée par les patriotes qui ont déjà beaucoup souffert et qui souffrent encore et qui ne comprendraient pas que de tels crimes contre la patrie puissent rester impunis.

« Signé : ANTICAPITULARD. BÉZIERS. »

Entre 1940 et 1943, l'État français livre pour 31 milliards de francs de matériel de guerre à l'Allemagne (dont la vente des avions représente à peu près la moitié). Vichy avait espéré que sa bonne volonté allait amener l'occupant à quelques compensations matérielles mais aussi politiques. A l'heure du bilan, on constate que les Allemands, malgré leurs promesses, n'ont rien fait pour adoucir le sort de la France. Les prisonniers sont toujours dans les camps, l'indemnité d'occupation n'a guère été réduite, l'exploitation économique du pays et de sa main-d'œuvre s'est aggravée. Malgré les propositions de Laval pour la création d'une Europe antibolchevique, les dirigeants nazis ne veulent pas considérer la France autrement que comme un pays ennemi et vaincu. La négociation de la collaboration économique n'est pas la seule préoccupation de l'administration de Vichy!

Quand les hauts fonctionnaires de l'État français ont l'occasion de faire la fête, ils ne s'en privent pas. C'est ce que nous constatons en lisant une lettre de Raymond, datée de novembre 1942. Il y passe en revue les détails d'une joyeuse soirée entre officiers de la commission d'armistice à Grenoble. Inquiété par les descriptions contenues dans cette missive, le censeur du contrôle technique l'a surtitrée : « Divulgation de renseignements susceptibles de créer des complications. »

« C'était hier la fête de M. Jager le grand patron – tous ses employés lui ont offert des cadeaux et moi pour le compte de mon service une grande gerbe de glaïeuls. La réaction a été rapide. Il a invité tout le monde à souper.

« Même maman. Orgie! Orgie! Maman est rentrée à 22 h 45 et moi je suis resté avec les chefs de l'office et les officiers de la commission d'armistice. Ils s'étaient mis dans l'idée de me soûler, mais mal leur en a pris, car je leur ai fait prendre une cuite dont ils se souviendront longtemps. L'interprète, celui qui était jusqu'ici le plus salopard et qui est maintenant tout miel avec moi, était fin cuit. Je l'ai ramené chez lui après avoir fait trente ou quarante stations sur les trottoirs. Ce matin, il a fait une apparition au bureau et s'est déclaré plein comme une vache. Il est retourné se coucher.

« Par contre, le comte de Touarka de Remedia, ex-ambassadeur-chef de la commission d'armistice, était tellement noir qu'il s'est couché sur un banc et a été ramassé par les flics qui l'ont passé à tabac et lui ont mis les menottes. Il a passé la nuit au bloc, complètement sonné, mais au réveil ce matin, musique. Il n'était plus rond et tu peux croire qu'il y a eu du bruit. Pour moi à 8 heures, j'étais à mon travail frais comme une rose, sans avoir été dérangé. Ils ont envoyé à maman une grosse gerbe de roses ce matin. »

Plusieurs explications peuvent être trouvées à la soumission de la plupart des industriels français face aux exigences allemandes. D'abord, les relations économiques entre les deux pays existaient avant l'ouverture des hostilités, ensuite les patrons français ne voyaient pas de raison de refuser les commandes de l'Allemagne puisque c'était pour eux la seule manière d'obtenir la matière première indispensable à la marche de leur usine. « Faire tourner la maison », éviter la récession et le chômage : ces priorités l'emportaient sur toute autre considération politique. Un collaborateur de Louis Renault, justifiant après la guerre, l'attitude de son patron expliquait : « Les erreurs des quatre dernières années, c'est pour garder son usine qu'il les a commises. Il n'aimait pas les Allemands. Pourquoi les aurait-il aimés, lui qui n'a jamais aimé personne ? Mais il craignait qu'ils ne lui prennent ses machines, qu'ils ne lui réquisitionnent ses véhicules. Devant cette crainte, il était aussi faible qu'un enfant. Il leur a tout cédé pour tout conserver et il a tout perdu [5]. »

On ne peut que constater que « l'exploitation systématique des richesses françaises a été, pour l'Allemagne, une réussite remarquable, comme on n'en avait guère vu depuis l'exploitation de l'Angleterre par Guillaume le Conquérant [6] » et ce, grâce à la collaboration de Vichy. Comment comprendre ce choix politique de Pétain à la fin de l'année 1940 ? D'une manière simple, Pétain et ses pairs ont fait un pari et ils ont perdu. Tout portait à croire que le Reich serait le grand vainqueur de ce conflit et, dans cette optique, le gouvernement à tendance fasciste qu'était Vichy n'avait aucun scrupule à proposer ses services puisque idéologiquement il ne se sentait pas très éloigné des théories nazies et que, par ailleurs, il caressait l'espoir de pouvoir de cette manière se maintenir au pouvoir. Cette collaboration, le Reich n'en avait que faire d'une part parce que la France restait l'ennemi héréditaire et que d'autre part les Allemands ne voyaient pas en quoi les

Français auraient pu négocier puisqu'ils étaient déjà vaincus. Mais, habile stratégie, les Allemands ont feint d'accepter cette proposition de collaboration afin de mieux spolier la France. La bénédiction de Vichy assurait ainsi aux manœuvres de l'Allemagne une légitimité qui lui permettait d'opérer en toute quiétude. On comprend mieux ainsi comment la France s'est retrouvée à la merci de l'occupant, sans défense face aux rudes négociations, pressions et coups de force des dirigeants allemands qui exploitaient sans vergogne les richesses du pays au détriment de sa population.

V

LES ALLEMANDS EN ZONE LIBRE

L'armistice de juin 1940 prévoit, entre autres, que l'Allemagne disposera en zone libre de « commissions d'armistice » regroupant des militaires et des fonctionnaires du Reich chargés de l'application des clauses visant à restreindre l'autorité de Vichy : limitation de son armée à cent mille hommes, contrôle des stocks d'armes et des moyens de communication, etc. Ces commissions jouent également un rôle actif dans l'exploitation économique de la zone libre, recherchant, par tous les moyens, à procurer au Reich les fournitures nécessaires, sans négliger des trafics plus personnels. Organismes de contrôle, véritables bureaux d'achat, voire centres d'espionnage, les commissions allemandes de l'armistice (CAA) sont centralisées à Bourges, en lisière de la ligne de démarcation. Soucieux de garder un œil sur l'activité allemande en zone libre, Vichy a demandé aux services de la police et du contrôle postal et téléphonique de surveiller attentivement les commissions. Tout le courrier qui leur est destiné est donc ouvert et recopié, les conversations téléphoniques enregistrées. C'est ainsi que nous disposons de documents de première main, essentiellement entre 1941 et 1942.

Dans une lettre datée du 11 mars 1941, M. X., de Marseille, explique à un correspondant de Saint-Pons les conséquences de l'emprise allemande sur l'économie française. Visiblement, l'homme est très bien informé. Son analyse de la situation est excellente et son constat, accablant :

« Méthode... Ce mot résume le Reich. Depuis Bismarck, tout est méthode, tout est méthodique, et tout se trouve méthodiquement préparé en Allemagne. Les Alsaciens et les Lorrains, qui vécurent les heures sombres de séparation après 1870, furent impressionnés par l'organisation civile et militaire des Prussiens. Ils connaissaient les ressources du moindre village. De 1870 à 1914 et de 1914 à 1940, les méthodes ne furent que perfectionnées mais rien n'est changé, l'espionnage a fait l'inventaire et le vol est méthodiquement préparé comme l'on organise le cambriolage, avec méthode. Il existait à Berlin, à la direction de l'industrie lourde, 8 500 hauts fonctionnaires chargés d'étudier les possibilités des pays avec lesquels prendre contact. Ils avaient soigneusement préparé l'inventaire des ressources des pays où ils espéraient bien que leurs troupes pénétreraient. Pour ce qui est de la France, les Allemands connaissaient dans leurs moindres détails les possibilités de toutes les industries, les stocks et toutes les réserves de toutes les entreprises de l'État ou privées. Depuis juillet 1940, avec une parfaite courtoisie, ils ont vidé entièrement les pays occupés. Les machines des grandes usines sont envoyées en Allemagne, ou si elles sont maintenues provisoirement sur place, c'est qu'elles doivent travailler pour le Reich. Les matières premières, les denrées, tout est volé, ou si vous préférez, tout est porté comme " avance comme indemnité de guerre ou payé en monnaie de singe ". Après avoir fait le vide en territoire occupé, les opérations commencent maintenant en zone libre. Le 7 février, la commission d'armistice de Wiesbaden a décidé que : 8 000 camions de 5 tonnes et au-dessus, 5 000 camionnettes seraient prélevées dans la zone libre, chez les constructeurs et dans les parcs automobiles de l'armée.

« Pour parer aux accidents de la route un volant supplémentaire de 10 % a été prévu. On imagine aisément les conséquences que peut avoir un prélèvement aussi massif sur les transports indispensables de l'économie nationale française.

« Les véhicules choisis par les commissions allemandes, après avoir été marqués WH, seront acheminés par les soins des autorités françaises jusqu'à la ligne de démarcation qu'ils franchiront à Chalon-sur-Saône.

« Sur toutes les routes d'Europe, les Allemands utilisent notre matériel automobile, nos tracteurs, nos camions, dont ils reconnaissent la supériorité, mais cela ne suffit pas. Il est bien d'autres choses dont ils ont besoin. Si les machines de certains peuvent servir chez eux, ils réquisitionnent comme ils le font pour les bas de soie, le champagne, la farine. D'ici la fin du mois, on nous annonce l'arrivée de nouvelles commissions d'armistice. Le colonel Huchbermen, contrôleur général à Wilhemschafem, et son adjoint le capitaine Brants avec deux cents agents secrets spécialisés, ont commencé la surveillance entre Nice et Marseille, Port-Vendres, pour la consommation de l'essence. Le peu qui nous reste, on veut le prendre. »

La conclusion de M. X. peut surprendre. N'oublions pas que nous sommes en mars 1941. Beaucoup de Français ont encore confiance en Pétain qui, selon eux, peut reprendre les hostilités avec l'Allemagne à tout instant s'il juge la pression de Hitler trop forte :

« On veut empêcher aussi l'Algérie de nous livrer des marchandises et les Allemands étudient la remise en vigueur des clauses maritimes de l'armistice. Voilà la collaboration. Les Français savent que certaines formes de la *Kollaboration* rejoignent la haute trahison, ils savent que le Maréchal sauvera la France. Il faut que le Maréchal sache, lui qui lutte magnifiquement, minute par minute, que le pays est tout entier derrière lui, prêt à obéir à toutes ses décisions, si pénibles puissent-elles être [1]. »

Les CAA sont désormais synonymes, pour les Français, d'administration allemande. Dès qu'ils veulent entrer en contact avec les représentants du Reich, c'est à la commission la plus proche qu'ils s'adressent, le plus souvent pour obtenir des nouvelles d'un de leurs proches, prisonnier de guerre. En effet, face à l'inertie pesante de l'administration française, les familles se tournent, en ultime recours, vers les services allemands qui accueillent, non sans une certaine jubilation, les requêtes de ces éplorés. La démarche devient tellement courante que Darlan diffuse une note [2] réclamant la plus grande attention de l'administration française afin d'éviter que celle-ci ne soit pas trop bafouée. Marie C., qui n'a pas obtenu gain de cause auprès de l'État français, espère bien convaincre les autorités allemandes. 9 août 1941 :

« Monsieur,

« Je viens vous remercier de l'amabilité que vous aviez eue envers moi, car à l'instant je viens de recevoir des nouvelles de mon mari du 6 juillet.

« Cher Monsieur, lors de l'entrevue que vous avez daigné m'accorder, j'aurais tant voulu vous communiquer ma triste situation, je suis seule avec ma fillette de 10 ans pour travailler notre propriété de 12 hectares, mon père est vieux et malade en plus j'ai à soulager la grande misère où est plongée ma belle-mère veuve, infirme depuis 20 ans avec une fillette de 14 ans, habitant le village sans aucune ressources.

« Depuis septembre 1940 j'ai demandé aux autorités françaises de transmettre à votre gouvernement une demande de libération de mon mari, comme chef d'exploitation, mais n'ayant jamais obtenu satisfaction je me permets de vous le transmettre directement, car vous êtes brave et bon, mon mari me le dit sur ses lettres, faisant grand éloge de la magnifique organisation de votre pays, aussi j'ai grande confiance et le ferme espoir que vous le ferez libérer pour mettre fin à cette immense détresse.

« Maintenant, cher Monsieur, si vous jugiez utile que j'apporte des pièces nécessaires vous me donneriez de nouveau audience.

« En attendant une réponse favorable je vous prie de bien vouloir accepter mes excuses, et tous mes meilleurs sentiments de gratitude et de reconnaissance.

« Recevez mes salutations empressées.

« *Signé :* Mme Marie C.

« Longages (Hte-Garonne).

« Voici l'adresse de mon mari : C., Gefangenen : 27568 Stalag V-A Allemagne [3]. »

Les conversations entre officiers allemands stationnés en zone libre mêlent souvent aux problèmes d'intendance des propos strictement privés et des échanges d'information sur leurs missions. Ainsi cette conversation du 27 août

1941 entre le major Braussen à Lyon et le sieur Osterland à Bourges :

O. – *Comment allez-vous, mon cher Braussen?*
B. – *Mieux, je vous remercie.*
O. – *Et votre fils?*
B. – *J'ai des nouvelles du 14 courant, il est du côté de Smolensk, où il a pris part à de très durs combats, mais ce sont surtout les marches qui le fatiguent, et ils perdent énormément de chevaux.*
O. – *Et chez vous, qu'avez-vous appris?*
B. – *Il y a déjà beaucoup de troupes de retour de Russie, qui sont très usées par le combat* (stark abgekampft sind), *j'en ai vu à Hannover et à Mannheim.*
O. – *Alors, à part cela, pourquoi m'avez-vous appelé?*
B. – *Au sujet d'une demande de la maison Établissements Evaux à Villefranche pour libération de 180 volants en bronze pour la refonte, peut-on les débloquer?*
O. – *Il ne s'agit pas d'un poids important?*
B. – *Non.*
O. – *Alors, il ne faut pas être mesquin, oui, donnez-les, et pour les attaques aériennes vous n'étiez pas trop ennuyé?*
B. – *Vous étiez vous-même en permission dernièrement, vous savez ce qui vous est arrivé, moi, sur les 9 jours de permission j'ai eu 7 alertes, dont 3 de 23 heures et demie à 4 heures du matin, mais notre DCA commence passablement à les gêner, on a rappelé beaucoup d'unités de Russie, les « Galdenbergwercke » ont été touchés à deux reprises ainsi que les centraux qui sont dans un état lamentable et les rues dont les maisons sont construites en bois brûlent généralement entièrement* *.

Conversation étonnamment libre pour des officiers sachant qu'ils sont très certainement écoutés par Vichy et peut-être même par leurs propres compatriotes!

Quand les autorités de Vichy arrêtent les responsables d'une firme française qui fournit la Wehrmacht, les commissions allemandes donnent immédiatement l'alerte. Témoin cette conversation téléphonique du 28 août 1941 entre le major Krieger à Lyon et ses supérieurs à Bourges.

* Ce document ainsi que ceux qui suivent dans le chapitre proviennent des cartons AJ 4124, AJ 4125 et AJ 41121.

KRIEGER. – *Passez-moi le major von Neuhaus.*
BOURGES. – *Ne répond pas.*
K. – *Passez-moi alors Hauptmann Falkenrot. C'est urgent.*
F. – *Ici Falkenrot; von Neuhaus est à Dijon.*
K. – *Bien. Voulez-vous prévenir Sonderführer Werner avant son départ pour Paris et lui communiquer de toute urgence ce qui suit : on a arrêté ce matin les deux directeurs de la Firme Dinko* [?] *qui s'occupe de la fabrication des canadiennes. Cette firme travaille pour nous d'accord avec Vichy. C'est absolument intolérable. Chaque fois qu'une usine se décide à travailler pour nous, les Français créent des difficultés et paralysent tous nos efforts. Cette firme employait trois cents ouvriers. Il faut absolument que Werner en soit informé de toute urgence. Le Dr Schaaf part également à Paris. Werner est au courant de cette firme.*
F. – *Je vais essayer de l'atteindre.*

Tout en s'inquiétant de trouver des matières premières pour la mère patrie, les membres des commissions n'abandonnent pas leurs petits trafics personnels. C'est ainsi que, le 14 septembre 1941, Pfluger annonce, de Toulouse, à son supérieur à Bourges qu'il vient de conclure une affaire juteuse mais compliquée puisqu'elle implique plusieurs services allemands et qu'elle les amène à agir dans l'illégalité :

– *Je vous signale que nous pourrons avoir 12 caisses de ce que je vous ai dit* [il s'agit de cigarettes]. *Très bien, fameux!*
– *Mais comment et à quel prix?*
– *Ah! Il faut prendre des précautions d'Indiens, étant donné que nous n'avons pas droit de faire du commerce, alors on s'est arrangé avec le* Handelsmakler *à Marseille de les adresser au* Soldatenheim *(foyer du soldat) qui les prendra en camion à Orléans et alors le* Soldatenheim *les mettra à la disposition de la HKI à Bourges; et le tour est joué. Il y en a 200 000 à raison de 6,50 francs le paquet. De plus il y a 3 000 savonnettes de 150 grammes à 16 francs pièce.*
– *Ah! mon pauvre Pfluger qu'avez-vous fait? Vous avez vendu la mèche au* Soldatenheim *qui connaît maintenant la source et qui exploitera cette source derrière notre dos, et les cigarettes et le savon qui passeront par ses mains seront*

majorés et notre bénéfice sera bien soigné. Vous verrez bien le bénéfice que l'on fera cette fois-ci, à côté de celui des marchés précédents.

– Mais je ne peux pas faire autrement, puisque vous-même m'avez défendu de faire du commerce.

– Oui, c'est entendu, il faut que vous gardiez l'affaire en main, autrement le Soldatenheim *trafiquera pour son propre compte et nous serons les dindons de la farce. Comprenez donc ce que je veux dire!* [Sie sollen das heft in der hand behalten sonst schiebt des « Soldatenheim » die sachen aufeigene Faùst.]

– Oui, mais il n'y a guère moyen de faire autrement, de toute façon il nous faut la couverture du Soldatenheim *pour que nous puissions mettre la main sur cette marchandise, et le* Soldatenheim *veut bien s'y prêter ainsi que le maquignon.*

– Oui, mais, au moins, faites en somme que le Soldatenheim *n'apprenne pas la source et le nom du maquignon, sans cela on sera grillé.*

– Je tâcherai de faire pour le mieux, l'essentiel c'est que j'ai votre consentement, malgré l'ordre formel de votre part de ne pas trafiquer, car je ne tiens pas à servir de tête de Turc. [Ich will mir keine laus in den Palz setzen.]

– Mais non, Pfluger, vous l'avez très bien fait jusqu'à présent et j'espère que vous avez compris le sens de mes paroles, gardez l'affaire en main.

– Entendu, dans ce cas vous pouvez envoyer dans les deux cent mille francs à Marseille.

– Ça sera fait demain matin! Heil Hitler!

– Herr Oberzahlmeister, je vous passe le Herr Sonderführer Hecker.

– Ici Sonderführer Hecker, Heil Hitler Bruning, est-ce qu'il vous faut quelque chose?

– Oui, il me faudrait vingt paires de chaussures de sports et autant de pantalons!

– Oui, mais ça va être difficile, enfin, j'irai dans cette maison de sports, rue Bayard, où ils sont très germanophiles [Deusch freundlich] *et je pense y réussir!*

– Entendu et merci d'avance, de plus je vous prie de seconder autant que possible Pfluger dans les transactions que vous connaissez.

– Vu! Vous pouvez y compter, Heil Hitler!

– Heil Hitler!

Quand il s'agit de procurer à l'armée allemande du vin français, les commissions exigent d'être servies sans délai. Mais les responsables du ravitaillement de Vichy traînent souvent des pieds. Le 10 octobre 1941, le commandant Bomehrt à Bordeaux prend son téléphone pour menacer le service du ravitaillement de Vichy. Un fournisseur de vin de la zone libre, M. P., l'a informé des difficultés qu'il rencontre à débloquer les marchandises commandées par l'Allemagne.

B. – *Si M. Bernard n'est pas là, donnez-moi son remplaçant.*

[...]

B. – *Allô, vous avez reçu une note de M. Pétrier (op)?*

P. – *C'est possible.*

B. – *Il n'y a pas de « c'est possible ». L'avez-vous reçue, oui ou non? Écoutez, c'est très important. Il disait dans cette note que le ravitaillement faisait du sabotage dans les livraisons qui m'étaient faites.*

P. – *Je vous assure que nous avons fait notre possible...*

B. – *Et je vous dis moi : vous n'avez pas fait votre possible :*

1° Vous n'avez pas répondu aux notes de M. Pétrier; 2° Vous m'avez donné de fausses indications en me disant que vous n'aviez rien reçu; 3° J'ai l'impression que vous mettez des entraves.

P. – *M. Bernard a pourtant donné toutes facilités à ces messieurs, mais ils n'ont pas accepté.*

B. – *Vous connaissez l'accord du 14 août et l'esprit dans lequel il a été conçu. J'ai la parole de M. Bernard que toutes les difficultés seraient aplanies.*

P. – *Je puis vous dire que nous avons fait ce que nous pouvions.*

B. – *Non! Je veux une réponse décisive pour demain matin. Si oui ou non vous livrerez le vin. C'est tout; jusqu'ici vous n'avez pas tenu vos promesses. Maintenant, je ne veux plus perdre de temps.*

P. – *Nous avons fait plus que nous ne devions. Nous devions seulement leur faciliter le transport. Mais nous avons été jusqu'à leur offrir de leur fournir le vin. Ils n'ont pas accepté les conditions.*

B. – *Moi, je vois que nous devons faire cent mille hectolitres par mois et nous n'en avons pas encore un.*

P. – *Chaque fois, nous avons donné des ordres pour faciliter l'affaire. La faute en est à MM. Pétrier, Marty, Dressere et Tessier (op) qui n'ont pas accepté les conditions normales, habituelles, c'est-à-dire prendre livraison au dépôt et payer le transport. Ils ont cru que, parce qu'ils traitaient avec le ravitaillement, ils échapperaient à cette clause? Pour ce détail, ils n'ont pas signé le contrat.*

B. – *Qui a envoyé la dépêche du 4 septembre?*

P. – *C'est M. Bernard qui l'a envoyée. A la suite de quoi, ces messieurs sont venus et ont trouvé les conditions inacceptables. Le ravitaillement ne pouvait pourtant pas payer le transport.*

B. – *Écoutez, Pétrier me dit : c'est la faute du ravitaillement; vous, ravitaillement, vous me dites : c'est la faute de Pétrier; je crois, moi, que c'est votre faute. Je croyais, après notre accord , que tout allait marcher, je vous croyais pour la collaboration. Je vois que c'est le contraire, je suis très triste de cela. Mais je suis responsable des livraisons qui doivent être faites toutes avant le 15 novembre aux commerçants allemands pour la mise en bouteille. Vous savez que ce vin est destiné aux soldats allemands pour Noël. Eh bien, moi, je vais téléphoner à Berlin, à Paris. Là-bas, tous ils connaissent l'accord, je dirai ce qui se passe, je dirai ce qu'il en est de la collaboration avec les Français. Je dirai cela aux autorités militaires, et vous verrez, nous l'aurons, notre vin. Maintenant, je ne crois plus aux bonnes paroles et aux promesses. Dites tout cela à M. Bernard, je le rappellerai demain matin. Je n'attends que sa réponse pour téléphoner ou non.*

Ces Allemands aux besoins phénoménaux et au portefeuille bien garni attirent comme des mouches les rabatteurs et les commerçants cupides. A tel point qu'il y a bientôt pléthore d'offres de fournisseurs. C'est ce qu'explique un intermédiaire de Lyon à un confiseur de Bédarieux qui lui a demandé de proposer sa marchandise :

« Cher monsieur,

« Retour de Paris, j'ai le regret de vous informer de l'échec d'une partie des démarches que j'ai tentées pour vous auprès de l'intendance de l'armée allemande à Paris.

« Par suite du trop grand nombre de demandes qui leur

ont été faites, elle ne veut plus entendre parler de fourniture de matières premières, ce qui compliquerait trop leur besogne déjà considérablement surchargée. De ce fait, la question de la fourniture des biscuits tombe ; du moins en ce moment...

« Question confiture : toujours à cause de la carence de fourniture de leur part de matières premières, seule la confiture pur sucre de raisin les intéresse.

« Les échantillons que vous m'avez confiés " gelée " et " raisins Cévenol " ont été agréés par eux pour livraisons en toutes quantités. Ils vous laissent libre de fixer le prix au moment de la livraison – ligne de démarcation Moulins –, paiement comptant par chèque barré à votre ordre. Durant mes visites, j'ai pu observer que d'autres fabricants de confitures (de la zone occupée vraisemblablement) ont pris des marchés également... »

Les membres des commissions allemandes en zone libre ne négligent pas de se présenter comme des partenaires loyaux à une population française en plein désarroi. Occupants de l'autre côté de la ligne de démarcation, ils y sont acheteurs, espions, mais aussi fins propagandistes. Léon de Lespinois, un notable de Camnazes dans le Tarn, a connu dans des circonstances non élucidées, un officier allemand nommé Lumbeck. Le 28 novembre 1941, Mme de Lespinois prend la plume pour raconter à son correspondant d'Albi la visite de cet officier : « [...] Nous avons eu hier au soir la visite de l'officier qui s'est occupé de Léon à M. Ce matin, Léon a reçu un télégramme de cet officier disant : " Serais heureux de causer avec vous. Voulez-vous me recevoir ? " Nous ne pouvions faire autrement. Il télégraphiait de Toulouse. Pensant qu'il viendrait en auto nous l'avons attendu tout l'après-midi : à 6 heures et demie il sonne à la porte : présentations et, pendant qu'il expliquait le motif de sa visite à Léon, j'ai vite couru à mes casseroles. Comme tu penses, j'ai tenu à lui faire voir que, malgré tout, il y avait encore de bonnes choses en France. Je me suis fait un point d'honneur de le recevoir parfaitement et il m'a fait compliment sur ma cuisine. »

Visiblement, les qualités de la maîtresse de maison n'ont pas été le principal sujet de conversation. Les Lespinois en ont profité pour demander la libération d'un oncle prisonnier et ont écouté, bouche bée, les confidences de l'Allemand : « Il est parti pour Paris en me faisant la promesse du retour de l'oncle Paul. Comme tu le penses, il n'est pas venu directement de M. pour le seul plaisir de voir Léon qu'il a l'air de porter en haute estime mais pour causer avec lui de questions sérieuses.

« Je vous transmets la bonne nouvelle qu'il a tenu à apporter lui-même à Léon : *la paix entre la France et l'Allemagne va être signée d'ici Noël.* Les plénipotentiaires sont à Vichy et c'est une affaire de quelques jours. Très bon pour nous. Je ne puis te donner de détails. Il est fort bien élevé et fin causeur. [...] Il a voulu aller à la poste téléphoner à des Alsaciens qui sont à Rodez pour leur donner des nouvelles des leurs restés en Alsace, Léon l'a accompagné. »

A Perpignan, comme dans d'autres villes, le bruit a couru qu'on pouvait obtenir la libération d'un parent prisonnier en aidant un soldat de la Werhmacht. Mme P. écrit, le 20 novembre 1941, une lettre ainsi tournée à la commission allemande de Vichy :

Proposition très spéciale, à laquelle est jointe une photographie de l'expéditrice. (Résumé du CT.)

COPIE DE LA LETTRE

« Monsieur,

« Je suis pour la collaboration et viens vous en donner une preuve en vous proposant une application pratique.

« Mon mari est prisonnier dans un stalag, en Westphalie. Libérez-le, rendez-le-nous et, avec lui, faites venir un blessé allemand. Je vous promets de les soigner tous les deux de la même façon. Votre compatriote sera en famille. Nous le soignerons, nous le gâterons même, du mieux possible.

« Faites-moi confiance, Monsieur, vous verrez, j'opérerai deux résurrections, je rendrai deux hommes à la vie. Envoyez-les-moi, tous les deux, pour la Noël, voulez-vous ?

« Merci.

« Mme P. à Perpignan.

« Voici l'adresse de mon mari : P. n° 27171, Stalag VI A – Arbeits Kommando n° 318, Hemer (Iserlohn). »

Si l'on en croit cette conversation téléphonique du 29 novembre 1941, entre un fonctionnaire allemand d'Avignon et son supérieur à Bourges, l'administration militaire allemande se paie parfois le luxe de jouer un rôle « humanitaire », ce qui a pour première conséquence de déconsidérer l'administration vichyssoise, les Français se rendant à l'évidence de sa grande incapacité en regard de l'efficacité des services allemands :

MODENRO. – *Est-ce que nous pouvons aussi nous occuper de questions relatives aux prisonniers de guerre lorsque les délégations françaises le négligent?*

WINCKEL. – *Mais oui, c'est une chose qui arrive assez souvent!*

M. – *Voici, je reçois la visite d'une brave dame qui a reçu la nouvelle de la maladie de son mari et d'une intervention chirurgicale, c'était début décembre. Cette personne a fait des démarches du côté français, son mari était du service de santé, mais elle n'a reçu aucune réponse, ni même accusé de réception.*

W. – *Mais c'est simple, faites faire une demande de renseignements à cette dame, transmettez-la et soyez sûr qu'elle aura satisfaction.*

M. – *Je n'en doute nullement, cette dame m'est parfaitement inconnue, mais j'agis par simple humanité.*

W. – *Oui, je comprends, mais ce que vous me signalez n'est pas nouveau.*

En novembre 1941, l'ingénieur Fernand L., quant à lui, choisit de passer par l'intermédiaire du groupe pro-allemand « Collaboration du Languedoc », établi à Montpellier, pour proposer aux nazis l'explication d'une mine de cuivre et de baryte sur lequel il a constitué un dossier : « [...] Je suis intimement convaincu que, pour qu'elle soit réellement efficace, la collaboration doit s'exercer sans réticence dans une atmosphère de confiance réciproque avec nos vainqueurs. Il m'a été mentionné hier à Béziers qu'une firme allemande avait fusionné avec un groupe français, dans les Landes, pour exploiter des bois destinés à produire de la pâte à papier. L'économique rejoint ici le psychologique. Et c'est ainsi très bien. Ma conviction se trouve être en complet accord avec les sentiments exprimés au sujet de ces liaisons, par M. de Brinon. Il est évident que plus nombreux seront les cas de collaboration franco-allemande, plus forte sera la position de la France au moment des négociations de paix.

« Dans cet ordre d'idées, j'ai l'honneur d'attirer votre attention sur l'importance que pourrait constituer la participation d'un industriel ou d'un groupe allemand dans cette affaire de mines que je me préoccupe de faire revivre, et dont le concessionnaire actuel est un groupe juif qui ne l'exploite pas. »

On peut se demander si une telle flagornerie était du goût des Allemands! Certes, leur but était d'exploiter le pays, mais ils devaient éprouver bien du mépris face à de tels comportements!

Autre type de proposition faite aux Allemands, celle de Mme D., contrainte de vendre, en raison de difficultés matérielles, un tableau auquel elle est profondément attachée. A la manière dont elle parle, on perçoit qu'il s'agit là d'un arrachement plus que d'une tractation commerciale.

« Aix-en-Provence, le 24 novembre 1941.
« Florida D. à la CAA d'Aix-en-Provence.

« Mon Commandant,

« J'ai eu dernièrement l'occasion de vous faire connaître que j'étais propriétaire d'une œuvre d'art, et que j'étais décidée à céder cette œuvre à un amateur à qui cela intéresserait ou pour un musée.

« Ces Messieurs de la commission d'armistice sont en effet venus à mon domicile, mais étant absente, ils n'ont rencontré que mon fils avec qui ils ont fixé un rendez-vous pour le lendemain. Probablement empêchés, ils ne sont pas venus et je m'excuse de prendre la liberté de leur demander de vouloir bien me fixer eux-mêmes un autre rendez-vous.

« L'œuvre d'art que je viens offrir est une toile de peinture de Paul Gauguin; la seule qui soit restée inconnue jusqu'à ce jour, car c'est le portrait de mon frère peint par l'artiste en 1892 et que ma mère tenait précieusement enfermée dans une caissette en souvenir de son enfant décédé. En effet, ce tableau a été peint à Papeete (Tahiti) le 5 mars 1892, jour du décès de l'enfant, et offert par l'artiste à ma mère tahitienne en raison des bonnes relations et en remerciement des soins que lui prodiguait mon père, qui était à cette époque à la pharmacie de l'hôpital militaire de Papeete. Paul Gauguin à son second voyage à Tahiti était malade et blessé à la jambe, sa blessure n'avait fait qu'empirer.

« Je suis moi-même tahitienne, arrière-petite-fille de Tématiti, roi de l'Archipel et des îles Tuamatu. Je puis faire voir toutes les preuves de l'authenticité du tableau ainsi que mes droits de propriété.

« Ma mère Helena m'a légué ce chef-d'œuvre par testament notarié en 1935 et ce n'est qu'en 1938 que je l'ai fait expertiser par un expert près des tribunaux de Marseille et l'ai déposé à la banque.

« Mon mari, officier supérieur Inf. Col. en retraite et moi sommes d'accord à le céder en raison de la nombreuse famille que nous avons (six enfants) et de la cherté de la vie. En conséquence, Mon Commandant, je me tiens à la disposition de Messieurs les acquéreurs éventuels pour leur présenter mon tableau.

« Croyez, Mon Commandant, à toute ma sympathie pour Vous et Votre nation.

« Mes respectueuses salutations.

« *Signé* : F. D. »

Ce tableau existe bel et bien, les circonstances de sa réalisation sont tout à fait exactes. Nous ne savons pas si Mme D. a réussi, malgré la censure, sa transaction avec les Allemands, mais nous retrouvons la trace de ce tableau en Hollande en 1950, il appartient à un collectionneur qui le cédera au Rijksmuseum d'Otterlo où on peut toujours le voir aujourd'hui.

Beaucoup de familles françaises manquent cruellement de ressources. Elles savent que les commissions allemandes établies en zone libre achètent, sans discuter et au meilleur prix, l'or, les matières précieuses, les œuvres d'art. C'est pourquoi les CAA sont en permanence sollicitées par les offres les plus diverses. Or Vichy s'avère très soucieux de ses prérogatives : toute collaboration entre la France et l'Allemagne, répétons-le, doit être centralisée et organisée au niveau des différents services gouvernementaux français. Le contrôle que ces derniers exercent sur le courrier et le téléphone des services allemands permet une meilleure application de ces mesures et un suivi quotidien de l'activité des commissions. Les renseignements ainsi obtenus sont recopiés et diffusés aux ministères concernés.

Parmi les lettres destinées aux CAA allemandes ou italiennes, celles susceptibles de fournir des informations utiles, ou de conduire à une action contraire au gouvernement de Vichy, sont saisies. On comprend ainsi que la lettre de Mme D. proposant son Gauguin ne soit jamais parvenue à destination.

Leurs responsabilités envers le Reich n'empêchent pas les membres des commissions de suivre les indications du calendrier. A l'approche de Noël, par exemple, ce ne sont plus les matières premières qui intéressent les officiers. D'autres préoccupations se font jour dans cette conversation du 1er décembre 1941 entre Toulouse et Bourges :

– *Et pour les fêtes de Noël, y a-t-il un supplément?*

– *Oui, par décision de l'inspection, il y a 2,50 marks par tête, plus 1 mark pour la décoration* [probablement un arbre de Noël].

– *Et pour les cierges et bougies?*

– *Je pense que l'on pourra administrer cinq cierges par commission.*

– *Bien, je pense que vous n'ignorez pas qu'ici, il est impossible d'en trouver et la semaine dernière, Herr Major Stange est allé spécialement à Lourdes pour se procurer des cierges, pour ses frères sur le front russe qui sont toujours dans l'obscurité complète, et il n'en a pas trouvé.*

– *Oui, c'est assez malheureux, enfin, je ferai mon possible pour soigner votre commission, ainsi que vous-même.*

– *Entendu, merci d'avance, Heil Hitler!*

– *Heil Hitler!*

Ces Allemands, dont les principales activités sont d'occuper et d'exploiter notre pays, peut-on les imaginer se mobilisant afin de dénicher quelques bougies pour le traditionnel *Tannenbaüm*? Après tout, en dehors de l'écrasante machine de guerre à laquelle ils appartiennent, ce sont des hommes qui, eux aussi, souffrent des inévitables conséquences de cette guerre.

Le 7 janvier 1942, Scheid, membre de la commission de Marseille, appelle son supérieur à La Ciotat :

S. – *Pourrais-je parler à M. le colonel comte von Bauderin (op)?*

M. – *Il n'est pas là!*

S. – *Qui est à l'appareil?*

M. – *Inspecteur Meyer.*

S. – *Bonjour, monsieur l'inspecteur. Je viens de recevoir un télégramme de Cologne : ma maison est détruite!...*

M. – *Mon pauvre vieux! A la suite des bombardements de Cologne et d'Essen?*

S. – *Oui.*

M. – *C'est terrible, terrible!*

S. – *Je voudrais partir immédiatement pour savoir ce qu'il est advenu des miens!*

M. – *Naturellement, passez vers midi au bureau vous faire établir une permission.*

S. – *Merci...*

M. – *Où habitez-vous?*

S. – *Près de la poste.*

M. – *Oui, je connais... vous avez d'autres détails?*

S. – *A Cologne tout est détruit, il ne subsiste plus rien!*

M. – *Mon Dieu, mon Dieu, c'est effrayant! Et Essen?*

S. – *C'est pareil : il n'y a que des ruines! D'après le dernier télégramme que j'ai reçu, le quartier de la poste de Cologne est entièrement démoli.*

M. – *Quelle catastrophe, une si belle ville...*

S. – *Vous pensez si je suis inquiet!*

M. – *Je vous comprends, faites-vous établir une permission d'une semaine!*

S. – *Merci, monsieur l'inspecteur!*

(Salutations.)

Le courrier qui s'amoncelle habituellement sur les bureaux des responsables des commissions d'armistice est des plus variés. Mais la lettre de cet Italien installé en France est étonnante. L'homme n'a aucune proposition particulière à faire. Bien au contraire, il prend le service pour le bureau des pleurs. Maltraité par sa femme, il écrit à la commission italienne d'armistice, installée à Hyères, pour solliciter sa protection. Incroyable, mais vrai !

« Estimée commission d'armistice à Hyères, avec mon expression dolente, je vous serais moralement reconnaissant si votre haute compétence voulait avoir l'amabilité de s'occuper de ce que, contre toute ma volonté d'agir, je suis obligé de révéler, pour le martyre long et prolongé que j'ai subi depuis deux ans jusqu'à ces jours derniers.

« Je suis seul en France depuis 1909 et j'ai toujours maintenu haut dans mon cœur le nom de mon pays natal et de ceux qui me sont chers qui y habitent.

« J'ai 52 ans, je suis Italien de sang, soldat de la guerre 15-18, et frère de quatre autres soldats en service aux armées en Italie pendant la guerre sus-mentionnée, et libéré de la zone de guerre avec la distinction du *Mérite de campagne* de plus d'un an de présence de service sédentaire.

« Il y a maintenant trois ans, en 1939 et avant l'entrée en guerre de la France contre les Allemands, j'ai eu l'occasion de prendre un commerce de boulangerie, ici à l'île du Levant, et impossible tout seul de faire face aux besoins du service, j'ai pris chez moi, pour me seconder, une demoiselle française, en rapport d'âge, et après nous avons vécu maritalement et je n'ai eu qu'à me louer de cette amie qui me seconda dans mon travail et amour jusqu'au moment tragique où l'Italie déclara la guerre à la France.

« Depuis ce jour, la paix ne règne plus chez moi. De propriétaire que j'ai toujours été, je suis devenu aujourd'hui un misérable esclave et, matériellement parlant, un prisonnier. Je suis continuellement insulté avec des titres qui font bouillir mon sang, d'amour propre et justement dit considéré étranger.

« Il y a maintenant deux mois je suis tombé malade, par suite du trop de travail continuel et mon moral complètement tourmenté, me sachant au jour d'aujourd'hui malade de bronchopneumonie double et au point de ne plus pouvoir continuer à assurer mon travail.

« J'ai demandé de l'aide auprès des représentants du village, comme la majeure partie peut en témoigner, pour être mené à l'hôpital d'Hyères, mais je n'ai eu aucune satisfaction, et me trouvant complètement dépourvu de moyens personnels pour faire face aux dépenses du voyage, etc., je suis obligé de garder la chambre la plus grande partie de la journée, en attendant la possibilité d'être mieux.

« Pour tout cet état de choses qui nuisent à mon existence, je dénonce la personne avec qui je vis maritalement, responsable directe de mes indisponibilités et privations de moyens pour pouvoir demander l'aide d'une tierce personne.

« Donc, très estimée commission, je me mets à genoux devant votre haute dignité de juges compétents et dans l'espoir que l'écho de ma voix rauque arrivera jusqu'à vous pour être pris en considération, j'attends vos dispositions pour mettre fin à cette animosité injustement poursuivie et sans le moindre oubli, je vous adresse mes sentiments les plus sincères de remerciement et de reconnaissance anticipée.

« T.,

« né à SAN REMO (Imperia) le 9 mai 1890.

« *Adresse* : Boulangerie Heliopolis,

île du Levant (Var).

« *PS.* – Voici le nom de la demoiselle : A. Francine. »

(Traduit de l'italien.)

Bien entendu, un tel document fait figure d'exception. Le thème principal du courrier concerne surtout les projets commerciaux. Mais certains correspondants tiennent de bien mystérieux propos, tel Gérard F. de Marmande. Sous couvert d'une demande de travail en Allemagne, ce dernier sollicite, le 28 janvier 1942, un rendez-vous pour entretenir le commandant de la CAA d'Agen « de choses confidentielles et discrètes ». Le contrôle postal, on l'imagine, ne laissera pas cette lettre atteindre son destinataire.

« Commandant

« [...] Je me permets de vous écrire pour vous demander quelques renseignements à titre privé.

« J'ai été hier après-midi à La Réole, pensant qu'un bureau annexe de la Kommandantur existait dans cette ville. Je me suis renseigné aux bureaux militaires qui m'ont renvoyé aux bureaux civils de la sous-préfecture.

« Les employés de ces bureaux m'ont donné cette adresse à laquelle je vous écris, eux-mêmes ne pouvant me renseigner.

« Voici les renseignements que j'ai l'honneur et le plaisir de vous demander.

« Quelles sont les possibilités pour un Français d'aller travailler en Allemagne ? Voici exactement ce que je voudrais vous expliquer.

« N'ayant aucun débouché efficace, et susceptible de pouvoir me donner satisfaction, je me tourne vers votre côté.

« En France, le cinéma reprend malgré les difficultés économiques. Mais je suis sûr qu'en Allemagne, le cinéma a toujours conservé, malgré la guerre, son prestige.

« Je veux être metteur en scène de cinéma et je vous demande s'il n'y a pas en Allemagne ou en zone occupée une production allemande cinématographique qui pourrait me prendre pour apprendre le métier de metteur en scène tout en me rémunérant suffisamment.

« Je crois que cette situation pourrait exister. Je préférerais en zone occupée. Au cas où ma demande pourrait avoir pour moi une suite favorable, je vous demanderai de me répondre, s'il vous plaît, dès cette semaine. Je suis sans occupation.

« Je vous demanderai, mon commandant, de pouvoir me fixer un rendez-vous à Marmande quand vous y passerez. Je crois que vous y passez tous les lundis, par exemple à l'hôtel de France puisque c'est là que descendent les officiers allemands à Marmande.

« J'aurai à vous entretenir de choses confidentielles et discrètes auxquelles je tiens beaucoup.

« Je tiens beaucoup à ce rendez-vous, c'est non seulement urgent, mais délicat et cela ne peut s'écrire.

« En espérant vous voir, mon commandant et en espérant une réponse rapide, je vous prie de croire à toute ma sympathie respectueuse.

« G. F. »

Dans un courrier daté du 1er mai 1942, un sympathisant des théories nazies affirme être impatient de rejoindre le « bon camp », car sa situation est devenue plus que délicate parmi ses concitoyens. Cette lettre, signée Jean K., est adressée à la CAA de Toulouse et provient de Soumoulou (BP), un camp de réfugiés. « Excusez-moi de vous demander aujourd'hui où en sont les formalités de rapatriement après mon expulsion. N'avez-vous encore reçu aucune réponse ? Il faut que je vous dise que, depuis 1936, je faisais partie de la cinquième colonne à Haguenau (Alsace). J'ai adopté depuis 1923 les idées nationales-socialistes et tous les réfugiés alsaciens-lorrains m'appellent ici l'agent de Hitler, ce dont je suis très fier et à chaque occasion qui m'est offerte, je défends les idées du régime national-socialiste. Il serait temps que je parte d'ici, car je n'y rencontre que des gaullistes et des stalinistes. Je n'ai cependant pas peur de ces vauriens [4]... »

Comme nous l'avons vu plus haut, les commissions ont une marge de manœuvre réduite en raison de l'étroite surveillance qu'exerce sur elles la police vichyssoise. Les Allemands ne décolèrent pas, ainsi qu'en témoigne cette intéressante conversation téléphonique du 13 avril 1942 entre Osterland, chef d'état-major à Bourges et von Brandenstein, chef de la RKK III (commission de contrôle allemande) à Toulouse :

O. – *Ici Osterland, bonjour, alors où en sont vos histoires avec la police ?*

B. – *Vous avez vu dans mon rapport, c'est toute une chaîne de chicanes* [belästingungen und chikanen] *que nous subissons de la part de la police française. J'ai donc fait venir le chef de la délégation française* [capitaine Michon ?] *et j'ai protesté avec la dernière énergie contre ces machinations de la part de cette police ; je lui ai donné un délai de trois jours, délai qui expire aujourd'hui, et je l'attends demain pour qu'il me rende compte, si on y a remédié à cet état de choses, et de quelle manière on y remédie. Le chef de la délégation française prétend toujours que les policiers sont trop bêtes* [zu dumm] *et qu'ils font cela par bêtise, je lui ai dit que ce n'était pas le cas, qu'ils ne sont pas bêtes du tout, et que tout au contraire ils exécutent des ordres donnés. Enfin, la situation en est arrivée à une tension intenable* [ganzzugespitzt].

O. – *Mais d'après le rapport, ils ont même arrêté des vôtres.*

B. – *Oui, ils ont cru que c'était un Français qui est venu nous parler (car ils persécutent tous ceux qui entrent en liaison avec nous)* [die verfolgen alle die zu uns kommen] ! *Et ils ont commis la gaffe en le voyant sortir de l'hôtel d'arrêter le Hauptmann Wudy de la « gruppe Luft ». Ils l'ont laissé aller jusqu'au pont du canal et là seulement un policier l'a arrêté et lui a demandé ses papiers en lui demandant pourquoi il est allé parler aux Allemands.*

O. – *Ça, c'est trop fort, ha! ha! ha!*

B. – *Alors, vous voyez cela d'ici.*

O. – *Oui, en effet.*

On imagine aisément le côté cocasse de la situation et la déconvenue des employés du service d'écoute quand ils apprennent que leur police est ainsi ridiculisée! Parions que les Allemands, qui se savaient espionnés, ont ouvertement tenu ces propos pour semer l'inquiétude et le désarroi chez les policiers de Toulouse.

La police française se méfie des réactions violentes des Allemands et hésitent souvent à interférer directement dans leurs affaires en zone libre. Ainsi, la proposition de ce gros commerçant marseillais du 10 juin 1942,destinée aux services de l'organisation économique allemande, porte la mention « acheminée ».

« Messieurs,

« J'ai bien reçu, ce jour, votre honorée du 3 juin; faisant suite à ma lettre du 23 mai et vous en remercie.

« Tout d'abord, permettez-moi de m'excuser de vous en avoir, par l'intermédiaire du Consulat du Reich à Marseille, fait parvenir le double. Ainsi que je vous l'ai dit, je craignais que ma lettre n'ait été interceptée. Ce n'eût pas été la première, ni la dernière fois. En butte au parti pris, à la haine, des Juifs et des communistes qui ne me pardonnent pas d'être, ce que je suis, un Français ami de l'Allemagne, je m'attends de leur part à tout.

« Ceci n'a aucune importance... passons...

« Vous me demandez, Messieurs, comme suite à mon offre de collaboration, comment j'envisage celle-ci. Eh bien! d'une façon très simple. Je vous demande d'être ici votre représentant, soit d'une façon très large en vous demandant de créer à Marseille une annexe de votre bureau de Lyon, soit d'une façon plus simple en vous offrant tout simplement de devenir votre délégué régional.

« Voyez-vous, Messieurs, les possibilités pour ce qui nous concerne sont immenses dans le midi de la France.

Je reviens à l'instant d'une tournée dans la Basse-Auvergne et le Haut-Languedoc où m'appelaient mes intérêts. L'on m'a demandé là-bas bien des choses que vous pourriez, vous Allemands, nous procurer et qui manquent là-bas. Et l'on m'a demandé aussi dans le bassin minier du Gard, où j'ai laissé de bons amis, car j'y ai passé ma lointaine enfance, on m'a demandé à qui il fallait s'adresser pour aller travailler en Allemagne.

« Et tous ces renseignements, je n'ai pas pu les donner, je n'ai rien pu dire de tout cela, car évidemment, j'ignore encore ce que, collaborant avec vous, je pourrais affirmer demain. En bref, et ainsi que l'indique votre brochure, je voudrais, ici, sous votre contrôle, créer le climat favorable à une collaboration loyale entre nos deux pays ; mettre en rapport les fournisseurs et acheteurs de nos deux nations ; donner les renseignements concernant les formalités d'importation et d'exportation, les réglementations des devises, etc., et créer un réseau de représentants et de succursales, des amis de Nîmes, de Montpellier et de Mende sont prêts à me seconder dans ces villes.

« Et puis, Messieurs, en septembre prochain va s'ouvrir la Foire de Marseille ! Comme évidemment tout le monde ne voudrait pas voir l'Allemagne y participer... comme on m'a dit que ce pays en guerre était incapable de faire acte de commerce malgré l'aide des collaborateurs français, alors, Messieurs, pour vous et pour tous les collaborateurs, j'ai relevé le défi.

« Et j'ai dit qu'elle serait présente à la Foire de Marseille, comme elle le serait partout où son génie commercial et industriel le demanderait, comme le serait aussi là où l'appellera la valeur de ses soldats. »

Les tournées d'inspection des officiers allemands, en zone libre, semblent se faire dans une ambiance très décontractée, si on en croit cette conversation téléphonique entre Toulouse et Lyon, le 11 juin 1942.

KROLL. – *Herr Piper ?...*
PIPER. – *Oui.*
K. – *Ici Kroll de la Deutsche Arbeitstelle à Toulouse, je vous appelle de la part de Herr Werweltungsrat Dr Reiss qui m'a chargé de vous dire que Herr Kruppa, capitaine de fré-*

gate, chargé d'affaires de la marine de guerre arrivera demain à 13 heures par le train à Lyon, venant de Marseille. Il sera accompagné d'une « dactylo ». Prière de leur retenir une chambre pour la nuit de vendredi à samedi et d'avertir le préposé de la marine Schwarz de se tenir à la disposition du capitaine Kruppa.

P. – *Très bien. Et, à part cela, ça marche, le recrutement?*

K. – *Oui, ça ronfle, nous venons d'en expédier soixante et lundi prochain partira une nouvelle fourniture.*

P. – *Très bien! Très bien! Continuez!*

K. – *Oh! On s'en occupe! Alors, voilà, c'est entendu pour la chambre?*

P. – *Vous pouvez compter dessus!... Heil Hitler!*

K. – *Heil Hitler!*

Bien que réalisés en bonne compagnie, les déplacements des Allemands en zone libre leur permettent d'identifier les sources d'approvisionnement des marchandises qu'ils recherchent. Leur perspicacité fait que rien ne leur échappe. Entre Lyon et Toulouse le 8 octobre 1942 :

– *Ici Toulouse, Sonderführer Muller, Heil Hitler, Herr Dr, je vous signale qu'en compulsant les journaux de ce matin, j'ai constaté qu'il y a une exposition de peinture à Montauban organisée par le groupement des artistes du Tarn-&-Garonne, toutefois il ne ressort pas s'il y aura une vente.*

– *Mais est-ce qu'il y a des choses anciennes?*

– *C'est fort probable, mais comme je vous le dis, j'ignore s'il y aura une vente, je vais y aller dans trois, quatre jours et je vous donnerai alors des détails.*

– *Oui entendu, merci, Heil Hitler!*

– *Heil Hitler!*

Parfois, les Allemands savent utiliser leurs relations à des fins toutes personnelles. C'est ainsi que, le 25 juin 1942, le sous-officier Angelmeyer téléphone à son ami Oscar Hund, basé à Toulouse pour lui annoncer une bonne nouvelle! Il lui a trouvé l'or dont il a besoin pour se faire refaire les dents.

ANGELMEYER. – *C'est toi, Oscar?*

HUND. – *Oui!*

A. – *Ici Franz-Eberhard* [Angelmeyer] *Tu sais que je me suis occupé de ce que tu m'as demandé, j'en ai trouvé!...*

H. – *Ah?... Combien?*

A. – *C'est 2 500, 2 800 les dix grammes!*

H. – *Oh la la!... C'est cher! Ça fait 12,50 marks le gramme. C'est tout de même malheureux, qu'étant soldat, pour se faire arranger la gueule* [um sich seine Fresse instand satzen zu lassen] *on est obligé de passer par des chemins pareils; tellement que l'État allemand s'en désintéresse!*

A. – *Je suis absolument de ton avis!*

H. – *Et qui fait l'offre?*

A. – *Oh! Ça, tu penses bien que je ne peux pas le nommer au téléphone. C'est un Monsieur qui s'est présenté hier matin au bureau (tu sais bien que mon activité ici consiste principalement à recevoir les gens – Français – qui se présentent à la commission allemande) et alors, il m'a fait cette offre, et, naturellement, j'ai de suite pensé à toi!...*

H. – *Très bien! Mais combien de carats?*

A. – *Oh! Ce sont des pièces de monnaie, elles ont toujours dans les dix-huit carats!*

H. – *Enfin, ne laisse pas tomber l'affaire, je vais y réfléchir, et je te donnerai la réponse!*

La conversation, déjà passablement compromettante, devient alors dangereuse pour les deux interlocuteurs qui livrent sans la moindre retenue leurs pensées intimes et leurs craintes.

A. – *Entendu, pourqui tu ne demandes pas ton changement? Mettons, pour ici, à Toulouse, tu as bien le droit depuis que tu es à Bourges!*

H. – *Mon changement! Mon changement... pour Toulouse! Ah ah!... Mon vieux... Pour le front de l'Est... Voilà ce qui m'attend!*

A. – *Mais non mon vieux... tu as des idées noires!*

H. – *Pas du tout, je sais ce qui m'attend, mais tu sais bien ce que l'on doit dire par téléphone: « Tout va très bien », « Rien de nouveau », « Il fait beau temps », « Il pleut »!...*

A. – *Oui, si tu me parles comme cela, je te comprends, oui, oui, je te comprends!... Enfin, voilà, dis-moi ce que tu as envie de faire, pour la question de tout à l'heure, et je te procurerai cela!*

H. – *Entendu, Franz, merci! Au revoir!*
A. – *Au revoir, Oscar!*

La mauvaise volonté des fonctionnaires français irrite de plus en plus les commissions allemandes. A la suite d'un incident, survenu à Lyon en août 1942, au cours duquel des marchandises destinées à l'Allemagne ont été pillées, Pieper, chef du bureau pour le recrutement de la main-d'œuvre en Allemagne, donne à son interlocuteur des consignes très strictes et révèle dans la même conversation qu'il n'ignore rien des écoutes téléphoniques dont il est victime :

L. – *Je comprends. Il y a eu un incident lors du départ, je vais m'adresser au préfet et je le note pour mon rapport.*
P. – *Signalez-le au préfet. Qu'il s'y trouve désormais des policiers. Qu'il fasse tout pour empêcher le retour d'un pareil incident, sinon je m'adresserai au Gouvernement.*
L. – [Parle d'un autre incident. Trop faible.]
P. – *Allez au préfet et à la police. Allez-y carrément afin que tous tremblent du premier au dernier!*
L. – *J'ai demandé au préfet qu'on nous autorise à nous servir de l'allemand sur les lignes télégraphiques.*
P. – *Évidemment. Mais tout est pris sur disques. La preuve c'est qu'on vient de nous couper. Il faut être prudent.*
L. – *On me l'a déjà signalé.*

Pour effectuer les transactions les plus délicates, les Allemands n'hésitent pas à utiliser des intermédiaires en pays neutres. En septembre 1942, un certain Walter O. Feisst, de Lausanne, qui s'agite beaucoup en zone libre pour acquérir des toiles de maître, se déclare mandaté par le Pr Ganz de Zurich et une mystérieuse Mme L. R. Un Français travaille pour eux, Marius B., ingénieur à Saint-Étienne. Ce dernier propose des tableaux très intéressants, d'où la lettre pressante de Feisst, le 22 septembre 1942 :
« J'ai eu une nouvelle entrevue, hier après-midi, avec le Pr Ganz, qui est venu exprès de Zurich, vu l'absence de toute nouvelle de vous, afin d'être rassuré sur le sérieux de l'affaire. Il a en effet reçu un nouveau coup de téléphone depuis Berlin par Mme L. R., qui désirait savoir si le dos-

sier promis du Vinci de l'abbé avait été envoyé, chose que je n'ai pas encore faite, préférant attendre vos nouvelles pour savoir si vous avez pu atteindre l'abbé et, si oui, si ce dernier est d'accord de vendre, et à quel prix. Mme L. R. voulait, en même temps, savoir si votre tableau pouvait être acheté en France et payé en marks-occupation et quel en était le prix sur cette base. Le Pr Ganz a répondu affirmativement, en avançant un prix que j'ignore, et l'affaire semble être entrée dans sa phase finale car Mme L. R. aurait affirmé qu'elle tenait tout spécialement à votre Raffaël et que rien n'empêchait plus sa conclusion du moment que le règlement pouvait se faire en France directement.

« Seulement, il paraît que, du fait qu'une telle opération nécessite certaines démarches auprès de la Reichsbank et de la Banque de France, on aimerait traiter d'un seul coup, et votre tableau et celui de l'abbé, afin d'attraper deux mouches d'une seule coche. »

L'interception du courrier des commissions allemandes s'interrompt à la fin de l'année 1942. La raison en est simple : les Allemands occupent désormais la zone Sud et Vichy n'est plus en mesure de maîtriser quoi que ce soit dans le domaine. Notons quand même, à sa décharge, que le gouvernement de Pétain a pris des risques en bravant les conventions de l'armistice, et peut-être doit-on à l'activité du contrôle postal et téléphonique de conserver, aujourd'hui encore, quelques belles pièces de notre patrimoine artistique ! Mais la situation est devenue par trop dangereuse et l'omniprésence des Allemands rend désormais dérisoires les efforts de Vichy pour maintenir une apparence d'indépendance.

DEUXIÈME PARTIE

Les absents

VI

LES PRISONNIERS

Après sa victoire éclair de juin 1940, la Wehrmacht a capturé des centaines de milliers de soldats français. Prise à revers par un ennemi très mobile, désorganisée et démobilisée par la faiblesse des états-majors, une partie de l'armée française se trouve captive en quelques jours. A la signature de l'armistice, 1 850 000 soldats français sont envoyés vers l'Est. Les officiers, dispensés de travailler, sont détenus dans des camps spéciaux, les oflags. Les sous-officiers et les soldats sont eux regroupés dans des stalags. Traumatisés par la grande débâcle qui a précédé leur capture, des centaines de milliers de prisonniers, sans distinction de milieu ni de profession, se préparent à une captivité qu'ils espèrent courte. Ils sont loin d'imaginer que la plupart d'entre eux devront passer cinq ans en territoire ennemi.

Le gouvernement de Vichy ayant accepté le principe d'une collaboration avec l'Allemagne victorieuse, les prisonniers français deviennent un enjeu important dans les négociations entre les deux pays. Hitler libère d'abord les malades, les pères de familles nombreuses, mais aussi les autonomistes alsaciens ou bretons que le gouvernement allemand est ravi de réexpédier en France pour qu'ils puissent continuer à y créer des difficultés. Les partisans les plus farouches de la collaboration sont également libérés, tout comme les ingénieurs et les techniciens, réclamés par les usines françaises, lesquelles tournent désormais au profit de l'effort de guerre du Reich. Au cours de l'hiver 1940-1941, il reste encore 1 500 000 prisonniers français en Allemagne. Ceux des stalags sont mis au travail pour remplacer la main-d'œuvre allemande. On les intègre dans des commandos spéciaux *(Arbeits Kommandos).* Les commandos agricoles leur permettent parfois de mener la vie saine et tranquille d'un paysan allemand. D'autres se retrouvent employés par un artisan ou un commerçant. Ce sont les plus chanceux, car les milliers d'hommes des commandos industriels subissent une discipline rigoureuse et des conditions de vie souvent lamentables. Le courrier, fortement rationné, est leur seul lien avec la mère patrie. Chaque prisonnier ne peut recevoir que deux lettres par mois.

Puisque la France a capitulé, son armée ne serait-elle, à en croire le comportement des Allemands, plus digne de respect ? Le prisonnier de guerre, Joseph Brun, donne un récit poignant de son acheminement vers l'Allemagne. Nous sommes en juin 1940 :

« Enfin rassemblement sur la place de Château-Thierry et nous voilà partis sur la route quatre par quatre toujours et tous à pied. Nous sommes passés par Lens et puis nous avons traversé la Belgique et les habitants nous jetaient du pain par les fenêtres et eux, les salauds, ils leur tiraient dessus et nous sommes restés quatre jours au moins sans rien manger que boire de l'eau. Heureusement qu'ils nous laissaient boire au long des routes aux robinets mais tout le monde n'est pas arrivé au bout... Vraiment je ne vous en dis pas plus, l'horreur des copains couchés morts au bord de la route et les Allemands leur donnaient des coups de pied en nous disant : " Tu vois ton copain. " Vraiment la terreur de voir des choses pareilles. Enfin c'est comme ça *. »

Le second témoignage a été posté du stalag I B, en Prusse orientale. André Laborde, comme tant d'autres exilés, ne contient plus son émotion d'avoir reçu, enfin, un signe de son pays :

« 1er octobre 1940 : journée mémorable. Deux lettres me sont parvenues. Quelle joie ! Elle ne peut se décrire. Depuis le 14 mai que j'étais sans nouvelles, malgré le peu de

* Les lettres qui suivent proviennent des cartons F7 14924, F7 14933, d'archives privées et du livre d'Yves Durand, *La Vie quotidienne des prisonniers de guerre dans les stalags, les oflags et les kommandos (1939-1945), op. cit.*

détails que contiennent ces deux carrés de papier, quel réconfort moral me donne cette écriture que je connais si bien et qui vient de si loin. Je sens qu'entre chaque mot il y a un secret. On aurait voulu m'annoncer tant de choses mais hélas on n'a pas pu. Chère famille, chère patrie, ton enfant te remercie de bien loin... J'ai aussi la très grande joie de toucher mon premier colis; avec quel serrement de cœur n'ai-je pas assisté (comme à une profanation) à son contrôle. »

Émotion partagée par les destinataires, comme le prouve cette réponse venue de France qui, dissimulée dans un colis, a été saisie par les Allemands et n'est jamais parvenue à bon port : « Le soir, quand je n'en peux plus du travail de la journée, j'allonge ma tête sur la table en face de ta place et je reste en attendant un retour qui ne vient pas et je pleure. Je mange un peu et je monte me coucher. Pour ne pas m'endormir tout de suite, j'imagine que tu es allongé près de moi et que tu as posé tes habits sur la chaise du père, comme autrefois. Je ne sens pas ta main quand tu me caressais le ventre ni la douceur de tes cheveux quand, prêt à t'endormir, tu laissais ta tête aller sur ma poitrine. Qu'il était chaud ton corps... alors qu'aujourd'hui j'ai si froid.

« Tu me manques et tu manques aussi à Blanchet. Ils m'ont pris la semaine dernière notre belle jument, la Ribaude, et j'en ai pleuré. Blanchet se sent tout seul à l'écurie et lui aussi se languit. Il se tourne le matin quand j'ouvre la porte et sens bien que ce n'est pas moi qu'il attend mais toi; lui aussi voudrait son maître. Son œil est toujours étonné et il pense comme moi : quand donc reviendras-tu pour fiche tous ces Allemands dehors à coups de trique? »

Que dire à ses compatriotes, à sa famille? Des banalités, bien sûr, mais indispensables pour tenir. Dans la lettre qu'il envoie à son épouse en août 1941, le soldat Daniel Lamazière décrit la récente visite au stalag d'officiers prisonniers. Où il apparaît que les mieux lotis ne sont pas ceux qu'on croit : « ... Ils étaient totalement abrutis ces pauvres types, ils ont été suffoqués de la façon dont le camp était organisé, ce qui prouvait qu'on avait su beaucoup obtenir et prendre sur nos gardiens même un ascendant moral dû à la différence d'évolution de civilisation, auquel ils étaient eux bien loin de s'attendre, car ils avaient, dans leur camp d'officiers, subi sans réaction les pauvres imbéciles... c'est aussi ce qui fait qu'un peuple plus civilisé n'a jamais été absorbé malgré la force par un peuple qui l'est moins. Ces gens-là ne peuvent être que dominés intellectuellement et ils le seront si nous savons nous dégager des mollusques qui, en France, occupaient toutes les places dans l'unique but d'avoir le fromage mais non de rendre service. A ce point de vue, le résultat ici est certain sinon extraordinaire, mais il a semblé extraordinaire à ces pauvres bêtes apeurées qui ont subitement ici repris brusquement du culot, ils se sont réveillés, mais, tranquillise-toi, non pas pour proposer de rendre service, non, pour prendre part au succès ou se l'attribuer... »

Si les premiers temps de captivité s'annoncent, pour ce prisonnier, sous de bons auspices, c'est loin d'être le cas pour tous. Voici ce que décrit le soldat Matet de Lons-le-Saunier, le 18 avril 1941 : « La vie dans les camps n'est pas toujours rose, et ce ne sont pas des apôtres de la collaboration qui sont chargés de nous encadrer... les châtiments corporels sont nombreux et la pitance plus que réduite... »

La journée de travail est de onze à douze heures. Le salaire correspond au tiers de celui d'un ouvrier allemand pour la même tâche, la nourriture est bien maigre et le seul jour de congé est consacré aux corvées de nettoyage. Les sanctions sont sévères et les permissions réservées à ceux qui ont opté pour le statut de « travailleur libre ». Elles seront supprimées après un premier bilan qui fera apparaître que 93 pour cent des permissionnaires oublient de revenir. Le gouvernement de Vichy, embarrassé par cette situation, renforce sa campagne de propagande afin de mieux satisfaire les besoins de l'Allemagne en main-d'œuvre. Cette fois, il ne se contente plus d'une publicité directe, mais déploie une stratégie plus sournoise, telle cette prétendue lettre écrite en juin 1943 par une loyale citoyenne française dans la revue *Notre cœur*. Pour nous qui avons brassé beaucoup de courrier de l'époque, il ne fait aucun doute que cette lettre manque de véracité : ton affecté, style trop recherché, argument trop convaincant :

« Mon mari est prisonnier depuis janvier 1940. Il a été

capturé lors d'un coup de main. Il a donc eu la malchance de devancer de cinq mois le plus grand nombre de ses camarades de captivité. Je signale ce détail pour faire mieux comprendre qu'elle vient d'être sa tentation.

« En effet, compensation du destin, il a été désigné l'un des premiers à bénéficier du congé de captivité que les autorités allemandes ont accordé à mille prisonniers. Et vous imaginez quelle merveilleuse surprise m'apporte le jour de Pâques en me rendant mon Jacques pour deux semaines! Hélas! deux semaines, comme c'est court: à peine avions-nous le temps de nous retrouver que déjà il fallait songer à nous séparer de nouveau. C'est là que j'ai dû faire appel à tout mon courage : mon mari avait formellement décidé de ne pas respecter sa parole, il voulait à tout prix passer en zone non occupée, voire en Espagne. Il faut se mettre à sa place: la liberté pour lui, cela a été comme un vin trop fort, qui l'aurait grisé. Il en devenait injuste à mon égard. Je n'ai pas eu besoin de réfléchir pour sentir que le seul fait d'envisager cette désertion était déjà une lâcheté et un déshonneur. Il s'est enfin rendu à mes raisonnements, il est reparti... S'il avait agi autrement, c'en était fini de notre belle union déjà vieille de dix ans, car jamais je n'aurais pu estimer mon mari à présent comme autrefois. »

Réponse du journal: « C'est vous qui avez eu raison, soyez-en sûre, Madame... »

Le cocktail est complet: attendrissement sur le sort des vaillants soldats français qui se sont battus, reconnaissance aux Allemands qui se montrent magnanimes en accordant des congés de captivité, joie des retrouvailles familiales, sens de l'honneur et de la parole donnée, mépris pour les lâches qui fuient, un petit couplet sur le respect des liens indissolubles du mariage et pour terminer l'approbation sans détour du journal!

Les conditions de vie des prisonniers varient selon les stalags, mais, dans l'ensemble, ils y souffrent de la faim. L'essentiel du repas est constitué d'une soupe clairette où flottent quelques rutabagas et des soupçons de morceaux de viande. A la faim, il faut ajouter le froid et le manque d'hygiène : poux et punaises prolifèrent. Mais ce qui fait le plus souffrir les Français captifs, c'est la solitude affective dans laquelle ils sont plongés. Loin des siens et de son pays, le prisonnier trouve les journées bien longues. Seules les deux lettres mensuelles lui apportent quelque réconfort. Les plus dynamiques organisent des activités culturelles ou sportives, telle cette bande d'ardents pétainistes qui, au stalag IV B, s'accrochent à l'espoir d'une libération rapide grâce au Maréchal. Nous sommes en novembre 1941.

« Nous préparons les journées Pétain : vendredi ouverture de l'exposition à laquelle participent les peintres de notre baraque (que nous avons baptisée villa Ile-de-France) mais aussi les différentes corporations du camp : cordonniers, tailleurs, menuisiers, etc., présenteront de vrais chefs-d'œuvre qu'on enverra ensuite au Maréchal. Samedi, " Final des Provinces françaises " (avec apparition de la France elle-même) qui avait eu tant de succès dans un précédent spectacle. A 18 heures, une causerie sur la vie du Maréchal. Le dimanche, grande réunion sportive, avec prestation de serment des athlètes. Blanc a préparé un livre d'or où ceux qui voudront pourront signer un serment de fidélité au Maréchal. Le numéro spécial du journal du camp sera très beau : en première page, francisque aux trois couleurs; au centre, un médaillon avec le profil du Maréchal et d'un jeune. »

Ce genre d'activités n'est pas du goût de tous. Certains savent pertinemment que de telles manifestations seront récupérées à des fins de propagande par les services de Pétain. Le 7 mars 1942 : « [...] La plupart d'entre nous ne veulent pas, par aucune parole ou geste, favoriser une propagande que nous réprouvons. Nous savons bien qu'en France, par la presse et même le cinéma qui fait passer des films sur les prisonniers, nombre de Français s'illusionnent sur notre sort. Tu comprendras le but de cette propagande intense; sois certaine que nous vivons depuis de longs mois en ce pays, en subissant quotidiennement l'esclavage, dominés en tout ce qui fait de nous des hommes par la force; restons français de toute notre âme en laquelle aucune sympathie ne peut s'insinuer. Si quelques fous ont cru ou croient au miracle, les événements sauront les détromper. »

La réalité, là-bas, dépasse l'imagination. Rappelons qu'il existe une différence entre les prisonniers de guerre, capturés lors de l'offensive allemande, et les déportés qui sont, eux, considérés comme des ennemis de la nation (résistants, communistes, Juifs...). Si les premiers sont maltraités, le sort des seconds est des plus cruels. Le Dr Speekling, de Belley, dans l'Ain, transmet à l'un de ses amis la lettre que lui avait adressée Mlle F..., de Mulhouse. Elle y décrit les horreurs qu'elle a vécues au camp de concentration de Schirmeck (Bas-Rhin). Cette lettre, expédiée le 27 août 1942 est adressée à M. Charles Munck, poste restante, à Saint-Marcel (Saône-et-Loire).

« Le lever à 5 heures moins 5, habillés dans les beaux vêtements de " Schirmecklager ". A 5 heures tapantes " antreten " [*entraînement*], se mettre en rang, exercice pendant deux heures. A 7 heures, au travail, pour les femmes : soit récurer ou laver ou tricoter pour la Wehrmacht. A 11 h 30, la fameuse soupe avec quelques déchets de légumes sans pain. A midi, " antreten ", les femmes d'un côté, les hommes de l'autre, séparés par un fil de fer barbelé (600 hommes, 200 femmes). Exercice jusqu'à 14 heures, souvent à moitié mort ou évanoui, il fallait à tout prix suivre l'exercice, puis tous les jours une allocution de 10-15 minutes... Après on reprenait le travail jusqu'à 18 h 30. A cette heure, la deuxième soupe comme à midi, plus cent grammes de pain, soit qu'il fallait le manger tout de suite, soit qu'il fallait le garder pour le lendemain matin en guise de petit déjeuner. Nous avions tous faim...

« Chaque officier boche avait le droit de nous questionner, de nous tyranniser, de nous martyriser; cela leur faisait plaisir. Après la soupe du soir, on pouvait causer jusqu'à 9 heures, puis on se couchait, c'est-à-dire que de 7 heures à 9 heures on distribuait des coups de trique pour les hommes et les femmes. Le moindre faux pas, la moindre mine, la moindre réponse du jour se payaient le soir. Il y avait un appel spécial. Les femmes recevaient de simples coups, cinq sur le dos; les hommes nus allongés sur une banquette et couverts d'un linge mouillé, alors ça tapait dessus selon une pénitence jusqu'à vingt-cinq coups. Alors ils étaient à moitié morts, quelquefois morts, de cela j'étais témoin.

« Une fois j'ai eu du cachot spécial [*Katze*] pendant trois jours. C'est un endroit où l'on ne peut se tenir ni debout, ni couché, ni allongé. Quand j'en suis ressortie, je marchais pendant toute une journée sur les quatre pattes comme une bête. Je n'étais pas seule, les autres aussi. Au lieu de recevoir deux fois la soupe on n'en avait qu'une fois à 1 heure de l'après-midi. J'en ai vu plusieurs devenir fous, on les transportait alors à Stephansfeld-hospice des aliénés. Le médecin de l'infirmerie était un chic type, un docteur de Bondfeld, lui-même dénoncé par son confrère de Bondfeld.

« Les hommes travaillaient dur, ils construisaient des routes faites, défaites et refaites à l'aide d'une machine, c.à. d. que les hommes étaient attelés après cette machine comme des bêtes : neuf à gauche, neuf à droite et neuf au centre, une corde leur passait autour du ventre de façon à leur couper l'estomac déjà bien creux. Au-dessus de la machine, il y avait un " doryphore " et qui fouettait les hommes comme bon lui semblait. Deux jours avant mon départ cela fut supprimé. Souvent le dos de ces hommes était bosselé pendant huit jours. A d'autres, on roulait la croix gammée dans le dos et l'aigle sur la poitrine. Telle fut la barbarie allemande, c'était affreux, j'en fus le témoin comme beaucoup d'autres qui pourront en témoigner un jour. C'est à la Kraque * que j'ai entendu pour la première fois crier ou plutôt hurler des hommes. Chaque officier avait aussi le droit de nous réveiller en pleine nuit pour nous interroger. Souvent je ne tenais plus debout et il fallait toujours tendre le dos pour recevoir les coups. »

Ici le docteur reprend la plume.

« Mlle F... est en ce moment à ... où elle est en cure cinq jours sur sept, elle vient d'apprendre que son père a été fusillé en août 1940 au K.S. de Dachau (Allem.). »

On aura remarqué l'état de choc dans lequel se trouve cette rescapée. Même si nous avons retrouvé peu de lettres précises sur ce point, mauvais traitements et privations de courrier visent à maintenir le prisonnier dans l'ignorance de ce qui se passe chez lui, le couper le plus possible des siens, l'isoler au maximum. Même si on possède une

* Il s'agit probablement du nom du camp.

grande force intérieure qui permet de tenir, on n'en apprécie pas moins les rares *nouvelles*.

« [...] Grâce à toi, j'ai des nouvelles. Et tu sais l'importance qu'a dans l'exil ce mot : *nouvelles*.

« Ici, ma vie est active et occupée. Je suis en outre, un vieux philosophe, et je sais attendre, sans impatience, l'heure du retour. Ainsi, je pense, pourra se terminer un jour mon existence, dans mon coin du Cotentin, avec la satisfaction de n'avoir jamais plié, et d'avoir dans la modeste mesure de mes moyens – des moyens de vieux – aidé à reconquérir ce que certains ont cru perdu.

« On appelait les anciens de l'autre guerre, des " tordus ". Le tordu était celui qui s'était accroché au sol, partout où il fallait le défendre, avec énergie, les mains tordues d'avoir gratté la terre pour creuser les tranchées, le corps plié d'avoir porté le sac pendant quatre ans et demi de guerre, donc de souffrances. Ne restent droits, chez les tordus, que le regard, le cœur et la conscience.

« Il y a pas mal de tordus, chez nous... Et ce sont les purs et les durs.

« J'en suis encore.

« Le boche s'use, les Britanniques se renforcent, nous les aidons comme nous pouvons.

« La roue tourne. Tout va bien.

« Un jour, nous nous retrouverons, vieillis, un peu plus usés qu'il ne serait nécessaire, mais la joie du retour et du devoir accompli effacera bien des rides sur les visages. C'est le cœur qui doit rester jeune. Et il le reste, je t'assure. » (*Lettre d'un officier français, 28 novembre 1941.*)

La foi soutient bon nombre de ces hommes, mais parfois, devant tant de souffrance, il leur arrive de se sentir abandonnés : « Il nous semble qu'on nous oublie », dit le frère Genièvre dans sa lettre du 4 mai 1941. Les prisonniers vivent dans l'espoir de retrouver leur pays, même s'il est en proie à de tels tourments qu'il paraît se désintéresser du sort de ses enfants retenus outre-Rhin.

« Déjà un an depuis mon dernier séjour à Lyon. Je remercie Dieu de m'avoir permis de rencontrer, avant une longue séparation, tant d'amis dont le souvenir m'a été une source de lumière dans les heures noires (et, malgré toute notre réserve de joie intérieure, nos heures les plus claires sont grises). Combien de temps l'exil doit-il se prolonger? Je n'en sais rien et je ne veux me livrer à aucun calcul, l'expérience m'ayant montré la vanité de ces pronostics. Je m'abandonne à la volonté de Dieu, en m'efforçant de tirer le meilleur parti de ces heures de retraite.

« Il faut que je vous confie la grande peine et la crainte toujours active des prisonniers : tous, autant que nous sommes, il nous semble qu'on nous oublie, que la France peu à peu se déshabitue de nous et que, à notre hypothétique retour, nous serons des étrangers. Je sais que cette pensée est injuste, mais elle est notre mal. Et les quelques journaux de France qui nous arrivent semblent confirmer cette impression. Priez et faites prier pour nous, afin que ceux qui n'ont pas de prisonniers dans leurs familles ne nous oublient pas et que, dans nos cœurs, il n'y ait point d'amertume, mais une paix divine, une vraie paix, qui ne soit pas résignation voulue, mais acceptation joyeuse... » (*4 mai 1941.*)

Quelques dizaines de milliers de prisonniers sont libérés, vu leur situation familiale particulière. Leur départ suscite espoir ou découragement chez leurs compagnons. Certains de ces chanceux n'oublient pas leurs amis restés derrière les barbelés et écrivent « là-bas ».

« Chers amis, me voici donc en France, et hier, j'ai vu ma mère. Le passage de la mort à la vie a été soudain, incompréhensible, irréel et pourtant si réel. Maintenant, il me semble n'avoir jamais quitté mes lieux. Mais j'ai le sentiment d'une blessure qui me taquine et me tourmente sans cesse; tant que vous ne serez pas rentrés, la cicatrice sera là. En quittant le Vorlager jeudi à trois heures et demie du matin, j'ai compris qu'on pouvait être très heureux et très triste à la fois. J'ai été accompagné par le hauptmann W..., qui allait à Reims pour visiter la tombe de son fils tué le 12 juin. Lui, le vainqueur, venait en France pour y pleurer et moi pour ma résurrection et ma joie. [...]

« Ici, chers amis, je ne puis vous dire ce qui s'est passé : c'est comme si on vous donnait un nouveau corps, de nouvelles oreilles pour entendre, de nouveaux yeux pour voir. Je ne puis me faire à l'idée que je sois libre et pas vous. Je suis comme la gazelle qui regarde toujours du côté du désert. Dites-vous bien au moins qu'on ne peut comparer la médiocrité d'ici avec la ferveur de notre vie de P-DG. Que de mesquineries, que de petitesse au lieu de votre courage et de votre dignité [1]! »

Moment privilégié pour les prisonniers, la rédaction des lettres aux parents et aux amis en France. Jean Guitton nous a laissé un émouvant témoignage de ce rite [2]:

« Je vois P... écrivant sa lettre : il y passe des heures.

« Il a fait un brouillon. Le brouillon est recopié, mais tandis qu'il copie, son esprit aigu et difficile trouve une phrase maladroite, ou bien découvre une expression plus juste encore. Il efface et corrige le brouillon, qui doit garder l'empreinte exacte.

« – Il est si difficile, me dit-il, d'exprimer ce qu'on veut dire. Je le vois aux lettres d'Hélène. Un mot qui n'est pas à sa place, une phrase excessive ou réticente, et me voilà triste pour deux jours. J'essaie, parce que j'ai plus de loisirs qu'elle, de ne pas tomber dans ces travers. Savez-vous que *composer* ainsi une lettre de 27 lignes, quand on veut que les mots soient exacts, cela est plus difficile qu'un poème? Ne jamais choquer Hélène, ne jamais la troubler; et pourtant être vrai avec elle.

Que de différences entre ces hommes, pourtant si voisins, si entassés dans ces baraques! A côté de P..., D .. écrit lui aussi. L'heure de la lettre est le moment délicieux. Il le prévoit quinze jours à l'avance. Il porte toujours sur lui un petit carnet cartonné de bleu clair et où il note au crayon, quand la grâce passe, les pensées dont il va nourrir les siens : une expression, un vers, une citation au besoin, un détail, et ces petits riens qui sont tout. Il a pris pour maxime de ne jamais écrire dans le moment de la tristesse et de toujours profiter de la joie pour écrire. " Ma tristesse est à moi, dit-il, ma joie est à elle. "

« Avez-vous remarqué comme il suffit de peu pour être heureux? L'autre jour, je l'ai surpris dans le travail d'un sonnet. Il était au premier tercet, évoquant le retour.

« Et je pense à de T... qui n'a été marié que deux jours (le 8 et 9 mai 1940) à une jeune fille dont la mère est anglaise. Il lui écrit en anglais.

« *My love, my sweetest two days'wife, my darling Bride of May, I see you now, just as I saw you when we lived our one and perfect spring's love, hand in hand and with eyes that met in a smile and would not part again.*

« Il est bon d'écrire ces choses dans une autre langue, me dit-il. – Savez-vous ce qu'elle me répond : “ Au 841e jour d'une union sans précédent dans l'histoire... ” »

Le gouvernement de Vichy connaît, grâce aux interceptions du courrier, les attentes des prisonniers. C'est pourquoi il veille à leur faire parvenir des paquets spéciaux appelés « colis-Pétain » où voisinent nourriture, cigarettes et chocolats accompagnés d'un message du Maréchal et de sa photo. Chaque cigarette est marquée d'une francisque, le chocolat est emballé dans du papier imprimé d'une note rappelant, à qui l'oublierait, qu'il s'agit d'un cadeau de l'État français. Les colis des familles sont également bienvenus, quand ils arrivent à destination, ce qui est rare. Et dans ce cas, ils sont généralement amputés d'une partie de leur contenu : trop d'intermédiaires entre l'expéditeur et le destinataire.

Le prisonnier qui s'exprime dans cette lettre à son frère, datée de septembre 1941, a compris pourquoi il n'a jamais reçu les colis familiaux et semble s'être résigné. La révolte est ailleurs et plus sourde. Et puis, *le Général*, de Gaulle bien entendu, lutte pour eux.

« [...] Le temps commence à devenir froid, mais j'ai de quoi me couvrir pour cet hiver. C'est malheureux que je n'aie pas reçu vos autres colis. Que vous a dit la Croix-Rouge à ce sujet? Je travaille toujours sur la voie de chemin de fer avec la pelle et la fourche pour les cailloux. On travaille doucement, et ils peuvent toujours crier, ça ne change rien, car ils ne nous font plus peur. [...] La nourriture ici est devenue comme en 1918. Enfin j'espère que ce cauchemar prendra bientôt fin. [...] Ah, j'en ai des choses à dire, mais je ne peux pas, ce sera pour plus tard, ce n'est pas perdu et on pourrait en faire un livre au besoin. Nous avons foi en notre Général. Je vous dis au revoir maintenant et vous embrasse tous bien fort. Je pense toujours à vous tous. Bons baisers. Walter. J'ai l'occasion de penser beaucoup ici et je veux travailler beaucoup au retour et gagner pas mal de fric. Que penses-tu que je pourrai faire ? C'est la seule chose que les Allemands m'ont fait : le goût du travail. J'ai enfin compris. »

Comme le fait observer le jeune homme, « on a l'occasion de penser beaucoup ici ». Les heures, en effet, doivent paraître longues à tous ces prisonniers. Tout le monde n'est pas, comme lui, heureux d'avoir découvert *le goût du travail.* La majorité est plutôt amère et désabusée. D'autant que les aléas de la vie ne s'interrompent pas sous prétexte qu'on est loin du pays. Ceux qui attendent avec ferveur la distribution du courrier préféreraient, parfois, ne pas en recevoir. Imaginons la colère de Jacques R., n° 624 Stammlager V B, quand il apprend que sa femme « va être maman » et qu'il n'y est pour rien.

Première lettre : « Je viens de recevoir de Berthe une triste nouvelle que vous deviez savoir déjà depuis longtemps; elle m'annonce qu'elle *va être maman* en février, sans moi, oui, sans moi...

« En ce moment, j'ai beaucoup besoin de renseignements, c'est pourquoi aujourd'hui je viens vers vous, de trop loin, malheureusement, pour vous demander, si cela vous est possible, de prendre mon gamin. J'ai bien aussi pensé à maman, mais il serait trop près d'elle, et je ne voudrais pas, car j'ai l'intention de prévenir le maire qu'il me le retire en lui faisant suivre son allocation militaire. Car, vu que je n'ai rien, à mon retour, j'ai aussi l'intention de mettre l'affaire dans les mains de l'assistance judiciaire...

« Je sais très bien que tous on peut avoir des moments d'oubli, les bêtises je les aurais pardonnées, mais ça non, encore une fois non, je ne passerai pas là-dessus : élever un moutard qui ne sera pas à moi. »

Deuxième lettre : « Sois sûre que jamais, non, jamais je n'aurais pensé ça de toi. Les bêtises, je les aurais toujours pardonnées, car dans la vie nous avons tous quelques moments d'oubli, mais avec un moutard, non jamais je ne peux remonter cela...

« Je voudrais que tu me dises quel est cet apprenti qui t'a fait ce superbe cadeau. Pour le reste, nous verrons ça en rentrant, mais moi, ma vie est brisée... »

Jacques R. n'est pas le seul à vivre une situation aussi pénible. Les extraits suivants ont été rassemblés par un prisonnier qui informe l'un de ses amis de l'accablement régnant dans les camps.

« Ces derniers temps, j'ai eu l'occasion de voir des lettres de prisonniers qui viennent de leurs femmes :

« N° 1, femme à son mari : " Ce n'est plus la peine que tu reviennes, je suis avec ton frère; le plus jeune des petits qui a un an, je le garde, les deux autres tu te débrouilleras, je les ai donnés à ta mère. "

« N° 2, femme à son mari : « Prends ça comme tu veux je suis enceinte de sept mois. »

« N° 3, une mère à son fils : " Nos deux voisines, dont les maris sont captifs, ont accouché. "

« N°4, un camarade à son copain lui envoie une photo de sa femme prise à la terrasse d'un café avec un Allemand. »

Difficile pour ces hommes d'admettre que la vie en France continue sans eux. D'autant plus que tous ignorent combien de temps la situation va durer. Ces mois, ces années gâchés à attendre là, impuissants. Quels sentiments d'injustice et de révolte n'éprouvent-ils pas, eux pour qui la vie s'est arrêtée depuis qu'ils ont passé la frontière allemande. Aussi la presse féminine est-elle mise à contribution pour maintenir les femmes de prisonniers dans le droit chemin et ce, dès les premiers mois de la guerre. Le magazine *Pour elle* se montre sévère envers la jeune femme qui, sous le pseudonyme de « Cœur souffrant », avoue aimer un autre homme que son mari prisonnier : « Vous n'avez pas l'air de vous rendre compte que vous avez commis un véritable abus de confiance. Si vous voulez être pardonnée, restez avec votre famille, n'abandonnez pas votre mari ou votre enfant. C'est votre devoir d'épouse, de mère et de femme française. »

Quand « Loulou, cœur en détresse » narre ses déboires sentimentaux, le ton est également moralisateur, en juillet 1943 : « Vous avez utilisé une de ces rares lettres où l'espace est si limité pour dire à votre fiancé prisonnier que c'était fini entre vous. Le garçon pour qui vous avez commis cette atrocité vous a lâchée à son tour. Et vous le trouvez lâche ? Vous n'avez pas un miroir, ma petite ? Ce que je crois, c'est que justice a été faite. Je n'ai pas d'autre consolation à vous offrir. »

Quant au journal pétainiste *L'Action révolutionnaire nationale* du 1er août 1943, il dénonce avec véhémence l'insouciance des filles qui, sur la Côte d'Azur, vivent de manière provocante. « Mesdemoiselles zazous, il y a des fessées qui se perdent ! » annonce le titre de l'article.

« [...] Pauvres poupées de son ! Tandis que leurs frères partent pour la Relève, tandis que les prisonniers languissent dans leurs camps, tandis que des mères pleurent de ne pouvoir donner à leurs enfants les goûters que réclament de jeunes appétits, tandis que le malheur et la misère rôdent aux quatre coins du monde, ces demoiselles n'ont cure de cela.

« Ce qui compte, c'est la rareté du " rouge Baiser ", la pénurie des spectacles, l'apparition du gigolo, le caboulot avec la " motte de beurre sur la table ". Ce qui compte, c'est le bar à la mode, le flirt qui s'y embusque, l'aventure toujours possible en ce temps de restrictions. La fin de la guerre ? Oui, certes vite... mais pour pouvoir danser ! »

Le 24 septembre 1943, Georges Laverry écrit à sa femme, de son usine de Schwarzenberg en Allemagne :

« Tu me demandes mon organisation matérielle, je n'y pense jamais. Je lave mon linge tous les dimanches matin, l'après-midi je lis ou je vais à cette époque aux champignons qui foisonnent par ici. Nous faisons la cuisine chacun notre tour. Quant à ce que tu m'as envoyé, c'était très mal de ta part, comme j'aurais préféré que ce soit toi qui le prennes, bien sûr c'est très bon, cela m'a fait plaisir, mais de la peine aussi, que de privations pour toi [...]. Ici, je ne suis pas comme lorsque j'avais mon petit cœur près de moi pour me soigner et me dorloter, mais qu'est-ce que cela sera d'après tout ce que tu me promets, il me tarde de voir ces beaux jours. Chérie, je vois bien que tu es bonne, je sais tout ce que je te dois, mais j'ai tellement peu d'idées, la tête si vide que je ne trouve rien de gentil à te dire. Je voudrais sentir battre ton cher petit cœur bien près de moi, oui, je suis certain que ce sera pour bientôt, je sais que je retrouverai un foyer intact et que nous pourrons repartir heureux. Mille baisers de ton petit Ger qui t'adore. Je t'aime. »

Dans une période aussi grave, on admet difficilement la légèreté. Trop de Français souffrent à la fois en zone occupée et en Allemagne. Quant aux exilés malgré eux outre-Rhin, ils ont le sentiment que tout part à vau-l'eau. Ces extraits d'une synthèse mensuelle du 7 mars au 7 avril 1942 en témoignent.

« Le rire m'a abandonné, les rides barrent mon front, la démarche est celle d'un ours, tête basse, pas pesant et je crois bien que pendant deux ans je n'ai pas couru cinquante mètres. Plus aucun goût de lutte. » Le second témoignage est tout aussi empreint d'affliction : « Ma vie est monotone et lamentable. Je ne suis plus un homme, c'est une véritable chance ! Chaque jour me rapproche du gâtisme. Et dire que pour les Français de France nous sommes à l'école de la réflexion, de l'élévation morale ! »

Si bien peu ont accepté de témoigner : « A quoi bon, mieux vaut oublier ces souffrances inutiles », du moins ont-ils répondu, leurs lettres demeurent cependant et, à la lecture de cet émouvant courrier, on perçoit mieux l'état d'esprit de ces hommes soumis à de dures épreuves morales et physiques et qui, pour beaucoup, ont laissé cinq ans de leur vie, quand ce n'est pas leur vie, derrière les barbelés.

Les prisonniers de Vichy

Pétain a décidé d'interner quelques hauts responsables de la IIIe République et cela sur simple décision administrative et sans jugement. C'est bien une des caractéristiques des régimes totalitaires que d'arrêter préventivement ceux qui pourraient faire acte de résistance.

Pour les personnalités les plus marquantes, le ministère de l'Intérieur a fait aménager le château de Chazeron, près de Vichy, où se retrouvent, dès le 15 septembre 1940, Paul Reynaud, Gamelin, Daladier, Georges Mandel et Léon Blum. Premières victimes du gouvernement de Pétain, ils sont également les premiers à résister ouvertement à leurs geôliers. Ces derniers interceptent systématiquement le courrier qu'ils envoient à leurs proches ou qu'ils reçoivent de parents, d'amis ou de sympathisants. Le 25 octobre 1941, Paul Raynaud résume ainsi la situation à sa mère : « Ma bien chère maman. Tu auras appris que je suis condamné à aller vivre dans une enceinte fortifiée comme " responsable de la défaite ". Quel est le grief contre moi? Je l'ignore, n'ayant jamais été interrogé. Je conçois que l'occupant n'ait pas été satisfait de mes campagnes pour les divisions blindées et je n'en suis pas médiocrement fier [3]. »

Le député Auguste Pageot, ami de Blum, témoigne de sa visite au prisonnier après le terrible hiver de 1941 : « A perte de vue, comme grandiose toile de fond, des monts couverts de neige se confondent avec un ciel bas et gris où traînent des écharpes de nuages... Passé le bourg de Ménétrol, se voit à gauche à environ deux kilomètres de Riom le château-prison de Bourrassol que dominent deux tourelles coiffées de tuiles rouges... Un garde mobile me laisse passer sur la vue de l'autorisation qui m'a été accordée... Un placide gardien me fait traverser un couloir encombré et je monte enfin un vieil escalier de bois dont les marches gémissent. Quelques pas encore, une porte grince, me voici en présence de Léon Blum dans sa cellule.

« [...] Après une longue et affectueuse accolade nous causons librement, Blum et moi, pendant une bonne heure et nous évoquons les souvenirs communs. Blum n'a pas changé. Une immense sérénité l'enveloppe. Le précurseur a l'âme en paix... Si le corps est prisonnier, la pensée, par contre, est libre et elle plane au-dessus des événements. Elle les domine... Ce n'est pas sans tristesse que je quitte cet homme sensible et courageux, ce grand citoyen dont le procès – s'il vient – se confondra avec celui de la République elle-même et de la démocratie [4]. »

En novembre 1942, c'est l'invasion de la zone Sud par l'occupant. Les prisonniers courent les plus grands dangers et Mandel, de sa prison, envoie un télégramme plein de dignité et de fureur : « Vous rappelle qu'au moment où vous avez pris le pouvoir pour capituler m'avez fait arrêter et que, depuis vingt-neuf mois, sans que j'aie jamais été jugé, ni même entendu, m'avez fait détenir au mépris de tout droit. Me maintenir au Portalet quand la France entière va être occupée équivaut à me livrer à l'ennemi. Je tiens à ce que vous soyez averti afin qu'il soit bien établi devant l'Histoire que vous serez éventuellement responsable de ce crime [5]. »

De grands cœurs pensent au réconfort que les prisonniers peuvent trouver à la lecture de lettres amicales. Me Irène Sadou Saillard écrit de Marseille, le 21 décembre 1942, au président Daladier, détenu à Bourrassol, près de Riom, pour lui exprimer sa solidarité, et cela sans craindre la censure ni d'éventuelles représailles : « Puis-je vous dire, monsieur le Président, quelle admiration j'éprouve devant votre force d'âme – dans votre malheur personnel seule l'infortune du Pays vous importe et peut vous attrister ! Mais vous avez raison et nombreux sont ceux qui comme vous, avec vous, ont dans l'avenir de la France une foi invincible. Non, la France ne devait pas être vaincue, et vous avez fait tout ce qu'il était humainement possible pour qu'elle sorte victorieuse de cette guerre que malgré tous vos efforts vous n'aviez pu empêcher. Mais, grâce à Dieu, la guerre n'est pas finie... Je rentre demain à Paris, un Paris qui reste énergique et fier – sous le talon germanique le peuple brave et défie son vainqueur et trouve encore le courage de persifler. Tant il est vrai que l'esprit français et son cœur sont grands surtout dans l'adversité. »

Mais les prisonniers restent dans leur citadelle. Un courrier abondant permet aux détenus de garder le contact avec l'extérieur et d'entendre des paroles de réconfort. Celles de Camille de Toulouse qui envoie en janvier 1943 ces mots affectueux à Léon Blum :

« Et foin de tergiversations, abordons le sujet brûlant du jour. Pourquoi n'aurions-nous pas l'intrépidité de vous adresser des vœux de bonne année au seuil de 1943 ? Parce que 1942 a prouvé que nous étions fols en osant espérer à son début qu'il apporterait une fin à nos épreuves ? et quand même 1942 devrait nous décevoir à son tour ! Est-il interdit d'espérer ? Voilà trois ans que je répète chaque jour à qui veut m'entendre que la guerre sera certainement achevée dans trois mois. Je ne me suis jamais mis en peine d'examiner le degré de foi qui était le mien dans ce propos. D'abord je dois nécessairement finir par avoir raison. Mais jusque-là je ne cesse de m'approcher de la vérité. Ce n'est pas sur une question d'écoulement que ma philosophie trébuchera. Je n'aborde pas ces problèmes. Je n'hésite donc pas une minute à formuler le vœu audacieux que 1943 soit meilleur pour nous que 1942, qu'il nous apporte (pour vous) et me conserve (pour moi) la liberté qui est le plus précieux des biens et dans une large mesure tient lieu de beaucoup d'autres, et implique ceux qui peuvent tenter notre désir.

« Un jour nous réunira et nous porterons en nous une âme telle que si rien ne s'était passé [6]. »

Quelques jours plus tard, Léon Blum reçoit des nouvelles émouvantes de vieux amis politiques, détenus comme lui, mais près de Vichy :

« Notre régime vient de s'améliorer. Nous sommes autorisés à prendre nos repas par deux, et à nous promener par groupes de cinq, et je peux recevoir la visite de ma femme trois fois par semaine. Le reste du régime est maintenu, mais cette amélioration est très sensible.

« J'ai donné de vos nouvelles à vos amis et vos collègues qui tous se rappellent à votre souvenir ou vous envoient leurs vives amitiés.

« La censure intérieure me permettra de vous parler de deux d'entre eux sans caviarder ma lettre, puisque la radio française a annoncé au monde leur présence ici.

« Édouard Herriot a inauguré le nouveau régime en m'invitant à prendre le premier repas avec lui. Nos contacts sont constants. Il est mon voisin et prétend que ma bonne humeur qui ne cesse pas – c'est vous dire que mon état physique et moral est excellent – l'aide à supporter un isolement qui n'est pas sans affecter sérieusement, à mon avis, son état de santé.

« Mon autre voisin, Léon Jouhaux, vient d'avoir un coup très dur, son amie, la seule personne autorisée à le voir, vient d'être internée dans un camp de concentration dans le Tarn. En prenant mes repas avec lui, et en ayant demandé à effectuer nos promenades ensemble, je remplis de mon mieux un rôle d'infirmier moral [7]. »

En 1944, Léon Jouhaux sera livré aux Allemands et déporté. Après avoir envisagé d'utiliser Édouard Herriot pour former un gouvernement de transition, Vichy le laissera en prison. Léon Blum et Édouard Daladier seront déportés. Georges Mandel, l'un des hommes politiques les plus détestés par les Allemands et par les collaborateurs, connaîtra un sort tragique. Il sera extrait de sa cellule par un commando milicien et abattu froidement le long d'une route. L'ancien député socialiste Jean Zay connaîtra le même sort. Ces martyrs d'une résistance intellectuelle à l'occupant devinrent avec quelques autres, Estienne d'Orves et Jean Moulin, les symboles d'un pays « outragé, brisé, martyrisé », mais enfin libéré.

VII

LE SERVICE DU TRAVAIL OBLIGATOIRE

Le Reich a, nous l'avons déjà souligné, de gros besoins en main-d'œuvre et les premiers « travailleurs volontaires » français envoyés en Allemagne depuis 1940 ne suffisent plus. Hitler désigne Fritz Sauckel pour mener à bien l'opération, qui lui vaudra le surnom de « négrier de l'Europe ». Sa mission consiste à faire venir, bon gré mal gré, le maximum de forces vives en Allemagne. En septembre 1942, 147 750 Français sont contraints de s'expatrier. Un mois plus tard, ils devront être 250 000. Pour faire avaler cette couleuvre à la population, Laval invente la « relève », qui consiste à échanger des ouvriers contre des prisonniers. En fait, le troc est réduit à 3 pour 1 et, malgré une propagande active, les Français ne se laissent pas convaincre. C'est alors que commencent les rafles et les fermetures d'usines.

A la fin de l'année 1942, les Allemands ont presque atteint leurs objectifs de recrutement puisque 240 000 travailleurs ont été déportés en Allemagne. Pour 1943, Laval propose de changer de politique et de faire travailler les usines françaises pour le Reich. Mais Sauckel exige 150 000 travailleurs qualifiés et 100 000 manœuvres pour le 15 mars, menaçant l'administration française traitée de « vrais artistes lanterniers ». Vichy instaure alors le service obligatoire du travail (STO), ce qui permet de répondre aux exigences allemandes [1]. Vichy, pour limiter les incursions du Reich dans sa gestion et pour montrer sa bonne volonté, prend l'initiative. C'est ainsi que le gouvernement décide de promulguer le recensement des mâles français de 18 à 50 ans et des femmes célibataires de 21 à 35 ans susceptibles d'« effectuer tous les travaux que le gouvernement jugera utiles dans l'intérêt supérieur de la nation ». Ces dispositions encouragent Sauckel dont les exigences se font de plus en plus pressantes.

En février 1943, Laval mobilise pour deux ans au service de l'Allemagne tous les hommes nés en 1920, 1921, 1922, à l'exception des mineurs, des cheminots et... des policiers. Le principe du STO est mis en application. A l'origine, cette relève doit faciliter le retour des prisonniers. En fait, seuls 50 000 reviendront, soit 3 pour cent à peine des détenus. La relève est une stratégie habile qui a permis à Vichy de donner satisfaction aux Allemands sous couvert du volontariat. Ce qui faisait dire à Sauckel : « Seule la France a rempli le programme à 100 pour cent, grâce aux bons soins de Vichy. » Le nombre de travailleurs déportés oscille, en effet, entre 625 000 et 700 000 hommes. Ce trafic de main-d'œuvre sert la Résistance et le maquis, les Français préférant prendre la fuite plutôt que de se retrouver en pays ennemi loin de leur famille. Il n'empêche qu'en mai 1943, l'Allemagne compte dans ses usines 36 000 000 travailleurs et 11 200 000 soldats-prisonniers. La France, pour sa part, a contribué à hauteur de 2 250 000 hommes – dont 600 000 requis au titre du STO –, 1 100 000 prisonniers, 350 000 ouvriers des usines de guerre en France et 200 000 requis par l'organisation Todt pour la construction du mur de l'Atlantique.

En 1941 l'Allemagne compte encore sur des « travailleurs volontaires » pour aller travailler dans les usines du Reich. Malgré la mauvaise santé des industries françaises et le chômage, les volontaires ne se bousculent pas, comme l'explique le 8 juin 1941 un industriel du Nord téléphonant de la zone libre à l'un de ses collègues nîmois :

– Chez les chaussures André, ils ont demandé 400 volontaires. Il s'en est présenté 150 seulement. Les Allemands n'étaient pas contents. Ils ont dit qu'ils en prendraient davantage à la prochaine tournée parce qu'il n'y a pas de

travail chez nous et que les gens chôment, alors qu'il y a du travail chez eux et pénurie de personnel.

– Qu'est-ce qu'ils en font?

– Ils partent en Allemagne. Ça vous étonne, mais c'est courant là-bas. Comme il n'y a pas de secours au chômage... et le gouvernement français qui a recensé les jeunes gens à partir de seize ans pour leur faire travailler la terre d'office... Ça va encore pour certaines industries où l'on peut remplacer le personnel, où l'on travaille à la chaîne, mais chez moi, qui ai du personnel spécialisé... si on me l'enlève, je ferme et, d'un autre côté, je ne peux pas les garder si je n'ai pas de travail. On augmente les allocations familiales, alors ça devient impossible dans ces conditions *.

Le travail en Allemagne devient rapidement la bête noire des Français de dix-huit à cinquante ans. Ils se cachent, rusent, et beaucoup décident de participer à l'action anti-allemande. Pourtant, Vichy multiplie les efforts pour convaincre les récalcitrants : brochures, affiches, émissions abondent. On présente la vie en Allemagne sous le jour le plus favorable : « Un ouvrier sérieux qui fait beaucoup d'heures supplémentaires peut envoyer chez lui jusqu'à 3 000 francs... » alors qu'en France les ouvriers sont mal payés. Et pour cause : l'Allemagne bloque les salaires et fait fermer des entreprises! Et puis, outre-Rhin, on ne souffrira pas de la faim, car les rations sont bien plus copieuses. Quant à l'éloignement, on y remédiera par un courrier sans restriction et une quinzaine de jours de congés payés au pays. Les journaux publient régulièrement des déclarations, fabriquées on s'en doute, et des lettres enthousiastes, un peu trop peut-être pour s'y laisser prendre.

Nonobstant le travail de propagande du gouvernement, le Français est loin d'être naïf et il n'est pas prêt à accepter d'émigrer en Allemagne, d'autant qu'il n'est pas très sûr de ce qu'il va y trouver. Les volontaires se font rares, sauf raison pressante. Ici, deux compères préfèrent contracter un engagement de travailleur en Allemagne plutôt que de moisir en prison pour chapardage. Nous sommes en

* Les lettres et conversations citées dans ce chapitre proviennent, sauf exception signalée, des cartons F7 14933, AJ 4124, AJ 4125, AJ 41121 et AJ 41122.

novembre 1941. Leur demande est adressée aux autorités allemandes, mais elle ne parviendra jamais à ses destinataires :

« Monsieur,

« Ayant quitté Mâcon il y a vingt jours environ dans l'intention de contracter un engagement de travailleur en Allemagne en compagnie d'un compatriote. Malheureusement ayant faim nous avons dérobé un pot de confiture, nous nous sommes fait arrêter pour ce délit ainsi que pour défaut de sauf-conduit sur la route de Lyon. Nous avons été condamnés, mon camarade à un mois d'emprisonnement, et moi-même à trois mois, et internés à la prison Saint-Paul à Lyon.

« Nous vous serions très reconnaissants si vous pouviez nous retirer de cette impasse et nous faire partir aussitôt que possible pour l'Allemagne où nous travaillerons de toute notre force et de tout notre cœur pour la grande victoire.

« Mon camarade H. Albert, de nationalité belge, âgé de vingt-trois ans, est électromécanicien et moi-même, D. Georges, suis monteur électricien âgé de dix-huit ans et également de nationalité belge.

« Nous vous supplions donc, Monsieur, si la chose est possible, de nous retirer de cette pénible situation le plus tôt possible.

« En l'attente d'une réponse que nous espérons favorable, veuillez agréer, Monsieur, tous nos remerciements, ainsi que l'expression de notre profond respect.

« *Signé* : D.

« M. D. Georges et M. H. Albert,
« Prison Saint-Paul, 33, cours Suchet, Lyon. »

Un autre exemple de demande nous est fourni, cette fois, par une conversation téléphonique datée du 29 juin 1942. Une jeune femme s'adresse à l'office de placement allemand de Grenoble. On perçoit la grande affabilité du correspondant qui espère séduire cette travailleuse, à moitié convaincue, en énumérant les avantages proposés.

– Allô? Office de placement allemand? Je ne peux pas passer à vos bureaux. Pouvez-vous me donner quelques renseignements par téléphone?

– Tout à votre service, madame.

– Quels sont les emplois que peut avoir une femme en Allemagne?

– Une femme peut travailler en usine, à ..., dans une maison d'optique.

– Et quoi encore?

– Comme bonne d'enfants, femme de chambre, cuisinière, etc.

– Ah! Peut-on choisir l'endroit?

– Oui, en principe.

– Leipzig, c'est possible?

– Oui, c'est possible.

– Quels sont les loisirs? Le dimanche?

– Oui, le dimanche et des soirées de loisir sont organisées régulièrement par le gouvernement français.

– Et le logement?

– Ça diffère, il y en a qui sont en campement et d'autres dans des appartements qui ont été aménagés spécialement à cet effet.

– Peut-on circuler librement en Allemagne?

– Vous croyez qu'on va vous mettre des chaînes là-bas?

– Ça serait possible.

– Je suis officiel de complément [?]. *J'arrive de Berlin où j'ai vu assez de Français circuler librement, aller au cinéma, au café, etc.*

– Quelle est la durée du contrat?

– Un an.

– Oh! oh! combien de congé?

– Deux congés. Un congé de famille non payé et un de tarif.

– S'il y a un malade dans la famille, peut-on revenir?

– Oui, si on vous le fait savoir en joignant un certificat du médecin. Pour les décès aussi, tout est prévu. Partout, dans les usines, vous avez des interprètes français qui s'occupent des intérêts des ouvriers français.

– Peut-on communiquer librement par lettre?

– Oui. Nous avons ici des prospectus qui vous expliquent tout cela.

– Une femme de prisonnier peut-elle voir son mari?

– Il est du côté de Leipzig votre mari, parce que vous avez demandé ça?

– Oui.

– *Je ne peux pas vous l'affirmer, mais en faisant une demande à la Kommandantur par la personne qui vous défendra, vous pourriez obtenir satisfaction. Moi-même, j'étais captif anglais pendant l'autre guerre, et mes parents avaient obtenu l'autorisation de venir me visiter. Vous savez qu'à Berlin et dans les grandes villes les prisonniers français se promènent librement. Compris?*

– *Je vous remercie.*

Les Allemands rivalisent de « séduction » ou de ruse afin d'enrôler le maximum de personnes. Ce qui motive le jugement désabusé de cette correspondante de la Croix-Rouge : « [...] La collaboration : personne n'y croit sauf ceux que ce mythe fait vivre.

« Le départ des ouvriers en Allemagne? Évidemment, on ferme les usines, on supprime le chômage, et si l'ouvrier est par trop rétif on lui enlève sa carte d'alimentation, et sans aller si loin, ceux qui ont une famille à nourrir ne peuvent pas ne pas partir, mais il faut savoir dans quel état d'esprit ils partent... »

Le message est clair. Ce n'est pas de gaieté de cœur que les travailleurs partent, et cela n'échappe pas aux Allemands. Or, comme leur seul but est d'atteindre les effectifs exigés par le Reich, ils mènent tambour battant leur campagne de recrutement. Les trois témoignages suivants donnent la version allemande de la situation, toujours grâce aux services d'écoute téléphonique de Vichy qui surveillent aussi bien les Français que les Allemands. Ces documents traduisent assez bien le climat de tension dans lequel les autorités d'occupation se trouvent pour répondre aux exigences de Sauckel. Du consulat d'Allemagne à Marseille le 10 juin 1942 à 9 heures, un certain Théo parle avec Paris :

THÉO. – *Baumel a déjà recruté 400 personnes dont 200 Français pour l'Allemagne et 200 autres pour Saint-Malo. Un train partira de Marseille samedi soir à 21 h 50, je crois même que nous aurons un train spécial.*

– *C'est bien!*

T. – *Mais il faudrait prévoir un logement à Paris, une caserne par exemple.*

– *Je m'en occuperai, mais s'il y a un convoi toutes les semaines on pourrait prévoir un baraquement spécial.*

T. – *Je ne sais combien de temps cela durera, au train actuel il n'y en aura pas pour longtemps à atteindre le chiffre demandé.*

– *C'est ce qu'il faut!*

T. – *Je sais mais ici cela rend bien. Demain je me rendrai à Châlon pour régler certains détails, je te téléphonerai de là-bas, nous pourrons mieux nous expliquer car d'ici il y a des choses que je ne puis te dire au téléphone.*

– *Oui, mais pouvons-nous compter sur d'autres convois?*

T. – *Bien sûr : samedi partira le premier convoi et le vendredi suivant il y en aura un deuxième. Les 400 personnes du convoi de samedi ont déjà toutes passé la visite. Il faudra s'occuper du ravitaillement à Châlon, leur préparer un casse-croûte.*

– *Oui, si nous ne pouvons rien envoyer là-bas nous nous mettrons en rapport avec le général Toussaint de la Croix-Rouge française, nous lui remettrons une certaine somme à charge pour lui de subvenir au ravitaillement.*

T. – *Bon, de toute façon je vous téléphonerai de Châlon.*

– *Et cela va... oui?*

T. – *Oui, si on force un peu nous atteindrons vite le nombre d'ouvriers demandés.*

– *Bon. Les Français allant en Allemagne passent par Paris?*

T. – *Non, de Châlon ils passent sur Dijon, mais il faut prévoir leur ravitaillement à Châlon. On ne peut pas donner à manger à une partie du convoi seulement... Cela créerait des jalousies.*

– *Bien sûr!*

T. – *Entendu donc! Je vous téléphonerai de Châlon.*

Une autre conversation téléphonique du 3 juillet 1942, entre la commission d'armistice allemande et le consulat d'Allemagne à Casablanca laisse entendre que les autorités françaises, de l'autre côté de la Méditerranée, sont peu enthousiastes à l'idée de laisser partir les travailleurs en l'Allemagne :

AUER. – *Allô! Ici le capitaine Auer, c'est M. Sonnenhohl?*

SONNENHOHL. – *Oui!*

A. – *Dites, monsieur Sonnenhohl, il y a pas mal de gens qui viennent ici pour se faire inscrire pour aller travailler en*

Allemagne, et il y en a même qui disent avoir été envoyés par vous?

S. – *Ah! non, non!*

A. – *Nous les envoyons tous chez vous, c'est bien ça?*

S. – *Oui, nous réglons tout!*

A. – *Peut-on promettre aux gens qu'ils pourront aller travailler en Allemagne?*

S. – *Mais oui, ils peuvent y aller, nous, nous leur faisons les papiers et il n'y a aucune difficulté de notre part. Seulement les autorités françaises n'exécutent pas les ordres donnés par la mère patrie (France), ne font rien pour piloter leurs ressortissants vers nous et on peut même dire qu'elles leur défendent de venir chez nous. Monsieur Auer était encore hier à Rabat pour intervenir énergiquement. Malheureusement nous avons constaté qu'elles outrepassent les directives du gouvernement. Encore hier nous avons trouvé un policier posté à la porte du Consulat et qui a pris le nom de tous les Français qui désiraient se rendre chez nous. Nous lui avons demandé ce qu'il faisait là, il nous a répondu qu'il contrôlait simplement les pièces d'identité!*

A. – *Ça ne peut pas durer, c'est une impudence...*

S. – *C'est du sabotage absolu!*

A. – *Il est temps de réagir et il faut réagir!*

S. – *Auer était encore à Rabat hier pour élever des protestations!*

A. – *Ça ne peut pas durer!*

Quatre mois plus tard, il est encore plus difficile pour les Allemands de recruter de la main-d'œuvre! Preuve en est cette conversation entre la commission allemande de Perpignan et celle de Montpellier (toujours traduite de l'allemand) :

– *Hier et aujourd'hui nous avons fait notre propagande dans les usines et jamais nous n'avons compté sur un insuccès pareil. Même pas un seul volontaire je vous dis, même pas le 10 % des 10 % du chiffre sur lequel nous avions compté.*

– *L'affaire évidemment a été attaquée de notre part d'une façon beaucoup trop brusquée.*

– *On voyait clairement que l'autorité française avançait les travailleurs espagnols, c'est compréhensible, ils cherchent avant tout à se libérer de ces types qui bouffent leur pain et lorsqu'ils leur demandent du travail, ils cherchent à s'esquiver.*

– Oui c'est ainsi, le Français est un homme avec lequel il faut aller doucement, il faut le toucher avec des gants, pour petit à petit arriver à l'entraîner.

– Enfin c'était un insuccès.

De leur côté, les travailleurs éprouvent des sentiments tout aussi mitigés. Mme J. Alter, travailleuse française à Aachen, paraît plutôt satisfaite de son sort. La mention « acheminée » apposée par la censure laisse entrevoir que sa lettre ne contient rien qui risquerait de donner à d'éventuels intéressés une mauvaise image de la condition d'ouvrier du STO.

« Étant depuis deux ans sans travail, je me suis décidée à partir pour l'Allemagne, voici aujourd'hui quatre mois que j'ai quitté Paris par la gare de l'Est. Quel long voyage ! Deux jours et deux nuits ; il est vrai que le convoi partait pour plusieurs directions, le train était bondé d'ouvriers quittant la capitale, car c'est tous les jours que les sans-travail viennent ici pour travailler. Nous avons de gros avantages, j'ai un contrat d'un an, mais au bout de six mois je peux prendre des vacances, donc fin août, je serai à Paris pour je pense trois semaines. Ici nous sommes nombreux célibataires et ménages parisiens, trente-quatre prisonniers français, des Belges, des Hollandais, des Polonais, et puis il arrive des Russes, ceux-là, quel drôle de peuple, c'est incroyable comme ils sont arriérés et sales, il ne devait pas être joli, joli, le paradis soviétique, nous en voyons les spécimens, ils vont être quatre cents et peut-être plus. Il y a quelques jeunes filles assez jolies, elles se maquillent mais sont assez sales et ont des bêtes...

« Nous logeons dans un grand bâtiment dénommé camp qui se trouve en ville, c'est-à-dire à vingt minutes de l'usine. Le matin réveil à 5 heures et demie, café et départ à 7 heures, travail à 8 heures un quart, pause d'un quart d'heure pour manger. A midi, une demi-heure pour le repas que nous prenons tous à la cantine, un gros plat de légumes avec ou un œuf ou saucisse, un rabiot que nous tâchons de garder pour le soir. A 4 heures, un quart d'heure pour café et pain. Travail jusqu'à 7 heures, ce qui fait onze heures par jour. Retour à la maison, passage à la cantine pour y prendre le pain beurre et saucisson ou fromage ou confiture. Je suis favorisée car j'ai une chambre, les autres sont plus à l'étroit. Donc je travaille onze heures par jour, j'ai une belle petite machine française, je fais de jolies pièces en Alba pour aviation. Je travaille à l'accord et gagne 1,02 mark de l'heure, ce qui fait aujourd'hui à cette dizaine j'ai gagné 64 marks, en France à 20 francs le mark cela donne 1 380 francs, je donne 40 francs par jour de pension, plus les impôts, par exemple, ils sont assez forts ici. Dire que nous nous plaignons en France, il est vrai que la paye est élevée, nous y sommes donc habitués... »

La seconde lettre est très différente et, vraisemblablement, plus proche de la réalité à laquelle se sont trouvés confrontés bon nombre de travailleurs volontaires. Pour Annie Botto, qui a quitté Nice en septembre 1942, la désillusion est cruelle. Quand elle a envisagé son départ pour l'usine AEG de Berlin, elle ne devait certainement pas s'attendre à de telles conditions de travail et d'hébergement. Cette lettre, adressée à son fiancé, a un tel accent de vérité qu'elle a été partiellement censurée par les Allemands dès son expédition :

« Mon petit Minou chéri,

« Parties de Dijon mardi matin 9 h 30 nous sommes arrivées à Berlin le lendemain soir à 9 heures. Le voyage a été épouvantable – rien à manger – un sommeil terrible – fatiguées, enrhumées, affamées – l'accueil en zone occupée *très* chaleureux – les gens nous regardaient comme des pestiférées – eux, ils sont heureux car il ne leur manque rien et ils ne comprennent pas comment de la zone libre on puisse partir en Allemagne. Nous avons voyagé à bien s'en lever l'envie – à travers des montagnes, des collines, des fleuves – des ponts, quelques tunnels – des immenses prairies – beaucoup de vaches, des pommes de terre à ne plus finir, des betteraves, des villes, des patelins, puis encore encore des pays et de tout, de tout. Arrivées à Berlin vers 9 heures, on a pris plusieurs métros, ensuite on est arrivées dans un campement, avec des baraquements en bois, après avoir attendu trois quarts d'heure, on nous a donné une vieille soupe, une couverture et au lit sur des sales paillasses et les hommes sur des planches. C'était 11 heures – j'étais brisée – je commençais à douter de notre beau séjour à Berlin. Enfin, le lendemain, visite médicale et ensuite on nous a emmenées en camion au campement où on demeurera pendant un an. C'est une grande maison en bois, d'un rez-de-chaussée et d'un premier étage, chacun composé d'une quinzaine de chambres, dans lesquelles on loge à douze *[2 lignes caviardées]*. Chéri, vraiment c'est dégoûtant. A Dijon on nous a fait un discours avant de partir en nous disant qu'ici on serait les ambassadrices de la France. En fait d'ambassadrices ce sont rien que des putes. Mes voisines de chambrée, elles vadrouillent toute la nuit, elles rentrent à n'importe quelle heure ou même pas du tout – ensuite elles se racontent toutes leurs affaires – combien elles ont gagné, etc. Chéri, je n'en puis plus. Je me sens mourir. »

Un peu plus loin, Annie fait part des préoccupations qui l'assaillent dans cet univers quasi carcéral.

« Ensuite ce qu'il y a de plus terrible et ce qui me tracasse toute la journée, c'est qu'aux chambres on nous vole tout. Il y a douze lits par chambre, six en bas et six superposés. Simone couche en bas et moi en haut. On a une paillasse et un oreiller pleins de petites paillettes de bois, un drap, deux couvertures, un dessus-de-lit et une taie d'oreiller. Il paraît qu'on nous vole tout – on a un petit placard chacune. Mais il n'est pas fermé à clef. Il faudrait un cadenas. Mes valises ne ferment plus à clef depuis que je les ai tellement trimbalées. Aujourd'hui, à part la soupe on n'a rien mangé d'autre car on ne nous a pas donné d'argent ni des cartes, donc j'avais un vieux morceau de pain avec une demi-tablette de chocolat et du sucre dans mon filet, tout a disparu *[une ligne censurée]*. Si seulement je pourrai avoir un cadenas, mais ici c'est introuvable. Maintenant c'est notre linge et nos robes qui vont y passer. Dieu, qu'on y est bien!

« Mon petit Minou, si je pouvais encore être près de toi dans ma petite chambrette, avec mon travail bien tranquille. Chéri, ce matin j'ai eu une crise de larmes. Je crois que je me serais tuée. Petit chéri, espérons que le temps passera bien vite et qu'on pourra bientôt nous revoir. »

Les industriels français sont soumis à de très fortes pressions pour qu'ils acceptent d'envoyer une partie de leur personnel en Allemagne. Quand deux entreprises de mécanique de Nice et de Toulon parlent de leurs affaires, les problèmes liés à la réquisition de la main-d'œuvre paraissent essentiels, et nous ne sommes qu'en octobre 1942.

TOULON. – *Ah! vous savez qu'à Paris on réquisitionne les ouvriers. Fournier va partir.*

NICE. – *Ah! vous n'êtes pas protégés par nos commandes?*

T. – *Non! non! Nous avons essayé de nous prévaloir de cela. Rien à faire, il y a des désignations et il faut les fournir bon gré ou mal gré. Il va, d'ailleurs, y avoir des sanctions. Elles ne sont pas encore appliquées, mais ça ne va pas tarder. De toute façon ceux qui sont désignés devront partir par la force.*

N. – *Mais on ne vient pas les chercher avec les gendarmes?*

T. – *Oh, mais ils le feront. Si vous saviez, ce qui se passe. Il y a des choses que l'on ne peut pas dire au téléphone. Mais Fournier et mes meilleurs ouvriers s'en vont. Ils prennent d'abord les meilleurs bien entendu! Le plus ennuyeux c'est que nous avons des commandes même de l'Amirauté. Nous avons pour plusieurs millions de commande. Malgré cela, ils nous disent : non! non! rien à faire, il nous faut du monde, débrouillez-vous comme vous l'entendrez, pour la question ouvrière. Vous pensez si nous sommes empoisonnés. Votre frère et les autres sont tangents à partir. Cela ne les emballe pas, vous pouvez le croire.*

N. – *Oh! mais non! Ça n'emballe personne et c'est ce qu'on appelle des volontaires.*

T. – *Oui! Des volontaires par la force. C'est navrant de voir des choses pareilles.*

N. – *Ah oui! Nous vivons une triste époque.*

T. – *Oh! Mais ici, vous ne voyez absolument rien. C'est du rose pâle, ici à côté de là-bas où c'est aussi noir que de l'encre* [2].

Un courrier d'un tout autre genre nous conte les péripéties d'un demandeur d'emploi qui, après un périple de dix-sept jours en Allemagne, s'en est retourné bredouille. La lettre date du 26 octobre 1942, elle est écrite par la mère de Charles et adressée à M. et Mme Hue à Carpentras.

« [...] Je ne sais si elle vous a écrit ces jours-ci mais la nouvelle sensationnelle est le retour de l'oncle Charles le vendredi 16, après bien des péripéties durant dix-sept jours en voyage. Je voudrais être brève pour vous raconter cela...

« Parti le 30 septembre arrivé à Angobourg le 2 après un trajet odieux (fait des hommes et surtout des femmes déchaînées – toute la lie de la société. La France est bien représentée là-bas vous jugez).

« En gare d'Angobourg Charles se trouvait avec dix hommes et une dactylo (très bien, ceux-là) désignés pour les mêmes rôles chez MesserSchmidt. Un agent de l'usine les attendait pour leur dire que les places étaient prises et qu'il allait les accompagner jusqu'à Berlin (800 kilomètres) pour les caser ailleurs. A Berlin quelques heures et demi-tour sur Angobourg, cela faisait cinq nuits sans dormir.

« On les case (ces onze) tant bien que mal dans des pensions réquisitionnées en attendant de statuer sur leur sort. Après cinq jours de démarches et d'attente on leur propose le retour en France ou le travail comme " manœuvre " – six restent très courageusement, les cinq autres reviennent. A Dijon Charles et un autre demandent à aller réclamer à Paris près des grands chefs allemands, et munis des coupe-fil voulus les voilà dans la capitale. Bon accueil – excuses – demande de rapport pour les sanctions – on avait envoyé quarante-deux personnes pour les trois emplois vacants chez MesserSchmidt. Au fond petits incidents que tout cela. Charles est rentré le vendredi mort de fatigue et déçu de ce retour. Il pense repartir... »

Le pauvre Charles ignore qu'une bonne étoile lui a permis d'échapper à une situation terrible, mais son obstination et ses convictions politiques – la lettre se termine par : « Pour moi ce sera toujours Dieu – Patrie – Famille... » – l'aveuglent probablement tout comme furent aveuglés de nombreux Français de l'époque, loin d'imaginer que l'ambition de l'Allemagne faisait peu de cas de la dignité des vaincus.

VIII

LES CAMPS DE JEUNESSE

Le gouvernement de Vichy a tiré une leçon de la défaite : les Français n'étaient pas moralement préparés à affronter un ennemi tel que l'Allemagne. Il veut donc que la France réagisse et c'est en regardant les modèles allemand et italien que le gouvernement prend conscience que la jeunesse doit donner l'exemple à la nation et l'aider à se relever. C'en est fini de ce laisser-aller physique, le sport « forgera chez nous, comme il l'a fait ailleurs, cette jeunesse saine, au regard clair, aux muscles durs, dont la France a tant besoin ». Fi de l'intellectualisme qui ramollit l'esprit, vive le travail manuel.

Le gouvernement se sent responsable de ces milliers de jeunes que la guerre et l'exode ont séparés de leur famille, privés de travail et laissés sur les routes sans ressources. Choqués, démoralisés, désœuvrés, en proie au désarroi le plus total, ils ne savent que faire. Vols, vandalisme sont le lot quotidien et les populations se plaignent. L'État se décide à intervenir pour embrigader la jeunesse au service de l'« ordre nouveau ».

Le général de la Porte du Theil, ancien polytechnicien et ex-chef scout, prend les choses en main et propose au Maréchal la création des « Groupements de jeunesse ».

La loi du 18 juin 1941 appelle ainsi, pour un stage obligatoire de huit mois, les jeunes Français âgés de vingt ans et demeurant en zone Sud ou en Afrique du Nord. Le général de la Porte du Theil « rêve de donner une mystique patriotique ou religieuse aux jeunes ». Éducation morale, cours sur l'ordre social et l'histoire de France, exercices physiques, travaux d'utilité publique, voilà l'essentiel du projet pédagogique de ces Chantiers de jeunesse. Donner à ces jeunes une éducation civique et morale et leur inculquer le goût du travail n'est pas une mince affaire, vu les conditions de vie déplorables qu'offrent les premiers camps. Quelle déception ! Loin des villes et donc de toute distraction, les camps ne sont guère accueillants. Plutôt que camps, il faudrait dire emplacements, car rien n'est encore prévu. Les jeunes recrues doivent défricher, construire des huttes, dormir à même le sol dans des granges en piteux état. Le manque de matériel le plus élémentaire (haches, pelles) en démoralise plus d'un. La nourriture est frugale. Pas de vêtements de rechange, pas de médicaments, pas de camions, pas d'électricité – la vie y est plus que rustique. Certains, déjà habitués aux travaux manuels, s'adaptent sans problème, d'autres se plaignent auprès de leur famille des conditions de vie pénibles qu'ils ont à endurer, d'autres encore se rebiffent et, pour ceux-là, ce sont les camps disciplinaires. Car, pour corser le tout, la discipline y est extrêmement stricte. Même si le projet initial précise à ces officiers encadreurs qui, rappelons-le, sont pour la plupart des militaires, qu'il ne s'agit pas d'un service militaire aux disciplines rigides, ceux-ci ne peuvent se défaire de leurs habitudes.

L'opinion publique n'approuve pas cette initiative de Vichy. Puisque la guerre est finie, les Français aimeraient bien récupérer tous ces bras pour les moissons et les divers travaux des champs, au moins ils y seraient utiles et sûrement mieux traités. Certaines familles bourgeoises n'apprécient guère la promiscuité de ces camps où leurs enfants doivent côtoyer des paysans incultes et des ouvriers. Les protestations affluent à Vichy. « A quoi bon tout cela ? Quel est le but recherché ? » Marcel Déat, dans *L'Œuvre* du 15 septembre 1940, s'interroge : « De quoi s'agit-il et que veut-on faire ? Est-ce une entreprise contre le chômage des jeunes ? Pense-t-on à un service civil qui remplacerait le service militaire et le stage à la caserne ? Ou bien a-t-on en tête le plus vaste dessein d'imiter, à notre manière, le grand effort des pays totalitaires en formant, hors d'un milieu social périmé et déliquescent, une jeunesse apte à bâtir l'État nouveau et à promouvoir une civilisation neuve ? » Le chef du mouvement collaborateur

RNP (Rassemblement national populaire), toujours prêt à critiquer le gouvernement de Vichy, ne réussit pourtant pas à ébranler l'entreprise vigoureusement défendue par La Porte du Theil.

Les Chantiers subsisteront jusqu'en 1944, probablement parce que Vichy attache une grande importance à disposer d'une jeunesse habituée à la dure et à l'obéissance, formée par des chefs politiquement sûrs. Pratiquement tous les jeunes gens de la zone libre font un stage dans les Chantiers, mais il n'est pas du tout certain que Vichy soit parvenu à endoctriner les « stagiaires » de ces Chantiers. Le moralisme pesant ne les atteint guère, et cette « école » reste pour bon nombre de ces jeunes un mauvais moment à passer parmi tant d'autres.

« Tu ne peux pas t'imaginer combien il m'est difficile de supporter cette vie, aussi je n'ai qu'un espoir celui de la dissolution de ces chantiers. Je suis persuadé que je n'achèverai pas les huit mois. » *(Lettre du 14 novembre 1942, d'Aimé... au camp du Vigan.)*

Avec ce premier extrait de lettre *, le ton nous est donné. Tous ces jeunes gens, âgés d'une vingtaine d'années, en stage obligatoire dans les Chantiers de jeunesse, vont quasiment tous se plaindre de l'épreuve qu'ils ont à subir. Ils sont là pour travailler de manière « saine » pour être utile à la nation. En fait, ils sont essentiellement utilisés à des travaux forestiers, dans les forêts de la zone libre, au flanc des montagnes, en altitude, loin de tout village.

« [...] Ma nouvelle vie n'est pas très agréable. J'aurais cru les Chantiers un peu moins pénibles. Je vous assure que je ne mène pas une belle vie. Tous les jours nous montons dans les bois pour couper du bois et nous faisons le charbon de bois sur place. La coupe est à deux ou trois kilomètres du camp et je vous assure que ça grimpe. En retournant de la coupe, nous portons le charbon à dos d'homme. En ce moment, ce n'est guère agréable car il fait très froid... » *(Lettre du 26 novembre 1942, du jeune Martin, camp de Ménerbes, Vaucluse, à Mme Martin, à La Fare-Les-Oliviers, Bouches-du-Rhône.)*

* Les lettres citées dans ce chapitre proviennent des archives du commissariat général des Chantiers de jeunesse (AJ 3977) et d'un carton du ministère de l'Intérieur (F7 14934).

Un autre jeune homme du même camp écrit à la même date à Mlle Josette du Chêne, à Toulon : « [...] Je suis au camp de Ménerbes où le travail consiste à couper du bois, le boulot est pénible. Après deux jours de coupe, j'avais les mains pleines d'ampoules et le poignet très enflé, c'est pourquoi je suis à l'équipe de service où nous faisons le métier de maçon [...] Le milieu n'est guère intéressant, les copains sont de Toulon et sont grossiers... »

A noter que ceux qui se plaignent là sont sans doute des étudiants de milieu aisé. Les autres d'ailleurs sont singulièrement absents des pages qui suivent. Ils n'écrivent pas ou peu, se cantonnant à des banalités.

Du camp de Pontgibaud (Puy-de-Dôme), le 20 août 1942, Pierre Reutenauer à ses parents à Verteillac, en Dordogne, auprès desquels il demande excuse de ne pas avoir écrit plus tôt : « [...] Voilà déjà huit jours que je suis bûcheron. C'est un rude métier et on travaille du matin à 8 heures au soir à 7 heures. Rien que pour monter à la coupe qui se trouve très haut, on est harassé en arrivant. Quand alors on scie toute la journée presque sans arrêt, l'envie d'écrire est perdue... » Après quoi il décrit sa nouvelle vie : « Je crois que je vous ai raconté que nous couchons sous des tentes, mais ces tentes ne sont pas faites comme d'habitude. Elles sont creusées dans la terre et juste le toit est fait de toile. Je vous assure qu'il n'y fait pas froid. On y a des châlits doublés, ce qui fait qu'en rentrant on a l'impression de rentrer dans un sous-marin. Effectivement j'ai un peu d'appréhension pour les jours de pluie, peut-être bien qu'à ce moment on fera sous-marin... »

Le travail n'est pas la raison essentielle de ces chantiers et les chefs se préoccupent davantage de l'endoctrinement des jeunes recrues que de la production de charbon de bois. Ils veulent que ces chantiers soient une école où les corps se durcissent et où se transforment les âmes. La démarche est noble, mais un peu utopiste et souvent les jeunes gens ne l'entendent pas de cette oreille. « [...] Nous sommes en train de faire un canal d'irrigation, avec le froid et le mistral qu'il fait, la vie est rude ici. C'est vraiment exagéré pour des jeunes de notre âge... La nourriture est bonne mais trop insuffisante. Si l'on avait le droit de recevoir des colis, mais, hélas, nous n'avons le droit de recevoir que de la confiture, des fruits, enfin des denrées non contingentées. » *(Lettre du 20 novembre 1942, de P. Delemy, camp de Laudun à M. Marty, Saint-Affrique, Aveyron.)*

Le général de la Porte de Theil reproche aux parents de surprotéger leurs rejetons en envoyant nourriture et mandats. Ces jeunes sont tout à fait bien soignés, prétend-il, d'ailleurs il est très fier d'annoncer que 72 pour cent des jeunes ont grossi d'au moins cinq kilos ; seuls 10 pour cent ont maigri. Ce n'est pas toujours le cas si l'on en croit ce courrier : « Pour le moment nous sommes très mal nourris, une nourriture qu'il faut vraiment avoir faim pour manger, je ne sais si dans les autres groupes c'est pareil, mais nous [...] tous les jours le menu ne varie guère : choux, navets à l'eau, patates très rarement et en petite quantité... » *(Lettre du 3-4 novembre 1942, du jeune X, Le Châtelard, Savoie, à M. Merlin à Saint-Micand, Saône-et-Loire.)*

Le jeune Yves Boix, de Laudun, relate à peu près les mêmes faits : « Je suis aux Chantiers pour un stage de huit mois. Il était dit tout d'abord que j'allais à la DAT, mais les places étaient prises par les chéris de ces Messieurs... » *(La DAT est le service de la Direction de l'aide aux travailleurs, service administratif qui était, vous l'avez deviné, on ne peut plus tranquille...)* « Mon stage s'annonce bien, il fait un froid de canard et nous travaillons sur un chantier qui amènerait des hommes à se révolter. Pour manger, cela ne va guère, c'est toujours le même menu. Je souhaite que tu fasses ton chantier à une meilleure époque que la mienne, car c'est la plus rigoureuse. Il ne fait bon qu'autour du poêle et c'est tout. Aujourd'hui un camarade avait reçu un paquet contenant du pain et autre chose, ce dernier a été supprimé. Si tu voyais les mouvements de révolte que cela a produit dans la baraque. » On comprend dès lors pourquoi, dans de nombreux camps, les colis sont interdits !

A ce propos, il faut dire que d'un camp à l'autre l'atmosphère est différente et qu'elle dépend énormément du chef et de ses adjoints. L'encadrement de ces camps est souvent constitué de volontaires, officiers d'une armée battue, certes, mais encore pleins d'enthousiasme face aux jeunes générations et adeptes fervents de la Révolution nationale. Le style est donc ultramilitaire. Voyons comment est organisée la vie quotidienne dans ces chantiers.

L'uniforme comprend un béret vert, un blouson vert, une chemise, un pantalon, des bandes molletières ou des guêtres. Le reste des informations nous est fourni par le jeune Pierre de P..., la vie quotidienne décrite est à peu près la même partout. « Le lever a lieu tous les matins, sauf le dimanche et les jours de fête, à 5 h 30. Dix minutes après, le dérouillage est sifflé et pendant un quart d'heure environ, je dois exécuter et veiller à l'exécution de divers mouvements des bras, des jambes et du tronc ayant pour objet de bien réveiller et de réchauffer les jeunes avant le débarbouillage. Ensuite nous avons jusqu'à 6 h 45 pour prendre notre petit déjeuner, défaire nos lits et aller chercher et mettre dans nos sacs le ravitaillement pour la coupe et les gamelles... A 6 h 45, au premier coup de corne, nous devons sortir rapidement des baraques et nous rendre près du terrain où nous montons et descendons les couleurs et au deuxième coup, nous gagnons précipitamment les places respectives qui nous sont assignées... Nous formons un grand arc de cercle autour du mât [...] Le chef de groupe s'écrie alors : " Jeunes de France, toujours... " à quoi nous répondons tous par un " Prêts ! " énergique en nous mettant au " toujours prêt " *(garde à vous)* [...] Le chef de groupe commande alors : " Repos " [...] Puis lever du drapeau[...] Nous ne nous mettons guère au travail avant huit heures et quart, après avoir épluché les légumes. Notre coupe est une grande forêt composée essentiellement de hêtres et de chênes. Elle se trouve sur un versant du Puy-de-Dôme... » *(Après quoi notre ami décrit au centimètre près les mesures exigées pour les stères, ainsi que celles des barres, des rondins et des bûches qui les constituent.)* « Vers 10 heures, un des jeunes est désigné pour faire la cuisine. A midi, nous débauchons et prenons rapidement notre déjeuner. Nous nous reposons quelque peu et reprenons ensuite le travail jusqu'à ce que le rendement soit atteint. Nous rentrons au camp en emportant chacun une branche de bois sec en prévision de l'hiver, et la soupe sonne peu après, théoriquement vers 8 heures. Le soir, après dîner, il y a réunion de CE [*chefs d'équipe*], chacun de nous expose le travail de son équipe pendant la journée, des questions diverses sont soulevées et discutées. Je regagne alors mon équipe et, en principe, l'appel a lieu à 21 h 45 et l'extinction des feux à 22 heures... »

Voilà qui nous donne une idée assez précise de l'emploi du temps quotidien dans ces camps. Ce jeune homme semble prendre son mal en patience et ne se plaint pas trop, peut-être ce camp est-il plus plaisant que les autres, à moins que cela ne tienne à la personnalité du jeune Pierre. La capacité à tolérer ces conditions de vie n'est évidemment pas la même pour tous, et tous ne sont pas confrontés aux mêmes difficultés. Les quelques lettres qui suivent révèlent les conditions difficiles dans lesquelles vivent les jeunes du camp de L'Isle-sur-la-Sorgue (Vaucluse).

« [...] Mais le malheur c'est que le froid se fait de plus en plus rigoureux et le matin, c'est un vrai martyre lorsqu'il faut pousser les gros wagons tout couverts de glace, les doigts sont alors transformés en bouts de bois, que dire des éclats de pierre qui entaillent la chair des mains et des genoux, car il faut que je vous dise que nous n'avons pas de pantalons longs, mais seulement des shorts kaki. A 10 heures du matin on nous sert de l'eau chaude. Avec quelle ardeur cette soi-disant soupe est attendue, car bien que cela ne nourrisse pas, ça réchauffe... » *(Lettre du 26 novembre 1942.)*

Du jeune Godet à ses parents, le 26 novembre 1942 : « [...] Si vous saviez quelle vie je mène, vous m'écririez aussitôt. Le froid est venu, c'est par 2 degrés au-dessous de zéro peut-être plus que le matin je vais casser les pierres à la carrière, remarquez que je n'ai sur la peau que deux chemises kaki et un jersey à manches courtes. Je vous laisse juger du froid que je puis ressentir. De gants, il n'en est pas question, avec ça on mange des clous. Le travail est dur, j'ai certainement maigri et ce n'est pas fini et c'est avec terreur que j'envisage les mois et même les heures qui me restent à passer dans ce bagne d'honnêtes gens. Si par hasard tu vois des jeunes gens qui doivent partir pour les chantiers, plains-les de tout ton cœur, ce sont de gros malheureux qui ne s'imaginent pas la moitié des souffrances qui les attendent. Si par hasard on te dit du bien des chantiers, n'en crois rien, la vie n'est pas pire dans un stalag. Il ne nous manque que des boulets aux pieds pour que nous soyons tous de véritables bagnards. Les conditions de vie y sont infectes et la discipline infernale. Si je sors un jour de cet enfer, nul doute que je sois gaga : ces abrutis nous font chanter quand nous sommes gelés. Ils laissent mettre en vente des galettes au foyer à 3,50 francs pour des malheureux qui dévoreraient une poire trouvée dans la boue et qui touchent 6 francs par quinzaine, tabac déduit. Tous mes camarades sont logés à la même enseigne. Mais connaissez votre bonheur de vivre libre même sans manger... »

Voilà un camp où il ne faisait pas bon vivre! En dehors des conditions de vie déplorables, nous apprenons que les responsables de ce camp profitent de la situation car en fait les jeunes équipiers devaient être payés 1,50 franc par jour, ce qui laisse à penser que, dans ces camps où l'on prônait la morale, certains officiers n'hésitaient pas à détourner une partie de la solde destinée aux jeunes stagiaires.

Du camp d'Avèze, cette fois, Y. C., le 15 novembre 1942, se lamente sur le manque de loisirs, il ne connaît pas la chance qu'il a en regard de ses camarades du camp de l'Isle-sur-la-Sorgue! « [...] Tu peux croire qu'ils nous font suivre un brave régime. La tringle [*il s'agit d'une expression de l'époque qui signifie un travail rude*], mais si tout va bien, il ne reste plus que trois mois à faire et ce n'est pas malheureux, car je commence à en avoir assez. Je languis, quoiqu'on crève de faim, de retourner dans mes vignes. Les bleus qui viennent de rentrer en ont déjà marre, ils disent que c'est le bagne et ils ne se trompent guère. Depuis le 1er novembre que nous sommes descendus de montagne nous ne sommes pas encore allés faire un tour dans le patelin où on loge. Voilà deux dimanches que nous sommes consignés, ce n'est pas le rêve que de passer les dimanches enfermés. Enfin que faut-il faire?... »

Pour se donner du cœur à l'ouvrage les jeunes peuvent entonner le chant officiel des chantiers : « Allégrement, notre outil sur l'épaule, le grand béret rabattu sur les yeux, nous martelons le bon sol de la Gaule, où sont couchés tous nos communs aïeux. »

Dans les situations difficiles, il y en a toujours qui réussissent à s'en sortir, comme le jeune Dumonceau du 2e groupe de La Crochère en Savoie : « Je voulais encore vous dire de me garder une dinde pour Noël... C'est pour manger avec les chefs car je suis déjà intime avec un chef d'atelier qui est en train de me mettre une planque pour cet hiver... J'ai déjà un quart de plus en douce par repas, donc je ne veux pas laisser tomber cette aubaine et je commence d'être bien vu de tous les chefs; j'aurai sûrement une perme avant les autres. » *(Lettre du 24 novembre 1942.)*

D'autres, moins combinards, s'insurgent contre les pratiques mises en place par certains responsables. Du camp Jeunesse et Montagne à Entremont le 23 novembre 1942 : « Les chefs sont dégoûtants, ils vendent notre bois soi-disant pour le ravitaillement de l'équipe. Ils ont vendu jusqu'à présent pour 5 000 francs de bois plus 1 200 francs par mois qu'ils touchent pour l'équipe. En plus s'ils achètent un kilo de pommes de terre pour l'équipe, ils nous le font payer. Hier, ils nous ont sorti que, si nous voulions manger, il fallait donner 50 francs par semaine pour le ravito. J'ai bondi plutôt que je me suis levé et leur ai déclaré que jamais je ne donnerai 50 francs par semaine, qu'ils refusaient les colis et que pour le ravito de l'équipe, ils nous font donner des navets. Ils sont dégoûtants car ils mettent l'argent dans leur poche... »

Pierre R., que nous avons rencontré précédemment, poursuit sa lettre en nous éclairant sur les combines des gestionnaires de son camp : « [...] Il y a des gars qui sont dans cette sale coupe depuis bientôt six mois, qui ont eu comme seule distraction d'aller courir dans la campagne pour mendier de quoi manger. La nourriture n'est pas bien fameuse, plutôt insuffisante. Je crois que c'est fait exprès qu'on ne donne pas beaucoup à boulotter, car tous les jeunes achètent en masse des biscuits et des bouchées au foyer. Moi je préfère acheter des pêches, mais elles sont chères : 10 francs la livre... Ne vous en faites pas pour moi, surtout ne m'envoyez pas de colis : ils passent dans les pattes des chefs qui confisquent la moitié des affaires. Vous pensez bien que je ne voudrais pas que ces salauds profitent d'une seule bouchée que je sais que vous n'aurez pas trouvée avec facilité. D'autre part, il me faudrait partager dans l'équipe, de sorte qu'il ne me resterait pas grand-chose... »

Une autre lettre dénonce les mêmes pratiques douteuses : « [...] Une discussion avec les cuistots qui auraient voulu que je verse 20 sous à je ne sais quelle caisse d'anciens, pour m'autoriser à prendre un quart d'eau. Je les ai envoyés paître avec violence car cela m'a été demandé d'un ton qui ne m'a pas plu. Je trouve intolérable cette espèce de chantage. Celui qui veut un bon casse-croûte avant de partir en perm doit lâcher cent sous, dix francs. J'aimerais mieux crever la bouche ouverte que d'accepter ces conditions... »

Tout le monde n'est pas logé à la même enseigne, et si certains meurent de faim ou se font exploiter, d'autres font leur « stage » dans de meilleures conditions : « La nourriture est bonne, à dîner on a mangé des pommes de terre rôties et un beaf, de la soupe et un morceau de roquefort et pour déjeuner, du chocolat du pain et du jus. Comme tu vois tout va bien... » *(Lettre de H. E., d'Aveze, à son père le 17 novembre 1942.)*

Il en est même qui sont plus que privilégiés, des petits malins qui ont compris qu'il valait mieux se trouver du côté du manche... « [...] Depuis que je fais partie de l'équipe de commandement, je mange très bien, et même il en reste dans ma gamelle que je ne peux pas finir. En effet, depuis que je suis au bureau, j'ai été muté dans l'équipe de commandement, et nous sommes sept dans cette équipe. Nous sommes sept et tous catalans. Nous avons de fortes rations, des macaronis, des nouilles, pommes de terre et viande. Pour le moment, nous ne nous plaignons pas (nous avons deux ou trois quarts de vin par repas), mais dans les autres équipes ils la sautent drôlement... » Cette dernière expression signifie : ils meurent de faim.

Un autre petit malin a mis à profit ses compétences de boucher pour profiter au mieux de la situation. Le 9 mai 1942, camp de Bouhault au Maroc : « [...] Quant au pinard, nous avons installé notre quartier général sur les fûts. C'est à qui en pompera le plus à l'aide d'un tuyau en caoutchouc. De plus, l'équipe des bouchers dont je fais partie s'octroie presque chaque jour, soit des petits beefsteaks dans le filet, soit des grillades de porc, soit des tripes. Je t'assure, mon cher Bébert, que je n'exagère pas, c'est une continuelle ripaille au ravito... Notre travail de découpage ne dure pas plus de trois à quatre heures par jour. Le reste du temps, les bouchers roupillent, vont au foyer et partout, naturellement, les bouchers sont bien accueillis. . »

Après avoir vu décrire les conditions de travail et les problèmes de nourriture, voyons un peu comment le projet du général de la Porte du Theil est perçu par ces jeunes embrigadés. Rappelons qu'il s'agissait de fortifier les corps et de prôner la morale. A plusieurs reprises, nous rencontrerons le mot « hébertisme », il s'agit d'une théorie de l'époque sur les effets bénéfiques de certains mouvements du corps au réveil, et de la mise à l'épreuve de son corps face au danger...

De L. F., équipe 4 à Laudun, le 21 novembre 1942 : « [...] Si nous ne mangeons pas à notre faim [*observons qu'il s'agit du même camp que celui de l'avant-dernière lettre citée, nous pouvons ainsi vérifier que dans un même camp les conditions variaient selon la position qu'occupaient les différents membres*] nous faisons du moins quelques bonnes parties de sommeil. Le travail n'est pas dur à côté de ce qu'il faut faire là-bas [*c'est-à-dire quand il monte à la coupe*], mais la discipline et les séances d'éducation physique sont extrêmement sévères. De nos chefs, je vous dirai qu'il y en a des chics, mais aussi il y a des vaches qui sont des ratés de la vie civile venus ici pour nous abrutir au lieu de nous rendre meilleurs, et pour bien manger aux dépens de nos rations. Il en est un qui les dépasse tous, c'est l'aumônier. C'est chez lui que nous allons chercher d'agréables et de nobles raisons de vivre. C'est lui qui nous console et nous remonte le moral... »

Dans l'ensemble, les lettres dénoncent l'absurdité de ces principes qui, selon ces jeunes, n'apportent pas grand-chose à leur éducation.

Du jeune Réaud à son père à Agen : « [...] Nous faisons des efforts prolongés à ces hébertismes quotidiens (complètement idiot l'hébertisme, on se blesse chaque fois, on saute d'un mur dans les pierres). En France, c'est tout ou rien : avant le sport était à son point minimum, maintenant on veut nous en faire baver. Et l'on saute dans le torrent... et l'on grimpe sur le parapet du pont... tant pis si l'on se tue (paroles de notre chef de division)... »

Dans le même esprit, Henri Fombonne à sa mère à Cunlhat (Puy-de-Dôme) : « [...] Ce matin, nous avons eu conférence puis hébertisme au cours duquel je me suis fait enguirlander par le chef de section pour n'avoir pas voulu monter sur ce que je vous ai montré lors de votre venue à

Banuyls et il m'a fait comprendre que je ne fumerai pas trop ce mois-ci. Aucune punition ne me fera faire ceci, car je n'ai pas envie de me casser la figure à dix-sept jours de la quille. Je commence à en avoir plein le dos, plus de mon chef de section que des Chantiers. Il est malheureux de constater que l'on a pour chefs de véritables nullités alors qu'on parle de relever la France... » Nous avons retrouvé M. Fombonne qui a été à la fois surpris et amusé de relire l'extrait de sa lettre. Il avait oublié ce courrier, mais pas son séjour au camp de Banyuls-sur-Mer (Pyrénées-Orientales). Nous avons ainsi appris qu'il existait deux types de camp, les camps terrestres et les camps de la marine, lesquels étaient peu nombreux. En tant qu'élève officier de la marine marchande, Henri Fombonne s'est donc retrouvé dans ce camp maritime. Son stage a eu lieu de mars à octobre, il a donc profité de la meilleure saison pour s'exercer aux activités nautiques. Il se souvient d'avoir pratiqué beaucoup d'activités physiques et d'être rentré chez lui tellement bronzé que sa mère l'a à peine reconnu. Au camp, il s'est montré si peu enthousiaste aux nouvelles théories qu'on lui a signifié qu'il n'avait pas suffisamment l'« esprit Révolution nationale » pour être chef d'équipe, alors il s'est retrouvé commis aux vivres, ce qui était plutôt une bonne « planque » ! Le dimanche, les visites des parents sont autorisées, mais ils ne sont pas admis à pénétrer dans le camp. Quand la famille ne rend pas visite aux jeunes gens, ceux-ci descendent « en ville », c'est-à-dire l'endroit le plus proche où ils espèrent trouver quelques distractions et surtout des filles, lesquelles sont souvent ravies de rencontrer quelques spécimens de la gente masculine qui se fait rare depuis que les hommes sont partis comme prisonniers ou au STO. La vie est plutôt agréable au camp de Banyuls, bien qu'il y ait de la discipline, des corvées et des exercices à faire – quand Henri Fombonne dit dans sa lettre qu'il a refusé de monter, il s'agit du parapet du pont, que d'ailleurs quelques-uns de ses camarades ont redescendu sur le ventre, pour éviter de tomber dans la rivière, à sec bien entendu ! Menacé de prison, Henri Fombonne ne cédera pas au chantage, pour une bonne raison, c'est qu'il souffre de vertige, d'autre part il sait que la prison à Port-Vendres est réservée à ceux qui ont la bagarre au couteau facile, telle la colonie corse qui occupe le camp. Tout au plus la sanction qui lui est imposée, c'est la suppression de sa ration de tabac. Quant à l'ambiance, elle est plutôt à la suspicion, n'oublions que l'encadrement est militaire et donc au service du gouvernement, on peut s'exprimer librement en évitant les mouchards, on peut écrire autant de lettres que l'on veut se doutant que le courrier sera ouvert, comme l'est tout courrier militaire en tant de guerre, on évite donc d'y exprimer ses opinions politiques... Voilà l'expérience de M. Fombonne telle qu'il nous l'a décrite. Il s'estime assez privilégié par rapport à ses camarades qui, eux, se sont retrouvés dans des camps terrestres et qui ont vécu les conditions difficiles que nous décrivons.

Comment peut-on espérer exalter des sentiments de loyauté, d'honneur, d'entraide et de dévouement à la communauté, en donnant une aussi piètre image des représentants du pouvoir à ces jeunes gens?

Dieu merci, les responsables des camps n'étaient pas tous autoritaristes, ladres et bornés. « [...] Depuis trois jours, la nourriture s'est sensiblement améliorée, et puis, c'est toute une habitude tu sais, dans la vie, il faut s'habituer un peu à tout. Ici nous n'avons pas à nous plaindre car les chefs sont très gentils avec nous. Ils nous parlent comme à des frères, ils nous ont donné aucune punition jusqu'à présent, j'espère que ça continuera ainsi... » *(Lettre de J. Planes, le 19 novembre 1942.)*

Un autre témoignage écrit nous rassure lui aussi quant à l'éthique de certains chefs : « [...] Ici à La Crochère, des chefs très sympathiques réglo-réglo. Et une fois tout réglo, on est copains. C'est vrai, ils prennent la pioche avec nous, ils mangent ce que l'on nous sert. Ils n'étaient pas chauffés tant qu'on n'a pas eu nos poêles. Ils sont tout dévoués à notre bien-être... » En voilà enfin quelques-uns qui sont très proches du projet initial de formation qu'avait conçu le général de la Porte du Theil. Malheureusement, ce sont des cas isolés car, dans l'ensemble, l'encadrement ne donne guère l'exemple et n'incite pas ces jeunes à considérer les théories de la Révolution nationale avec intérêt.

Le témoignage suivant nous fournit un autre éclairage sur la situation. Il s'agit cette fois du point de vue d'un militaire encadreur, le polytechnicien J. Garnier en stage au groupe 46 dans la région de Toulon (nous n'avons pas le lieu exact), interception du 26 septembre 1942, destinataire M.G. Bouttin à Cannes : « [...] Excuse-moi de ne pas t'avoir écrit plus tôt mais j'ai deux excuses : l'installation et surtout l'abattement dans lequel m'a jeté la découverte des Chantiers. Quelle sinistre plaisanterie ! Quel mensonge énorme dans tous les journaux et dans toutes les conversations ! Pauvre France ! Tels sont les deux seuls mots qui me sont venus au bout d'un jour passé au milieu de ces jeunes et de leurs chefs.

« D'abord si, d'un commun accord nous n'étions pas venus, personne ne s'en serait aperçu. Nous avons mis une heure à trouver un bureau qui ait entendu parler de nous. J'ai passé deux jours au Luc avant de rejoindre le 5e groupe auquel j'ai été affecté, à courir de bureau en bureau. Au contact des jeunes, j'ai éprouvé beaucoup de dégoût : grossiers, incultes, flemmards, de mauvais esprit, ils ne pensent qu'à une chose : le jour de leur libération... »

Il est aisé d'imaginer la déception de ce jeune polytechnicien, investi d'une mission en laquelle il croit, et qui se trouve confronté à ceux qu'il estime être une bande d'ignorants qui n'a que faire de son idéal !

La lettre du C.A. Tchartel J. à Mlle Moucadeau (La Dyene Barbantane) du 26 septembre 1942 confirme cette même impression à propos des jeunes : « [...] Ce soir, je me vois dans l'obligation d'envoyer un jeune au Groupe [*il s'agit d'un corps disciplinaire*] car il ne veut rien faire, là-bas, il comprendra. C'est dur de falloir mener des hommes comme des bêtes et pourtant il faut y arriver si on veut arriver à quelque chose. Parfois, ça me serre le cœur et j'en pleure. Je ne suis pas resté aux Chantiers pour ça. On se demande quelquefois comment notre jeunesse peut être aussi fainéante et pourrie... »

Pourtant, certains, parmi ces jeunes, sortent du lot, comme en témoignent leurs réactions. « [...] Dans un tel cadre, nos sentiments sont plutôt étouffés, notre vie du reste y contribue aussi... Imagine-toi notre état d'esprit, nous vivons comme des bêtes sans nouvelles, ne pensant qu'à une chose : bouffer, on ne se rend compte de rien, ni de la gravité des événements, ni du présent, ni de l'avenir... »

C'est la même constatation que fait le jeune Bellot du camp de Ménerbes à son amie Mlle M. de Antenier à Toulon (26 novembre 1942). Quelques jours après l'occupation de la zone Sud par l'armée allemande, les jeunes souffrent encore plus cruellement de l'isolement forcé dans lequel on les maintient : « [...] Nous sommes entièrement dans l'absence presque totale de nouvelles. Celles-ci ne nous parviennent que par bribes, et du reste nous rentrons trop fatigués du travail pour pouvoir penser et réfléchir au bouleversement présent. Aussitôt rentrés, nous n'attendons qu'une chose, la soupe (bien maigre) et tous n'aspirent plus ensuite qu'à roupiller dans nos trois petites couvertures... »

Plus que l'absence de nouvelles, c'est le désert intellectuel qui gêne une partie d'entre eux. On a bien essayé de mettre en place des bibliothèques tournantes, mais certains camps ont dû être « oubliés ». Il faut dire que ce n'est guère du goût des militaires encadreurs. De toute façon, les plaisirs intellectuels sont mal vus, ces jeunes sont là pour être endoctrinés, pas pour acquérir une culture. Le gouvernement se plaît à répéter que le but de la jeunesse n'est plus de « jouir » mais de « servir ». « [...] Les chefs sont assez sympa, quoique certains soient plutôt adjudants... La discipline est dure et les anciens pas trop arrogants... Le plus terrible est le manque de vie intellectuelle, avec la crasse. Je n'ai pas quitté ma chemise depuis le 2 novembre... » *(Lettre du camp de Beaufort le 23 novembre 1942.)*

Michel R. du camp de La Verrière par Vaison-la-Romaine déplore cet état de fait auprès de ses parents, probablement instituteurs, puisque l'adresse indique : Écoles de G..., le 26 novembre 1942. « [...] Hier, de midi à 6 heures, j'ai dû ramasser des pierres et les entasser sur le bord d'une mauvaise route. D'ailleurs, à ce camp qui est un des plus mauvais, on fait tout pour ennuyer les étudiants, soi-disant pour leur forger le caractère. En plus de cela, notre chef d'équipe est bête comme tout, et notre équipe est repérée et nous devons toujours faire des corvées supplémentaires. Ainsi, je ne pourrai pas toucher un livre de classe et je vais sortir des Chantiers plus bête qu'un âne si je reste ici... » Cette équipe est probablement constituée d'étudiants un peu trop « contestataires », ce qui doit inciter les chefs à leur assigner des tâches bien bêtifiantes. On voit très bien ici le mépris pour les « intellectuels ». L'État a besoin de gens qui obéissent et non pas de penseurs ou de raisonneurs.

La lettre qui suit confirme notre propos. Il s'agit cette fois d'une personne de l'encadrement du camp de Laudun : le chef d'équipe Cebe J., le 19 novembre 1942. Son niveau d'expression laisse à penser qu'il ne s'agit pas de quelqu'un de très cultivé et dans le discours qu'il tient, sa jalousie est manifeste : « [...] Maintenant j'ai une équipe de dix-sept jeunes dont il y a quatorze bleus [*sic*], c'est un travail pour les mettre à point surtout les Catalans : ils sont têtus comme des bourriques, mais avec moi il faudra qu'ils marchent ou je les dresserais, surtout au canal, là, ils se dégonflent, car ils sont tous gonflés à bloc et ils la ramenaient un peu trop, maintenant ils commencent à comprendre, surtout les étudiants, et comme ils le sont presque tous, ça ne leur fera pas du mal car ils avaient une trop grande gueule. Pour moi, je ne m'en fais pas, j'ai nommé un second d'équipe qui s'occupe de tout, je n'ai qu'à surveiller un peu le travail qu'il se fasse comme il faut. « Il fait un vent qu'on ne peut pas y tenir... heureusement que je suis démerde avec le magasinier et j'ai six couvertures... »

Il en faut du caractère à ces jeunes gens pour survivre à de telles pressions morales. Tel ce jeune homme qui, faute de nourritures spirituelles à sa disposition, n'a trouvé comme lecture que les publications pétainistes officielles ; il fait ainsi part à sa mère à Aurillac, le 17 août 1942, de ses réflexions : « [...] Je suis en train de lire une publication : *La Morale de notre honneur.* Intéressant, mais beaucoup de choses auxquelles je ne peux souscrire, comme par exemple l'admiration pour le duel, ou le devoir du mari de maintenir sa femme fidèle par la force au besoin, etc. Je vais d'ailleurs le relire, crayon à la main, car ce texte vaut la peine qu'on s'y arrête, fût-ce pour le rejeter... »

Dans ces camps qui, nous l'avons vu, sont faits pour briser ceux qui ont un peu trop de caractère ou trop d'intérêt pour les choses de l'esprit, on offre quand même aux jeunes un autre choix. L'armée ! Beaucoup de jeunes mordent à l'hameçon dans l'espoir d'échapper aux conditions de vie des camps. De C.J.F. de Laudun à M. André Mas à Montesquieu (Pyrénées-Orientales), le 19 novembre 1942 : « [...] Je vais t'expliquer tout clairement pourquoi et comment on nous faisait trimer : voilà, quand on a passé la visite à l'Ardoise, nous étions 160 pour le Jonquier, c'était pour ainsi dire tous les " bons pour l'armée ", alors on nous a fait rentrer dans le foyer, rien que ceux du Jonquier, là, il y avait un capitaine d'artillerie, un d'infanterie, un lieutenant d'aviation et un officier de marine. Ils ont commencé la propagande des engagements dans l'armée, résiliables au bout d'un mois si tu n'étais pas content de la vie militaire, tu pouvais réintégrer les chantiers, un tas de bobards ; il y avait des sergents qui suivaient les officiers, qui venaient te dire : " Engagez-vous, car vous allez la sauter. Entre nous le Chantier c'est un bordel, on est tout à fait mal, venez, vous serez dans une ville ", tout un tas de trucs comme ça. Il y en a eu douze qui se sont laissé tenter, mais le reste comme moi, encore bien gonflés, on s'est dit : laissons courir et faisons nos huit mois. Mais avant de partir du foyer, le commissaire assistant nous a dit : " Jeunes, il faut vous engager, si vous le faites pas, vous n'êtes pas des Français, on ne peut pas vous forcer, mais tous les moyens seront bons pour vous y décider. " Avec ça, mon vieux, tu peux comprendre quels débuts de chantier nous avons passés, nous ne sommes plus que cinquante-huit, tu vois un peu à quel point il a fallu qu'on nous en fasse baver... » Quelques semaines plus tard, l'armée d'armistice est dissoute.

Inutile de vous dire que cette lettre n'a pas été acheminée...

Un autre extrait de H. Roux : « [...] Nous allons travailler à un canal avec des entrepreneurs civils, ce n'est pas de la rigolade car nous travaillons dans l'eau. Si ça continue, je me ferai porter malade, mais si nous ne sommes pas reconnus malades, l'on nous fout un mois de tôle. Les chefs nous font barder car ils voudraient que l'on s'engage. Il y en a beaucoup qui partent... »

Ajoutons à cela que les chefs rivalisent d'arguments pour convaincre les jeunes et vont jusqu'à favoriser l'engagement aux côtés des Allemands dans la LVF (Légion des volontaires français). De J. à Mlle Marie

Boyer, La Bouilladisse, le 26 septembre 1942 : « [...] Vous savez très bien que depuis quelques mois l'Allemagne demande des volontaires pour le front de Russie et maintenant ça vient aux jeunes des Chantiers de jeunesse. Le chef a donné tous les avantages pour les jeunes qui veulent s'engager contre l'Armée rouge, il nous a donné la solde d'un jeune restant en France, la solde d'un jeune voulant aller en Allemagne de suite et la solde d'un jeune voulant partir immédiatement en première ligne, mais malgré les avantages (retraite, permissions, places et solde) aucun jeune n'a eu l'idée de s'engager... » Et on les comprend! Pourtant ils ne sont pas quittes pour autant car le gouvernement, qui a trouvé cette formule des Chantiers pour surveiller sa jeunesse, n'entend pas les lâcher comme cela au bout de neuf mois. Ces jeunes ont besoin d'un encadrement mais surtout d'être occupés. Du Chantier de jeunesse au STO, il n'y a qu'un pas à franchir! Déjà, en 1942, J., dans une lettre destinée à Mme Garein à Arles, en parle : « [...] Tu dois avoir vu sur le journal que les Jeunes qui n'ont pas de travail au retour doivent aller travailler en Allemagne. Moi, jamais!... » En 1943, c'est officiel : les jeunes des Chantiers devront après leur période partir travailler en Allemagne.

Mais revenons à la vie dans les camps. De toutes ces difficultés que ces jeunes doivent endurer, certains se sortent assez bien, ils se résignent momentanément et tirent profit de cette situation en acquérant une « certaine philosophie ».

Le 19 novembre 1942, du dénommé Goze à son père : « [...] Ce qui me révolte le plus, ce sont les “ engueulades ” non justifiées de certains chefs qui, sous prétexte de ne pas vouloir écouter des discours, ne laissent pas les jeunes s'expliquer. Enfin tout cela contribue à nous donner une certaine philosophie... »

Quand nous lisons cette dernière lettre, nous sommes tenté de dire que le but que s'était fixé le général de la Porte du Theil de faire de ces jeunes des hommes est atteint : « [...] Dans la lettre du 17 que papa m'a adressée, je vois une chose qui paraît juste : tu veux qu'à mon retour je sois un homme. je te prie de croire que les Chantiers sont pour tous les jeunes une dure épreuve. Je pense bien que je la passerai fier et fort et à mon arrivée je serai un homme et je n'aurai plus peur du soleil et du froid... »

Mais si l'expérience a été positive pour ce jeune homme, n'oublions pas qu'elle a aussi laissé des traumatismes durables chez certains jeunes qui n'étaient préparés, ni physiquement ni moralement, à supporter de telles épreuves.

Pratiquement tout le courrier dont nous disposons sur les camps de jeunesse est daté de 1942. Quelle en est la raison ? Les cartons sur les Chantiers de jeunesse auxquels nous avons eu accès aux Archives nationales ne comportaient des éléments que sur cette année 1942. Peut-être les autres ont-ils été détruits ? Peut-être les contrôles ont-ils été plus vigilants à cette époque ? Toutes les suppositions sont permises.

Nous avons trouvé, grâce aux Archives de l'Ain, un courrier du 13 octobre 1943 qui nous donne une information supplémentaire sur les aventures que vivent les occupants des Chantiers, jeunes et chefs confondus. Camp de Conand près de Saint-Rambert-en-Bugey : « Bien chers parents, [...] Maintenant, je vais vous raconter une belle histoire qui s'est passée cette nuit même. Tout à coup, réveil en fanfare dans la piaule : [*sic*] " Haut les mains ! " C'est ainsi que des individus pénétrèrent dans notre chambre, masqués et armés jusqu'aux dents : brownings, mitraillettes. Ils prennent des paquetages, des couvertures en tenant en respect, revolver contre poitrine, les jeunes surpris. Par bonheur, je loge l'étage au-dessus, aussi n'ont-ils pas eu le temps de grimper. Vous devez vous douter que ce sont les " maquiards " [*sic*]. Mais ce n'est rien, ils ne faisaient que s'en aller, quand ils sont passés chez nous. Ils avaient deux camions, quinze tonnes, avec mitrailleuses sur le capot, une camionnette et une conduite intérieure. Ils ont pénétré dans tous les cantonnements, ont vidé tous les paquetages, ont laissé les jeunes presque nus, toujours en les tenant en respect avec des mitraillettes. En plus, ils ont emmené la roulante, tout le ravitaillement, le tabac, tous les effets des chefs. Ils étaient complètement nus et ligotés. Quand ils ont eu tout fini, ils sont partis aussi vite qu'ils étaient venus. Toute la nuit, nous avons été en éveil. Il ne restait plus que nos couvertures pour tout le groupe. Aussi ce matin et à midi, rien à manger. Le camion du ravitaillement n'est monté que cet après-midi, sans aucune vivre, seulement avec des vêtements. Aussi on crève de faim... »

Manque de confort, manque de nourriture, manque d'informations et maintenant manque de sécurité, décidément ces Chantiers de jeunesse n'étaient pas une sinécure et on comprend qu'ils n'aient pas laissé beaucoup de bons souvenirs à ceux qui avaient dix-huit ans alors.

TROISIÈME PARTIE

Combattants et victimes

IX

LA PERSÉCUTION DES JUIFS

Des horreurs qui ont marqué la Seconde Guerre mondiale, la persécution des Juifs reste sans conteste la plus odieuse. Les premières mesures antisémites en France (1940 à 1941) s'inscrivent dans le cadre du programme de Révolution nationale concocté par le gouvernement de Vichy : éviction des Juifs des services publics et de l'enseignement, imposition d'un numerus clausus (2 pour cent) pour les professions libérales et l'enseignement supérieur, vente forcée ou liquidation de certaines entreprises et propriétés immobilières juives. L'opinion publique, quant à elle, est bien trop préoccupée par sa propre situation pour s'inquiéter d'une telle campagne. D'autant que, depuis le début de la guerre, bon nombre de Juifs ont fui la zone occupée pour venir grossir les rangs des réfugiés, ce qui n'a fait qu'accroître l'hostilité d'une partie de la population à leur égard. Les Juifs suscitent une sorte de méfiance et parfois même une violence qui se manifeste par des bris de vitres ou des inscriptions sur les maisons. Ces comportements ôtent tout scrupule à certains passeurs de la ligne de démarcation qui n'hésitent pas à les détrousser au passage. A qui les Juifs auraient-ils bien pu se plaindre? Le Juif, bouc émissaire, fait l'objet de toutes sortes d'accusations. Quand il est fortuné, on le lui reproche : « Ces gens qui ont de l'argent et qui ne travaillent pas. » Et pour cause! On leur a interdit toute activité. Quand ils veulent se nourrir, on en profite pour leur faire payer le prix fort. Immédiatement, ils sont accusés d'entretenir le marché noir! On jalouse leur « richesse » alors que, bien souvent, il ne s'agit que de maigres ressources obtenues après la vente précipitée de leurs biens.

Même au sein de la communauté juive, des scissions existent. Un clivage s'est produit entre les Juifs français et les Juifs étrangers. On peut estimer à trois cent mille le nombre de Juifs vivant en France à la veille de la guerre, dont la moitié sont de nationalité française. Ces derniers se sentent nettement supérieurs aux « étrangers » qu'ils n'apprécient guère, persuadés que leurs soucis sont dus à la confusion qui est faite entre eux. Or, le premier statut des Juifs vise l'ensemble de la communauté : Vichy ne fait aucun distinguo.

Qui est juif?

Le statut du 3 octobre 1940, décrété par Vichy, répond à cette question. A partir de là, commence la chasse aux certificats de baptême. Les Juifs étrangers sont, eux, arrêtés systématiquement. A la signature de l'armistice, beaucoup de Juifs français regagnent, confiants, leur domicile, ignorant le sort que leur réservent les nazis avec la complicité du gouvernement de Vichy.

Même en tant qu'ancien combattant de 1914-1918, M. Dreyfus n'a guère de chance d'échapper à sa destinée. Quand le vicomte de Dampierre intercède en sa faveur, il est loin d'imaginer l'attitude collaborationniste du gouvernement.

« Paksong, le 30 septembre 1941.

« A Son Excellence Monsieur de Brinon
« Ambassadeur de France

« Monsieur l'Ambassadeur,

« Je viens solliciter de votre haute bienveillance la faveur de bien vouloir examiner le cas que je vais vous exposer et auquel j'ose espérer que Votre Excellence voudra bien s'intéresser.

« Mon beau-père, Monsieur René Dreyfus, a été arrêté en juillet 1940 par les Autorités allemandes pour avoir édité des cartes postales et caricatures antinazistes; depuis cette époque, c'est-à-dire depuis quatorze mois, il est maintenu

Les services des PTT ont centralisé toute la correspondance arrivant à l'adresse des réfugiés dans des bureaux chargés d'acheminer celle-ci vers la nouvelle adresse des destinataires. (*BHVP - Fonds* France Soir).

Au bureau central militaire, tri des lettres destinées à nos soldats.
(BHVP - Fonds France Soir*)*.

Chaque fin d'année voit les bureaux de poste parisiens embouteillés par un afflux extraordinaire de lettres et de paquets de nouvel an. Ici, la grande poste du Louvre. (*Keystone.*)

Central PTT à Paris
(*D.R.*)

La Résistance aux PTT :
écoutes téléphoniques
(*D.R.*)

Photo ECPA.)

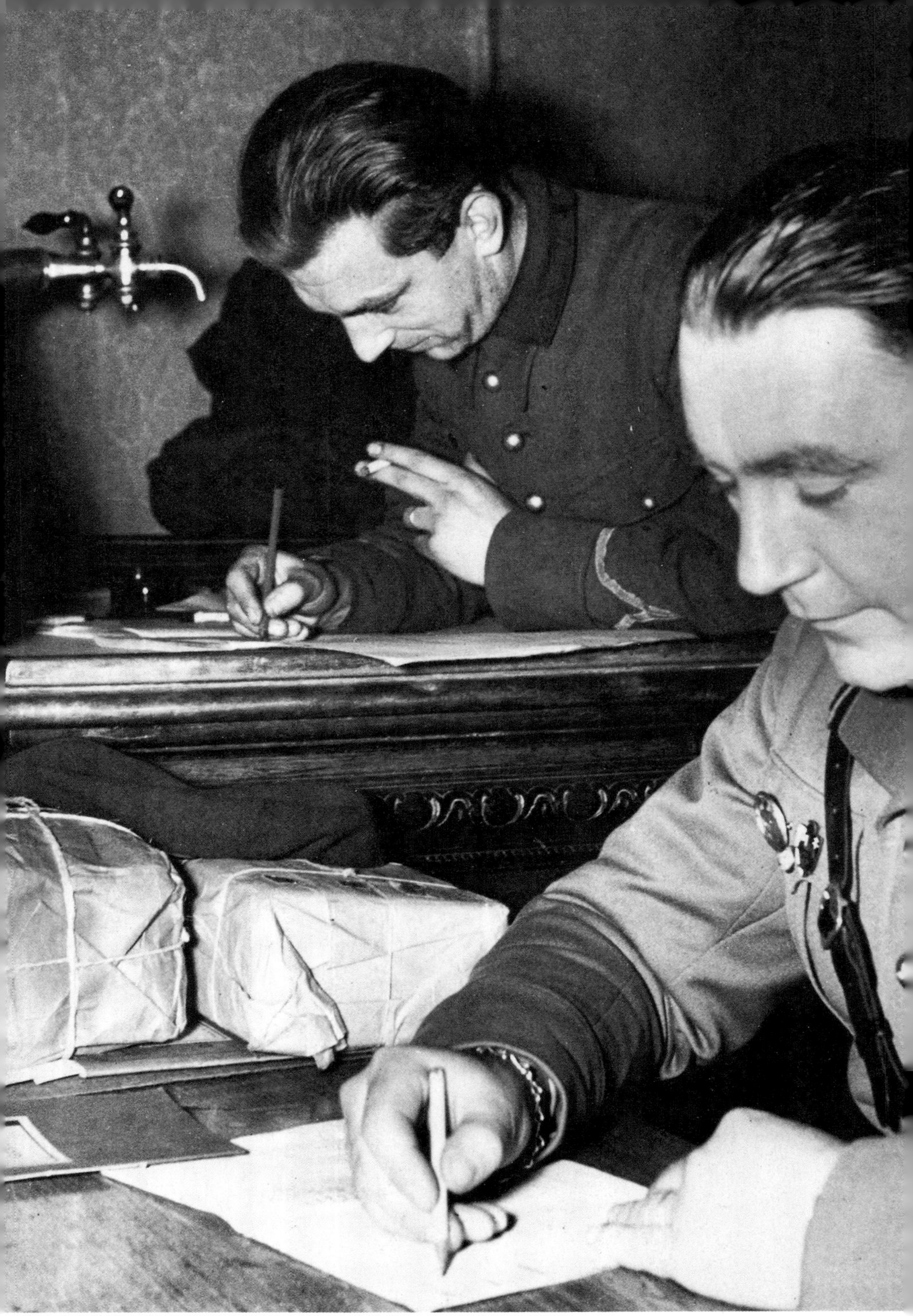

(*Photo* ECPA.)

Le public sait-il qu'il existe aux PTT un service de fausses adresses, dont les spécialistes savent déchiffrer les mentions erronées, incomplètes ou fantaisistes qui demeureraient pour tout autre qu'eux de véritables rébus ?
(*Keystone*.)

Arrivée des colis destinés aux ouvriers, dans un camp de la région de Berlin.
(*Keystone*.)

(*Photo ECPA.*)

en détention, d'abord à la prison de la Santé, puis au fort de Romainville. Étant en Indochine depuis deux ans, je n'ai appris ces détails que récemment et j'ignore s'il a passé en jugement.

« Je connais Monsieur René Dreyfus depuis 1934 et je suis devenu son gendre en 1937. Je puis certifier qu'il ne faisait partie d'aucune coterie juive et qu'au contraire tous ses amis étaient des catholiques ou des protestants; contrairement à la plupart des Israélites, il professait des opinions d'un patriotisme très pur et, lors des élections, son vote allait toujours comme le mien au candidat du centre ou de la droite. Il n'a du reste jamais pratiqué la religion juive et a même approuvé la conversion de sa fille au catholicisme et ensuite son mariage avec moi.

« Monsieur René Dreyfus est un ancien combattant de 1914-1918; il a fait toute cette guerre comme officier de réserve d'artillerie, détaché comme observateur dans l'aviation et a fait l'objet de plusieurs citations fort élogieuses, dont l'une a comporté la croix de chevalier de la Légion d'honneur. Habitant Paris, il était éditeur de cartes postales; s'il a été amené à éditer des cartes antinazies entre septembre 1939 et juin 1940, c'est son métier qui l'a voulu pour répondre à la demande des clients. Du reste, tous les journaux de quelque opinion qu'ils fussent en ont fait tout autant: *Candide* et *Marianne* pour ne citer que ceux-là.

« Monsieur Dreyfus a soixante-quatre ans et il est douloureux de penser qu'un homme de cet âge a été mis en cellule à la Santé pendant plusieurs mois et est maintenant enfermé dans un fort, privé de toute visite et à la merci du froid dont il a tellement souffert l'hiver dernier qu'il a eu une main gelée. Il paraît que d'autres personnes arrêtées comme lui pour le même motif ont été depuis longtemps jugées et acquittées. Je me demande s'il ne subit pas ce régime de rigueur à cause de sa race et cela me paraît injuste pour un des rares Israélites qui n'a jamais pris part aux stupides campagnes bellicistes et antihitlériennes menées par la juiverie internationale. Je l'ai toujours considéré comme un bon patriote, raisonnant et pensant français; du reste, sa famille était installée en Alsace depuis le XVIIe siècle et son grand-père a opté pour la France en 1871.

« Je me permets de venir dans ces conditions prier instamment Votre Excellence de bien vouloir s'intéresser au sort de Monsieur René Dreyfus, qui remplit toutes les conditions d'exception prévues par Monsieur le Maréchal Pétain dans le statut limitatif des Juifs, et j'ose espérer que Votre Excellence voudra bien intercéder pour lui auprès des autorités allemandes d'occupation, afin d'obtenir sa libération ou tout au moins un adoucissement à son sort.

« En vous remerciant d'avance, je prie Votre Excellence d'agréer l'expression de ma haute considération.

« *Signé :* Vicomte de Dampierre.
« *Chevalier de la Légion d'honneur*
« *Croix de guerre*
« *Planteur à Paksong, Laos* [1]. »

Les Juifs, « ces fauteurs de guerre », honnis comme les francs-maçons et les communistes, sont considérés par Vichy comme des adversaires. Le régime en profite pour affirmer son indépendance par rapport aux autorités d'occupation et s'approprie les biens confisqués. En zone occupée, la Wehrmacht a, depuis le 18 octobre 1940, recensé les entreprises juives et les a dotées d'administrateurs provisoires. En zone libre, le gouvernement prend le même type de mesures avant de publier une loi sur les entreprises et les biens juifs « en vue d'éliminer toute influence juive dans l'économie nationale ». L'aryanisation bat son plein sur tout le territoire, pour le plus grand profit de ceux qui se partagent les biens juifs. Il ne doit pas rester une seule affaire juive, rapporte un correspondant de Montélimar en 1941.

« Cher Monsieur,

« Je suis partie de Paris, le 18 février à 3 heures et demie de l'après-midi, j'ai vu M. R.M.G. et puis M. D.M.R.

« La situation des Juifs est affreuse et ne fait que s'aggraver. On est en train de leur prendre toutes les affaires et il paraît que d'ici deux mois, ou même encore plus vite – je ne m'en souviens plus –, il ne doit pas y rester une seule affaire juive, même pas la plus petite boutique, le plus modeste restaurant.

« Les employés juifs sont, dès maintenant, congédiés, même dans les affaires juives.

« Tous les jours, les journaux publient de grands articles contre les Juifs, fauteurs de guerre.

« Mais le plus dur commencera quand une communauté juive sera organisée et ceci ne saura plus tarder, on est obligé de l'organiser bientôt. Alors, commenceront les amendes et otages et, probablement, les progromes. Comment tous ces gens vivront-ils? On n'ose même pas y penser. Ils n'auront pas droit de travailler.

« Les Français sont très favorables aux Juifs; la plupart, en tout cas, sont contre toutes ces mesures. Mais ils ne peuvent rien faire, on les mate de plus en plus eux-mêmes. Beaucoup de fonctionnaires de la préfecture ont été congédiés parce que favorables aux Juifs[2]. »

Les plus perspicaces comprennent que la situation est devenue dangereuse pour eux et songent à quitter l'Europe.

Un échange de lettres, intercepté par le contrôle postal, révèle assez bien ce double climat d'angoisse et de secret qui entoure les départs. Salomon S. se doute visiblement que le courrier est ouvert par la police et qu'il risque de sérieux ennuis. C'est dans un langage « codé » qu'il exprime ses craintes.

Dans une lettre du 29 juin 1941, Salomon Schwartzman de Meknès disait à son frère Harry : « Je voudrais que tu montes quelque chose pour que Papa, Maman et Charlotte s'en occupent une fois que tu prendras le clipper pour foutre le camp... »

Harry lui répondait le 6 juillet 1941 : « [...] Tu commences à devenir dangereux. Tu n'as pas l'air de comprendre ce que tu fais quand tu m'écris de pareilles choses pour parler franchement, tu me fais chier par ton inconscience. Mets-toi bien dans le crâne de singe que tu es, que nous sommes en relations d'affaires avec l'Amérique, un point c'est tout. Je me charge du reste, et toi ferme ça. Tu vas finir par me faire passer pour un repris de justice avec ta manière de faire tes lettres. Si un jour je pars là-bas, ce sera pour faire des affaires; ce qui est exact. Ce sera donc un voyage d'affaires que j'entreprendrai. Et non foutre le camp, comme tu dis. Le mieux que tu aies à faire, est de moins parler[3]... »

Voici un témoignage important sur les doutes et les

craintes qui agitaient la communauté juive en juillet 1941. M. Gerder, logé au Grand Hôtel à Cannes, a sollicité par courrier l'avis d'un de ses camarades à Montferrand (Puy-de-Dôme). Doit-il demeurer en France ou prendre le chemin de l'exil? Voilà la réponse de son ami le 28 juillet 1941.

« Cher Rodolphe,

« Écoute, mon vieux, je te remercie beaucoup de prendre mon avis pour ta décision et avant de te donner les raisons, je te dis " PARS! " et j'ajoute : " le plus vite possible! "... Pourquoi je te dis cela, parce que tu dis ne pas trouver de travail et à ce moment il faudrait que tu retombes dans les griffes de tous ceux qui en veulent à ceux de ta race, inévitablement tu y retomberas tant que tu peux, pire, sans avoir à te batailler pour cette vie, ils te laisseront tranquille, mais dans le cas inverse ils ne te quitteront pas et je ne vois pas d'un bon œil la situation qui sera faite d'ici quelque temps à tous tes compatriotes. D'un autre côté, tu as, toi, la possibilité de partir alors que, moi, je la cherche depuis bientôt un an : je t'assure que je voudrais bien avoir ta chance. Pourquoi se cramponner à un pays dont nous craignons les décisions que nous ne comprenons pas, qui nous rejette dehors? [...] Certes, je te l'avoue, je penserai bien souvent à toi, peut-être ne te reverrai-je jamais, mais enfin tu seras toujours quand même avec moi, mais crois-moi, mon vieux, pars et ne traîne pas, pars pendant qu'il en est encore temps!

« Naturellement, mon vieux, ce sont mes idées personnelles qui peuvent quelquefois ne pas cadrer avec ta situation de famille, mais il faut voir loin et surtout éviter de te faire mettre en résidence surveillée. Voilà mes arguments, ils sont désintéressés et sincères [4]! »

Les Juifs interdits de téléphone

L'administration des PTT va avoir à résoudre un problème délicat pour satisfaire à une demande précise de l'occupant, à savoir la suppression de l'abonnement téléphonique aux personnes recensées comme Juifs. Curieusement, c'est l'organisme français chargé de la répression contre les Juifs qui est le premier à émettre des réserves.

Une lettre du 20 juin 1941, émanant du directeur du cabinet du commissariat général aux Questions juives et destinée au représentant du Militärbefehlshaber in Frankreich (les autorités militaires dont le siège est à l'hôtel Majestic) en témoigne. Ce bon fonctionnaire ne pense qu'au bien de l'État et n'hésite pas à exposer les conséquences d'une telle mesure : manque à gagner, peut-être, mais surtout perte d'un moyen de surveillance. Comment savoir maintenant ce que trament tous ces Juifs ? « Je suis informé par la Délégation générale du gouvernement français que l'Oberfelkommandantur de Dijon a invité le délégué régional des PTT à suspendre l'usage du téléphone de tous les abonnés juifs. Je me permets de vous communiquer les réflexions que cette décision provoque de ma part. Il m'apparaît, à première vue, qu'elle se traduit par une perte de recette des services téléphoniques français et qu'elle ne procurera pas une diminution sensible dans les communications entre Israélites, ceux-ci gardant toujours la possibilité de téléphoner d'un lieu public ou de chez un ami aryen. Par contre, il m'apparaît que l'administration française y perdra, par l'impossibilité où elle sera de surveiller ces communications au moyen de tables d'écoute, un précieux moyen d'information sur les tractations des Juifs et sur leurs projets. Je me permets de vous transmettre cette opinion à toutes fins utiles *... »

La suggestion ne sera pas retenue puisque, le 6 juillet 1942, le général des Transmissions Kersten demande au secrétariat général des PTT de prendre toutes les mesures utiles pour interdire aux Juifs résidant en zone occupée l'usage du téléphone.

Quelques jours plus tard, une note de la DSA précise la demande des Allemands : « Les postes d'abonnements souscrits par des Juifs doivent être coupés ; l'accès des cabines publiques, desservies par des agents des PTT, doit être interdit aux Juifs (l'accès des postes taxiphones serait également interdit aux Juifs, l'application de cette interdiction étant contrôlée par la police) ; les maisons juives

* Cette lettre, comme les suivantes, est extraite des archives du commissariat général aux Questions juives, conservées par le Centre de documentation juive contemporaine. Dans les autres cas, la cote de référence est donnée.

dotées d'un administrateur aryen conservent leurs postes téléphoniques, sous réserve que l'usage de ces postes soit interdit à toute personne juive.

« A la suite de cette note, le Secrétariat général des PTT a prescrit à ses chefs de service régionaux de recenser, en accord avec les services de police, les abonnés juifs et de refuser aux Juifs toute souscription d'abonnements nouveaux [5]... »

Le 26 août, la Direction des télécommunications prie les ingénieurs et chefs de service régionaux de compléter chaque demande d'abonnement d'une déclaration ainsi rédigée : « Je, soussigné... déclare ne pas être juif. » Instruction est également donnée pour couper les lignes des abonnés juifs, leur interdire les cabines publiques et apposer sur les cabines à prépaiement une affichette « accès interdit aux Juifs »...

Le 13 avril 1943, Kersten insiste auprès du secrétariat général des PTT pour qu'il vérifie si certains Juifs ne disposent pas encore du téléphone. La Délégation française pour les transmissions à la commission d'armistice répond le 6 juillet en soulignant « l'importance et la difficulté du travail » demandé. Si « la confrontation entre les listes de Juifs établies par les préfectures et les listes des abonnés au téléphone n'a pas posé de problèmes en raison du nombre relativement faible des abonnés et des Juifs », en revanche, pour l'agglomération parisienne, les PTT ont comptabilisé environ 380 000 abonnés. Par ailleurs, la préfecture de police dispose d'un fichier de 150 000 Juifs. Et les PTT d'expliquer : « Pour avoir la certitude mathématique qu'aucun abonné juif n'échappe aux opérations de révision, il faudrait que la préfecture de police confronte, sans erreurs, le nom des 380 000 abonnés de Paris avec ses 150 000 fiches de Juifs. » Mais, impossible n'est pas français et, à une époque où l'ordinateur n'était pas encore né, les PTT peuvent annoncer enfin qu'entre le 3 septembre 1942 et le 30 juin 1943, 6 100 abonnés juifs de Paris ont eu leur abonnement résilié [6].

La chasse aux Juifs

La France est le seul pays européen à avoir promulgué ses propres lois antijuives. Cela peut s'expliquer par le souci du gouvernement de Pétain de faire valoir ses droits et son autonomie dans l'administration de la zone libre. Mais, mettre les Juifs au ban de la société, c'est aussi, pour Vichy, renouer avec une solide tradition française d'antisémitisme. Encouragée au plus haut niveau, l'administration française a coopéré à l'entreprise nazie d'extermination des Juifs. En décembre 1941, un recensement systématique des Juifs est mis en place. De nombreux camps de regroupement sont ouverts à Gurs, Rivesaltes, Vernet, Noé... Ceux de Pithiviers, Beaune-la-Rolande, Drancy reçoivent les Juifs raflés par les Allemands. Leurs conditions de détention sont lamentables et beaucoup d'entre eux meurent là. Les autres partiront pour les camps d'extermination de l'Est européen.

En 1942, la situation s'aggrave. Les opérations de police allemande sont dorénavant placées sous l'autorité directe du chef des SS, Himmler. En avril 1942, Laval, revenu au gouvernement avec les portefeuilles de l'Intérieur, de l'Information et des Affaires étrangères, détient les clés du pouvoir. Son arrivée coïncide avec un resserrement de la pression allemande. Le 27 mars, un premier convoi part de Drancy, emportant 1 112 Juifs vers Auschwitz. Ceux qui « ont la chance de rester » doivent faire apposer la mention « juif » sur leur carte d'identité et sont désormais exclus des lieux publics (restaurants, cafés, théâtre, cinéma, squares).

Les 16 et 17 juillet 1942, l'opération « Vent printanier », encadrée par les policiers français, se révélera, malgré le doux nom dont on l'a affublée, un exemple particulièrement dramatique de la barbarie nazie. Près de 13 000 Israélites, hommes, femmes et enfants, sont arrêtés, parqués au Vélodrome d'hiver avant de partir pour les camps de la mort. Plus de 75 000 Juifs seront déportés cette année-là, dont 10 000 enfants ou adolescents. Himmler avait exigé des quotas, les Pays-Bas devaient livrer 15 000 Juifs, la Belgique 10 000 et la France 100 000. Dans la mesure où l'Allemagne et la France collaboraient à une œuvre commune, les frais de ces transferts (700 deutschmark par tête) incombaient tout naturellement à l'État français. La police et les préfets se montrent zélés dans la chasse aux Juifs. La gendarmerie assure, elle, la surveillance des convois au cas où un de ces malheureux chercherait à s'échapper des wagons plombés. C'est sur une initiative de Laval que les enfants en bas âge feront partie du voyage.

L'antisémitisme d'État ne doit pas laisser croire à un quelconque consensus. En revanche, les lettres que nous avons lues illustrent une imprégnation antisémite, ancrée depuis longtemps et réactivée par les circonstances. Beaucoup de Français se laissent aller entre eux à des mouvements d'humeur contre les Juifs, mais leur hostilité se borne à alimenter les conversations. Seuls quelques extrémistes pensent que leur devoir est de contribuer à l'œuvre du gouvernement en l'aidant à débarrasser la nation de tous ces Juifs. Beau prétexte pour laisser libre cours à des sentiments antisémites longtemps refoulés!

Les lettres de dénonciation s'amoncellent sur les bureaux du commissariat aux Questions juives. L'acharnement de certains surprend. Ainsi, Jacques R., de Lyon, n'aura de cesse que de voir « éclater » l'équipe de la compagnie d'assurances La Protectrice. L'affaire commence en décembre 1941 par un rapport détaillé qui fournit tous les renseignements sur le personnel *indésirable*.

RAPPORT

Je viens vous signaler les faits suivants : parmi le personnel de la Cie *La Protectrice*, compagnie d'assurances repliée en zone libre à Marseille, 20, rue Montgrand, se trouvent :

1° M. Sacerdoti Pierre, déjà fiché, Italien israélite, marié à une Allemande israélite; il exerçait jusqu'à ce jour les fonctions de directeur, mais actuellement a le titre de conseiller technique tout en continuant à occuper les mêmes fonctions, en s'abstenant toutefois de signer le courrier;

2° M. Rosa Henri, Israélite, qui exerce les fonctions de secrétaire général;

3° M. Meyerhoff, dit Mouneray, Israélite allemand naturalisé français, qui occupe les fonctions de chef de contentieux;

4° M. Wolf Frédéric, ex-sujet autrichien, Israélite, qui occupe les fonctions d'actuaire;

5° M. Kessler Bernard, ex-sujet autrichien, Israélite, comptable-rédacteur à la branche Vie;

6° Docteur Grabois, médecin-chef de la compagnie;

7° Docteur Backri, médecin-contrôleur de la Compagnie (ces deux derniers sont israélites, venus de Paris et réfugiés à Marseille).

Je passe sous silence les autres membres du personnel, mais suis persuadé qu'un tiers est d'origine israélite.

Vous savez que les décrets en vigueur interdisent aux Israélites d'exercer toutes fonctions dans les assurances, mais jusqu'à ce jour, en camouflant au besoin leurs fonctions, tous ces personnages continuent à collaborer à ladite Compagnie. Pour ce faire, ils ont fait appel au concours du sieur Gabriel Jacquet, agent d'assurances, 10, rue Maxo à Marseille (domicile : 9, rue Sylvabelle), légionnaire radié par le Tribunal d'honneur à la date du 21 novembre dernier, comme franc-maçon, et qui, usant et abusant des relations qu'il a pu se créer lorsqu'il a été délégué au cabinet du préfet pendant la guerre par le sieur Daladier, ancien président du Conseil, a pu faire maintenir tous ces gens en fonction.

Malgré cet appui, et lors de la parution il y a quelques jours du décret interdisant le métier d'assureur à tous ses échelons aux Israélites, ces messieurs de la famille ont câblé jeudi dernier à Me Lévêque, avocat du Barreau de Paris, en résidence à Vichy, membre du Directoire, lequel est arrivé dès le lendemain matin à Marseille pour conférer avec M. Mille (probablement franc-maçon, sûrement gaulliste et probablement aussi d'origine juive), et tous les personnages en question.

A l'issue de cette entrevue, qui a duré trois heures, Me Lévêque, dont on a l'impression qu'il ne saurait rien refuser à M. Mille, est allé à la Préfecture sans doute pour essayer de leur obtenir un permis spécial de continuer leurs fonctions.

Je vous avise par ailleurs que je suis certain que Me Lévêque doit intervenir personnellement en leur faveur au Commissariat aux Questions juives, à Vichy.

A plusieurs reprises, Me Lévêque a fait des démarches au profit soit de M. Mille, soit de ses amis, et a toujours obtenu satisfaction des autorités compétentes.

La Cie La Protectrice occupe à Marseille un personnel composé de 160 personnes qui, constatant le maintien de ces gens en place, voudraient bien que justice soit faite et les décrets appliqués; ils seraient surpris d'apprendre que dérogation aux lois a été accordée sur l'intervention d'un membre du directoire de la Légion.

Huit jours plus tard, une seconde lettre dans laquelle transparaît l'envie à l'égard de ceux qui manipulent autant d'argent, « La Protectrice encaisse 150 millions par an ».

« Jacques F. « Le 10 décembre 1941.
« [LYON]

« Cher Monsieur,

« Je vous mets ces deux mots pour vous rappeler l'affaire " Protectice ".

« Tous les éléments indiqués sont à Marseille. Il y en a d'autres à Paris mais, sans doute, sont-ils dispersés.

« Monsieur Mille, bien qu'officiellement aryen (encore difficile à prouver) est l'homme de paille de toutes ces combinaisons comme il l'a été pour le Phénix autrichien pendant quinze ans. Sa vie entière a été passée avec les Juifs et il en héberge toujours un ou plusieurs dans sa propriété de Saint-Loup, près Marseille. L'adresse exacte de cette propriété est la suivante : Villa Les Pervenches, chemin des Prud'hommes à Saint-Loup.

« Mille est un gaulliste acharné et il dit à tous qu'il attend avec impatience la fin de la pourriture actuelle et le retour des temps passés.

« Il sera facile de vérifier le bien-fondé de mes dires. D'ailleurs, il a certainement un dossier mais ce dossier est certainement incomplet car il est inconcevable de voir pareille " couverture " de Juifs se cacher aussi peu. J'attire votre attention sur le fait que Mille signe pour Sacerdoti, mais que ce dernier continue à tout mener. J'ai, même, de ce dernier, des lettres toutes récentes, lettres de direction.

« Cette affaire est des plus importantes car La Protectrice encaisse 150 millions par an et vous vous rendez compte du mal que ces gens peuvent faire à la tête de cette affaire.

« Je vous enverrai sous peu une étude sur la Concorde.

« *Signé* : F. »

Cette insistance à dénoncer le cas de M. Sacerdoti tourne carrément à l'obsession et, sous couvert de faire son devoir de citoyen, ce Lyonnais bien intentionné au ton obséquieux veut en fait prendre la place de ceux qu'il dénonce.

Lorsqu'on lit attentivement ces lettres de délation concernant les Juifs, on s'aperçoit que le principal sentiment qui anime les auteurs, dans la plupart des cas, c'est la jalousie, l'envie de l'argent. Ces penchants antisémites ne datent pas d'hier et sont profondément ancrés dans les mentalités. Cette complicité, trouvée au sein même de la population française, fait bien sûr l'affaire des Allemands qui s'approprient en toute impunité les biens juifs sur le territoire national. Certains Français particulièrement mercantiles ont compris qu'ils tiennent là une bonne occasion de s'enrichir rapidement. Soit on rachète à bas prix des biens mobiliers, immobiliers, un négoce ou une affaire, soit on se fait nommer administrateur de biens ayant appartenu à des Juifs, après quoi on légalise la situation. Combien de Juifs se sont ainsi trouvés spoliés! La guerre terminée, il leur a été difficile de faire valoir leur droit de propriété, les affaires ayant été faites « légalement ».

Les quatre lettres qui suivent sont sans équivoque sur les motivations qui animent leurs auteurs : l'appât du gain est bien le principal mobile d'une attitude antisémite.

Les hommes d'affaires, en général, ne passent pas pour des tendres. Mais on a quand même froid dans le dos en apprenant que cette grande firme photographique, la société Photomaton, a proposé, en mai 1941, ses services aux autorités allemandes afin d'accélérer la procédure d'identification des Juifs.

« Nous pensons que le rassemblement de certaines catégories d'individus de race juive dans des camps de concentration aura pour conséquence administrative la constitution d'un dossier, d'une fiche ou carte, etc.

« Spécialistes des questions ayant trait à l' " Identité ", nous nous permettons d'attirer tout particulièrement votre attention sur l'intérêt que présentent nos machines automatiques Photomaton susceptibles de photographier un millier de personnes en six poses et ce, en une journée ordinaire de travail.

« Lorsqu'il s'agit de photographier d'importants effectifs, nous déplaçons nos machines avec un opérateur et c'est ainsi que nous avons été chargés d'exécuter dans l'intérieur même des ateliers les photos d'identité du personnel des principales usines françaises.

« Nous avons également effectué des travaux photographiques dans des camps de travail et de prisonniers.

« Nous joignons à la présente quelques spécimens de bandes photographiques obtenues avec nos machines Photomaton. Ainsi que vous pourrez le constater, les photos sont d'une grande netteté. En outre, la qualité très spéciale du papier ne permet ni retouche ni truquage, et ne subit aucune altération.

« Vous trouverez également un spécimen de notre système breveté M... dont le cadre métallique pratiquement inusable comporte un système de verrouillage à œillet mordant sur la photo qui, en empêchant la sortie de la carte hors du cadre, évite ainsi toute falsification. Enfin, sur la carte peuvent être portés tous les renseignements utiles à l'identité.

« L'application de nos procédés permet de réaliser une grande économie de temps et d'argent. [...] »

Les imaginations vont bon train et les combines aussi. Quelques opportunistes se mettent à l'affût de toutes les affaires potentielles à réaliser aux dépens des Juifs.

MARSEILLE. – *Allô, 15-32? Dis-moi, F. va acheter les établissements Uniprix à Dreyfus frères de Mulhouse à deux millions, il m'a demandé si on pouvait l'aider.*

PERPIGNAN. – *Il faut faire attention avec ces maisons.*

M. – *Oui, mais je prends une garantie. D'abord, je décaisse les deux millions en faisant une avance sur les bénéfices d'Uniprix. Ensuite je ferai faire l'opération par l'intermédiaire de la Banque Italienne où je connais très bien Mandoloni.*

P. – *Une participation sans intérêts, ce n'est pas intéressant. Ils achètent un peu de tout et ne gagnent pas grand-chose.*

M. – *Mais une fois qu'on est à l'intérieur de l'affaire on pourra y fourrer le nez dedans. C'est une boîte à succursales multiples. Le fonds de commerce vaut au minimum quatorze millions. Alors pour les achats en gros nous serons en premier plan, et nous en aurons un monopole.*

P. – *Vous avez vu vos amis pour l'autre affaire?*

M. – *J'ai vu C., et je lui ai dit de transformer sa boîte en société anonyme. J'ai même trouvé un de mes amis qui sera très heureux pour me rendre service de se mettre à la direc-*

tion. Il a un nom bien français, décoré, il ferait bien paravent.

P. – *Ça serait épatant*[7].

Ce correspondant d'Alger voit dans les mesures de saisie des fortunes juives « une réédition des biens de 89 » (il fait allusion à la confiscation des biens qui avait touché les nobles lors de la Révolution française). Il imagine assez bien l'opportunité qu'il y aurait à placer un de ses amis comme administrateur, de manière à récupérer ultérieurement une part de gâteau.

« Mon vieux Marnot,

« J'apprends ton retour à Saint-Saturnin, j'attends avec impatience une lettre de toi, me donnant tes impressions et tes observations au cours du voyage que tu viens de faire. Tu as dû voir et entendre bien des choses intéressantes, raconte-moi tout cela.

« Nous sommes loin à Alger, nous ne savons les choses que par contrecoup.

« Un sujet est particulièrement intéressant – je l'entendais débattre l'autre jour : c'est la question des biens juifs en France. Quelqu'un disait, mon ami S. que tu connais bien, c'est là une réédition des biens nationaux de 89. Le fait que les biens juifs doivent en France représenter une masse assez considérable, peut-être d'un ordre de grandeur à peu près égal. Mais, ajoutons-le, les Juifs sont plus malins que les émigrés de 89. Ils vont chercher parmi des " Aryens pur sang " et ayant une position sociale de premier plan des personnes susceptibles de fonder des sociétés qui reprendront ce qu'il est possible de reprendre de leurs affaires. Il y a, disait-il en terminant, pour des Aryens pur sang et de haute position sociale, des situations extrêmement intéressantes à prendre. Supposez M. X..., conseiller d'État, fondant une société aryenne pour recueillir d'accord avec les anciens titulaires les intérêts et surtout la clientèle de la Banque Lazard, par exemple. Voilà ce que l'ami S., à l'affût des choses, me racontait. As-tu entendu pareilles choses à Paris, et toi que penses-tu de tous ces bruits[8] ? »

Ce membre du Cercle philanthropique des anciens marsouins et coloniaux qui s'adresse, en janvier 1942, à l'administration du commerce pour critiquer son manque d'efficacité dans le traitement des affaires juives, laisse dans certains passages de sa lettre éclater un antisémitisme presque caricatural.

« Paris, 21 janvier 1942.

« La raison qui me fait vous écrire aujourd'hui est, je crois bien, pour la dernière fois. C'est la lecture du communiqué relatant que vous avez reçu le Commissaire aux Questions juives.

« La question juive était la plus urgente à solutionner, mais pas à solutionner avec des décrets ou décisions qui demeurent lettres mortes et inopérantes. Les Juifs qui se terraient il y a quelques mois ont repris leur activité et leur audace de jadis. Ils auraient vraiment tort de prendre au sérieux des décisions parfaitement inopérantes à leur encontre parce que... on s'arrange toujours!...

« Le contrôle des entreprises juives est une désolation pour les Aryens et une... foutaise pour les intéressés. *Exemple* : Plusieurs de nos adhérents étaient acquéreurs d'entreprises juives. Ils m'ont demandé de leur avoir des renseignements sur celles qui les intéressaient et je me suis adressé, place des Petits-Pères.

« Il s'agissait :

1° Entreprises de bonneterie. Or, il m'a été adressé une liste de *10* entreprises alors qu'il y en a des *centaines* sur la place.

2° Fabriques de Tricots. Reçu quatre adresses sur plus de 140 connues de nos adhérents.

« Pourquoi ces quelques affaires juives seulement au lieu de la totalité?...

« Pour en connaître les motifs, il conviendrait probablement de s'adresser à certains administrateurs qui ont intérêt à voir leur mission se prolonger!...

« J'ai déjà eu l'honneur de vous exposer que ni mes collaborateurs ni moi ne sommes des pourvoyeurs de correctionnelle, mais il convient parfois d'administrer une preuve. En voici une entre mille!

« La population souffre du froid actuel et nous nous efforçons dans la mesure de nos possibilités de les atténuer.

« Nos employés travaillent par-dessus le dos alors qu'à l'étage au-dessus, un Juif a du charbon qui lui permet depuis deux mois de faire marcher à plein rendement son chauffage central individuel (déjà l'an dernier, ce Juif scandalisait les locataires par son chauffage alors que sur son palier un ménage trois enfants grelottait). Cette année encore les restrictions de chauffage ne l'astreignent pas. Mieux encore, ce Juif a une entreprise de maroquinerie qui travaille à plein rapport!...

« Sans quitter la seule rue de l'entrepôt, nous connaissons cinq affaires juives, dont les propriétaires ont fermé les portes – donc, pas d'administrateurs – mais on peut les voir venir chaque jour puiser dans leur stock!...

« Toutes les affaires juives ont figuré au registre du commerce comme entreprises ou artisanats?... Un simple pointage aurait fait ressortir celles non connues du commissariat aux Questions juives. Trop simple ou trop de travail!... On a préféré demander aux intéressés de déclarer eux-mêmes leur entreprise. Seules les affaires juives donnant sur rues ont été *forcément* connues mais la plupart de celles en appartement ou en atelier échappent au Commissariat.

« Les propriétaires et concierges ont été également invités (!) à déclarer les entreprises juives existantes dans l'immeuble, mais ici encore on a perdu de vue ou on n'a pas prévu, la " combine " et nous connaissons nombre d'affaires juives non déclarées parce que le concierge a négligé de les déclarer... et pour cause!

« Le commissariat aux Questions juives agit comme beaucoup de nos administrations : il s'en remet à des subordonnés qui s'en moquent totalement lorsqu'ils n'en tirent pas profit!... »

Parfois c'est la peur d'être accusé de complicité qui fait rédiger des lettres de dénonciation, telle celle-ci, émanant de Saint-Maur, en février 1942.

« Monsieur le Haut-Commissaire aux Affaires juives
« Place des Petits-Pères Paris (2e)

« 13 février 1942.

« Monsieur,

« J'ai l'honneur de porter à votre connaissance les faits suivants :

« Il y a un an environ, à pareille époque, mon mari, M. Pierre C., faisait au cours d'un voyage la connaissance d'un habitant de la Varenne-Saint-Hilaire, M. René Prévost demeurant 50 *bis*, quai du Mesnil dans cette localité. Celui-ci, apprenant que nous avions des animaux de forte taille et que nous étions dans l'impossibilité de les nourrir, s'offre aimablement à nous faciliter l'achat de nourriture pour eux. A cet effet, il vint visiter notre maison qui est vaste et me demanda, en échange du service rendu, de vouloir bien prendre en dépôt un piano de forme " crapaud " qu'il enlevait de son appartement parisien et ne pouvait loger chez lui faute de place. J'acceptai et il apporta le piano accompagné d'un fauteuil bergère cassé, qu'avec son assentiment je devais envoyer chez un de mes fournisseurs en vue d'une réparation.

« Il apportait en outre six grands tapis qui se détérioraient, me dit-il, dans son garage où ils étaient relégués. Je fus bien étonné de ce surcroît d'objets déposés surtout quand je constatai que l'un de ces tapis déjà bien abîmé par les rongeurs était un Aubusson de grande valeur et les autres des tapis d'Orient également beaux.

« Les mois passèrent au cours desquels Mme Prévost me fit des confidences assez gênantes concernant son intimité conjugale, incriminant son mari et l'accusant notamment de sévices ; au mois de juillet dernier, ayant été violemment frappée au ventre, elle me pria de prendre connaissance de divers certificats médicaux constatant les violences, me fit part de son intention de divorcer, et, par une lettre en date du 5 juillet, me demanda de considérer comme propriétaire du piano son amie intime, Mlle Germaine Parot, boulangère, 81, avenue du Bac à la Varenne-Saint-Hilaire.

« Dans les premiers jours d'août, pendant une absence de M. Prévost, elle me supplia de l'aider à sauver des convoitises de son mari, un dépôt sacré appartenant à une personne chère actuellement à l'étranger ; sur lequel dépôt il s'était déjà approprié un tableau qui avait été vendu *cent cinquante mille francs*.

« Une fois de plus, j'accédai à sa demande et, le 9 août, je recevais dans mon garage les objets qu'elle voulait entreposer : je renonce à décrire ma stupéfaction quand je vis arriver un important déménagement ! Meubles anciens, tableaux de maître, statues, tapis, argenterie, etc. ; cela, me confia-t-elle alors, représentait *trois millions cinq cent mille* à *quatre millions* de francs et avait été déménagé clandestinement de l'hôtel particulier occupé rue Henri-Heine par M. et Mme André Séligman, antiquaires israélites, afin de soustraire ces objets aux autorités occupantes !

« Je n'ignorais pas que Mme Séligman était la fille de Mme Prévost, celle-ci m'ayant peu de temps auparavant priée de faire une démarche indirecte en vue d'obtenir pour elle une audience de M. L., conseiller à l'ambassade d'Allemagne à Paris (audience qui fut refusée d'ailleurs en raison des inexactitudes contenues dans les renseignements fournis), mais effrayée de la tardive confiance qu'elle me témoignait au sujet des valeurs apportées chez moi et surtout de leur source, je la pressai de reprendre en hâte tout ce matériel et de m'en débarrasser au plus tôt.

« En conséquence, le mardi 12 août, *c'est-à-dire trois jours après,* un camion de déménagement procuré par M. Dupuy, directeur de SVP paraît-il (ami personnel de Mme Prévost et au courant de la situation, me dit-elle), vint reprendre le tout. Ce monsieur lui indiquait également un garde-meubles – Bedel, je crois – et les objets furent déposés là au nom de Mlle Germaine Parot et assurés pour la somme d'*un million.* Pour moi, regrettant de m'être fourvoyée dans cette affaire équivoque, je respirai dès que j'eus remis à cette dame tout ce qui était chez moi, moyennant une décharge en bonne et due forme.

« Il reste néanmoins le fauteuil bergère dont mon fournisseur absent n'a pu jusqu'à présent effectuer la réparation et que je tiens à la disposition du commissariat.

« Je crois savoir que Mme Prévost, actuellement réconciliée avec son mari, vient de faire opérer pour son compte personnel une vente de *cinq cent mille francs* d'objets en vue de l'établissement d'un café-hôtel aux bords de Marne.

« Ne tenant aucunement à être mêlée davantage à ce détournement et connaissant la publicité de mauvais aloi faite par les époux Prévost à cette affaire dans un *milieu plein de périls* ; n'étant entrée involontairement dans ceci que pour le relatif avantage d'acheter par intermédiaire de la nourriture pour mes animaux, je préfère prendre l'initiative d'une franche déclaration que je signe ce jour.

« Veuillez agréer... »

Faute de réponse officielle, cette habitante de Saint-Maur écrit une nouvelle fois en prétextant l'intérêt pour le Secours national de récupérer ces biens juifs.

« Saint-Maur, Seine
« Le 1er juillet 1942.

« Monsieur le Haut-Commissaire,

« Le 13 février 1942, j'ai adressé en pli recommandé, avec accusé de réception, une lettre dont vous trouverez la copie ci-jointe, à Monsieur le Commissaire aux Affaires juives.

« Je n'ai jamais été honorée d'une réponse.

« Je ne puis croire que votre prédécesseur se soit désintéressé du cas que je lui signalais et n'ait pas tenu à me convoquer pour obtenir confirmation.

« Étant assez circonstanciée, ma lettre a pu lui sembler puérile; les faits n'en sont pas moins rigoureusement exacts: il y a là quatre millions à récupérer pour le Secours national dont une bonne partie passe actuellement en orgies de toutes sortes.

« J'ai donc l'honneur de porter à nouveau ces faits à votre connaissance en vous priant de bien vouloir m'accorder une audience et d'agréer, Monsieur le Haut-Commissaire, l'expression de ma respectueuse considération,

« *Signé :* P.M.F M. »

Dans une lettre du 10 septembre 1942, le directeur de *L'Œuvre*, journal collaborationniste, se porterait volontiers acquéreur de certaines propriétés appartenant à des Juifs. L'occasion est trop belle de pouvoir s'offrir des biens longtemps convoités et jusque-là inaccessibles.

« Monsieur le Haut-Commissaire,

« J'ai l'honneur de vous faire savoir que je serais intéressé par la vente de propriétés appartenant à des Juifs et sises en Seine-et-Oise.

« Je désirerais avoir des renseignements précis sur les domaines appartenant à M. David Weil situés sur les communes de Pontchartrain, Montfort-l'Amaury et La Queue-les-Yvelines.

« Propriétaire à Orgerus, j'aimerais avoir également des renseignements sur trois propriétés qui appartiennent à des Juifs : le château des Ifs à Mme Bufnoir (Américaine israélite), le manoir du Parc à M. Lucien Feist et Pré-Bois à M. Maroni.

« Enfin, je m'intéresse à la propriété de M. Georges Garfunkel, 42 *bis*, rue Aristide-Briand aux Mureaux.

« D'autre part, un de mes bons amis, M. Gallo, industriel en beurre, fromages et œufs, serait acquéreur d'un local commercial à Paris d'une superficie de 4 000 mètres carrés, la moitié au rez-de-chaussée, la moitié au premier étage. Si vous pouviez m'indiquer un emplacement, et me donner des indications précises, je vous en serais reconnaissant.

« Veuillez agréer, Monsieur le Haut-Commissaire, l'assurance de mes sentiments les plus distingués.

« Maurice L. »

Les arguments de la population pour exprimer sa haine du Juif sont toujours les mêmes. Cette lettre d'un lieutenant-colonel en retraite qui se met à la disposition de l'administration afin de « délivrer la patrie des parasites qui l'ont pillée » est un modèle du genre.

« Monsieur Xavier Vallat
« Commissaire aux Questions juives
« Vichy

« Monsieur le Ministre,

« J'ai appris que, pour des fonctions d'administrateur dans les entreprises juives, vous manquiez d'hommes intègres, énergiques pour poursuivre l'œuvre d'épuration indispensable à notre pays.

« Je suis un de ces hommes, désireux de toute mon âme de voir ma patrie délivrée des parasites qui l'ont pillée et voulant collaborer à l'œuvre de redressement entreprise.

« Lieutenant-colonel d'artillerie en retraite depuis quatre ans, ma vie militaire m'a conduit en Russie (mission Messel) en 1917 et 1918, où j'ai pu me rendre compte que le soviétisme était une invention juive – en Pologne où j'ai vécu pendant sept ans où j'ai pu constater que ce malheureux pays était en fait une immense colonie juive en Europe centrale – au Maroc et en Algérie où j'ai passé dix ans et où j'ai pu voir les Juifs protégés par le décret Crémieux pousser les Arabes à la révolte ouverte contre leurs bienfaiteurs. Là je suis devenu antijuif – j'ai eu l'honneur d'avoir mon nom affiché à la synagogue d'Oran comme un des ennemis d'Israël.

« Je connais à fond les Juifs, leur histoire, leurs méfaits et les questions juives que j'ai étudiées particulièrement.

« Je dispose de quelques heures journellement et me mets à votre disposition, soit comme administrateur d'une ou de plusieurs affaires juives, soit pour un autre emploi.

« Je parle le polonais, l'anglais, encore assez correctement l'allemand et comprend le russe.

« Veuillez agréer, Monsieur le Ministre, l'expression de mon profond respect.

« *Signé :* V. »

En provenance de Pau, cette lettre du 5 janvier 1943 est, elle aussi, représentative de la mentalité antisémite :

« Monsieur,

« Sommes-nous encore en France ? Il nous arrive d'en douter, quand nous circulons dans les rues de Pau.

« Je vous écris de Pau, le faisant d'une façon impersonnelle puisque résumant la pensée de beaucoup de gens, car il y a une question juive dans cette ville, vous ne l'ignorez pas, et cette question mérite d'être étudiée très rapidement et avec la dernière énergie. Pau a maintenant son ghetto que des Juifs partout qui parlent ou ne parlent pas français, des Juifs gros et gras, pleins d'assurance, de suffisance, des Juifs qui sont ici chez eux, c'est écœurant, et ils sont comme cela dix, douze, quatorze mille peut-être, s'occupant de leurs petites affaires, de marché noir, faisant monter les prix d'une façon ahurissante, car il faut bien le dire, tout est à eux, tout est pour eux, il n'y en a que pour les Juifs, dame ils payent bien, c'est évidemment une raison et une bonne. [...] Aussi on en arrive à se demander s'il ne vaudrait pas mieux être juif que français, en toute sincérité ces pirates sont soutenus dans la région, tout le monde est à leur dévotion, depuis la préfecture jusqu'au plus petit boutiquier en passant par la municipalité, la police, etc. Je me suis même laissé dire que par le truchement, la complaisance de la chambre de commerce, certains s'étaient installés... C'est un scandale, mais un scandale qui commence à échauffer certains esprits que tout Français, avant d'être commerçants ou affairistes, beaucoup en a assez de voir ces profiteurs étaler leur superbe, pleins d'arrogance, se gaver pendant que d'autres restent le ventre creux, oui, beaucoup en ont assez et réclament de l'action de la part du secrétariat aux Questions juives. »

Les différents types de comportement antisémite que nous venons d'évoquer ne sont qu'un aspect de la xénophobie traditionnelle qui existe dans la société française. Cependant ces témoignages, que nous jugeons abominables a posteriori, le sont parce que nous connaissons l'horreur du sort réservé aux Juifs. La délation aurait-elle été pratiquée avec un tel zèle si les Français avaient pu imaginer le génocide qui allait s'ensuivre? La guerre, l'occupation, la faim, les mille difficultés quotidiennes empêchaient une réflexion plus profonde. Les Juifs eux-mêmes ont manqué de discernement. Mais qui pouvait deviner en quoi consistait la solution finale conçue par Hitler?

Les Juifs eux-mêmes dénoncent

Les lettres les plus incroyables sur le sujet sont bien celles qui émanent des Juifs eux-mêmes. Certains sont d'une grande naïveté et s'imaginent qu'au pays des libertés et des lois, leur bon droit sera reconnu. Le brave M. H. est bien candide d'avouer, dans un courrier du 7 janvier 1942, avoir détourné les lois sur les Juifs pour préserver son patrimoine. Candide et imprudent! Il s'adresse à Monsieur le Consul d'Allemagne à Vichy.

[RÉSUMÉ DU SERVICE DU CONTRÔLE TECHNIQUE]

Lettre édifiante sur la mentalité d'un Juif étranger avouant avoir fait d'énormes bénéfices de guerre, et avoir effectué des cessions fictives à des employés pour parer aux lois sur les Juifs.

Accuse maintenant ces employés d'avoir volé deux millions dans son ex-affaire et demande leur châtiment auprès du consul d'Allemagne.

Lettre recommandée Marseille-Saint-Ferréol 880
avec accusé de réception

TEXTE DE LA LETTRE

« Monsieur le Consul d'Allemagne
« Consulat d'Allemagne
« Vichy (Allier).

« Monsieur le Consul,

« J'ai l'honneur de porter à votre connaissance :

« 1° Que je suis juif, mais que mon fils ne l'est pas autant que je connaisse la législation en zone non occupée, n'ayant que deux grands-parents juifs (ma femme, décédée, était catholique pratiquante).

« 2° Que j'étais à fin 1940 propriétaire de 90 pour cent des parts de la Société Établissements H., 18, rue du Temple, Paris (Usine : 47, rue Armand-Carrel à Montreuil-sous-Bois, Seine).

« Cette Société, dont j'étais le gérant, a exécuté pour plusieurs millions de francs de travaux pour le ministère de l'Armement, et pour plus de quatre millions pour l'unité allemande Feldpostnummer 20963, à Bricquebec, puis Valcones. Le délégué à Paris de l'Intendance, M. Huebschmann, hôtel Solférino, rue de Lille, voulait même me faire délivrer ce qu'il appelait un " certificat de bonne conduite ". La société en question s'appelle maintenant Établissements T.

« 3° Lors des deux décrets touchant l'organisation des entreprises, j'ai voulu céder à mon fils, non juif, mais j'en ai été empêché parce qu'il était mineur. De ce fait, sur les conseils d'un homme d'affaires, au lieu de vendre mes parts, j'ai effectué des cessions *fictives* à des employés en qui j'avais confiance. Or, sans pouvoir accuser nommément personne pour le moment, je suis en mesure d'affirmer qu'il y a eu pour au moins deux millions de francs de vols dans mon ex-affaire depuis mai 1941, date de mon départ de Paris, à ce jour. Dans un certain sens, et même en admettant que l'autorité militaire allemande reconnaisse la validité de la cession à mon fils, c'est cette administration qui se trouve volée en tant que gérante de biens juifs. Quant à moi, je subis une perte relativement minime, puisque ces sommes provenaient de bénéfices de guerre, et que je n'aurais jamais conservé des bénéfices provenant d'une telle source, ainsi que j'ai eu plusieurs fois l'occasion de l'écrire aux autorités françaises et allemandes.

« 4° Je pense donc que le nécessaire sera fait pour faire rendre gorge aux répugnants voleurs, et les punir à la mesure de leur délit. J'ai en main les preuves de la fictivité des cessions à Messieurs :

« André T.

« Maurice P.

« Je suis également en mesure de donner toutes indications utiles pour que l'enquête, si elle est menée rapidement, aboutisse de façon certaine, et je crois qu'une lettre de moi à certains ouvriers serait de nature à délier bien des langues. Il serait toutefois peut-être bon que l'enquête fût menée par les autorités françaises : avec ou sans contrôle allemand.

« 5° Je désirerais, si, comme je le crois, une certaine somme peut être versée mensuellement aux ayants droit juifs sur la liquidation de leurs biens, que cette somme soit versée sur la tête de mon fils, que j'avais laissé à Paris à la garde du premier bénéficiaire susnommé des cessions fictives. Si l'autorité allemande agrée à ce qu'il soit finalement le bénéficiaire des cessions, je pense que la question ne souffrira pas de difficultés. Quant à moi, je me charge de subvenir moi-même à mes besoins.

« Je vous remets inclus copie de la lettre que j'adresse par même courrier à notre ministre des Finances et, dans l'espoir de vous lire, et d'être tenu au courant du suivi, je vous prie de vouloir bien agréer, Monsieur le Consul, l'assurance de ma considération distinguée.

« *Signé :* H.

« *PS.* – Comme je ne suis pas en mesure, étant étranger, de me rendre à Vichy, à moins d'un sauf-conduit, et que je ne suis pas non plus en mesure d'engager des dépenses, j'espère qu'il me sera éventuellement possible de m'expliquer, si tel est votre désir, avec un délégué local des autorités allemandes. »

Le plus extraordinaire, c'est que, dans sa candeur, M. H. s'adresse à une administration qui est, par avance, son ennemi déclaré, mais en des termes qu'elle peut entendre puisque ce sont ceux de la délation, du détournement de bénéfices... Dans quel désespoir doivent se trouver ces hommes, prêts à tout, pour sauver leurs enfants!

« Monsieur le Directeur
des Contributions directes
« Ministère des Finances
« Vichy

« Monsieur le Directeur,

« J'ai l'honneur de vous remettre inclus copie de la lettre que j'adresse ce jour au Consulat d'Allemagne et j'y ajoute les commentaires suivants :

« 1° Du fait que les vols ont été effectués sur un accroissement d'actif provenant de bénéfices de guerre, c'est l'Administration des Contributions directes qui se trouve volée pour la plus grande partie, par le fait des prélèvements qui n'auront pas lieu si les bénéfices sont escamotés ou changés en déficit, à moins de faire rendre gorge aux bénéficiaires.

« 2° Du fait que les détournements, pour la plus grosse part, n'ont pu être commis que sur des marchandises terminées, votre collègue des Contributions indirectes se trouve également lésé, car c'est autant de taxes à la production et sur le chiffre d'affaires qui n'ont pas été payées.

« 3° Lorsque j'ai quitté Paris, en mai, j'avais laissé plus d'un million de liquide dans la caisse, et pris un arrangement pour qu'une somme de près de 800 000 francs (huit cent mille francs) qui restait à rembourser sur les avances de l'État soit payée dans les trente jours environ. Si j'en crois le dernier compte reçu, moins de la moitié de cette somme était remboursée à fin octobre.

« 4° Je sais que ma démarche actuelle va sans doute me faire tout perdre, car j'ai peu d'espoir que mon fils soit agréé comme bénéficiaire. Je m'en fiche car je ne perds ainsi que ce que j'avais avant guerre (ayant à plusieurs reprises affirmé par écrit ma volonté formelle de ne rien conserver des bénéfices de guerre) et que je sais que, quelle que soit l'issue de la guerre, où que ce soit, je me referai après la guerre, avec ou sans l'aide de mes représentés anglais et américains, représentant plusieurs milliards de capital (mais sans doute avec leur aide) une situation à l'échelle de mes capacités. En tout cas, et quel que soit le tort que je puisse me faire en agissant ainsi, j'en cours le risque avec joie si je puis faire ainsi punir les coupables. On peut en effet qualifier comme on voudra l'attitude des Allemands, mais du moins c'était un fait prévu dans le programme. Quant aux salopards qui abusent de telles circonstances pour effectuer des vols, leur conduite est inqualifiable. Je puis me vanter d'avoir été souvent volé par des employés et de n'avoir jamais eu le cœur de porter plainte et de les faire jeter en prison, mais ici le cas est nettement différent.

« Je me permets d'ajouter, à titre indicatif, que si je ne suis pas français, je suis en France depuis l'âge de trois semaines, seul étranger de la famille (frères, sœur, oncle, femme et enfants français) et que c'est par pure négligence que je n'ai pas été naturalisé (aussi, je pensais l'être gratuitement en cas d'un coup dur). J'étais volontaire dès 1938, avant Munich, et j'en ai des preuves, comme pilote, ou à défaut comme mitrailleur. J'ai renouvelé mes offres à maintes reprises après la déclaration de guerre, et c'est en désespoir de cause et pour me rendre utile que je me suis mis à travailler pour l'armement, sans espoir de profit. J'ai de multiples preuves de mon activité constante en tant que bon Français, et ai même eu l'honneur de m'entendre dire par le lieutenant Cormont, du ministère de l'Armement (Iéna), qu'il était dommage que tout le monde ne fasse pas comme moi son devoir de bon Français (j'ai eu à ce moment honte d'avouer que je n'étais pas français sans quoi ma naturalisation aurait sans doute avancé bien vite). Même lorsque j'ai été obligé de travailler pour les Allemands, dont je dois rendre hommage à la correction des officiers avec lesquels j'étais en rapport, je n'ai jamais dissimulé mes sentiments, pas plus du reste que j'étais juif, alors que j'ai vu de leurs fournisseurs français 100 % les saluer à l'hitlérienne, ce qui ne paraissait du reste pas davantage les faire estimer.

« Dans l'espérance que l'enquête sera décidée avec tout le soin, la célérité et la sévérité possibles *, je vous prie de vouloir bien agréer, Monsieur le Directeur, l'expression de mes sentiments respectueux.

« * et que je pourrai être tenu au courant et y collaborer ».

C'est le désarroi qui pousse M. L. à dénoncer ses voisins, juifs comme lui. Cependant, M. L., n'a « rien à se reprocher », c'est un « bon » Juif.

« Le 14 juillet 1942.

« Monsieur le Commissaire général,

« Je vous informe que la famille Avimelef, demeurant 41, rue Bréguet, Paris (11e) dans le même immeuble où je demeure moi-même, pratique le marché noir depuis longtemps, ils vont au café Béhar, 17, rue Popincourt, Paris (11e) pour écouler toute leur marchandise, et quand ils savent qu'il doit y avoir une rafle pour les Juifs dans le quartier, ils se cachent tous chez la fille mariée, Mme Laudrigue, 57, rue Sedaine. Au 41, rue Bréguet, Monsieur le Commissaire général, débarrassez-nous de ces gens qui contaminent les autres familles juives honnêtes qu'on emmène à Drancy et qui n'ont pas à se reprocher ce que eux ne peuvent pas en dire autant.

« Je suis un ancien interné de Drancy et je ne voudrais pas à cause d'eux qu'il y ait une rafle dans la maison et me payer encore Drancy.

« Vous pourrez faire constater si je vous dis la vérité, ils sont connus dans tout le quartier, car ils sont au nombre de cinq grandes personnes, le père, la mère, et les trois grands fils et fille dont celle mariée.

« On était déjà venus les ramasser l'année dernière, mais ils ont réussi à se cacher tous, et ils disent maintenant qu'ils se fichent pas mal de la police.

« Montrez-leur s'il vous plaît une bonne leçon.

« Ils sortent après 8 heures du soir, et les filles vont au cinéma, au café, en cachant l'étoile alors que tous ici nous suivons les règlements, nous avons assez d'une telle injustice et nous espérons que votre intervention réussira une fois pour toutes, et de finir de voler les Juifs honnêtes car à cause d'eux, on nous dit dans tout le quartier, les Juifs sont des voleurs, si eux le sont, d'autres n'ont rien à se reprocher.

« Dans l'espoir que vous ferez le nécessaire rapidement, recevez, Monsieur le Commissaire général, l'assurance de mes sentiments dévoués,

« Votre tout dévoué,

« L. »

On a quelques difficultés à comprendre comment un Juif peut aller jusqu'à dénoncer ses coreligionnaires au commissaire aux Questions juives. La compréhention d'une telle attitude tient au climat de terreur qui règne à cette époque et à la confusion générale des esprits. Chacun espère sauver sa peau, les réactions sont donc très spontanées et à court terme. Beaucoup ignorent à quoi servent les camps de concentration; quant aux camps d'extermination, personne n'en fait mention. On souhaite simplement se débarrasser des « étrangers » et, quand les trains partent, c'est le soulagement. Tous ces gens à cause desquels les difficultés matérielles se multiplient, il vaut mieux les expédier ailleurs. Ils seront plus utiles à travailler en Allemagne!

Une poignée de révoltés

Humiliation, désespoir, violence, scènes de terreur qui n'épargnent ni les femmes ni les enfants, tout cela met brusquement les Français face à la première étape de la « solution finale ». Déjà le port obligatoire de l'étoile jaune avait provoqué des réticences. La persécution antijuive devenait soudain visible et la dignité de l'individu était en cause. Une partie de la population se mobilise pour aider les Juifs à se cacher. Si, au début, la politique d'antisémitisme n'est pas contestée parce qu'elle émane du gouvernement, au milieu de l'année 1942, la situation est différente : il s'agit maintenant d'opérations policières qui choquent l'opinion publique. A la méfiance et à l'hostilité se substitue la compassion de tous ceux qui ont vu ou appris le sort réservé aux Juifs, sans distinction d'âge ni de sexe. Certains préfets signalent au gouvernement les revirements de l'opinion qui s'indigne, réprouve les autorités et plaint les victimes.

Pour la première fois depuis le début du régime de Vichy, une opposition se manifeste. Il est vrai que les institutions protestantes et une partie de l'épiscopat français ont rompu le silence et s'élèvent, jusque dans leurs sermons, contre la barbarie nazie. Ce qui n'est pas sans gêner le gouvernement Laval, contraint d'ajourner l'ambitieux programme de déportations qu'il avait promis aux autorités allemandes.

L'année 1942 sera la plus meurtrière pour les Juifs de France, puis les chiffres diminueront en raison d'un ralentissement du « zèle » des autorités françaises. Ce revirement capital de l'opinion publique permet tardivement, certes, à quelques milliers de Juifs d'échapper aux persécutions.

Le 22 août 1943, la lettre édifiante de Mme G.H., membre de la Croix-Rouge, nous montre une personne qui, à l'instar de beaucoup d'autres, s'insurge, au nom de la morale humaine, contre une « telle cruauté » mais qui, néanmoins, ne cache pas ses sentiments antisémites.

« Ils ont arrêté l'autre jour 35 000 Juifs, de l'Europe centrale la plupart, pas de Français en principe : irruption chez les gens au lever du jour, emmenés quel que soit leur état de santé. 27 000 parqués au Vélodrome d'hiver pendant une semaine, hommes, femmes, enfants ensemble. W-C insuffisants. Ils font leurs besoins dans tous les coins ; vous pensez ce que cela pouvait être.

« Je n'y suis pas allée, étant au Secours suisse, mais je connais des infirmières qui ont fait la corvée pendant la semaine que cela a duré. Elles m'ont dit que c'était atroce. Des femmes ont eu des hémorragies, d'autres sont devenues folles, d'autres ont essayé de se tuer, une a tenté d'étrangler son enfant, enfin des scènes atroces. On a séparé les familles, les enfants dans les hôpitaux à l'Assistance publique (pas vérifié, je vous le donne sous toutes réserves : on dit qu'on aurait supprimé leur identité). Les femmes ont été expédiées dans des wagons à bestiaux plombés en Pologne pour servir (selon leur âge, je pense), les hommes de leur côté pour travailler aux mines, ou aux usines je ne sais pas où en Allemagne. Les enfants : on l'ignore, mais on m'a affirmé que certains convois avaient été dirigés par la gare d'Austerlitz vers le sud-ouest de la France. Ces gens-là n'avaient eu le droit d'emporter qu'une couverture et les vêtements qu'ils avaient sur eux (à 5 heures du matin), dix minutes pour se préparer, les enfants qu'on obligeait à rester ou qu'on séparait de leur mère s'accrochaient à elle – des hurlements de bêtes blessées, m'ont dit des témoins... Certains agents en pleuraient, mais la Gestapo ne les lâche pas et ils doivent obéir.

« Certes, nous avions besoin d'être débarrassés de cette racaille, mais ne pouvions-nous le faire d'une manière plus humaine et plus adroite sans nous rendre complices d'une telle cruauté !

« Et maintenant on ne parle des Juifs qu'avec des sanglots dans la voix ! C'est de bon ton de s'apitoyer sur eux ! Ce sont des martyrs ! Et ayant osé dire dans un milieu Croix-Rouge, avec quelques femmes d'officiers présentes, que c'était sans doute le seul service que Hitler nous rendrait mais qu'il était de poids, j'ai été honnie ! Mais j'ai maintenu mon opinion.

« Quant aux autres, ils circulent avec leur étoile jusqu'à 8 heures du soir, mais restaurants, cafés, théâtres, cinémas, music-halls leur sont interdits et interdit l'accès des magasins, sauf de midi à 3 heures (ce sont les heures de fermeture pour la plupart), les marchés et les foires interdits. Les Aryens qui feront les commissions des Juifs seront emprisonnés. Dans le métro, le seul wagon de queue leur est accessible.

« Résultat : les gens se mettent en quatre pour la juiverie.

« Les Français ont la mémoire courte et sont de belles andouilles.

« Quant à moi, et j'ai bon nombre d'amis qui pensent de même, nous nous trouvons mieux, plus " entre nous ", sûrs de pouvoir parler sans éléments louches parmi nous [9]. »

Dans certains villages et hameaux de la zone libre, on n'a jamais entendu parler des Juifs avant la guerre, et voilà que déferlent des populations entières. Les habitants se sentent envahis, d'autant que la pénurie qui commence à sévir contribue à l'accentuation des sentiments xénophobes. Malgré cela, le Français reste un « être sensible » qui n'accepte pas « la sauvagerie » quand elle touche les enfants, ainsi qu'en témoigne cette conversation téléphonique entre deux standardistes des PTT (1942).

TAINE. – *Les restaurants ont affiché des menus à 40 francs et 45 à Reignac... toujours à cause des Juifs... c'est le commerce local!*

PERRET. – *Ici, qu'est-ce qu'il a défilé dans la salle d'attente un vrai troupeau... jamais je n'en ai tant vu! Mais comment font-ils pour passer? Ils ont des passeports?*

T. – *Non, ils risquent le coup... ils arrivent en bandes... seulement les autres tirent dessus... la dernière fois ils ont tiré sur un pauvre pêcheur... neuf balles! Il était pourtant couché dans sa barque... Ah! ils ont le triomphe peu généreux... Ils sont d'une arrogance remarquable... c'est de la barbarie! Il se passe des scènes... ils dispersent les familles... arrachent les enfants des mères... Il n'y a pas si longtemps que cela, M. Delalande, marchand de tissus, rue Richelieu, me disait qu'à Paris c'était de la sauvagerie... tout le monde en avait les larmes aux yeux... les agents de la police eux-mêmes pleuraient... Les enfants de 2 à 10 ans sont retirés de la famille et envoyés à l'orphelinat... Ce n'est pas du roman*[10] *!*

Nous n'avons retrouvé que ces deux témoignages où l'on sent poindre un sentiment de révolte face aux persécutions des Juifs, encore s'agit-il de femmes qui ne supportent pas de voir la souffrance d'êtres humains. Leur réaction est plus viscérale que fondée sur des principes antiracistes. Il est vrai qu'avec le climat de suspicion ambiant, bien peu s'aventurent à exprimer dans le courrier ce genre de sentiment. Ne risque-t-on pas d'être arrêté pour délit d'opinion ou comme sympathisant? Dans le doute, beaucoup se sont abstenus, trop peut-être. Quand on se réfère aux récentes recherches d'historiens affirmant que la France de cette époque n'était pas aussi antisémite qu'on l'avait laissé entendre jusque-là, on peut quand même s'étonner d'en trouver si peu de preuves dans le courrier examiné. Gageons que tous ceux qui ont été actifs n'ont pas trouvé opportun d'en faire mention dans leur correspondance.

Les sentiments des Juifs

En ce qui concerne les réactions des Juifs eux-mêmes, nous avons vu que certains se croient sous la protection de l'État, d'autres pensent que leur salut réside dans l'obéissance, d'autres encore fuient vers l'Espagne ou l'Amérique, d'autres enfin espèrent que ce cauchemar se terminera un jour. Quant aux plus lucides, ils n'espèrent plus rien. Ce qu'ils ont en commun, c'est ce même sentiment partagé par tous : la peur.

La peur conduit certains à choisir la mort immédiate plutôt que l'horreur des camps, comme nous l'apprend une conversation téléphonique du 13 décembre 1941 entre deux employés du ministère de la Justice.

– Alors, qu'est-ce qu'il y a de nouveau ?

– Il y a eu hier 721 arrestations d'Israélites, plus 300 pour le camp de Drancy. Dans tous ces Israélites il n'y a pas d'avocat, il y a des journalistes, des intellectuels, d'anciens fonctionnaires dont certains magistrats. Je peux vous assurer qu'il y a dedans Robert Dreyfus et... [inaudible]... *Hier lorsqu'on est venu arrêter un chirurgien dans un grand hôpital de Paris, un nommé Bloch, il absorba une dose importante de véronal; il est mort ce matin*[11].

Être considéré comme indésirable est difficile à vivre, devoir fuir son pays est douloureux, mais se faire, en plus, spolier par son employé, voilà qui est trop pour ce commerçant exilé au Portugal. Il ne sait pas encore qu'il n'a aucune chance de récupérer un jour ses biens.

« Lisbonne le 18 décembre 1942.

« Monsieur,

« [...] Après environ trois mois de silence, j'ai la possibilité de vous donner de mes nouvelles qui sont très bonnes.

« Je veux vous parler aussi d'une affaire qui m'intéresse beaucoup : comme vous le savez, vous avez été nommé administrateur pour mon magasin 20, rue de la Pomme, mais voulant faire du zèle, vous vous êtes nommé de votre propre (?) initiative administrateur pour ma maison et pour mes capitaux personnels, ce qui constitue un abus de pouvoir.

« Je vous avertis donc, par la présente, que je vous tiens pour responsable, à vous personnellement, pour tous les préjudices qui m'ont été ou qui me seront occasionnés dans mes biens mobiliers ou immobiliers.

« J'espère que bientôt je pourrai revenir régler les comptes avec vous, et dans cet espoir je vous souhaite bonne santé jusqu'à mon retour.

« EICHEN. »

Les familles vivent dans la terreur, « chaque jour, chaque nuit, chaque heure peut amener l'irréparable ».

« Chère Tante, chère Oncle,

« Depuis quelques jours, nous vivons dans un cauchemar constant. Nous sommes cachés quelque part; Fritz là, moi, ici, le petit Fredi ailleurs; car on cherche les Juifs pour les déporter en Pologne (où l'on crève de maladie et de faim). Les enfants, séparés des parents, sont changés de papiers d'identité, afin que, plus jamais, ils ne puissent retrouver leurs parents.

« Notre cher Fredi ne peut rester longtemps là où il est, et aussi n'y est-il pas en sécurité suffisante. Pour pouvoir mieux le protéger, je vous appelle au secours!

« Est-ce que notre cher enfant pourrait venir à Moissac? Pourriez-vous le mettre chez des amis en disant que ce garçon, venant de Villars-de-Lans (sa carte d'alimentation est de ce lieu heureusement), Français, est seul, que ses parents sont obligés de vivre à l'étranger, etc. Naturellement, il faut dire que Fredi est catholique. L'enfant luimême ne se trahit pas. Il a compris. Quand on lui demande d'où il est, il dit : " De Villars-de-Lans. " Où sont ses parents, il dit : " Je sais pas, à l'étranger. " Est-tu catholique? " Oui. "

« S'il vous plaît, mes chers, répondez vite à l'adresse de Mme Léna, 24, avenue de l'Egala, Meylan. Ce serait aussi cette amie qui amènerait Fredi à Moissac. Il faut agir vite, vite. Si vous n'avez pas trouvé tout de suite quelqu'un qui prenne l'enfant, pourriez-vous le prendre chez vous jusqu'à ce que vous ayez trouvé quelqu'un?

« Le paiement se fera chaque mois par un ami à nous, gérant de nos valeurs. Mais il ne faut pas qu'on prenne trop cher.

« Nous-mêmes, pour nous faire de l'argent, sommes en train de vendre quelques meubles.

« Chaque jour, chaque nuit, chaque heure peut amener l'irréparable. Je vous supplie de nous aider. Et merci, merci mille fois d'avance !

« Je vous embrasse,

« Votre Lise K... »
1er septembre 1942.

La situation s'aggrave. De nouvelles mesures apparaissent. Elles n'échappent pas à ce correspondant de Toulouse qui sent bien que le projet nazi est de « déporter tous les Juifs étrangers ».

« Mon cher ami,

« Je dispose de très peu de temps. Écrivant en français je ferai plus vite.

« Dans l'ensemble, je n'ai pas grand-chose à vous écrire. En revanche, je voudrais avoir votre opinion sur le sujet suivant :

« " Radio-Paris " et *Le Matin* ont publié une note assez longue de laquelle il résulte que Darquier va proposer des mesures selon lesquelles :

« – toutes les naturalisations de Juifs et demi-Juifs depuis 1927 seraient annulées ;

« – que celles datant depuis 1870 seraient sévèrement révisées ;

« – que l'Union serait dissoute :

« – ces initiatives ont pour objet de trouver 1 500 000 nouveaux Juifs à déporter.

« Que ces nouvelles soient entièrement ou seulement partiellement fondées, peu importe. Elles trahissent en tout cas le désir de déporter tous les Juifs étrangers ou naturalisés et, tout au moins, de s'en prendre à ceux qui sont protégés par l'Union.

« Chez vous on doit savoir plus qu'ici. Répondez d'urgence. Vous pouvez vous servir par le même messager. Les frais sont couverts par moi.

« Adressez réponse à M. Vilhotte (sur la deuxième enveloppe). Écrire à cette adresse pour la correspondance à me faire parvenir. »

En 1943, il n'est plus question de zone occupée ou de zone libre. Le danger est partout. Les rafles et les déportations ne laissent pas beaucoup de répit aux Juifs, qui sentent l'étau se resserrer.

« Marseille, le 27 janvier 1943.

« [...] Tu dois être au courant des événements de Marseille. En l'espace de vingt-quatre heures, j'ai tout perdu, appartement, magasin, entrepôts et immeuble, car on a évacué et l'on va démolir les vieux quartiers, cela ne compte pas, je ne suis pas inquiet à ce sujet mais ça va très mal pour nous à Marseille, tous les copains arrêtés et enfermés. Je crois même déportés, il y a quatre jours que je ne dors pas, impossible de manger, je crois que je deviens fou, des enfants de moins de 15 ans et des vieux de 70 ans, c'est dix fois plus terrible qu'à Paris, tous nos amis des milliers, impossible de te donner des noms, Max Charles, Charles Azoulai son père, mère, sœur, combattants blessés de guerre, c'est incroyable. Par une mesure exceptionnelle, ma famille et moi avons été libérés, mais le pauvre Charlot, depuis vendredi midi, plus de nouvelles [12]. »

Quelques inconscients se bercent encore d'illusions et pensent avoir trouvé « la vraie Palestine » à Grenoble. Nous sommes le 3 mai 1943.

« [...] Je suis à Grenoble, parce qu'à Lyon ce sont les Allemands qui sont là et on ne sait ce qui peut nous arriver, tandis qu'ici ce sont les Italiens qui règnent et sont vraiment très chics avec nous.

« [...] Tu m'écris que tu voudrais venir ici, je te crois, car ici c'est la vraie Palestine, et on peut s'amuser comme dans le vieux temps.

« Je sais, malheureusement, que tu n'as pas d'argent, ici il y a un comité qui donne 300 francs par personne et par mois, et un autre qui donne 400 francs par mois et par personne, c'est l'argent américain [13]... »

La lettre qui suit est probablement la plus tragique. A la fois lucide et résigné, M. Blumenau sait désormais ce qui l'attend. L'appel au secours qu'il adresse en Suisse à Berty Guggenheim, en août 1942, est un cri pour sauver « au moins ses enfants ».

« Notre situation a sensiblement empiré ces derniers jours. Vous aurez déjà entendu que la plus grande partie des internés de Gurs et des autres camps ont été déportés en Pologne et en Roumanie et que les maris, femmes et enfants ont été séparés, de sorte que l'on ne sait pas où vont les autres. Ces mêmes mesures sont mises en exécution à Marseille et on redoute ici leur prochaine application. Dans un état de profond danger moral et corporel, je vous demande s'il n'y aurait pas une possibilité pour nous, au moins pour nos enfants, d'aller en Suisse. J'ai une fille de 19 ans et un fils de 17 ans. Nous devons sauver notre vie, car un voyage en Pologne équivaut pour nous comme pour des dizaines de milliers des nôtres à une mort certaine. Le monde n'a pas le droit d'avoir d'autre souci en ce moment que de sauver ceux qui peuvent encore être sauvés. C'est inimaginable ce qui nous arrive nuit et jour. Aidez-nous, aidez au moins les enfants. »

Dans la même enveloppe, un autre message destiné à Mme Sochas aux États-Unis.

« C'est probablement ma dernière lettre de ce monde. Au moment où ces lignes arriveront en votre possession nous serons déjà à..., Dieu seul le sait. Les déportations en Pologne sont déjà mises à exécution dans nos parages. [...] Des scènes indicibles et inimaginables se jouent quotidiennement. C'est notre tour maintenant.

« Nous ne savons encore rien de positif. Les jours prochains nous feront connaître la solution. Hélas la situation est telle qu'il n'est plus question de vie ou de mort, mais seulement de mort... »

Cette lettre désespérée sera surtitrée par le service de contrôle postal de Vichy : « Propos tendancieux sur la situation des Juifs en France [14]. »

X

LES COLLABOS

La collaboration est née de l'armistice et a grandi avec le désarroi des Français. Elle a eu comme conséquence immédiate de permettre à l'occupant de s'assurer la domination du pays. « Elle a groupé pêle-mêle des politiques intrigants, des activistes frustrés, des " émigrés de l'intérieur ", des passionnés et des affairistes, les stipendiés de la trahison ou les héros d'une cause perdue » (Jean Defrasne).

Tout commence avec cette triste mais célèbre phrase de Pétain, le 30 octobre 1940 : « C'est dans l'honneur et pour maintenir l'unité française, une unité de dix siècles, dans le cadre d'une activité constructive du nouvel ordre, que j'entre aujourd'hui dans la voie de la collaboration. » Dès lors, les partis politiques, rendus responsables de la défaite de 1940, sont interdits. On lance l'idée d'un parti unique, mais elle ne se concrétisera pas. Différentes ligues et groupuscules aux aspirations similaires se constituent. Deux partis en émergeront. Le PPF de l'ancien leader communiste Jacques Doriot, Parti populaire français, qui compte plusieurs milliers d'adhérents dans la classe ouvrière et le petit commerce. Et le MSR, Mouvement social révolutionnaire, d'Eugène Deloncle, regroupant les anciens cagoulards de 1936. De sa fusion avec les troupes de Marcel Déat naît le RNP (Rassemblement national populaire), qui réunit des pacifistes, des anciens leaders de la gauche modérée et recrute essentiellement chez les fonctionnaires.

Toutes ces organisations bénéficient de fonds secrets

versés par l'ambassade d'Allemagne à Paris et d'une presse qui leur est acquise. Les grands quotidiens de la capitale sont en effet devenus les partisans zélés du « nouvel ordre européen » et ouvrent largement leurs colonnes aux ultras de la collaboration. *Le Matin, Paris Soir, Le Petit Parisien* s'alignent sur les milieux les plus extrémistes et se soumettent à la propagande et à la censure allemandes. Grâce à cette presse muselée, Doriot, Déat et leurs alliés peuvent diffuser largement leurs idées. Partisans d'une franche collaboration avec le IIIe Reich, ces groupes violemment opposés entre eux affichent ouvertement leur fidélité au maréchal Pétain, tout en multipliant les critiques contre son entourage, considéré comme trop modéré.

Favorables à l'instauration en France d'un gouvernement de type national-socialiste, les ultras de la collaboration ne bénéficieront jamais d'une audience véritable dans le pays. Moins de un pour cent de la population se sent solidaire de leur combat et les « collabos » se heurtent à l'antipathie, voire à la haine de la majorité de l'opinion. Il ne faut pourtant pas sous-estimer le rôle de ces partisans actifs, souvent bien ancrés dans la vie nationale depuis des années et disposant de moyens financiers importants. Violents et sans scrupules, ces mouvements ont une influence croissante sur les événements au fur et à mesure que la guerre se prolonge. Même minoritaires, ils contribuent à radicaliser le gouvernement de Vichy dans sa lutte contre la résistance et les alliés. La collaboration bute pourtant sur un obstacle inattendu : l'extrême méfiance des Allemands qui ne veulent pas que se reconstituent, dans la France vaincue, des partis politiques forts, fussent-ils fascistes. Cela explique les manœuvres allemandes visant à semer le doute et accentuer les divisions entre les différents groupes de collaborateurs pour mieux les manipuler et en faire, bien souvent, des auxiliaires de la Gestapo.

Dès les débuts, quelques personnalités farouchement proallemandes opérant à des postes clés à Vichy profitent de leur position pour lancer la répression contre les ennemis de l'État français. Parmi ces tristes individus, un des plus empressés est le ministre de l'Éducation nationale, Abel Bonnard, qui, le premier, incite les fonctionnaires de son ministère à pratiquer la délation. A preuve cette lettre du 17 juillet 1940 qu'il envoie aux responsables académiques :

« J'ai l'intention de prononcer le relèvement des fonctions d'un certain nombre de fonctionnaires ou agents de mon département. Cette mesure doit atteindre trois catégories de fonctionnaires et agents :

« 1° Ceux qui, en raison de leur état de santé, de leur affaiblissement intellectuel, ou de leur absence totale d'énergie, sont dans l'impossibilité de remplir utilement leurs fonctions ;

« 2° Ceux qui, dans ces dernières années, ont consacré une partie de leur temps à une agitation politique contraire aux intérêts de la France et persévèrent dans leur action, ou ceux qui se sont livrés, dans le passé, à des manifestations publiques de désordre social de nature à faire disparaître leur autorité morale ;

« 3° Ceux qui ont été nommés aux fonctions qu'ils occupent par pure faveur politique et sans titres réels.

« Vous voudrez bien m'adresser, pour tous les établissements et services placés sous votre autorité, la liste des fonctionnaires et agents susceptibles, pour les raisons précédentes, d'être relevés de leurs fonctions.

« La mesure peut s'appliquer tout aussi bien aux directeurs des plus grands établissements scientifiques qu'aux plus modestes agents de service.

« Je sais combien la mission que je vous confie est délicate. Vous devez, dans vos propositions, ne vous laisser guider que par l'intérêt du pays.

« Vous ne sauriez en conséquence, par une indulgence excessive, amnistier ou négliger des faits coupables. Il ne s'agit pas d'inquiéter les fonctionnaires pour leurs opinions personnelles, mais uniquement d'apprécier leur conduite et leurs actes. Il est du devoir des chefs de l'Université de veiller à ce que le personnel placé sous leurs ordres accomplisse ses fonctions avec dignité, discipline et courage. Celui qui ne fait pas tout son devoir, celui qui n'a plus le respect de ses élèves, celui qui se livre à une agitation politique pendant que la France souffre, ne doit pas rester au service de l'État.

« Je vous demande de m'adresser vos propositions pour la fin du mois. Elles engagent votre responsabilité.

« Si j'étais amené par la suite à prendre des mesures de relèvement contre des fonctionnaires dont vous ne m'auriez pas signalé l'activité coupable alors que vous ne pouviez l'ignorer, je serais obligé de considérer comme une faute grave le fait de ne pas m'avoir renseigné.

« Vous voudrez bien m'envoyer vos propositions sous le timbre de mon cabinet, à Paris, 110, rue de Grenelle. »

Vichy est donc à l'origine de la vague des dénonciations qui marqueront cette période. Bien souvent le délateur utilise la lettre anonyme pour prévenir les autorités françaises ou allemandes. Sont dénoncés, en vrac, des Juifs qui se cachent, des communistes « fauteurs de troubles », des trafiquants du marché noir. Ce courrier ignoble dont nous n'avons cité que quelques exemples est en général signé « un bon Français » ou « un Français 100 pour cent » ou encore « un ami de l'Allemagne ». Débordées par l'afflux de ces correspondances, les autorités n'enquêteront que sur des dénonciations argumentées.

Les collaborateurs disposent d'un outil précieux : une presse autorisée par l'occupant et notamment quelques grands titres comme *Paris Soir* et *Le Petit Parisien* dont les effectifs ont été épurés des « mauvais Français ». Les magazines d'extrême droite de l'avant-guerre restent fidèles à leurs principes et redoublent même de zèle. Leur haine pour tout ce qui rappelle la IIIe République apparaît clairement dans cette conversation où un journaliste de *Gringoire*, de passage à Vichy, téléphone à son directeur les dernières nouvelles. Nous sommes le 24 février 1941 :

– *Le patron est-il là?*

– *Oui, il est là, vous voulez lui parler?*

– *Un instant, je vais vous passer mes échos, ensuite je le prendrai.* [Échos sur le proviseur de Toulouse et les détenus de Riom. Tous ces échos visés par la censure.] *Il faut y aller doucement car ils me coupent parfois mes articles. Voilà le patron qui arrive, je vous le passe...*

– *Allô, Nicolas, comment ça va?*

– *Bien, patron! Je pars pour Paris dans trois jours, et mes papiers?*

– *Épatants! Alors, Bergeret?*

– *Limogé.*

– *Tant mieux. Il n'y avait pas de raisons que Guy La Chambre soit interné et que celui-ci se pavane en liberté. Téléphonez-moi, n'est-ce pas, si vous avez matière pour un papier. On n'a libéré personne?*

– *Si, Moch!*

– *Moch! Schrameck se promène à Marseille! Qu'est-ce qu'ils attendent pour libérer Blum et tous les autres et les faire ministres, et puis ceci fait, on nous mettra nous en boîte! Et j'espère bien qu'il y a une censure qui prend mes paroles* [sic].

– *Que voulez-vous, c'est la Révolution nationale!*

– *Pas d'autres nouvelles? Vous verrez Laval à Paris?*

– *Oui.*

– *Faites-lui mes amitiés et dites-lui que nous espérons tous qu'il sera bientôt président du Conseil.*

– *Entendu, patron.*

– *Au revoir, Nicolas* [1].

Les principales organisations politiques de la collaboration s'opposent violemment, chacune voulant conquérir le pouvoir et jouir des avantages qui en découlent. Très habilement, l'occupant joue de son autorité et de ses moyens financiers pour attiser les luttes entre groupuscules extrémistes. Autorisation ou interdiction de réunion, de publication, subventions occultes, le but de l'Allemagne est de diviser pour régner. Diviser le pays en encourageant le développement des ligues d'extrême droite, maintenir entre ces ligues une concurrence qui empêche la création d'un parti unique de la droite collaborationniste. La lutte est constante entre les activités du PPF de Doriot et les partisans du RNP de Déat. Au sein même des partis, les luttes sont féroces, souvent confondues aux querelles de chefs avec, parfois, de sordides affrontements pour se partager la manne des fonds secrets de Vichy et de l'occupant.

C'est ainsi que la tendance MSR du Rassemblement national populaire (RNP) quitte le Rassemblement en octobre 1941. Quelques mois plus tard, le même MSR éclate en plusieurs tendances. Deloncle, ancien cagoulard et éternel comploteur, se trouve lui-même victime d'un putsch interne qui l'écarte de la direction du parti, position qu'il ne pourra reconquérir car les Allemands refusent d'intervenir. Sur cet épisode et sur l'ambiance délétère qui règne dans ce groupuscule, nous disposons d'un témoignage précieux, la lettre d'un adhérent du MSR visiblement dégoûté, qui raconte par le menu à son correspondant du Puy-de-Dôme la chute de Deloncle et ses conséquences.

« Les combats que nous avons menés côte à côte nous ont démontré que l'idole avait des pieds fragiles et que l'entourage des chefs était composé presque uniquement de prébendiers et de pique-assiettes. L'ardeur révolutionnaire était le voile panique dont on couvrait les sacrifices au veau d'or. Il était amusant de suivre, après la bagarre, la dislocation du parti et l'attitude de tous les farouches séides du MSR, des braves à trois poils spécialistes de la matraque à domicile pour les militants insuffisamment convaincus et dont le serment ne valait pas plus les messes à dix sous du curé du village que la “ gnonote ”.

« Apprends donc pour ta gouverne, ô excellent ami, que Ney le matamore, spadassin en escaliers, n'a versé aux mânes de son chef déboulonné que de strictes larmes de convenance ; et qu'ayant constaté la chute irrémédiable de l'aigle et du même coup la fermeture du porte-monnaie, il a pensé que tout cela était bien beau mais qu'il fallait vivre. Que si la fidélité au souvenir et à l'idéal est une excellente chose en soi, elle n'a jamais permis de mettre le plus petit morceau de beurre dans les épinards, ni même de s'acheter les épinards.

« Ayant ainsi pensé, notre Cyrano débarque avec armes et bagages, accompagné d'une petite cour, chez l'ennemi ; je veux dire Doriot, le renégat, le traître, l'abomination et tout et tout... où humblement, chapeau bas, et les yeux baissés on sollicite le pardon aux injures et... un petit emploi qu'on obtient d'ailleurs facilement. Quant aux courtisans parmi lesquels Andrieux, Dalle, Malvezin, on consentit généreusement à leur octroyer une carte d'adhérent avec des promesses pour plus tard... et à l'occasion [2]. »

Quand une collaboratrice convaincue écrit au siège de l'Union française à Lyon, elle mêle dans sa lettre considérations politiques et basses dénonciations.

« Le Bouchet, le 20 septembre 1941.

« Monsieur,

« Bien que craignant d'être importune, je vous écris personnellement car je tiens à vous communiquer ce qui suit :

« 1° Il existe à Chazelles-sur-Lyon, petite ville industrielle de la Loire, à soixante kilomètres de Lyon, une usine en formation, fondée par les bougies KLG. Cette usine doit travailler pour l'armement allemand. Elle est dirigée par un Juif. Celui-ci a déclaré peut-être trop haut que la direction générale KLG était à Londres et que, quand il voulait s'entretenir verbalement avec elle, il allait à Vichy où il avait la communication en un quart d'heure. J'ai l'impression qu'il faudrait faire surveiller cela de près. Ceci évidemment ne me regarde pas, mais nous avons trop d'intérêts à la victoire allemande pour ne pas aider nos ex-adversaires par tous les moyens. Je vous assure que, si j'étais garçon, je ne mettrais pas longtemps à répondre à l'appel de la Légion antibolchevique [3]. »

A Nice un militant du Parti franciste se félicite en mars 1941 du dynamisme des militants et s'autorise à rêver.

« Au sujet du francisme, ça marche on ne peut mieux ici ; les types sont presque tous retrouvés et ils marchent à bloc, je m'aperçois de plus en plus que, lorsqu'on a l'idéal franciste, on ne s'en sépare plus jamais.

« Il faut nous souvenir que les nazis ont végété comme nous sept ans et qu'ils ont mis treize ans pour arriver au pouvoir, mais à partir de 1925 jusqu'en 1933, ils ne se sont jamais arrêtés, leur action a été continue et croissante jusqu'au triomphe final, nous entrons nous dans la même période d'activité incessante et qui doit être tout le temps accrue [4]. »

« Collaboration », un groupuscule actif en zone libre, prend ses ordres auprès des services allemands et leur transmet des renseignements. C'est ce que prouve une lettre du 11 juin 1942 du responsable nîmois de Collaboration au chef des organismes économiques allemands de Lyon.

« Cher Monsieur,

« J'ai regretté que vous n'ayez pu assister à la réunion du Professeur Grimm à Nîmes. Ce fut un véritable *triomphe*. Plus de cinq mille personnes qui acclament à plusieurs reprises les paroles du Professeur.

« Je vous adresse quelques extraits de la presse.

« Personnellement je suis très heureux du résultat obtenu, car il est de loin le plus beau de la zone libre. Le Professeur est parti ravi de l'accueil que lui a réservé notre ville. Monsieur le Préfet Angelo Chiappe a été gentil à l'extrême.

« Je joins quelques extraits de la presse qui vous donneront une faible idée de ce que fut cette réunion magnifique.

« Croyez...

« *Signé :* Garrette.

« Journal *L'Éclair du jeudi* : " La conférence du Professeur Grimm. "

« Journal *Le Petit Méridional* : " La conférence du Professeur Grimm. "

« Journal *La Dépêche de Toulouse* : " Conférence de M. le Professeur Grimm. "

« Journal *L'Éclair* : " Le Professeur Grimm à Nîmes – 5 000 auditeurs ont applaudi son magistral exposé. "

« Journal *Le Provençal* : " La conférence du Professeur Grimm [5]. " »

Les éléments les plus actifs de la collaboration sont régulièrement sollicités pour intervenir auprès des Allemands. Nous ne savons pas pour quelle raison Raymonde C. téléphone le 9 novembre 1942 au Dr Tourtou à Nice. Sans doute un proche arrêté par les Allemands. La réaction du Dr Tourtou, patron du PPF à Nice, est intéressante :

« Paulette m'a parlé de vous et de B. Mais je ne puis rien faire. Les gens prennent un peu trop l'habitude de considérer le Docteur Tourtou comme une agence de la Gestapo. Or, je n'ai aucun rapport avec la police. Et, qu'elle soit française ou allemande, je n'ai que du mépris pour ces gens-là. Seulement les gens croient ici qu'il suffit de s'adresser au PPF quand il y a quelque chose avec la police allemande. Il m'est arrivé d'intervenir pour quelques membres du PPF qui avaient été arrêtés par erreur, car, étant leur secrétaire général, je considère que j'ai quand même une juridiction sur eux. Pour les autres je les adresse au préfet, avec qui d'ailleurs j'ai eu quelques attrapades à ce sujet.

« Quand la Kommandantur est arrivée à Nice, j'ai pris contact avec eux. Il s'y trouve des gens charmants et d'un commerce très agréable, mais, je vous le répète, je n'ai et ne veux avoir aucun rapport avec la police. Ça c'est affaire à la préfecture. Monsieur Duraffour et le préfet n'ont qu'à faire leur devoir. Ils sont d'ailleurs assez jaloux de leur charge, pour faire le nécessaire. Je le regrette pour vous et pour de B. que je connais, mais je ne puis rien faire [6]. »

Quelques mois plus tard, le Dr Tourtou sera exécuté en pleine rue par un commando de résistants.

Chaque mois, l'hostilité de la population pour les ultras de la collaboration va croissant. Leurs violences verbales et physiques, leur vénalité reconnue et parfois exagérée les coupent du pays. Mais c'est le rôle de supplétif de la répression allemande qui les met définitivement au ban de la nation. Ce rejet est perceptible dès 1942. Dans une lettre à la direction du Rassemblement national populaire, la section RNP de Royan se plaint, en novembre 1942, de son isolement et de ses difficultés.

« La faiblesse de nos effectifs devant l'hostilité grandissante d'une masse non éclairée ne peut que nous conduire à l'insuccès.

« D'autre part, nous sommes obligés de constater avec regret que, jusqu'à ce jour, toutes nos doléances n'ont abouti à rien, si ce n'est à un simple accusé de réception de rapport.

« En effet, à titre d'exemple, nous rappelons que, depuis la création du groupe du RNP à Royan, divers rapports ont été adressés au siège, touchant soit *des cas de trahison, soit de mauvaise gestion des affaires publiques*, soit enfin de *marché noir*. Comme par le passé nous voyons toujours :

« 1° *Une police locale* à la solde des mercantis du *marché noir.*

« 2° Une municipalité *(démissionnaire depuis six mois)* qui brille par son incapacité et couvre les actes de la police dont elle tire souvent profit.

« 3° *Une magistrature dont le rôle consiste à atténuer la gravité* des actes des trafiquants de toute nature, quand elle ne les absout pas.

« 4° *Des membres de l'enseignement qui plus que jamais inculquent* aux enfants la haine du Maréchal et de son gouvernement, etc.

« Qu'a-t-on fait jusqu'alors pour châtier les coupables? Rien!

« Il faut que cela cesse au plus tôt, car si notre rôle doit se borner à de simples transmissions de faits toujours appuyés de témoignages irréfutables (lesquels faits méritent sanctions qui ne sont jamais venues), il nous paraît superflu de continuer un combat qui, en raison de la tension d'esprit actuelle, risque d'entraîner pour chacun de nous les plus graves conséquences, sans aucun profit pour la communauté. Dans la situation actuelle, il est à craindre que d'accusateurs nous ne devenions à brève échéance des accusés!

« En résumé, ce qui nous fait surtout défaut pour la continuation de notre tâche, plus ardue que jamais, c'est une aide purement matérielle, se traduisant par la création immédiate d'une police d'État, solide et honnête, à qui, le cas échéant, nous pourrions, non en vain, faire appel.

« L'heure n'est plus aux parlottes,mais aux actes, faute de quoi nous nous trouverons dans la pénible obligation d'abandonner le combat, submergés que nous sommes par la masse imposante de nos adversaires [7]. »

Un homme déjà mûr, qui s'est engagé dans la Milice, écrit à sa fille, en mars 1943, pour essayer de la convaincre qu'elle est dans l'erreur en prenant fait et cause pour la Résistance :

« 13 mars 1943.

« Je garde de mon voyage une infinie tristesse. Comment est-il possible que toi, ma fille, tu ne comprennes pas ton devoir de Française?

« J'ai entendu à Sousceyrac des propos affreux. Ton mari est dans l'erreur et répand autour de lui des propos anti-français. L'intérêt de notre chère patrie n'est pas dans la victoire de l'Amérique ni dans celle de la Russie.

« La Milice est la seule force propre qui nous reste. J'ai juré de servir la France au sacrifice même de ma propre vie. Vous êtes tous à écouter cette ignoble propagande anglaise.

« Ne crois pas que je puisse jamais devenir allemand... mais, que leur reproche-t-on? Sinon d'avoir réussi tout ce que nous avons manqué et d'avoir toutes les qualités que nous n'avons pas, cet amour de la patrie, cet esprit de sacrifice, cet amour du travail pour le bien commun...

« Si nos hommes étaient comme eux, notre France serait forte et respectée [8]! »

Combattre au côté de l'Allemagne

Après l'attaque allemande contre l'URSS, les collaborateurs pensent que leur heure est arrivée et qu'ils vont pouvoir entraîner une partie de l'opinion publique dans une guerre de « l'Occident chrétien contre la vermine communiste ». Doriot, chef du PPF, annonce qu'il est prêt à prendre l'uniforme. Plus de dix mille personnes se réunissent au Vélodrome d'hiver pour saluer la création de la Légion des volontaires français (LVF) chargée de combattre au côté de l'Allemagne sur le front russe. Hitler tempère cet enthousiasme en imposant aux futurs volontaires le port de l'uniforme allemand et en limite le nombre à 15 000.

Les premiers revers militaires de l'Allemagne en Russie, le retournement de la situation internationale, l'obligation de prêter serment à Hitler, autant de raisons qui rendent difficile le recrutement de légionnaires. Ils ne sont que 11 000 à se présenter de juin 1941 à mai 1943 et 6 500 à être incorporés. Bien que le recrutement soit interdit en zone Sud, il se poursuit officieusement, comme nous le prouve cette conversation du 17 mars 1942 entre le responsable de la LVF de Clermont et celui de Nîmes qui doivent lutter contre les tracasseries des fonctionnaires de Vichy pour assurer un recrutement médiocre.

NÎMES. – *J'ai des ordres pour installer au plus tôt la délégation de Montpellier. On ne veut pas que vous restiez auprès de Vichy, il nous faudrait quelqu'un d'un grade plus haut qui nous serve d'agent de liaison entre le gouvernement et nous, nous en avons besoin à chaque instant.*

CLERMONT-FERRAND. – *Je comprends très bien.*

N. – *Vous savez que j'ai été mis trois jours en prison, si nous avions eu quelqu'un à Vichy, il serait allé voir Darlan, et tout se serait vite arrangé.* [...] *Vous travaillez chez vous! Combien avez-vous fait d'engagements?*

C.-F. – *Rien ou à peu près : une trentaine, et vous, vous en faites beaucoup?*

N. – *Depuis le début février, nous en avons fait une centaine.*

C.-F. – *Ils sont partis!*

N. – *Oui.*

C.-F. – *Ici, ça ne marche pas pour la raison qu'il y a du travail, toutes les usines marchent à fond pour l'Allemagne* ... [conversation coupée puis rétablie].

C.-F. – *Donnez-moi M. Verchère.*

N. – *Il vient de sortir avec un commissaire, un commissaire de la commission allemande de Montpellier.*

Les bureaux allemands reçoivent souvent des lettres de jeunes Français, pro-hitlériens exaltés, qui font acte de soumission sans même toujours demander de contrepartie. Le 13 juin 1942, de Michel B. de Toulon au commandant de la CAA à Nice :

« Au chef « Toulon, le 12 juin 1942
« de la commission
« d'armistice allemande de Nice

« Cher Commandant,

« C'est un JPF qui vous écrit : Jeunesse populaire française, parti de Doriot, qui a seize ans, M. Michel B. Je vous écris pour vous demander un correspondant ou une correspondante allemand pour communiquer ensemble, car je trouve que c'est le meilleur moyen de se connaître entre peuples qui devraient être amis et qui, je l'espère, un jour, seront amis. Je vais vous exprimer en deux mots mes idées : je n'ai que seize ans, mais elles se soutiennent car je suis assez intelligent. Voici : je voudrais comme tous mes camarades une collaboration 100 pour 100 avec le Reich, une sorte d'alliance d'où sortirait la déclaration immédiate de guerre aux puissances ennemies de l'Axe. J'ai exposé mes idées à certains de mes camarades qui me répondaient que j'étais fou : alors je leur disais simplement : quels torts reproches-tu à l'Allemagne ? Ils sont tous obligés de s'avouer vaincus car c'est M. Daladier qui a déclaré la guerre à l'Allemagne et non le Führer qui a déclaré la guerre à la France. Donc l'Allemagne n'est pas dans son tort.

« Cet été j'irai à Paris dans un camp JPF qui durera un mois : de Paris j'irai au GQG allemand pour avoir, avec quelques camarades, des idées pour visiter l'Allemagne.

« J'ai de la sympathie pour la marine et l'aviation. Donc si je ne réussis pas à mon baccalauréat l'an prochain, mon père ayant les mêmes idées que moi me permettra de m'engager dans la division aérienne bleue qui, comme je l'ai lu dans le magazine *Der Adler* est faite pour les volontaires hispano-français contre les puissances ennemies de l'Axe.

« Entre camarades de JPF (nous sommes dans un collège de 450) nous faisons de la propagande immense [9]. »

Le 23 juillet 1942, Suzanne O., une Française réfugiée en Suisse, prend la plume pour raisonner son fils, domicilié à Nice, qui vient de s'engager dans la Légion des volontaires français contre le bolchevisme.

« [...] je ne puis encore croire que tu as pris une détermination aussi grave si rapidement. Je ne te blâme pas. Pour moi il m'aurait été impossible de combattre sous l'uniforme allemand. Par contre, après l'affreuse défaite de 1940, je serais partie dès que possible servir le drapeau français aux Colonies. [...] Actuellement, c'est une guerre à mort entre ces deux puissances. Si l'Allemagne triomphe elle commandera en maîtresse omnipotente tout le marché européen dont nous ne serons que des esclaves soumis, ne t'y trompe pas. Si c'est l'Angleterre il n'y aura pas grand-chose de changé.

« Pour nous ce sera pendant de longues années une existence de nation asservie, à moins que notre peuple ne se réveille de son indolence, de sa coupable apathie.

« Il faut avant tout relever le niveau moral, réhabiliter le travail. Cela se fera par la force des choses, parce qu'il y aura une telle pauvreté dans le monde entier qu'il faudra vraiment que chacun se mette au travail pour manger une croûte de pain.

« Si cela peut, comme je l'espère, guérir l'humanité de sa soif de plaisirs et de facile jouissance, on pourra dire qu'un peu de bien sera sorti de cette catastrophe universelle.

« Pour en revenir à ton engagement, tu n'ignores pas que tu vas au-devant d'une vie terriblement difficile.

« Le ravitaillement, le climat... la cruauté des Russes, tout cela est affreux à envisager.

« Tu me dis que vous partez avec le " Chef ". Je ne suppose pas que J. Doriot se soit engagé dans cette armée [10]. »

Pour ceux qui rallient la LVF, le grand moment, c'est celui du « serment des volontaires », ainsi décrit par le journaliste G. de Brecker dans *Paris-Soir* du 11 décembre 1942 :

« – Dégantez-vous ! commandent les haut-parleurs.

« Tout le monde met à nu sa main droite ; tout le monde la lève à la hauteur de l'épaule, avec deux doigts, l'index et le médius, tendus.

« Deux voix, en allemand et en français, prononcent et traduisent le texte en le scandant phrase par phrase :

Devant Dieu,
je prête le serment sacré
d'observer dans la lutte
contre le bolchevisme
une obéissance absolue
au commandant en chef des armées alliées
ADOLF HITLER
et d'être prêt,
en vaillant soldat,
à donner à tout moment
ma vie pour ce serment !

« – Tête à droite, crient les uns après les autres, à leurs hommes, les chefs d'unité en arrivant à la hauteur des trois officiers, tandis que la musique, qui s'est regroupée auprès d'eux, attaque la *Marche du régiment de Sambre-et-Meuse.* »

Le père du jeune Titou écrit de Constantine, en juillet 1942, à une parente du Puy-de-Dôme pour lui expliquer les motivations de son fils qui a choisi de s'engager dans la « Légion tricolore » aux côtés des Allemands. Un témoignage précieux sur l'idéologie qui a poussé de jeunes Français à aller jusqu'au bout dans la collaboration avec Hitler.

« [...] Et nous, nous attendons la décision du Comité de la Légion tricolore, concernant la demande de Titou, car après avoir reçu tout le dossier d'engagement et l'avoir lu, il a signé et j'ai joint mon consentement par une lettre, le cœur fier, mais tellement angoissé.

« Il ne part pas en coup de tête. Il voit tout le sacrifice de son geste : " Une révolution se fait dans le monde, m'écrivait-il, seuls ceux qui y participeront pourront en récolter les fruits. Les Français sont mauvais, la France est tombée bien bas, c'est précisément pour cela que nous devons changer les uns, relever notre pauvre pays.

« " Penser à la séparation, aux blessures, à la mort même, n'est pas digne de notre idéal. Ne pas mettre en pratique nos paroles est une lâcheté. Votre peine sera grande, la mienne aussi, mais je pars servir Dieu. Or ma devise est : Messire Dieu premier servi, car telle elle est en tant que scout et chrétien. Je suis au deuxième âge de la formation, n'oubliez pas que je vais avoir dix-huit ans. Je sais que ce sera dur, que je souffrirai, mais justement c'est là que je me formerai, que j'aviverai ma foi. Je vais défendre la civilisation chrétienne, ma décision est irrévocable. Papa ne tarde pas davantage à présenter, appuyer ma demande ", et il termine sa dernière lettre par ces lignes du colonel Baudrillard : " En vérité, cette légion constitue à sa manière une chevalerie nouvelle, ces légionnaires sont les croisés du XXe siècle... Que leurs âmes soient bénies ! Le tombeau du Christ sera délivré ! " Il y en a comme cela plusieurs pages. J'ai rangé ces lignes que je conserve précieusement. En les lisant j'en pleurais d'émotion. Quel noble enfant ! Comme je lui donnais, comme dernier argument : " J'espère que Hitler aura liquidé la

Russie dans trois ou quatre mois, mais je ne suis pas prophète, et si ça dure deux ans encore tu auras oublié math, sciences, etc., et tu voulais préparer l'école de l'air? ", alors, me regardant bien en face, il me dit simplement : " Comment, c'est toi, papa, qui t'arrêtes à de semblables considérations, par les temps que nous vivons? Transmets ma demande et ne t'occupe pas de la suite [11]. " »

Les légionnaires qui, après leur instruction, partent sur le front russe, découvrent un pays qui ressemble fort aux caricatures anticommunistes des nazis. C'est du moins ce qu'affirme le légionnaire Diquero le 4 juillet 1942, dans une lettre où il donne des nouvelles à un parent d'Albi.

« [...] C'est de Gomel que je t'écris, car nous sommes en repos, pour très peu de temps sans doute, dans une caserne des environs de la ville. Ici, c'est déjà l'Ukraine, et cela se voit tout de suite aux habitants et au pays. La ville est complètement détruite au centre, incendiée par les Russes, je crois, et seul le pourtour a été épargné. C'est, je crois, dans les villes que l'on voit le mieux les réalisations soviétiques : côte à côte un immeuble moderne pour les purs, les seigneurs de l'endroit, et des isbas crasseuses où vit tout le peuple de ceux qui n'ont rien et qui sont nombreux. Peu ou pas de rues, et dans les quartiers ouvriers, des cloaques qui font presque regretter les bourbiers du front. D'ailleurs, la construction maçonnée doit être un luxe ici. De misérables cabanes pour les ouvriers, mais des palais pour je ne sais quelles administrations, et des casernes comme on en a en France. On parcourt parfois plus d'un kilomètre au centre de la ville sans voir une maison intacte. Il y a peu de choses intéressantes en ville et, bien que l'on ait quartier libre le soir de 5 à 10, je ne sors pas; faire une quinzaine de kilomètres pour contempler des murs noircis et lézardés ne m'intéresse guère [12]. »

Un volontaire arrivé au camp-école du 1er régiment des SS français envoie un récit idyllique de son arrivée dans un baraquement entouré d'un bois d'ormes et de tilleuls : « A chacune des fenêtres s'épanouissent des géraniums, des bégonias, des pois de senteur qui poussent en pleine terre. » Dans un cadre choisi, les cadets mènent une vie sportive grâce à une nourriture riche et abondante.

« Nous ne maigrissons pas à ce régime-là! Avec l'entraînement intensif des hommes, les exercices de tous les jours, maniement d'armes, sports, natation, le jardinage, le bûcheronnage qui constituent le programme normal des journées de travail à la Waffen SS Schute, on ne tiendrait pas le coup sans cela! Songez que, dès 6 heures du matin à 8 heures du soir, sauf pour le temps des repas, une demi-heure environ, on n'arrête pas! [...]

« Qu'on le veuille ou non, tout le monde est empoigné chez nous par la *gemütlichkeit,* l'atmosphère, l'enthousiasme. Et trois fois par semaine, poursuivent nos mentors, il y a séance de chant après le dîner. Le chant est un des merveilleux stimulants pour une troupe. Il permet aux hommes fatigués et découragés de se ressaisir. Il développe l'esprit d'équipe. Dans la France de 39 on ne savait plus chanter qu'en solo. Aux Waffen SS on chante en chœur.

« Était-ce la fatigue après une journée entière de voyage? Était-ce le grand air de la forêt ou l'excellent dîner de " Mutti Marika ", nous étions profondément endormis sans souci des têtes de mort ornant les cornes des calots de nos nouveaux camarades quand un retentissant *Achtung!* éructé par un voisin nous réveilla brusquement.

« – Avez-vous les pieds propres? s'enquit anxieusement, sur le ton de la confidence, ce brave garçon, en s'adressant à nous. Gare à vous s'ils sont sales. Le *Spiess* [adjudant] est intraitable sur ce chapitre. Vous devez vous relever et aller les laver. Vous serez punis par-dessus le marché, demain matin vous serez de corvée de lavabos *! »

La correspondance à sa famille de Daniel V., membre de la LVF et de la Waffen SS, après avoir été ouvrier en Allemagne, nous permet de mieux comprendre pourquoi et comment il peut accepter une mission particulièrement compromettante au service du Reich : le 22 février 1943, « [...] d'ailleurs je fais un travail qui a fait mettre ma peau à prix, je traque les fainéants et les vauriens qui sont venus ici pour se promener, ils ont juré d'avoir ma peau en France, s'ils réussissent; aucune importance car j'ai fait don de ma carcasse pour la victoire de l'Allemagne et si je dois me faire trouer la peau, je voudrais d'abord voir la vic-

* Lettre publiée par *Paris Soir* le 15 septembre 1943.

toire du IIIe Reich et voir la Russie et la perfide Albion à feu et à sang. »

Sa haine des Anglais est attisée par les bombardements : « Par des camarades allemands et les journaux français que nous recevons, j'ai appris ce que les Anglais ont fait à Paris, c'est du propre ! Après avoir affamé la population civile par le blocus, maintenant ils bombardent et font des victimes et ils disent à la radio être nos amis et nous défendre. Ils ont une façon qui n'est pas ordinaire de nous montrer leur amitié. Ils nous ont mis dans la danse et maintenant qu'ils voient que l'on ne peut pas se faire tuer pour eux, ils viennent eux-mêmes nous tuer ; c'est ce qui s'appelle en Anglais la fraternité des hommes, elle est belle ! Ils sont égoïstes comme des Juifs. »

En novembre 1943, il s'insurge contre ceux qui refusent d'aller travailler en Allemagne : « Je suis soldat Waffen SS, j'ai trop appris de saletés sur le compte des dirigeants en France et si je peux revenir, moi et mes camarades SS, nous nous chargerons d'arranger la petite binette de ces salopards, les réfractaires et autres types de cette espèce pourrie. Ce sont là, tous ces fainéants, tous ces réfractaires, jeunes ou vieux qui ne veulent pas comprendre que nous sommes vaincus, que des traîtres, des vendus, des Judas ont volontairement jeté bas notre belle France et ceux qui actuellement font tout pour que nos relations avec nos vainqueurs s'enveniment, ce sont ceux-là qui avant la guerre fréquentaient les cellules et les loges, qui semaient haines et discordes partout et maintenant ils continuent, ce sont eux, ces suppôts de Satan qui m'ont pris tout. »

Pour lui, point de salut hormis une collaboration complète avec l'Allemagne : « Il faut collaborer à fond, il faudrait même faire une alliance avec le peuple allemand. Nous, Français, nous avons un passé héroïque et pour avoir droit à la place qui nous revient dans la nouvelle Europe, il nous faut tous sans distinction de classe ou de rang, faire notre devoir. Il nous faut aider le peuple allemand et par tous nos moyens écraser cette Russie bolcheviste qui ne songe qu'à semer la haine, la misère et la mort partout, et cette perfide Albion qui s'est toujours servie du sang français pour remplir les coffres-forts de la City. Moi-même je haïssais les Allemands parce que je ne les connaissais pas. Maintenant que je les connais, je dis que ce sont des hommes dignes de notre amitié et auxquels nous pouvons avoir confiance. Après la victoire, ils nous donneront ce qu'ils nous ont promis [13]. »

Un autre engagé volontaire de la division française de la Waffen SS montre de fermes convictions idéologiques qui ne sont pas contradictoires avec son goût de l'aventure et... de la moto.

« Nous venons d'avoir la visite d'un sergent français de la division française SS. C'est lui qui a été le premier représentant de notre nation. Il est vraiment gonflé et garde un bel idéal. Si nous sommes vainqueurs dans cette guerre, au moment où il se passera quelque chose en France, c'est nous SS qui liquiderons toute la saloperie actuelle pour faire une autre France nationale-socialiste, propre et saine. Cette révolution-là sera différente de celle de Pétain, et ce n'est pas avec des boniments qu'on traitera les tripoteurs et les Juifs.

« La Waffen SS est entièrement motorisée et il ne me déplairait pas de conduire une belle petite moto... L'instruction durera neuf mois et aucun régiment français ne montera au front avant août. Il se peut que nous soyons les premiers. En tout cas, il ne s'agit pas pour nous de faire les marioles, de dégoûter les Allemands davantage, car c'est une dernière expérience qu'ils tentent avec nous, et ce n'est pas les quelques milliers que nous serons qui pourront leur servir beaucoup, alors qu'ils ont, chaque année, un million de nouveaux soldats...

« Le milieu me plaît beaucoup... Il n'y a pas de sales types et ce sont tous de chics copains sur lesquels on peut compter [14]. »

Idéalistes fourvoyés, brutes épaisses, opportunistes sans vergogne, les ultras de la collaboration constituent un microcosme aux mentalités et aux motivations très diverses. Leur courrier nous permet de comprendre ce qui a poussé ces hommes et ces femmes à collaborer avec l'occupant, faute qui leur coûtera leur carrière et souvent même la vie.

XI

LES RÉSISTANTS

La défaite et l'occupation de la moitié du pays par l'Allemagne suscitent aussitôt, chez une frange de la population, un refus de la fatalité. Dans une atmosphère alourdie par la multiplication des difficultés matérielles, tous les Français ne se replient pas sur eux-mêmes et sur leurs problèmes de survie quotidienne. Les premiers résistants hostiles à l'occupant et critiques de Vichy se mobilisent, à contre-courant d'une population désorientée qui, en 1940-1941, croit encore que Pétain peut les protéger des conséquences de la défaite.

Résister, c'est d'abord un état d'esprit, l'expression d'un patriotisme viscéral qui ne supporte pas le spectacle du triomphe d'un ennemi haï depuis 1870. Ce sentiment est renforcé par une idéologie antinazie, qu'elle vienne d'un engagement politique ou d'un christianisme militant.

Résister, c'est d'abord écouter la BBC où s'exprime la « dissidence gaulliste », changer de trottoir à la vue de soldats allemands, qualifier l'occupant, dans ses conversations et ses lettres, des surnoms les plus insultants.

Résister, c'est aussi s'engager physiquement. Les premières actions restent individuelles. Beaucoup de Français ne dépasseront pas ce stade, par peur de la répression. La police allemande et celle de Vichy veillent : des mouchards opèrent dans tous les lieux publics, le courrier est ouvert et la sauvagerie des représailles en fait réfléchir plus d'un. Malgré un sentiment antiallemand omniprésent, la plupart des Français se contentent d'une résistance toute passive, qui ne les empêche cependant pas de coexister, voire de commercer avec l'occupant. L'attentisme règne, surtout pendant les deux premières années de la guerre, où la supériorité de l'Allemagne est écrasante. C'est pourquoi ils sont admirables, ces premiers résistants qui mènent, spontanément ou à partir des mots d'ordre de la BBC, des actions individuelles ou collectives. Ainsi, le 11 novembre 1940, des milliers de lycéens parisiens vont manifester en déposant une gerbe de fleurs sous l'Arc de triomphe. Plusieurs dizaines d'entre eux sont arrêtés. A Lyon, à Marseille, on assiste à des démonstrations germanophobes du même type.

Les arrestations, fusillades d'otages et déportations ne font qu'exacerber les sentiments. Ces représailles de la Gestapo et de ses complices français n'étouffent en rien le désir de « faire quelque chose ». Peu à peu, l'action s'organise autour de différentes sensibilités : de Gaulle, le parti communiste et les Francs-Tireurs et Partisans (FTP) qui mènent à partir de 1942 une lutte armée de type révolutionnaire. Agissent alors les réseaux à vocation militaire gaullistes ou anglais de l'Intelligence Service ; les mouvements organisés autour d'un journal clandestin dont l'objectif est de sensibiliser la population, les réseaux d'aide aux prisonniers, le noyautage de l'administration.

Nous ne disposons, bien entendu, d'aucune lettre de résistant engagé dans l'action. Ils ne se risquaient pas à confier à la poste le récit de leurs aventures ou leurs sentiments. En revanche, beaucoup de simples citoyens, inconscients des dangers encourus, manifestaient dans leur correspondance privée un esprit de farouche insoumission.

A travers ces lettres, la résistance apparaît sous différents aspects. Avant de devenir le mouvement que l'on connaît, elle s'exerce d'abord à un niveau individuel. Premières initiatives de résistance, aussi naïves que touchantes, l'envoi de lettres anonymes, mais incendiaires, au quartier général allemand de l'hôtel Majestic. Quelques-unes de ces missives ont été conservées dans les archives du Majestic, saisies à la Libération, telle celle de cet ancien combattant qui écrit, le 16 novembre 1940 : « Un Français pur sang, et ancien combattant vous écrit pour vous dire en allemand *chaize* ou *merde* en français. Prisonnier de guerre en la dernière guerre, j'ai appris à vous connaître et à vous détester, vous et tout ce qui est boche, nous les anciens combattants, nous sommes prêts à reprendre les armes contre vous, assassins, peuple pourri, ordures que vous êtes tous, vos Hitler, Goering (plutôt gorille) et le nabot de Goebbels et tant d'autres crapules du même genre, avec les Anglais nous gagnerons la guerre[1]. »

Le soldat qui refuse d'intégrer l'armée de l'armistice et décide de rejoindre l'Angleterre fait lui aussi acte de résistance. Le 14 mars 1941, Jean Mortanes narre les péripéties de son voyage pour l'Afrique du Nord, via Perpignan : « [...] Nous avons raté hier, demain nous réussirons, c'est plus que certain. Aujourd'hui depuis 0 h 12, je suis un hors-la-loi, depuis quelques jours un vagabond et demain un déserteur. C'est chic d'être tout cela. Tout le monde ne peut pas être la même chose. Je collectionne. Si je suis pris aujourd'hui, trois mois fermes, plus d'un mois à trois ans de prison et cent francs d'amende. Quant à la situation argent, nous sommes cinq sans un rotin et un qui possède encore de quoi vivre pendant quelques jours. Mais nous n'avons plus de tickets, plus de pain, plus rien. Heureusement qu'on peut manger des oranges à volonté. Moi, je pêche des moules et des oursins, c'est toujours ça dans le ventre. [...] Demain le bateau nous emportera, loin, trois jours puis trois jours d'attente et puis un jour et demi de chemin de fer, puis le train et cinq jours de camion puis encore le chemin de fer[2]... »

De leur côté, certains fonctionnaires de Vichy risquent leur carrière en tentant d'arranger la situation délicate de quelques hautes personnalités. Le 23 mars 1941, M. Philippart réussit à joindre, à l'hôtel Terminus de Clermont, Philippe de Rothschild en route pour Cannes, afin de le tenir au courant des « pistons » qu'il a fait jouer en sa faveur :

– *Voulez-vous demander M. James de Rothschild, il doit être au restaurant... Bonjour, je vous ai trouvé une chambre à l'hôtel du Beaujolais.*

– *Mais j'en ai cherché une autre, je ne pouvais pas vous obtenir.*

– *L'appareil était en dérangement.*

– *En tout cas voyez si ma chambre que j'ai retenue au Majestic tient et vous décommanderez au Beaujolais.*

– *Il y a Daniel Dreyfus qui voulait absolument vous voir.*

– *Qu'est-ce qu'on dit là-bas?*

– *Nous avons été remis à lundi. Il m'a dit que rien ne s'était passé, il m'a fait téléphoner par son chef de cabinet pour s'excuser. Pour hier, Conseil des ministres, et encore aujourd'hui Conseil des ministres. Il m'a même rappelé lui-même, pour me redonner un rendez-vous pour lundi à 5 heures.*

– *Mais votre impression?*

– *Oh! charmant*[3].

Acte de résistance isolé ou participation aux premiers réseaux organisés, nous l'ignorons. Toujours est-il que Mme F. a été arrêtée à Paris par la Gestapo. Son mari, conseiller municipal parisien, désespéré et totalement étranger à toute idée de résistance à l'occupant, est à Nice. Il entreprend aussitôt le siège de ses relations au gouvernement de Vichy. D'où cette suite étonnante de conversations téléphoniques tragiques, le 15 octobre 1941 :

F. – *Allô! L'hôtel des Ambassadeurs? M. Massemonteil, je vous prie... Bonjour, cher ami, alors toujours rien?*

M. – *Rien depuis hier, sauf un renseignement de Paris qui dit qu'elle serait au Majestic avec Robert qui est arrêté aussi.*

F. – *Robert! Mais je vous dis qu'il est hitlérien, voyons!*

M. – *Vous avez pu voir le Président?*

F. – *Oui, ce matin.*

M. – *Alors?*

F. – *Alors, il va faire son possible... Il est très gentil, très aimable... Mais hélas... vous comprenez...*

M. – *M. Rollin va vous demander demain. N'insistez pas trop car il finirait par dire : " Mais elle est bien importante, cette femme? "*

F. – *Oui. Entendu. Vous avez vu de Brinon?*

M. – *Non, mais j'ai eu Roussillon, à l'Intérieur. Il m'a dit qu'elle était peut-être au Majestic, mais que de toute façon ils la gardaient pour la faire parler...*

F. – *Mais que voulez-vous qu'elle dise, la pauvre femme! Depuis quinze mois nous n'avons rien fait, elle et moi, que de chercher à gagner notre pauvre pitance!... J'ai le cœur bien gros, mon très cher ami!*

M. – *Ne craignez rien, je suis sûr qu'elle a à manger!*

F. – *Oui, mais elle est malade!*

F. – *Mais non! mais non, mon cher! Elle va très bien. Avant son arrestation nous allions avec ma femme, elle et Jérôme, tous les jours au restaurant, mais elle était très, très gaie.*

F. – *Faites tout ce que vous pourrez pour savoir où elle est; voyez de Brinon, voyez tout le monde, sinon je vais à Paris moi aussi!*

M. – *Et cela fera un malheureux de plus! Non, restez, je vous le demande. Téléphonez-moi demain soir vers 8 heures, j'aurai peut-être des nouvelles*[4].

Le lendemain, Rollin, haut responsable de la police nationale, tente de calmer F., mais on sent bien que son premier souci est de ne pas se compromettre. Il apparaît peu probable qu'il aidera l'infortuné conseiller.

Conversation du 16 mai entre Nice et Vichy :

F. – *Ici F.! C'est vous, Rollin? Bonsoir, mon très cher. Dites-moi, je me demande pourquoi ils me font ça! Et ma femme qui n'a jamais rien fait, qui est malade! C'est un assassinat! On ne sait même pas l'endroit où elle est!*

R. – *Écoutez, il faut être calme et ne pas trop insister; vous pouvez gêner Bard dans ses efforts. C'est un conseil, un conseil d'ami que je vous donne...*

F. – *Écoutez, je n'ai jamais rien fait pour gêner la politique du Maréchal, pas plus que je n'ai fait aucun acte contraire à la volonté des autorités occupantes, et encore moins porter atteinte à la personne même du Maréchal. Cela fait huit jours aujourd'hui, et on ne sait pas où elle est. Quelle est la police qui a fait cette arrestation?*

R. – *La Gestapo.*

F. – *Vous savez que le neveu de ma femme est arrêté aussi. Je vous dis le neveu de ma femme, car ce n'est pas le mien. D'ailleurs, savez-vous pourquoi ma femme était à Paris? C'était pour aller sur la tombe de son fils! Alors vous voyez!... Écoutez, je suis prêt à tout dire, à donner tous les renseignements possibles, mais qu'on relâche ma femme! Si je ne suis pas allé à Paris, c'est parce que je n'ai pas pu obtenir de passage. Voulez-vous que je vienne à Vichy?*

R. – *Non, mon cher, pas pour le moment!*

F. – *Elle n'a rien pu dire car elle ne savait rien! Elle est incapable de dire une parole de trop; un coup de téléphone et je viens, mon cher.*

R. – *Je vous ferai signe mon cher. Comptez sur moi! Du calme, du calme!...*

F. – *Oui, oui, mon cher. Il m'en faut*[5] *!...*

F. est l'un des premiers à vivre les drames consécutifs aux arrestations de la Gestapo. Les premiers réseaux actifs sont rudement touchés et la répression s'intensifie encore face aux premières actions armées menées contre des Allemands en uniforme. Ce type d'action suscite souvent dans la population une inquiétude, très perceptible dans cette conversation entre un propriétaire du Gard et un greffier de Chambéry. Nous sommes le 22 octobre 1941 et un attentat vient d'être perpétré contre un officier allemand.

– *En représailles, les Allemands ont exécuté cinquante personnes ce matin et en exécuteront cinquante autres demain matin.*

– *Mais ce ne sont pas des Français qui font ça?*

– *Ce sont des* communistes *payés pour ça ou d'autres fripouilles au service d'une puissance étrangère.*

– *C'est navrant!*

– *Et si ça récidive ça peut nous conduire on ne sait pas où.*

– *Réellement c'est dégoûtant!*

– *Et ça ne rime à rien, et c'est lâche d'aller par-derrière tuer des hommes qui, au fond, font leur devoir.*

– *Oh non, ça ne rime à rien, c'est navrant!*

– *C'est ce que Pétain vient de dire.*

– *Ça peut nous mener loin*[6].

Le franchissement clandestin de la ligne de démarcation, l'évasion d'un camp de prisonniers ou le passage à la clandestinité pour éviter le STO sont autant d'actes d'insoumission. Cette conversation de mai 1942 entre deux Marseillais est typique d'une résistance qui ne se définit pas encore comme telle. Dialogue au téléphone entre un client de la brasserie Pigalle et M. Roquigny :

ROQUIGNY. – *Le passage clandestin de la ligne de démarcation ne vous a pas réussi?*

– *Non, j'ai fait huit jours de prison dont deux jours de cellule. Heureusement qu'ils n'ont pas pu identifier que je suis un ancien évadé d'Allemagne!*

R. – *Ça devient sévère!*

– *Depuis une douzaine de jours c'est terriblement difficile!... Je ne conseille à personne de continuer à prendre la voie habituelle!... Qu'ils passent par les Landes, peut-être est-ce plus facile!... En tout cas, j'ai goûté à nouveau aux joies de la prison allemande... Je n'étais pas le seul!... Nous étions environ deux cents groupés par quatre dans chaque local! Tous des gens très bien.*

R. – *Évidemment. Il ne s'agit pas de prisonniers condamnés de droit commun.*

– *Ils arrêtent toute personne d'où qu'elle vienne dans un rayon de quelques kilomètres de la ligne de démarcation. Seuls peuvent circuler les possesseurs d'ausweis, bien entendu, et les habitants des pays limitrophes en possession de la carte d'identité des départements frontaliers!*

R. – *Ça ne va pas mieux alors? Qu'est-ce qui explique ce surcroît de sévérité?... Nous sommes officiellement avec eux!...*

– [Rires.] *Oui!... En tout cas ils ne semblent pas de bonne humeur. Loin de là!... J'ai l'impression qu'ils voient le printemps s'approcher trop rapidement!... Ils ne semblent pas trop l'aimer. Je t'expliquerai mieux la situation!... C'est comique et tragique!... Tragique surtout*[7]*!...*

Slogans sur les murs, chansons, graffitis et affiches manuscrites, les premières manifestations publiques de résistance à l'ennemi sont émouvants par leur simplicité. Parmi ces moyens, n'oublions pas les « chaînes postales » qui font le tour du pays quand elles ne sont pas saisies par le contrôle postal. Telle la « chaîne de l'Espoir et de l'Union » interceptée dans les Alpes-Maritimes en novembre 1941.

« Français, qui ne voulons pas la collaboration avec l'ennemi, qui ne voulons pas l'aider à gagner la guerre, qui ne voulons pas être asservis, il faut que nous nous sentions nombreux et forts. [...] Courage et espoir, cette guerre l'Allemagne la perdra. Le Français est supérieur à l'Allemand, qu'il en soit sûr, il sera fort.

« Recopiez cette lettre en cinq exemplaires au moins, que vous adresserez à des personnes connues. C'est la chaîne de l'Espoir et de l'Union. Il faut qu'elle fasse très vite le tour de France, qu'elle tombe et retombe sous les yeux de ceux qui admirent l'ordre hitlérien pour leur dire que la France n'en veut pas et pour leur crier honte.

« Tous unis dans un même élan, sans politique contre l'Allemagne et son valet italien. Revive la France[8]. »

Autre moyen de manifester son mécontement envers l'occupant : exprimer ouvertement ses sentiments anti-allemands. Deux interceptions postales relatent les événements qui eurent lieu à Lyon en mars 1942 :

Première lettre : « Nous étions en train de causer quand tout à coup des coups de sifflets stridents retentissent et les gens de courir, rue de Constantine, rue d'Alger, place des Terreaux, chantant *La Marseillaise* et le *Chant du départ*, criant : " A bas l'Allemagne ! A bas Hitler. " – Voici ce qui s'est passé. Il y a huit jours l'harmonie de Berlin devait donner un concert. Toutes les places avaient été louées – par qui ? Par des étudiants qui se promettaient de ne pas y assister de façon à ce que les B... jouent dans une salle vide. Cela a été éventé et les places ont été remboursées. Nouvelle location faite pour hier mais sur présentation de la carte d'identité afin cette fois d'évincer les étudiants. Ceux-ci, au lieu d'être dedans, étaient dehors et ont manifesté ainsi que leurs parents et amis, de telle façon qu'il a fallu faire appel non seulement à la police, mais à la garde mobile et à la troupe afin de chasser loin de la salle Rameau et de la place des Terreaux tout ce monde. Je suis rentrée à 21 h 30 obligée de faire un grand tour et à 23 heures il paraît qu'il y a eu du chahut à la sortie. " A bas la collaboration – A bas Laval ! " criaient-ils. Nous allons certainement être encore punis[9] ! »

Deuxième lettre : « [...] Et dire qu'ils sont en train de nous visser encore un peu plus sous prétexte que nous n'avons pas fait un large sourire à ces messieurs de l'Orchestre philharmonique de Berlin qui est venu jouer à Lyon lundi. Il faut dire qu'ils ont été reçus plutôt fraîchement, ça a fait un beau chambard dans les rues et la police aura un peu de travail. Ça leur fait un peu d'exercice. Je n'approuve guère ce genre de manifestations mais tout de même, ils feraient mieux de borner leur activité à la lutte contre les Russes, plutôt que de venir se prélasser dans les rues de Lyon. Je pense d'ailleurs que pareil accueil les aura guéris pour quelques jours... »

Les premiers actes de résistance sont à la merci d'une imprudence ou d'une dénonciation pas toujours causée par les motivations les plus viles. On frémit à la lecture de cette lettre d'une vieille Parisienne qui envoie, d'une écriture tremblante, une lettre à la Kommandantur et une autre à Radio Paris.

« C'est une grand-mère effrayée qui vous écrit aujourd'hui. De vieille souche bretonne, j'ai toujours fui les Anglais et croyais mes idées partagées par ma famille. Samedi dernier, j'ai vu les blouses de mes petites-filles, élèves du lycée Victor-Hugo, tachées d'inscriptions " Vive de Gaulle " et j'ai appris après enquête que mes chéries, ex-ennemies des Anglais, sont devenues des gaullistes convaincues, poussées par les Juives et les professeurs qui leur parlent directement ou par allusion. [...] Mais cela n'est rien. Mon petit-fils, élève du lycée Charlemagne, m'a dit que les écoliers de ce lycée, aidés d'autres lycées, avaient un dépôt d'armes et bientôt organiseront une bagarre avec les Allemands : " Nous y resterons, m'a-t-il dit, mais il y aura pas mal de boches de tués. "

« Monsieur, je vous supplie avec mon vieux cœur de grand-maman, usez de toute votre influence pour enrayer ce mouvement. Le seul moyen efficace me paraît de séparer ces groupes malfaisants et pour cela de placer les lycées sous des contrôles sévères ou même de fermer ces établissements. Pourquoi ne feriez-vous pas des cours par correspondance, pour ceux qui ne possèdent pas de TSF, et par radio pour les autres ? Les enfants, même dans des familles gaullistes, sont tenus car les parents craignent les répressions sévères. Empêchez, je vous prie, un massacre où périront une partie de la jeunesse française et des Allemands, et qui ne servira qu'à dresser ces deux pays l'un contre l'autre et à compliquer la situation actuelle déjà si grave.

« Madame B.

« Puis-je vous demander de garder mon nom secret [10] ? »

Entre l'occupant haï et omniprésent et un gouvernement collaborationniste, les sympathisants de la Résistance voient en Londres l'espoir qui les fera tenir jusqu'au débarquement. La BBC est un réconfort précieux pour la population française accablée. Beaucoup d'auditeurs lui écrivent et guettent le petit mot, la petite phrase qui, sur les ondes, indique que leur message est arrivé. C'est aussi le seul repère qu'ont les Français en Angleterre pour communiquer des renseignements susceptibles d'être utiles à l'armée britannique.

Juliette, dont la sœur a épousé un Anglais, passe par l'entremise de cette dernière pour correspondre avec la BBC. Saisie par le contrôle postal de Vichy, cette lettre n'atteindra pas son destinataire. Il est pourtant arrivé que des lettres du même type parviennent à la BBC par l'intermédiaire d'une adresse privée en Angleterre ou d'un pays neutre.

« 18 mai 1942.

« Ma bien chère petite sœur,

« [...] Mais malgré tout le moral tient bon, avec la présence de cette bande de saloperies, c'est dur tu sais! Lors du bombardement de Renault ça a chauffé, tu sais, nous sommes restés chez nous et toute la maison était descendue chez nous. Pas d'abris à ce moment-là. Ils réservaient le tunnel pour eux, et pas prévenus! Aucune alerte, maintenant on peut aller au tunnel, moi je reste chez nous. Je n'ai pas peur des Anglais, ce sont nos amis et nous n'espérons qu'en eux. Je continue ma propagande. J'ai repéré des salauds qui sont pour les boches, gare pour eux à la fin! Ici, quand les Anglais viendront, tous nous les aiderons, je ne serai pas la dernière, tu peux me croire... »

Copie d'un papillon joint à la lettre : « Rajoute à ma lettre les mots manquants : la ville à côté de la date, mon adresse et entoure tous les mots en blanc, et envoie-le à la BBC à Londres avec ton message. Merci, Cheu. »

Copie de la lettre à la BBC.

« 18 mai 1942.

« Chers compatriotes,

« Voici une revenante. Je vous ai écrit dès après l'exode. J'avais mis : " J'habite à..., je m'appelle Juliette, etc. "

« Ma propagande, je l'ai continuée sans arrêt, sans penser aux risques. Qu'importe, c'est notre façon de combattre, dites-vous bien que la grosse majorité est pour vous, ceux qui sont pour les boches en profitent.

« On pousse les patriotes à se jeter dans les bras des boches, mais nous tenons bon, rien avec ces gens-là. Nous avons eu faim, froid, mais l'honneur est intact et au cœur toute la fidélité et la confiance en vous, en notre chef, notre général de Gaulle, en nos amis anglais, nous attendons prêts à vous aider, mais tâchez de ne pas trop tarder. Nous sommes las de cette vie, et à l'idée de repasser un hiver... mais enfin, s'il le faut, on le passera avec le sourire toujours. Retenez mon adresse, ma sœur mariée à un Anglais depuis 1921 peut vous dire ce que je suis, et pas peureuse. S'il y avait des parachutistes égarés, qu'ils viennent à moi. Je saurais les cacher et j'ai de quoi et de tout à fait sûr; ce serait de tout cœur. Quand les Anglais sont venus sur Renault, nous avons eu chaud! Mais quelle joie! Je vous signale que boulevard Victor, le long des fortifs, pas loin de la Seine et du petit pont où passe le chemin de fer venant de Versailles, se trouvent tout le long sur le trottoir, côté gauche, en venant dudit petit pont, remisés au moins cent camions Renault et Studebaker, tous neufs, sous les arbres.

« Fichez une bombe là-dedans. Chers compatriotes, vous, monsieur Jean Marin, monsieur Pierre Bourdan, Jacques Duchesne et celui qui est le représentant de la France libre, vos voix nous sont familières, et croyez que nous vous remercions et vous félicitons de votre fidélité en nous les pauvres occupés, oui, vous pouvez croire en nous, le peuple de France est magnifique, je ne me lasse pas de lui tâter le pouls dans les queues, interminables queues pour arriver à mal manger; eh bien, le peuple a le sourire malgré tout ce qu'il a enduré et endure encore et tout son cœur est avec vous. Mais malheureusement on en trouve encore et trop qui parlent mal des Anglais, ceux-là je les remise et ferme ! Je ne cale pas, mais comme nous serions déçus si après la guerre, justice ne nous serait pas rendue et châtiés les dégoûtants, qui sont pour eux et s'enrichissent par eux d'une manière honteuse, j'en ai une belle liste à vous communiquer. Dans sa majorité le peuple est digne, fier heureusement.

« Les boches sont provocants, près du pont où ils ont mis des batteries de DCA et monté des maisons en bois pour ces... messieurs... est dessiné par terre un aigle avec la croix gammée dans ses serres ! Par des petits cailloux blancs et noirs. La main me démange d'aller avec un balai le barbouiller, ou y jeter... quelque chose, et ce n'est pas dit que...

« Beaucoup parlaient français, ils sont partis maintenant, ils ne comprennent rien, on les a remplacés. Ils ne se sentent pas en sécurité et toujours sont armés, avec leur coupe-chou ou le fusil, car ils peuvent dire qu'ils sont détestés, les sales boches ! Chers compatriotes, si nos lettres vous font plaisir, vos messages nous font vivre, c'est la vraie France que nous entendons, c'est la voix de la délivrance que nous entendons par votre bouche, c'est en elle que nous avons mis notre foi et notre espérance et nous ne pensons pas rester les bras croisés le moment venu. Commandez, nous obéirons, moi toujours je vous en réponds et je ne demande pas mieux que de découdre du boche, je les hais tellement, je les regarde avec un air si mauvais, qu'ils se retournent sur moi, paraît-il... Je ne peux pas vous obéir, être diplomate et les démoraliser, ils me dégoûtent trop, je ne leur cause pas. Je ne peux pas. Bien chers compatriotes, depuis l'exode je n'ai pas de nouvelles de ma sœur. Je vous en prie, donnez-m'en dans un message. Je suis inquiète car Bristol a été très bombardé. Je vais vous quitter, à regret, espérant vous revoir bientôt et notre France délivrée de la souillure. Notre cœur à ce moment-là sera si heureux, nos larmes couleront encore, mais de joie. Quelle émotion rien que d'y penser... nos braves amis anglais seront embrassés par toutes et nous serons folles. Avec toute notre gratitude, croyez toute notre fidèle pensée.

« Juliette S. [11] »

Les résistants les plus actifs collectent des informations sur les troupes d'occupation et recherchent un contact avec les premiers réseaux de renseignements montés par les services secrets britanniques et le mouvement gaulliste. C'est ici un Rouennais anonyme mais courageux qui écrit au consul de Grande-Bretagne à Lisbonne, en espérant que ce dernier retransmettra à Londres les précieuses indications qu'il donne. Mais le contrôle postal, là encore, saisira la missive :

« C'est un Rouennais qui vous envoie ces quelques lignes. Croyez que nous suivrons de très près les préparatifs que vous faites avec nos amis yankees. Surtout veillez car tout le long des côtes il y a des défenses d'établies et de l'artillerie en masse. Les troupes sont retirées à environ dix à quinze kilomètres en arrière. Une parente qui vous écrit sous les initiales IP 19 m'a prié de vous rappeler que des champs de mines nombreuses ont été déposés depuis Le Tréport jusqu'à la baie de la Somme à Saint-Valéry-sur-Somme et que le bois de Cise près de Mers-les-Bains a été aussi miné.

« Je dois vous dire également qu'en ce qui concerne Rouen les “ frisés ” reçoivent des tanks-citernes qui transvident leurs chargements dans des chalands-citernes. Ils sont généralement amarrés rive droite de la Seine, de la borne 350 à 260.

« Sur la rive gauche, près de l'ancien pont transbordeur, à l'encoignure du quai et de la rue de Blosseville, il y a quelques bacs d'essence qui contiennent de l'essence et qui sont gardés par les Allemands. Quoique habitant très près, je compte sur un tir précis de vos pilotes [12]. »

C'est une surprise pour l'historien de voir que des Français, mus sans doute par une confiance aveugle dans la poste, ont écrit en Angleterre en 1942 et en 1943 pour répondre aux messages qu'ils écoutaient chaque jour. Naïveté certainement, imprudence folle pour ceux qui donnaient leur adresse, se désignant ainsi à la répression.

Toute initiative, si minime soit-elle, susceptible d'entraver l'action de l'armée d'occupation étant considérée comme un acte de résistance, les Français éprouvent un malin plaisir à perturber l'organisation allemande. Cela ne va pas sans entraîner des représailles et créer un climat de tension parmi la population. La conversation téléphonique qui suit, entre deux fonctionnaires du ministère de la Justice, en novembre 1942, l'un à Paris, l'autre à Vichy traduit cette atmosphère :

– *Il y a encore eu un attentat contre un gardien de la paix à Suresnes. Les attentats se succèdent d'une façon inquiétante contre les gardiens de la paix en ce moment.*

– *Ce sont encore des communistes.*

– *Oh! probablement.*

– *C'est un Français? Sans doute un communiste.*

– *Vraisemblablement, mais on ne le dit pas.*

– *Tâchez donc de demander son opinion, c'est intéressant.*

– *Je vais faire mon possible.*

– *Rien de nouveau en ce qui concerne les mesures prises* [le couvre-feu]. *Ce soir?*

– *Non, rien de changé et aucune indication n'est donnée à ce sujet. En principe, toutes les mesures sont maintenues. Je dois dire également que des bruits circulent dans toute la zone occupée, on dit que la Kommandantur de Saint-Denis a sauté. C'est faux. Tous les bruits qui circulent actuellement sont faux. Il n'y a eu aucun incident depuis le nouveau régime du couvre-feu* [13].

Certaines activités de résistance donnent aux avocats de la zone libre l'occasion de se poser des problèmes juridiques d'un type nouveau. Quel est, par exemple, le statut d'un officier anglais parachuté au-dessus de la France? Me Padis, du barreau de Lyon, doit ainsi défendre, en novembre 1942, un parachutiste britannique capturé par Vichy. Il téléphone à un juriste lyonnais renommé, le Pr Lemaire, pour lui demander conseil :

PADIS. – *Je vous ai envoyé une lettre, concernant un rendez-vous auquel je tiens beaucoup, je tiens d'abord à préciser que l'affaire en question ne viendra pas au Conseil d'État, comme je vous le disais, mais devant le tribunal d'État.*

LEMAIRE. – *Mais parfaitement, je l'avais bien compris.*

P. – *Pour le reste, afin que vous puissiez voir si vous pouvez m'être d'un précieux secours je vais vous dire, à mots couverts, de quoi il s'agit, avec toute la prudence exigée au téléphone. Vous savez que pour le moment il y a une pluie abondante de parachutistes sur notre sol. Celui qui m'occupe a la qualité d'officier d'une armée étrangère, il prouve sa qualité et sa mission. L'affaire vient devant le tribunal d'État, sous un autre chef d'accusation pour les raisons que vous devinez. Pouvez-vous m'indiquer quelque chose susceptible d'étayer ma plaidoirie ?*

L. – *On ne peut chercher de précédents de parachutistes que dans cette dernière guerre.*

P. – *Oui, mais autre chose, comment peut-il être considéré ?*

L. – *Comme espion, mais on ne peut plus le regarder ainsi.*

P. – *Au point de vue du droit international public.*

L. – *Que personne n'a jamais enseigné.*

P. – *Oui, d'accord. Enfin, au point de vue officiel, c'est un espion ?*

L. – *En 1870, Bismarck a fait traiter comme tels les aéronautes du siège de Paris.*

P. – *C'est très intéressant.*

L. – *Lorsqu'un ballon tombait, l'aéronaute était traité comme espion. Nous n'avons pas bien entendu de documentation, mais, c'est bien le meilleur précédent.*

P. – *En zone occupée, ceux qui tombent sont exécutés par les Allemands. C'est un précédent à ne pas invoquer. Écoutez, je m'absente, je vais à Marseille plaider devant le tribunal aérien, c'est le tribunal de l'armée de l'air, encore une chose extraordinaire. Je ne voudrais pas dire de bêtises pour éviter des incidents diplomatiques. On lui a donné un costume, qui est autre qu'anglais. Vous verrez, c'est très curieux, c'est un cas impossible, que toutes les chancelleries suivent* [14].

Face au développement d'actes de résistance de plus en plus massifs et organisés, les autorités de Vichy intensifient la répression. Le préfet du Lot apprend, peu avant le 11 novembre 1942, que le personnel des usines Ratier de Figeac entend marquer cette date. Le préfet entre en communication avec le directeur de l'usine pour lui donner ses ordres : « Je suis informé que des ouvriers de votre usine ont fait une souscription de façon à offrir une gerbe et la porter aux monuments aux morts. Dites-leur de ma part que je leur interdis d'une façon absolue de porter cette gerbe aux monuments aux morts.

« S'ils veulent le faire, *trois mois de prison*, aussi nombreux qu'ils soient. Prenez vos dispositions en conséquence.

« Informez de ceci le personnel de direction : s'il y a le moindre trouble dans le personnel des usines Ratier, *je commencerai par interner Leclerc et Gaudin.*

« Je ne saurais admettre l'ombre d'une manifestation, quelle qu'elle soit. Je suis persuadé qu'il vous suffira de leur faire comprendre ces consignes, dans un langage ferme, pour éviter tout incident.

« Je vous répète que la sanction sera, qu'il s'agisse d'hommes ou même de femmes, trois mois de prison.

« Je téléphone au sous-préfet de Figeac dans ce sens.

« Le 11 novembre n'est pas chômé. Il faut faire son travail comme à l'accoutumée. »

Dans ses consignes au sous-préfet de Gourdon, le préfet précise : « En cas de patrouille, à tout ordre non obtempéré, tirer sur le récalcitrant. Il faut que les gendarmes soient respectés et écoutés [15]. »

Dans les usines, les actes de résistance se multiplient, comme en témoigne cette lettre du 8 septembre 1943. Un cadre, acquis à l'ordre nouveau, s'inquiète des agissements « subversifs » dont il est témoin : « [...] En tous les cas, à l'usine de bicyclettes du Blanc Délecta, dirigée par Chichey, conseiller national, ex-initié à la franc-maçonnerie, ils sont tous adeptes de la faucille et du marteau : un jour ils ont descendu le drapeau français de la place, pour le remplacer par un " torchon " rouge. Plus dernièrement, au Grand-Pressigny où j'ai été passé quelques jours chez un camarade, il avait été remplacé par l'" l'Union Jack " [*le drapeau anglais*]. Heureusement que les Allemands qui sont en train de construire des batteries de DCA dans le village ne l'ont pas vu... »

Les échauffourées entre la Résistance et la police troublent la population qui a, bien souvent, tendance à prendre parti pour les forces de l'ordre. Voici le récit d'une voyageuse de Loubans pour Paris en mai 1944 : « [...] Dans la salle d'attente les gens dévoraient leurs provisions et les enfants fatigués pleuraient. Un train bondé naturellement mais je suis restée assise dans le couloir sur ma valise jusqu'à Loubans où j'ai pu m'installer dans un coin confortable d'un compartiment occupé par plusieurs gardes mobiles de Chambéry qui allaient à Rennes... Qu'est-ce que j'ai pu entendre comme histoires terroristes de la région! Ils font la chasse en Savoie à ceux qui se dérobent. Guidés, et surtout armés par des étrangers, ils sont environ huit cents dans le département qui se cachent dans des abris à plus de deux mille mètres. Ils pillent pour vivre naturellement et sont très dangereux alors que les pauvres gardes hésitent tout de même à tirer sur eux. Leur métier n'est sûrement pas de tout repos en ce moment. A Dijon, nous avons eu deux journalistes dans le compartiment et comme ils arrivaient du Creusot où tout est détruit paraît-il, eux aussi avaient de tristes nouvelles à nous conter [16]... »

La répression

La seconde partie de ce chapitre traite des représailles consécutives aux attentats et actes de résistance. Dès le début des hostilités, les Allemands répliquent par des arrestations ou des exécutions. Collaborant étroitement avec l'occupant, la police de Vichy ne tolère aucun acte pouvant troubler l'ordre public.

Nous sommes le 26 août 1941, la mère d'un jeune résistant arrêté par la police vichyssoise crie sa douleur et sa révolte.

« Je profite de ce que je suis en zone libre pour essayer de vous donner de nos nouvelles et aussi en avoir des vôtres – je ne sais rien de vous depuis le début de cette horrible guerre et je pense souvent à vos chers enfants, me demandant ce qu'ils sont devenus, hélas! Leur sort ne peut être pire que celui de notre pauvre Claude! Nous sommes ici pour lui. Vous avez peut-être appris par les uns et les autres sa terrible aventure. Terriblement malheureux au 18 juin au moment de l'armistice de n'avoir pas pu se battre pour son pays qu'il aime tant, le pauvre petit avec beaucoup de ses camarades est passé en Angleterre et depuis ce temps nous étions sans nouvelles de lui quand au 25 février nous avons appris par la radio sa condamnation par la cour de Gannat à vingt ans de travaux forcés! D'Angleterre on l'avait envoyé au Maroc comme officier de renseignements et naturellement il s'y était fait arrêter dès la fin d'octobre. Il est donc en prison depuis ce moment-là et depuis le 25 février à Saint-Étienne comme *forçat*. Détenu de droit commun c'est ainsi qu'on traite ces pauvres enfants qui ont péché par un excès de patriotisme! Claude qui avait le désir de verser son sang pour son pays! Pauvre enfant, dans quelle situation physique et morale le retrouvons-nous ici? C'est épouvantable, ma chère Annie, et on se demande comment on peut supporter pareil calvaire.

Mon mari est vieilli de vingt ans, quant à moi je ne sais plus comment je fais pour vivre. Nous avons d'ailleurs trouvé ici beaucoup de sympathie et de compréhension de la part de toutes les autorités civiles, militaires, religieuses qui toutes font tout pour arriver à améliorer le sort de ces pauvres enfants mais se heurtent à une implacable résolution de la part du Maréchal et de son entourage; c'est une vraie honte de traiter comme des assassins et les pires des malfaiteurs de pauvres enfants qui ont tout sacrifié pour leur pays. *Cela ne leur portera pas chance.*

« Nous sommes là depuis quinze jours et encore pour quinze jours, nous voyons notre cher enfant trois fois par semaine grâce à la complaisance des autorités qui se sont mises en quatre pour nous faciliter les choses. Il avait bien besoin de nous voir car, malgré son courage et son cran, son abandon commençait à être trop pénible. Songez qu'il est en cellule sans communication aucune avec qui que ce soit autre que ses gardiens! Il ne fait rien, meurt de faim, sa nourriture consistant en deux soupes, c'est-à-dire une gamelle d'eau chaude dans laquelle nagent quelques rondelles de rutabagas ou autres légumes et quatre cents grammes de pain *sec* et c'est tout. Enfin, on le fait mourir à petit feu, une honte que je ne pardonnerai jamais aux responsables! Priez pour notre cher enfant que nous aimerions mieux savoir là-haut que dans une si terrible situation [17]. »

Les actions de la Résistance poussent à la surenchère les policiers de Vichy, actifs dans la lutte contre les « terroristes ». Voilà le dialogue entre un commissaire de police de Nice et un interlocuteur non identifié dans la Loire.

NICE. – [...] *Vous avez vu à Toulon, ils ont descendu un commissaire.*

SAINT-ÉTIENNE. – *Ah! les fumiers!*

N. – *C'est toujours le même coup! A Nîmes il y a quinze jours, deux inspecteurs y sont restés.*

S.-E. – *C'est formidable! Dites à Roux de faire attention.*

N. – *Si les policiers ne sont pas des dégonflés, on arrivera à quelque chose. Je vous garantis que s'il y en a un qui se trouve sur mon chemin, il n'ira pas à l'Instruction. Ils font ça pour engager les policiers à ne pas rechercher les terroristes* [18] *!...*

Les situations dramatiques issues des actes de résistance abondent. M. Pierre, de la Banque de l'Indochine à Marseille, rapporte, en septembre 1942, au téléphone à Mme Buzeray de Megève, la douloureuse disparition d'un ami commun.

MARSEILLE. – *On a prévenu sa femme qu'il allait partir en Allemagne le soir, qu'il fallait qu'elle aille lui dire au revoir, elle y est allée avec son beau-père... ils l'ont vu tout souriant!... Il lui a confirmé qu'il partirait le soir en Allemagne... A un moment donné, le gardien a dit à la dame qu'il fallait partir et laisser le père et le fils ensemble... Il l'a embrassée, toujours en souriant et lui a dit! « A bientôt!... » Alors, après, il a dit à son père qu'il allait être fusillé l'après-midi!...*

MEGÈVE. – *Mon Dieu! Quelle horreur!...*

MA. – *Hé oui!... Et l'après-midi il a été fusillé avec trois autres!... Le lendemain sa femme est retournée à Fresnes avec l'espoir qu'il n'était peut-être pas parti et qu'elle l'aurait revu... Elle a vu un Allemand, très embêté, qui lui a dit que son mari était parti très loin... Alors, elle est rentrée à la maison où elle a trouvé tout le monde en larmes... et son beau-père lui a appris la triste vérité...*

ME. – *C'est épouvantable!...*

MA. – *C'est infiniment triste, mais on ne peut reprocher*

aux Allemands cette note de barbarisme... En réalité, il s'agissait de conspirateurs... il savait très bien ce qu'il risquait... Il faisait partie d'une section d'assaut de De Gaulle... Les Allemands ont arrêté quinze gars qui faisaient partie des troupes de choc de De Gaulle, ils avaient des dépôts d'armes, des munitions, ils devaient faire sauter les ponts en collaboration avec le débarquement... des Anglais... il y en avait quarante-huit [terme incompris : types ou sections] *à Paris !...*

ME. – *Quelle tristesse !*

MA. – *Maintenant sa femme voit rouge, elle veut tuer tous les Allemands*[19] *!...*

Les prisonniers de la Résistance sont détenus dans des conditions lamentables. Le 3 octobre 1942, Mme Gillet, fonctionnaire au ministère de la Justice, s'adresse à un membre du cabinet du secrétaire d'État au Ravitaillement de Vichy. Elle a pu, grâce à ses fonctions, mesurer l'étendue de la détresse matérielle des résistants emprisonnés en zone occupée par les Allemands. Elle est certaine que la situation pourrait s'améliorer si les fonctionnaires de Vichy faisaient un effort. Mais il lui faut vaincre leur indifférence, ce qui n'est pas peu de chose. Au bout du fil lui répond un interlocuteur qui n'a pas envie de faire de zèle :

G. – *Vous êtes au bureau de M. Charvin ?*

– *Oui, madame.*

G. – *Je suis venue à Vichy pour attirer l'attention du gouvernement sur les jeunes gens enfermés par les Allemands dans les prisons françaises, avec les prisonniers de droit commun. La situation est très grave, à cause de la sous-alimentation, ils vont tous mourir par tuberculose. Je veux voir M. Charvin pour essayer de régler cela au mieux.*

– *Il faut vous adresser à M. Hanotin, le directeur adjoint de la répartition.*

G. – *Je me suis déjà adressée à ce monsieur. Il répond : « Les prisons, les prisons, elles passeront après le reste. »*

– *Il n'a pas tort.*

G. – *Oui, ce qui fait qu'à la Santé et à Fresnes des tas de petits gars périssent par tuberculose. Vous ne savez pas qu'ils sont mis sept, huit et neuf par cellule. En ce moment, en zone occupée, il y en a trente-cinq mille qui sont enfermés et qui meurent de faim. Il y a des petits gars de Brest qui sont là parce qu'ils ont ri pour le bombardement du* Bismarck. *Les prisons sont déjà surpeuplées, mais nous sommes menacés de beaucoup plus, car cela va de plus en plus vite en ce moment. Les prisons ont trois fois leur contenance. Ces petits gars-là sont mis avec les condamnés de droit commun, à la souffrance morale s'ajoute la souffrance physique.*

– *Le ministère de la Justice ne veut pas nourrir ses prisonniers. Il ne veut pas le faire, ou n'a pas de crédits pour cela. Avant, il nourrissait ses prisonniers au pain, maintenant, il n'y en a plus, ce qu'il fait qu'ils n'ont plus rien.*

G. – *Je suis en ce moment à la Justice et c'est eux qui m'ont dit de téléphoner chez vous. On pourrait donner des rations supplémentaires aux jeunes ou des paquets que la Croix-Rouge distribuerait, mais pour cela il faudrait que vous débloquiez de la marchandise.*

– *Il faudrait, pour que cela n'aille pas à d'autres qu'à ceux dont vous parlez, que cela soit des paquets.*

G. – *Oui, je vais m'en occuper avec la Croix-Rouge, on pourrait faire un système d'étiquettes. J'ai appris qu'à Riom, sur cinq cents prisonniers, il y en avait soixante et onze de morts depuis le mois de janvier, par suite de privations. Avec ce régime, on va à une tuberculose grandissante. Ces jeunes, quand ils vont sortir de prison, vont être aigris, ce qui se passe en ce moment mène les gens contre le régime actuel.*

– *Ces gens-là ne sont pas très intéressants!*

G. – *Mais, monsieur, juste pour avoir ri au ciné, on va en prison en ce moment vous ne vous en rendez pas compte.*

– *J'ai dépassé ma pensée. Je crois que le meilleur régime serait celui de colis, car avec la ration spéciale les voisins mangeraient celle des jeunes gens. Il faudrait que vous veniez voir M. Hanotin, mais je ne sais pas quand il pourra vous recevoir.*

G. – *Il faut qu'il me reçoive tout de suite, car je retourne à Paris ce soir. J'ai une conférence demain avec les Allemands; ils m'ont déjà accordé pas mal de choses, et maintenant je veux avoir un poste de Croix-Rouge à l'intérieur de toutes les sections allemandes, ce qui est très difficile.*

– *Eh bien, je vais essayer de vous faire recevoir tout de*

suite par M. Hanotin. Venez d'ici un quart d'heure au Florida, premier étage.

G. – *J'y vais tout de suite*[20].

A Alger, le sort des prisonniers n'est guère meilleur, si l'on en croit cette conversation interceptée, le 20 juillet 1942, entre un inculpé qui vient d'être remis en liberté et un de ses parents. Nous ne saurons pas ce qui lui est reproché, bornons-nous à constater que sa révolte lui donne l'occasion d'exprimer un virulent antisémitisme :

– *Je suis resté là-haut une dizaine de jours qui m'ont semblé interminables, dévoré par la vermine, les punaises, les poux qu'on ramasse à la poignée; mêlé aux criminels et aux fraudeurs et aux détenus politiques.*

– *Détenus politiques, communistes?*

– *Oui, enfin des gens qui ont eu le tort de voir toujours rouge, quand ils auraient dû s'abstenir. Ils ont d'ailleurs un moral magnifique, pour la plupart instituteurs, avocats... Ils espèrent en un changement de régime qui les libérera et les remettra à leur place.*

– *Mais toi, parle-moi un peu de toi, mon petit, ce qui m'étonne, c'est qu'on t'ait gardé si longtemps, te sachant innocent, il fallait demander un avocat, réclamer, protester.*

– *Protester, à qui? comment? C'était la seule façon d'attirer sur moi l'attention et les représailles de gardiens déjà malveillants et brutaux qui ne sont plus des hommes, mais des êtres vils et bas, sournois qui traitent tout le monde de la même façon, à coups de bottes et de lanières de cuir.*

– *Mais enfin on t'a interrogé? Tu as été présenté à des juges?*

– *Oui, en effet, j'ai subi un interrogatoire. " Reconnaissez-vous les faits? Ne reconnaît pas les faits, signez. " J'ai tenté de m'expliquer, l'inspecteur a voulu intervenir : " Greffier, vous pouvez disposer, je n'ai rien à ajouter, emmenez-le " et voici la justice d'aujourd'hui; on vous boucle, sachant que vous êtes innocent.*

– *C'est inimaginable; et dire que ces gens-là ont prêté serment au Maréchal, c'est du propre; et voici comment, par la faute de quelques crétins diplômés, on arrive à vous dégoûter d'un régime pur.*

– *Vous pouvez le dire, c'est écœurant d'en être encore là, c'est à vous dégoûter d'être français, quand vous voyez des Nathan et Cie juifs fraudeurs, qui à côté de vous ont droit à tous les égards; vous les voyez à la récréation se promener en pyjama de soie; ces puants, moyennant finance, ont droit à un matelas de laine et même à des draps, ils ont une cellule pour deux, alors que le pauvre bougre, qui ne peut montrer patte blanche, a droit à une natte remplie de vermine et partage la cellule avec quatre ou cinq compagnons.*

– C'est révoltant.

– Oui, mais cependant véridique; quant à l'hygiène, inexistante. Barberousse qui, en temps normal, peut contenir deux cents à trois cents détenus, en contient à l'heure actuelle huit cents à neuf cents, six par cellule de six mètres carrés, les indigènes sont parqués par cinquante, en dix jours je n'ai pu me laver une seule fois, et combien, combien d'autres choses que je passe, mais que je ne pourrai oublier.

– Écoute, mon petit, il faut venir me voir sans faute dès demain.

– Demain matin?

– Quand tu voudras, nous allons essayer de te faire oublier tout ça et de régler cette question car elle en vaut la peine, je t'attends demain...

– Vous pouvez être tranquille.

– Allez, bonsoir, mon petit[21].

La situation dans les prisons de la zone libre n'est guère meilleure. Le Belge Charles Dubois, qui a lui-même goûté au cachot, s'en indigne. Sa lettre, sortie clandestinement de la prison de Nîmes en janvier, a été saisie par le contrôle postal. L'homme est un notable de Bruxelles où sa famille a fondé un hôpital et deux hospices. Sa correspondante est une visiteuse de prison à Montpellier.

« Chère mademoiselle,

« Un hasard très heureux (mais non permis) me donne la possibilité de vous envoyer un petit mot et vous remercier personnellement pour votre colis et surtout pour avoir trouvé une belle âme qui pense aux malheureux, car, c'est chose rare et ce fait me rend, moi qui ai toujours vécu dans une atmosphère de charité et d'amour, presque désespéré. Je ne sais pas si vous connaissez un peu ma ville de

Bruxelles, mais là, vous trouverez le plus grand hôpital de Belgique, orphelinats et deux maisons pour vieillards qui tous ont été donnés par ma famille. C'est pourquoi je me demande souvent (vous le comprendrez) pourquoi je suis dans un tel milieu. Votre étonnement sera encore plus grand quand je vous dis que j'ai donné plus d'un million de francs, une fois, pour la Défense nationale (j'ai voulu une fois sauver cet État pourri et corrompu) et l'autre part pour les victimes de la guerre.

« Ici, mademoiselle, c'est terrible. Arrivé ici ayant 83 kilos, je n'ai que 49 encore ! Et ceci, pour un jeune homme qui, à peine, a passé la trentaine. Vous savez ce qu'on nous donne ? Un morceau de pain et 35-40 centilitres de soupe dans laquelle il y a quelques morceaux de navet et de [illisible] que les autres ne peuvent plus manger. Mais pour nous, tout est bon. On nous fait crever (excusez l'expression) à petit feu. On nous vole tout le sucre, la graisse, le café, etc. Nous avons de terribles souffrances à pâtir. On fut battus comme les chiens et le cimetière à côté est le témoignage le plus éloquent de cette bassesse humaine qui n'existe qu'une seule fois : en France. Une barbarie d'une telle cruauté n'a existé ni chez les tyrans assyro-babyloniens, ni chez les bolcheviks en Russie, mais se trouve dans ce pays qui se réclame toujours de l'humanité parce qu'il n'en a point et n'en a jamais eu ! Je connais un peu les prisons en France, parce que j'ai été membre de la Société internationale pour l'étude des prisons. Ce ne sont que des abattoirs d'hommes. Ce que j'ai vu et vécu, ici, dans ce milieu, dépasse les imaginations de toute fantaisie aussi perverse qu'elle soit. Passer des verges, gifles, coups de pied, etc. et le plus cruel, c'est le manque de nourriture, pas de feu. En nous voyant, on peut penser que les morts se promèneraient : des ombres pâles et affreuses qu'un souffle de vent écrase... Les mots et les paroles me manquent pour décrire une abomination. Où sommes-nous ? Au vingtième siècle. Dans un pays qui prétend d'être un civilisé !

« Ce que je veux, c'est la vengeance. Œil pour œil, dent pour dent. Sans pitié, ces bourreaux doivent être écorchés d'une manière aussi cruelle, car une plus cruelle n'existe pas. Avoir de la compassion avec eux serait chose folle. Cette vengeance arrivera. Déjà se montrent les premiers nuages qui indiquent l'orage à venir. En sortant, nous prenons une haine mortelle avec nous et elle se répandra partout contre ce pays sadique et elle va aider à dégoûter la France et les Français. Mon premier geste sera, arrivé à Bruxelles, de jeter dehors les vieillards français qui sont nourris de mon argent à moi et de les expédier retour dans le pays où règne leur humanité.

« De moi, ont profité tant de collègues et d'autres, mais aucun n'aurait eu l'idée de faire quelque chose. A cinq collègues, j'ai fait appel pour un essuie-mains, mais en vain ! Ça ne fait rien; ça confirme mes convictions.

« Je ne peux presque plus penser. Jadis, j'ai été le plus jeune agrégé et je me demande si je peux jamais reprendre mon travail.

« C'est un grand besoin pour moi de vous remercier du fond de mon cœur et je vous prie de ne rien dire de cette lettre quand vous m'écrirez une fois. Au moins, j'ai une seule personne qui, sans intérêt, m'a aidé. Regrettablement, je ne peux faire la cuisine et j'ai dû manger les navets et pommes de terre crus.

« Il me serait, bien entendu, un grand plaisir, si je peux faire, une fois, votre connaissance. Que Dieu vous bénisse et qu'il vous soit propice ! Je vous serais bien obligé si vous me racontiez quelque chose sur vos études, etc. Je prends volontiers part à vos soucis et à vos travaux, surtout l'histoire du christianisme. J'ai remplacé, pendant un an, un collègue malade dans ce domaine. Donc, rien mentionner de cette lettre.

« Recevez, chère Mademoiselle, mes salutations distinguées [22]. »

Les condamnés à mort ont l'autorisation d'écrire une lettre d'adieu. Ces ultimes missives ont souvent été citées, voire éditées, dans des ouvrages particulièrement poignants. Bien que ce type de correspondance n'entre pas dans notre propos, nous avons tenu, néanmoins, à citer celle de Jacques Arbizer, fusillé en mars 1942. Toute la famille de ce jeune FTP sera par la suite déportée et assassinée, y compris Hélène, sa jeune épouse de dix-sept ans.

« Cherche-Midi, 31 mars 1942 – 6 heures du matin.

« Ma chère maman,

« Cette lettre va te faire une peine terrible, mais je te

demande d'avoir du courage et d'être très forte. Je ne sais pas comment t'écrire tout ce que je voudrais te dire. Je vais être fusillé dans une demi-heure, mais la mort ne me fait pas peur. Ce n'est qu'un mauvais moment à passer. Tu vois, je suis très courageux, et je voudrais que tous ceux qui ont le même sort soient aussi forts que moi. Je te demande pour la dernière fois, ma chère maman, ne pleure pas trop. Papa est très malheureux, et je ne sais pas si tu dois lui dire ce qui m'est arrivé. Petite maman, sois brave, je ne me fais pas de bile. Nous sommes quinze, et je suis le plus jeune, il faut que je leur montre l'exemple. Ne t'inquiète pas pour moi car je ne souffrirai pas.

« Maintenant, je vais dire quelques mots à ma petite Hélène. Ma petite, je me marre en t'écrivant ces lignes, car tu dois faire une drôle de bobine. Tu ne t'attendais pas à voir ton petit héros finir si glorieusement. C'est une fin comme une autre, et mourir pour mourir, mourons en brave. Ma chérie, te voilà veuve à dix-sept ans. Que c'est triste pour toi. Petite Hélène, parlant franchement pour que tu ne fasses pas un deuil trop long, je vais te dire que je ne prenais pas au sérieux notre amourette, et je me demande encore si je t'aime et je crois que c'est tout juste en camarade. Tu vois, je t'ai menti sans arrêt, et tout ce qui m'arrive, je l'ai bien mérité. Je ne suis qu'un vil menteur. Je ne veux pas que tu pleures pour moi cent sept ans car je ne le mérite pas. Je me demande ce que tu vas faire maintenant, car sitôt que tu auras lu cette lettre, je serai rayé du nombre des vivants. J'aurais voulu te dire des mots gentils, les derniers, et je te parle de choses qui vont t'attrister. Petite Hélène, avant de piquer une crise de larmes, commence par calmer maman. Ce qui est dommage, c'est que tu ne trouveras pas de gars comme moi pour me remplacer, car j'ai toutes les qualités (sans me donner de coups de pied). Mes copains vont en faire une tête, en lisant mon nom sur les murs. Que veux-tu, la vie est si drôle, elle nous réserve de drôles de surprises. Malgré tout, je ne regrette pas de vivre à cette époque, car elle est très intéressante. Lorsque tu seras calmée, tu trouveras un autre brave gars (pas comme moi, bien entendu, car les absents ont toutes les qualités) mais enfin, il n'en manque pas et parmi le nombre, fais ton choix. Adieu, Hélène, bien le bonjour à tous mes amis et amies *. »

* *Lettres de condamnés à mort,* Éditions sociales, 1961.

Le 5 octobre 1942, Lucienne Cloarec écrit à la BBC pour raconter l'histoire poignante qu'elle a vécue, ainsi que sa famille : la disparition de son frère. Lucienne est une jeune résistante, domiciliée à Rouen, et qui a été fiancée en 1940 à un soldat britannique. Naturellement gaulliste et anglophile, elle a réussi à entrer en contact épistolaire avec la BBC qui l'a encouragée à poursuivre. Cette dernière lettre ne parviendra pas jusqu'à son destinataire car elle sera saisie par les services de la censure.

« Le 22 mai 1942 une rafle place Voltaire à Rouen. Sept cheminots sont ramassés. Les familles prévenues par des amis accourent aussitôt à Rouen. Les boches ne veulent rien dire. A toutes les questions posées ils répondent : " Je regrette, je ne peux rien vous dire. Les prisonniers sont au secret. " Une exception : ils permettent à la sœur de l'un d'eux de lui porter un colis à la prison, mais interdiction de le voir et de lui écrire.

« Par la suite l'autorisation de porter deux colis par mois était donnée pour quatre d'entre eux.

« Puis un mois, deux mois, trois mois se passent. Les familles ignorent toujours ce que deviennent leurs prisonniers.

« Le vendredi 4 septembre 1942, la famille C., de Bretagne, recevait une lettre de leur cher prisonnier. Quelle joie dans la maison. Robert écrivait, donc il allait être libéré. La lettre est ouverte. Horreur ! Un cri : fusillé ! La joie se transforme en une immense douleur en lisant cette terrible nouvelle écrite de la main même du condamné :

« *Rouen le 28 août 1942.*

« *Chères maman, sœur et cousines, je vais être exécuté ce soir sans avoir pu vous voir. Je suis très courageux et ai vu le prêtre et communié, et c'est l'aumônier allemand qui va m'assister jusqu'au dernier moment. Mes dernières pensées auront été pour vous. J'ai la paix avec Dieu et le monde. Bons baisers à tous. Adieu. Votre fils, frère et cousin. Robert.*

« La famille n'ose pas croire à la réalité. Fusillé ! Non, ce n'est pas vrai ! Ils ne l'ont pas fusillé. Et pourtant, sur l'enveloppe écrite au crayon par Robert, il y a le cachet de la Feld Kommandantur. Et voici déjà une semaine qu'il est mort. Ce n'est pas possible ! Pourtant le lundi 7 septembre les preuves arrivent.

« Voici une lettre de la prison allemande de guerre de Rouen adressée à la famille et *taxée* :

« *On vous demande de venir chercher les affaires de votre* mari *Robert Cloarec décédé le 28-8-42 ici. Les affaires ne seront remises que contre présentation de la carte d'identité. Signé : Stellmann, Hauptmann und Kommandant.*

« L'autre lettre vient de la mairie de Grand-Quevilly :

« *État Français.*

« *Grand-Quevilly le 3 sept. 42.*

« *Monsieur Cloarec* père

« *Monsieur, pour me permettre de compléter l'acte de décès de M. Cloarec Robert, votre fils, je vous serais obligé de vouloir bien me faire parvenir de toute urgence en communication votre livret de famille. Par ailleurs veuillez m'indiquer votre profession ainsi que celle de votre épouse le cas échéant. Recevez, Monsieur, mes* salutations distinguées. *Le Maire.*

« Regardez! ils ne connaissaient même pas la famille car

« 1° Le père de Robert Cloarec est mort pour la France depuis 1916.

« 2° Robert Cloarec n'était pas marié.

« Sa mère veuve à vingt-cinq ans en 1916 avec deux enfants : Robert, quatre ans, et Lucienne, vingt mois, a élevé seule ses deux enfants.

« De plus, en 1930, elle a adopté deux nièces orphelines et les a élevées comme ses deux filles.

« Croyez-vous que cette mère avait mérité un tel sort? Non, n'est-ce pas. Pauvre mère, si bonne qui a passé sa vie à faire le bien, a donné son mari pour la France et maintenant les boches fusillent son fils. Pourquoi? Ils ne veulent rien dire. N'ayant plus rien à espérer, un avis de service est mis dans les journaux pour prévenir les familles et amis :

« " Un service religieux sera célébré à 10 heures le 11 septembre 1942 pour le repos de l'âme de Robert Cloarec décédé à Rouen à l'âge de vingt-neuf ans. De la part de sa mère, sa sœur, ses cousines et toute la famille. "

« Eh bien! cher ami, les boches furieux se sont présentés au journal en criant : " Qui a mis cet avis de service? " On leur a répondu : " Sa sœur, mais il n'y a rien de choquant. C'est inscrit décédé et non fusillé ou exécuté! " Alors en hurlant les boches ont eu l'infamie de dire : " Toute la ville sait qu'il a été fusillé et de mettre cet avis est une provocation à l'armée allemande! "

« Les jours suivants la Gestapo était dans les cafés et les commerces pour écouter les conversations, pour savoir s'il allait y avoir une manifestation. Le jour du service, avant 10 heures, la Gestapo et les gendarmes allemands faisaient le va-et-vient devant l'église. Ils y sont restés jusqu'à midi, heure où tout se terminait.

« Il y avait foule et beaucoup furent obligés de rester dehors, l'église étant trop petite pour contenir tous les manifestants. C'était une vraie manifestation silencieuse. A l'église, pas un mot. Tout le monde était recueilli, peu de personnes avaient les yeux secs. Les hommes même pleuraient. Sur le catafalque, l'église avait posé le drapeau tricolore et beaucoup de jeunes gens portaient des insignes bleu, blanc, rouge, c'était beau et réconfortant de sentir toute cette sympathie. En serrant la main on entendait ces paroles prononcées entre deux sanglots : Courage! – Toute ma sympathie – Il sera vengé! Tout le monde pleurait.

« Furieux de voir toute cette foule silencieuse et recueillie, les boches ne pouvant rien faire ont trouvé le moyen *d'empêcher de mettre les remerciements* sur les journaux. Cela, faites-le savoir à la radio. »

Dans une lettre jointe, adressée à son fiancé anglais, Fercy Cope, la jeune Lucienne ajoute quelques détails poignants :

« Mon fiancé bien-aimé,

« J'ai une terrible nouvelle à vous annoncer.

« Mon frère a été fusillé par les boches le 28 août 1942.

« Oui, mon chéri, fusillé. C'est atroce.[...]

« Il était ramassé dans une rafle à Rouen depuis le 22 mai 1942. Dans sa cellule il était enchaîné et passait 23 heures sur 24 heures. Il a été cravaché. Oui, cravaché, mon chéri. Quand je pense, je frémis, pauvre Robert, comme il a souffert. Quel martyre!

« Mon chagrin est immense et je viens vous demander un peu de consolation.

« Si vous recevez cette lettre, dites-moi ce que vous êtes devenu depuis le 16 juin 1940. Oh! écrivez-moi. Faites-moi savoir que vous pensez toujours à moi. Envoyez-moi un message par la radio et signez : Fercy.

« Avez-vous reçu mes lettres du 7 mars 1941 et du

20 août? Pourquoi ne m'avez-vous jamais donné de vos nouvelles?

« Je vous lance un dernier appel, Fercy, répondez-moi. Je n'ai plus que vous, mon cher Fercy. Vous êtes ma seule raison de vivre maintenant. Songez-y.

« Écrivez à cette adresse et la personne fera passer votre lettre en France. Je la recevrai certainement[23]. »

Fondée en 1940 par quelques courageux, la Résistance française devient un mouvement d'une ampleur telle qu'en 1944 tout le pays libéré s'y identifie. Malgré des débuts difficiles, des désunions inévitables et une répression féroce, la Résistance a écrit quelques-unes des plus belles pages de l'histoire de notre pays. Héroïsme de milliers d'anonymes, courriers, guetteurs, imprimeurs clandestins qui bravaient un danger inouï, prouesses de ces agents intrépides qui ont organisé les maquis, les opérations de propagande et de sabotage, maintenu un contact permanent avec les Alliés et joué un rôle important dans la défaite allemande.

La Résistance a permis à la France de retrouver son unanimité, en trouvant l'adhésion enthousiaste d'une population appauvrie et trompée pendant quatre années noires.

Les lettres qu'on vient de lire ne donnent qu'une image partielle de la Résistance. Il est évident que les militants engagés dans les opérations de résistance active n'ont jamais utilisé la poste pour raconter ce qu'ils faisaient, pour expliquer leurs motivations et pour parler de leurs espoirs. Ils savaient trop bien que la censure veillait et qu'il ne fallait confier aucun indice par lettre ou par téléphone. Nous restent donc des lettres de résistants épistolaires qui cherchent à rentrer en contact avec Londres et le courrier de parents de résistants arrêtés dont les propos sont limités par une prudence bien compréhensible. Nous aurions aimé trouver des lettres d'authentiques héros, narrant leurs angoisses, leurs échecs ou leurs réussites ou encore les progrès du mouvement de résistance à l'occupant au fil des mois, mais ce type de correspondance ne s'est échangé qu'après la Libération, et on en retrouve l'esprit dans les multiples Mémoires et récits édités depuis 1945 jusqu'à aujourd'hui.

QUATRIÈME PARTIE

Regards croisés sur les années noires

XII

UNE OPINION PUBLIQUE VERSATILE

Voltaire, Diderot et les philosophes des Lumières qui préparent les esprits au grand bouleversement de 1789 ont constitué en France ce que Rousseau, le premier, a appelé l'opinion publique : « Parmi les singularités qui distinguent le siècle où nous vivons de tous les autres est l'esprit méthodique et conséquent qui dirige depuis vingt ans les opinions publiques. » Les gouvernements successifs tentent, sans exception, de l'influencer ou de la contrôler et la définition donnée par l'historien Pierre Laborie pour notre période convient à toutes les époques : « Ensemble de phénomènes complexes et contradictoires, manifestations collectives impliquant des possibilités de choix, l'opinion publique est l'opinion socialement conditionnée d'une majorité d'individus ayant le sentiment de la communauté de leur prise de position. En perpétuelle évolution, voire versatile, son existence n'est pas réductible aux signes extérieurs de son expression. »

De 1939 à 1944, l'opinion publique française connaît de tels bouleversements qu'il devient difficile de suivre son évolution pendant cette courte période. Les sources d'information principalement utilisées sont les rapports des Renseignements généraux, ceux des préfets, les enquêtes des autorités allemandes, les rapports des agents de la France libre et ceux des services secrets anglais. Notre propos nous limite à l'examen d'extraits de courriers de l'époque, complété par les analyses déjà effectuées sur l'ensemble du secteur.

En septembre 1939, date de l'entrée en guerre de la

France, une propagande omniprésente mais maladroite a persuadé l'opinion que le pays disposait de l'armée la plus forte et d'une ligne Maginot infranchissable. Ces discours lénifiants rassurent et endorment la méfiance de la population. La mobilisation contre le nazisme est faible, les idées pacifistes prédominent et la sournoise intoxication des amis français du Reich a opéré dans les esprits un efficace travail de sape. Malgré tout, le pays attend avec confiance le dénouement d'une « drôle de guerre » qui s'éternise jusqu'au printemps 1940, lorsque l'offensive de l'armée allemande triomphe de la défense alliée, entraînant la débâcle et l'armistice. Dans son discours du 25 juin, Pétain déclare : « Les conditions auxquelles nous avons dû souscrire sont sévères. Du moins l'honneur est-il sauf... Le gouvernement reste libre... »

La rapidité de ces événements abasourdit les Français. En juin 1940, se retrouvant confrontés à des difficultés de toutes sortes, ils se tournent vers Pétain, figure symbolique du père. Pétain sera le protecteur et l'homme de la paix. Une réflexion, tirée du *Journal* de Jean Guéhenno, en septembre 1940, permet de mieux comprendre comment Pétain a pu s'imposer aussi facilement : « En France, quelque chose est brisé. Ce peuple ne pense, ne sent, ne veut plus rien. Quinze jours suffisent pour faire de lui un troupeau. Les gens ont la tête aussi vide que le ventre, la confusion des esprits est effroyable. »

Face au chaos, Pétain tire profit de la situation pour imposer son autorité. La majeure partie de la population est prête à faire confiance au vieux chef, au sauveur de Verdun, ce patriote que nul ne peut soupçonner de jouer le jeu de l'Allemand. Ce sentiment s'accompagne en général d'un refus de la collaboration avec un ennemi envers lequel, dès juin 1940, l'opinion oscille entre un attentisme prudent et une hostilité masquée. Moins d'un an plus tard, la situation s'est considérablement compliquée : l'hostilité antiallemande a progressé, la dévotion maréchaliste est intacte, les sentiments à l'égard des autorités françaises sont partagés et, surtout, l'heure est à la méfiance généralisée.

Curieusement les lettres envoyées par des Français et retrouvées dans les archives de l'administration militaire allemande à Paris témoignent souvent de l'insoumission de la population française. Il est étonnant qu'aient été conservées, au même titre que les autres documents, des lettres d'insultes et de sarcasmes, anonymes bien entendu, destinées aux nouveaux maîtres. Suite à l'ordonnance allemande d'octobre 1940 demandant aux Parisiens de signaler les personnes anglaises hébergées sous peine d'être fusillés, un correspondant facétieux rédige cette missive archivée dans les dossiers de la Kommandantur GrossParis : « Chers amis, en réponse à votre ordonnance, je viens vous aviser que, suivant mes calculs, ma femme aura des Anglais le 21 octobre vers les 5 heures du matin. Aussi, veuillez nous indiquer la manière de les déclarer sans être en faute. *Signé* : Adolphe Hitler [1]. »

Quand un Français pronazi écrit à la Kommandantur pour dénoncer l'attitude de ses concitoyens, il trace un portrait inquiétant pour les occupants de l'opinion française. Après avoir dénoncé la mentalité communiste des travailleurs des chantiers de Saint-Nazaire et son directeur « à la tête d'un parti anglophile aidé puissamment par le clergé de Saint-Nazaire », le correspondant donne une idée sans doute véridique de l'ambiance qui règne à Paris en janvier 1941. D. est un violoniste au chômage qui, comme tout le monde, passe une partie de ses journées à faire la queue. Il révèle aux Allemands le fruit de ses observations : « La semaine dernière, boulevard de Strasbourg, j'ai entendu les deux agents de police en service dire, en voyant des Allemands passer devant eux : " Ah, si seulement on pouvait les ficher dehors avec des coups de pied au cul. " Du reste, dans n'importe quel quartier vous n'entendez que des réflexions comme celle-là dans la bouche de la police. Vous comprendrez que ceci influence beaucoup le peuple qui n'a déjà pas de jugement personnel. »

Quand D. rentre chez lui rue Léon, ses sentiments proallemands sont une nouvelle fois contrariés : « Dans l'immeuble, on nous traite de boches parce que nous avons fait des réflexions contre la radio anglaise que nous entendons journellement à tous les étages. Dans les couloirs, ces gens ne se cachent pas pour dire que bientôt les Anglais viendront nous délivrer et que si l'on manque de tout " c'est la faute aux boches " [2]. »

Un autre dénonciateur donne des informations qui vont

dans le même sens. L'homme, sans doute policier, commence par dénoncer un fonctionnaire de la préfecture de police « franc-maçon » et un « colonel anglais à la retraite », avant d'éclaircir ses interlocuteurs de la Kommandantur sur le mauvais esprit des policiers : « Si vous interrogez la préfecture de police, on vous demandera deux ou trois jours pour faire des enquêtes et, durant ce délai, les intéressés seront prévenus et se réfugieront dans une une autre ville avec des fausses pièces que la police leur fera établir rapidement [3]. »

1941, le premier tournant

Les lettres dont nous disposons pour 1941 nous renseignent sur l'évolution des esprits dans le nord du pays occupé par les Allemands. D'un correspondant anonyme en mai 1941 : « A Rennes, la grosse majorité de la population est profondément gaulliste car tout le monde écoute la radio anglaise. Les autonomistes bretons qui font grand bruit et ont un journal quotidien perdent de plus en plus de crédit à cause de l'appui que leur donnent les Allemands. Le ravitaillement est assez bon dans cette région très agricole et on raconte toutes sortes d'histoires montrant avec quel plaisir on " roule " les Allemands à ce sujet. " Ce n'est pas de sitôt qu'ils nous empêcheront de manger du beurre ", entend-on. A signaler pourtant la haine et la rancœur qui grandissent vis-à-vis de certains paysans qui préfèrent réserver leurs marchandises pour les Allemands car ils achètent beaucoup plus cher. A Nantes, même esprit gaulliste et anglophile. On fait aux Allemands toutes les blagues qu'on peut et on colporte pas mal d'histoires drôles sur leur compte.

« Les gens qui souffrent et qui ont faim se laissent aller à la délation et les lettres anonymes foisonnent à tel point que, dans une ville des environs de Nantes, les autorités allemandes ont affiché que toutes les lettres anonymes reçues seraient jetées au panier. A Amiens, les gens sont fiers de citer l'exploit des Anglais venus en avion jeter des bouquets de fleurs sur le monument aux morts pour le 11 novembre. Les cheminots sont tous violemment opposés à la collaboration. " Demandez le dernier engrais de choix, disent-ils, le fumier Darlan. "

« Une patronne de bistrot me demande si personne à Vichy n'aura le courage de prendre un revolver pour aller trouer la peau à Darlan : “ On nous pille, on nous vole, et il faut encore collaborer ” , dit-elle. A Lille, les postes de radio ont été confisqués car tout le monde écoutait la radio anglaise et suivait ses mots d'ordre. A Roubaix, la ville est souvent punie à cause des nombreux fils téléphoniques régulièrement coupés. De temps à autre on retrouve des soldats allemands noyés dans le canal sans que personne ne puisse savoir comment cela se fait [4]. »

La captivité d'un million et demi de Français outre-Rhin frappe profondément une opinion publique qui attend un « geste » de l'Allemagne. La défaite et le sort des prisonniers ravivent l'amertume. Malgré la censure, le courrier qui parvient des camps allemands confirme ces impressions. Voici une lettre, datée d'août 1941, du prisonnier Daniel Lamazière à sa femme : « Quand on voit les vieilles croûtes que nous avions comme officiers, il nous en est passé quelques centaines d'échantillons la semaine dernière, il aurait été étonnant que nous puissions faire quelque chose en face des troupes allemandes dont les chefs sont pleins d'allant et de dynamisme. Si on veut arriver à quelque chose chez nous désormais, il faudra ranger tous ces fossiles car à moins d'être cordonnier “ on ne fait pas du neuf avec du vieux ”. Ils étaient totalement abrutis, ces pauvres types. »

Un peu plus loin, il s'en prend à la propagande qu'il a dû subir depuis plusieurs années : « Tu avoueras que les gens qui se laissent emballer par des propagandes collectives, quelles qu'elles soient, sont des naïfs, quand on voit des résultats comme celui-ci. En tout cas, qu'on ne compte plus sur moi pour être le mercenaire de l'Europe, pour tels ou tels intérêts matériels. On a essayé de faire défendre par les Français l'argent des nantis, pour la plupart anglais, américains, ils n'ont pas été assez bêtes pour marcher, ils avaient raison, maintenant il est inutile qu'on essaye sous une autre forme de leur faire reprendre la lutte pour d'autres intérêts. Il y a assez d'ordre à remettre chez nous d'abord, il y a assez de notre patrimoine à défendre sans aller faire le don Quichotte aux quatre coins du monde. Notre gouvernement aura sûrement la sagesse de le comprendre, s'il ne le comprenait pas, il se heurterait à la même force d'inertie que son devancier[5]... »

La situation dramatique du nord de la France alimente les conversations et un certain esprit de résistance, notamment en zone libre. Et ce jusqu'à Nice où deux correspondants font état au téléphone des rumeurs qui circulent :

– *J'ai ici un de mes amis qui vient de Lille. Il paraît que la vie est loin d'être agréable. Ils ont confisqué tous les postes de TSF parce que la population n'écoutait que la radio gaulliste !*

– *Ils n'y vont pas par trente-six chemins !*

– *A Roubaix, la ville est consignée parce qu'il y a eu deux officiers tués dans le courant de la semaine, et tous les jours il y en a.*

– *Pourtant, la population devrait comprendre que c'est le pot de terre contre le pot de fer !*

– *Mais tu ne connais pas la population du Nord, alors ! N'oublie pas que 65 pour cent sont des ouvriers ! Ils sont têtus, haineux et pourvus d'un moral farouche.*

– *Qu'ils soient haineux, c'est normal.*

– *D'accord, mais il faudrait qu'ils ne l'extériorisent pas, car tout le monde en souffre.*

– *On ne réfléchit pas toujours aux conséquences*[6].

Membre de l'Action française, Marc Matet est un prisonnier français qui a eu la chance d'être libéré en octobre 1941. Les sentiments de ce patriote forcené sont confortés par l'attitude de la population de l'est de la France, lors du passage du convoi. Précisons que cette région est annexée à l'Allemagne depuis la défaite.

« Notre voyage qui eût dû être le plus beau de notre vie fut empreint de tristesse. Je n'oublierai jamais le spectacle que nous offrirent les habitants de Colmar et de Mulhouse.

« Nul ne pouvait retenir ses larmes en voyant des hommes nous montrer dans le creux de leur main des décorations gagnées sur les champs de bataille, des enfants retourner le col de leur veste pour exhiber des cocardes tricolores, des jeunes filles munies de drapeaux bleu blanc rouge ou de mouchoirs aux trois couleurs, nous criant : “ Vive la France. Vous viendrez nous délivrer. ”

« Quand on a vu ces braves Alsaciens, entendu parler les Corses ou les Tunisiens, voire les Savoyards, on ne peut renier tout un passé. Je ne vous cache pas que j'ai été fortement déçu en lisant certains articles de l'AF et en entendant discuter certains de nos amis. Il est certain que nous sommes vaincus, que le maréchal Pétain est un brave homme que tout Français doit respecter, qu'il faut laisser croire aux Allemands des choses dont ils ne sont pas dupes, mais je ne crois pas que l'on puisse souhaiter quelque chose de positif avec un peuple qui ne va que là où le guide son intérêt. Il faut bien se dire que la victoire des Allemands ne peut rien nous amener de bon [7]. »

Depuis le milieu de l'année 1941, une bonne partie de l'opinion publique rend le gouvernement de Vichy et son administration responsables de la dégradation constante de ses conditions de vie. Le 12 août, Pétain, alerté par ses préfets, réagit : « De plusieurs régions de France, je sens se lever depuis quelques semaines un vent mauvais. L'inquiétude gagne les esprits, le doute s'empare des âmes. L'autorité de mon gouvernement est discutée. Les ordres sont souvent mal exécutés. » La police reçoit l'injonction de sévir, tous les fonctionnaires doivent prêter serment de fidélité au Maréchal. L'effort désespéré de Vichy pour mieux contrôler le pays commence par la censure des nouvelles qui peuvent se révéler gênantes et la nomination aux postes clés d'hommes entièrement acquis à l'ordre nouveau.

Nous avons retrouvé une conversation cocasse entre le directeur d'un journal censuré et son censeur. Le dialogue a lieu à Tunis, en octobre 1941, époque où le jeune Henri Smadja, futur patron de *Combat*, s'évertue à faire paraître chaque jour son journal malgré le zèle de la censure. Tunis est un lieu tout à fait particulier où l'ambiance est moins tendue qu'en métropole. Excédé, Smadja décroche un matin son téléphone pour s'expliquer avec le chef de la censure de Tunis :

CALVET. – *Allô, qui est à l'appareil?*

SMADJA. – *Docteur Smadja. Bonjour, monsieur Calvet. Je vous téléphone, parce que vraiment votre censure exagère. C'est le mur des lamentations d'Israël. On ne sait plus quoi écrire, on ne sait plus quoi vous envoyer, vous différez ou censurez tout.*

C. – *Mais oui, monsieur Smadja, c'est normal, c'est notre rôle.*

S. – *Oui, je vous comprends, mais il n'y a plus moyen de vivre. Voyez avec notre innocent « Café du Commerce ». Pour une fois où nous avons voulu lui donner une tenue un peu littéraire, parler de Voltaire (je n'oublie pas qu'en vous parlant, je m'adresse à un professeur du lycée Carnot).*

C. – *Oui. Oui.*

S. – *Eh bien, on a vu derrière cette histoire des choses ridicules, stupides, des critiques auxquelles nous n'avions pas pensé le moins du monde, et la ridicule histoire du charatier (op), le charatier. Et la décoration du cordonnier du Bey. Que de complications. Est-ce vrai? Est-ce faux? Il a fallu téléphoner, retéléphoner.* [...] *Et l'article sur les réquisitions.* [...]

C. – *Ah, là, je vous arrête. Vous oubliez trop que la question des réquisitions est particulièrement sensible à l'épiderme des gens. Il ne faut en parler qu'avec la plus grande circonspection et le moins souvent possible.*

S. – *Bon. Et l'affaire de la banque italienne.*

C. – *N'oubliez pas que la question italienne en Tunisie doit toujours être différée. Consigne, consigne.*

S. – *Encore? Eh bien, avec toutes vos exigences, savez-vous ce que je propose, monsieur Calvet? C'est que tous les journaux fassent la grève sur le tas, moi je suis prêt. Le public sera bien ennuyé lorsqu'un beau matin en se réveillant, il n'aura aucune nouvelle à lire.*

C. – *Oh, pour cela, je suis bien tranquille au sujet de la grève. Il n'y aura certainement pas deux journaux qui se mettront d'accord, l'un étant trop content de la défaillance de l'autre.*

S. – *Vous croyez?*

C. – *Je ne « crois » pas. J'en suis absolument certain. Mais, pour en revenir à mon service, je ne peux vous dire qu'une chose : nous faisons notre service, nous le faisons scrupuleusement, et je ne puis que donner raison a priori à mes censeurs.*

S. – *Naturellement, vous prenez leur parti, c'est votre devoir. Mais je vous en prie, monsieur Calvet, revoyez mes papiers et soyez plus indulgent; autrement notre métier n'est plus possible.*

C. – *Au revoir, monsieur.*
S. – *Au revoir*[8].

En octobre 1941, une conversation téléphonique entre le responsable local de la censure à Marseille et son supérieur à Vichy nous montre l'embarras des deux hommes face aux communiqués vengeurs de la Légion, au regroupement des anciens combattants pétainistes actifs, qui troublent les notables régionaux par leur virulence, bousculant les institutions en place au profit de l' « ordre nouveau ».

MARSEILLE. – *J'ai demandé quels sont les droits des journaux d'accepter ou de refuser les communiqués de la Légion.*

VICHY. – *Impossible de prendre cette décision, il y en a trop. Il faut leur dire de ne prendre que les communiqués qui sont rendus obligatoires par consigne de la censure centrale à Vichy. C'est le comité central qui nous soumettra et nous verrons.*

M. – *Pour le premier communiqué, c'est moi qui en prends la responsabilité, j'ai hésité longtemps avant de le faire...*

V. – *A la lecture il apparaît clairement que c'est le garde des Sceaux qui est visé.*

M. – *Mais si la Légion fait la Révolution nationale, puisque c'est sa consigne, il faut lui laisser les moyens de faire cette révolution en dénonçant les abus.*

V. – *Le préfet désire que ça cesse.*

M. – *Pour Delpuech nous maintenons donc l'interdiction. Pourtant, si on l'attaque, il faut lui laisser le moyen de se défendre et la Légion a l'intention de continuer ses attaques. J'ai essayé de voir Delpuech ce matin, mais il est dans sa propriété.*

V. – *Pour le fond des choses, ils ont raison, mais s'y prennent mal et il ne faut pas leur laisser le sentiment qu'ils sont au-dessus des lois*[9].

Avec habileté, le régime de Vichy exploite le sentiment de culpabilité des Français après une défaite aussi rapide qu'écrasante. L'heure est encore à l'autoflagellation. Il faut reconnaître ses erreurs, accepter de souffrir pour être sauvé. Aux côtés du Maréchal, l'Église soutient cette thèse. Mais, bien entendu, il faut aussi chercher les coupables de la déchéance nationale, les nommer et les exclure, sans pitié, de la communauté. Paradoxalement, l'appel de Pétain à l'unité s'accompagne d'une série de dénonciations et inspirera une politique de proscription, « comme si, remarque René Remond, l'unité ne pouvait être cimentée que par l'exclusion. Au lieu de prêcher le pardon des offenses et l'oubli des divisions de la veille, de travailler à rassembler tous les Français sans tenir compte de leurs opinions et de leurs comportements antérieurs, le régime va pratiquer une politique de revanche et de discrimination à l'encontre de catégories entières de Français suspects d'être des mauvais Français ».

La situation est désastreuse, la population aux abois a à peine eu le temps de réaliser ce qui lui arrive. Il lui faut trouver des responsables. Vichy profite de ce climat pour désigner des boucs émissaires. Juifs, francs-maçons, communistes, la plupart des hommes politiques et quelques chefs militaires des précédents gouvernements feront l'affaire. Blum, Daladier et Gamelin finiront d'ailleurs au banc des accusés lors du procès de Riom. Quant aux Juifs, on connaît le sort qui les attend. Rappelons que le premier statut des Juifs (octobre 1940) est une initiative du régime de Vichy. Qu'en a pensé l'opinion, que l'on imagine fortement antisémite avant guerre? Essentiellement préoccupée par sa propre survie, elle n'a guère réagi face aux premières mesures antijuives. Mais, à une époque où la liberté d'expression était malmenée et la censure très active, peut-on interpréter ce silence comme de l'indifférence?

Le second statut des Juifs soulève davantage de réactions. En effet, Vichy passe à l'acte. Les premières humiliations – port de l'étoile jaune, mise au ban de la société – apparaissent. L'opinion publique prend conscience de l'injustice et de la violence de ces mesures. Bien sûr, de telles informations ne se lisent pas dans la presse. Elles circulent de bouche à oreille, parfois dans le courrier, car bien peu imaginent qu'il puisse être intercepté. C'est justement par courrier que M. Joseph Bloch fait circuler la pétition de l'Association des rabbins français contre les persécutions raciales (14 octobre 1941). Le 23 novembre, il envoie à un de ses amis, M. Ehmard, curé doyen de Barr à Limoges, une copie de ce document qui demande le soutien des autres Églises et il ajoute de sa main : « Cher Monsieur le Doyen et ami, il y a quelque temps que je n'ai pas eu de nouvelles de vous, mais j'espère que vous allez toujours bien et que vous avez de bonnes nouvelles de votre famille en zone occupée. Pour nous, la foi en Dieu de justice et d'amour nous maintient. M. le Grand Rabbin me fait parvenir la déclaration ci-jointe pour la faire parvenir aux autorités catholiques et protestantes. J'ai pensé en premier lieu à vous, cher ami... »

La pétition, accompagnée de ce mot, est acheminée par la poste. On pourrait s'en étonner. Cependant, après avoir brassé tant de lettres, j'ai une explication plausible. S'il était facile aux censeurs d'estimer si le courrier portait atteinte au gouvernement ou à l'image du Maréchal ou s'il fournissait des informations aux Allemands, ils avaient beaucoup plus de mal à trancher sur des principes de morale ou de religion. Le respect que leur inspiraient les hommes d'Église a probablement joué et leur a interdit une intervention directe sur ce message à contenu religieux. Comportement qui n'est pas contradictoire, à une période où apparaissent les premiers attentats antisémites, comme l'explique la pétition des rabbins français. « A Paris, dans la nuit du 2 au 3 octobre, sept synagogues ont été détruites ou gravement endommagées par des bombes. Antérieurement, des attentats semblables avaient été perpétués à Marseille et à Vichy, avec des conséquences moins graves. Cette fois, la presse et la radio ont annoncé qu'il ne restait que les murs des synagogues profanées et que deux personnes avaient été tuées. Si nous devons rendre grâces à Dieu que deux personnes seulement aient péri, nous frémissons à la pensée que ces bombes éclatant un peu plus tôt le jour du Grand Pardon, comme c'était apparemment l'intention des malfaiteurs, des centaines de fidèles auraient été massacrés au pied des autels [10]... »

De sa résidence du château de Brangues (Isère), Paul Claudel envoie, à la veille de Noël 1941, cette belle lettre au grand rabbin de France : « Monsieur, mon bon ami Wladimir d'Ormesson vient de me donner votre adresse. Je tiens à vous écrire pour vous dire le dégoût, l'horreur, l'indignation qu'éprouvent à l'égard des iniquités, des spoliations, des mauvais traitements de toute sorte, dont sont actuellement victimes nos compatriotes israélites, tous les bons Français et spécialement les catholiques. J'ai eu de fréquents rapports avec des Juifs de toutes les nations et j'ai toujours trouvé en eux non seulement des esprits ouverts, mais des cœurs généreux et délicats. Je suis fier d'avoir parmi eux beaucoup d'amis... Paul Claudel, ambassadeur de France [11]. »

La compassion n'est pas un sentiment très répandu en cette époque troublée où débâcle, exode, occupation rendent la vie quotidienne du Français terriblement compliquée. Le transport comme l'hébergement et le ravitaillement lui causent de réels soucis et l'administration est débordée. Déçue, trahie, traumatisée, la population a d'autant plus de mal à retrouver ses assises que 14-18 a laissé dans le cœur des Français des cicatrices profondes. Le prix à payer pour la victoire a été très lourd; celui de l'armistice et de l'occupation semble déjà prohibitif. Réfugié dans un village du Jura, l'écrivain Léon Werth note dans son journal, en septembre 1941 : « Toutes les lettres que je reçois rendent le même son. Nous vivons de l'intolérable. Sauf miracle, l'incohérence et la bassesse du présent semblent contenir l'incohérence et la bassesse de l'avenir. » Dans ce chaos général, il est naturel que les pulsions individualistes reprennent le dessus. Chacun essaie de se préserver, voire de survivre, par un « égoïsme farouche ».

Échange de propos entre deux notables, l'un du Gard, l'autre de Savoie, en octobre 1941 :

– Il y a des tas de gens qui n'ont pas encore réalisé, qui n'ont pas encore compris. Les gens sont d'un égoïsme farouche, égoïsme envers les prisonniers, même envers les prisonniers de leur famille.

– C'est épouvantable, ce que vous dites.

– Ce matin j'étais avec un officier qui vient de rentrer d'Allemagne, il est écœuré de voir ce qui se passe ici, il voudrait faire quelque chose pour des prisonniers il se heurte à un égoïsme général, à une apathie complète de la bureaucratie, de la Légion même, il s'est fâché, et il a raison. On se heurte partout à une apathie générale, les gens n'ont pas encore compris, ils croupissent dans leur égoïsme.

– C'est triste, réellement épouvantable.

– On pensait que ça allait s'arranger.
– Non, voyez, le mal était trop profond.
– Oui, comme vous dites, c'était enraciné trop profondément pour qu'on en sorte si vite.
– Vous me désespérez!
– Et tout cela, ça n'améliore pas le sort des prisonniers. Leur sort avait été amélioré dans les camps, mais maintenant ça recommence de nouveau à être très strict et cela à cause des difficultés d'ordre de bureaucratie.
– Toujours ces bureaux, cette bureaucratie.
– Oui, toujours, on ne peut pas tout secouer. C'est une bien triste mentalité [12].

La confusion des esprits, la méconnaissance des enjeux de la guerre, la peur – peur de l'autre, peur de l'étranger – empêchent toute solidarité. L'exemple des opportunistes, qui collaborent sans vergogne avec les Allemands, alourdit le climat. Démoralisés, les Français ne tardent pas à tenir l'occupant pour seul responsable de leurs malheurs.

Le décalage entre la propagande permanente à laquelle ils sont soumis et la réalité de leur vie transforme de nombreux Français en opposants plus ou moins décidés. Le rôle de la BBC dans cette évolution n'est pas négligeable, si l'on en croit ce courrier de Toulon daté d'octobre 1941 :

« Votre mère et moi avons été très démoralisés par le dernier discours de Pétain. Il est maintenant entre les mains de Darlan comme Hindenburg l'était dans celles de Hitler. Il est mené, presque contraint de dire ce qu'on lui dicte, tout comme une machine... Je fais tous les matins le trajet de La Ciotat à Toulon. C'est la ligne Paris-Vintimille, en d'autres termes, la ligne d'Italie. Eh bien, je vois journellement au moins deux trains de marchandises qui reviennent. Ces trains se composent d'environ quatre-vingts wagons, vides naturellement, mais qui doivent être passés chargés à un moment de la journée, emportant des approvisionnements en Allemagne et en Italie. Il n'est pas étonnant que nous ayons à souffrir de restrictions. Pour les pommes de terre, les Allemands font preuve de plus d'initiative : on les réunit en Bretagne, puis de temps en temps, à un poste de contrôle, l'étiquette fixée sur le wagon est remplacée par une étiquette allemande... Après cela les journaux vanteront les fournitures de pommes de terre par l'Allemagne à la France. Malheureusement, il y a toujours des employés du chemin de fer qui nous éclairent sur la façon de procéder. [...]

« Nous n'aurons pas d'autres nouvelles que celles émanant de Darlan ou des Allemands. Heureusement que chaque soir, en dépit du brouillage, nous écoutons les nouvelles britanniques entre 21 et 22 heures, et l'émission " Les Français parlent aux Français ". C'est la seule chose qui nous réconforte et soutient notre moral. Il faut entendre votre mère quand elle rencontre quelqu'un qui doute des Anglais ou qui tolère la collaboration. Il passe un mauvais quart d'heure... Il nous faudra de la prudence maintenant qu'il y aura la Gestapo; n'importe, nous en avons tout de même convaincu un ou deux en leur disant que " les émissions anglaises ne seraient pas brouillées si l'on ne craignait pas d'entendre la vérité ".

« La censure [*note du censeur : apparemment ceci se produit dans la région de Toulon*] condamne tout, même une lettre que j'ai envoyée de La Ciotat à votre père. Sur trois lettres, ils en ont condamné une dans laquelle je parlais simplement de moi et de l'emploi de ma journée. Vous voyez la folie de ces gens dont le but est de rendre malheureux. J'espère bien que leur tour viendra [13]. »

C'est bien à la fin de l'année 1941 qu'apparaît l'esprit de résistance dans lequel se reconnaissent les opposants actifs aux nazis et à leurs alliés de Vichy. Le 7 novembre, Finette, résistante convaincue, tente ainsi d'éveiller la conscience de son amie Maly. Ce courrier nous permet d'entrer dans le détail des motivations qui poussaient les Français à rejeter la politique de Vichy :

« [...] A Maxilly, c'est pire, on ne touche rien du tout, le maire a fait afficher qu'on se procure du bois, il n'y a pas de charbon pour Maxilly. Les boches en ont besoin pour faire leur essence synthétique, l'Angleterre leur ayant enlevé le pétrole de l'Irak et de l'Iran... Ça commence, on supprime des trains et les mineurs, le ventre creux et sans vin, doivent redoubler d'efforts pour fournir le charbon destiné à faire l'essence synthétique et non à chauffer les Français. Parle-moi de la fameuse devise : Travail, Famille,

Patrie... Quel travail? Celui qu'on fait pour les boches, puisqu'il n'est permis de travailler que pour eux. Quelle famille? ... Dispersée, les uns prisonniers, les autres séparés par la ligne de démarcation ou emprisonnés. Quelle patrie? Le grand Reich allemand dont nous sommes les esclaves. Car vois-tu, Maly, tu y es venue, comme je te l'avais dit, à être boche... Je me trompais quand je te disais qu'on travaillait pour les boches et qu'on leur livrait tout? Tu le vois, de tes yeux à présent et tu trouves ça tout naturel... La France seule! T'ai-je assez répété que c'était une idiotie qui ne voulait dire que la « France avec les boches ». A présent, on le clame, on le proclame tu ne peux plus en douter et on t'a convaincue que c'était très bien. Toi aussi, tu me fais rire avec les fonctionnaires qui sont toujours les mêmes. Bien sûr qu'ils sont les mêmes du moment qu'ils ont tourné leur veste et qu'ils sont par conséquent des gens sans conscience et sans honneur... Et s'ils sont de belles crapules, ils ont même de l'avancement, car on ne révoque pas les fonctionnaires parce qu'ils ne font pas leur travail mais seulement parce qu'ils n'ont pas les opinions qu'il faut avoir... Je doute qu'il y ait un dossier mieux garni en fait de plaintes comme sa vénalité, ses dénis de justice que celui du juge de paix d'ici... Et figure-toi que ces temps-ci nous avions eu un espoir... Il a fait une fausse déclaration au sujet de la franc-maçonnerie, on a ouvert une enquête (tu sais les menaces qu'on avait faites contre les fausses déclarations). Eh bien, notre espoir est déçu... Il est réellement trop crapule pour qu'on s'en sépare, il lui est permis de faire toutes les fausses déclarations qu'il voudra... Et tu sais que le magistrat Didier qui a refusé le serment sacrilège que lui défendait sa conscience a été livré aux boches qui l'ont mis dans un camp de concentration. Qu'on l'ait révoqué : soit, c'était leur droit de n'employer que les gens qui sont pour eux; mais parce que franchement, loyalement, cet homme a dit « je ne peux pas prêter ce serment », le mettre dans un camp de concentration! Est-ce que ça ne te fait rien, ça? A Évian, j'en connais un révoqué qui n'a pas voulu tourner sa veste, il n'avait pas d'enfant, mais avait à sa charge une vieille mère malade et infirme qu'on a jetée à la rue, car il était logé, et dans son appartement un autre fonctionnaire [...] élève des lapins... Ma petite Maly, essaie donc de penser toi-même, *ne répète pas ces phrases creuses et idiotes*, “ la période d'entre les deux guerres qui a avili les Français ”... Les gens sont ce qu'ils sont, tout ce qu'on peut leur seriner ne change rien. Tu vois bien dans la même famille des enfants élevés ensemble de la même façon, ayant eu les mêmes exemples, faire les uns d'honnêtes gens, les autres des criminels. La période d'entre deux guerres a fourni des hommes de proie et de carnage : Hitler, Staline, Mussolini, Franco ; elle a fourni des lâches et des traîtres, leurs collaborateurs ; elle a produit aussi des héros sublimes de courage et d'abnégation : les soldats de la France libre, ceux que Pétain lui-même dans un moment de franchise a appelé “ les meilleurs d'entre nous ” et qu'il fait condamner à présent aux travaux forcés ou à mort par ses tribunaux d'État, composé d'officiers rapatriés, c'est-à-dire ayant signé l'engagement d'honneur (quel honneur?) de servir les boches. [...]

« Cette radio anglaise que tu honnis, quel réconfort elle nous apporte, à nous les fidèles. Sais-tu de combien d'unités dispose la flotte de la France libre ? Plus de cinquante ! Et quels hommes ! Oh, entendre raconter les exploits de notre *Rubis* qui plonge dans l'admiration les Britanniques pourtant très infatués en fait de marine ! Je ne peux pas te les raconter, ce serait trop long, mais que c'est beau. Maly, si tu savais ! Quand nos écoliers apprendront cela plus tard dans l'Histoire, ils ne rougiront pas d'être français, car le *Rubis* et les autres aussi auront bien lavé la tache de honte. Tous les jours ne sont pas glorieux, hélas, dans la terrifiante lutte qu'ils mènent contre le boche, il y en a de tragiques. [...] Notre *Narval* disparu en Méditerranée ! Le *Narval*, c'est celui dont le commandant envoya ce message qui restera dans l'Histoire : “ Trahison sur toute la ligne, je rejoins un port anglais. ” Et tu me parles de Français avilis, moi qui vis avec ces héros la sublime épopée ! On voit bien que tu ne connais que les marins de Darlan transformés en préfets policiers et mouchards qui avec *Gringoire*, leur organe, touchent à la fin du mois leurs émoluments à la caisse boche ! [...]

« Quant à la Constitution et aux fameuses réformes qui te plongent dans l'admiration, le moins que j'en puisse dire, c'est que le Pétrin [*Pétain*] nous emmerde avec ces histoires... car une seule chose importe : anéantir le boche par n'importe quel moyen et tâcher de ne pas mourir de faim pour jouir [...] de cet anéantissement. Au hasard de mes lectures, je relève : " M. Benoist-Méchin reçoit la presse étrangère à Vichy et parle de l'*Europe de demain pacifiée par l'Allemagne.* " Ne pas tomber raide en lisant cela. L'Europe *pacifiée* par la bochie!

« Ce n'était pas l'âge d'or avant 1914 et les peuples qui se croyaient heureux n'avaient qu'une prospérité factice, car elle côtoyait des misères injustifiées. (C'est à présent sans doute l'âge d'or. Moi je préfère la prospérité factice d'avant 1914.) Je n'ai pas le courage de copier la suite de la déclaration du même tonneau que la première phrase, je deviendrais enragée... la seule lecture m'a tordu les nerfs à piquer une crise, mais voici la fin de l'article qui explique le personnage :

« M. Benoist-Méchin s'est défendu d'être un politique car sa formation est celle d'un historien qui a beaucoup vécu à l'étranger, notamment en *Allemagne* et en Italie. "

« Je te l'avais dit que Benoist-Méchin était un bochophile de toujours, habitant l'Allemagne et écrivant des ouvrages à la gloire de l'Allemagne [14]. »

Les inquiétudes de Vichy

Les premières exécutions d'otages qui sanctionnent l'activité armée de la Résistance contribuent à exacerber les tensions. Le 23 octobre 1941, un notable de la zone libre écrit : « [...] Je n'ai point eu de réponse à ma demande d'autorisation de passage pour assister aux obsèques de mon ami Lobligeois. Je n'ai pas été étonné, d'autant plus que l'énervement des Allemands paraît à son paroxysme. Comment expliquer autrement la sauvagerie avec laquelle ils exécutent des otages arbitrairement choisis sous prétexte que leur police et la nôtre sont incapables de découvrir des assassins, qui sont peut-être des Allemands, des étrangers d'une nationalité quelconque, ou des communistes si bien inféodés à Moscou qu'ils se moquent de la mise à mort d'un nombre quelconque de Français [15] ? »

Consciente que le sort du pays est suspendu au destin de l'Allemagne, l'opinion publique suit avec attention le déroulement du conflit aux quatre coins de la planète. Témoin, cette conversation de café du commerce entre un courtier et un vendeur d'aliments pour bétail de Lyon.

Nous sommes le 13 décembre 1941 et la situation militaire n'a jamais été aussi incertaine. Peu de Français se préoccupent sérieusement du conflit mondial, sortis des généralités dont cette conversation est représentative.

– *Mais moi, j'ai espoir que notre marasme actuel ne continuera pas. Vous verrez, nous en sortirons plus vite que nous le pensons.*

– *Vous êtes optimiste, vous : ça va de mal en pis dans le monde entier et vous croyez que ça va s'arranger?*

– *Mais oui, pour nous du moins. L'Angleterre est mordue au talon maintenant et elle ne pourra pas s'en détacher. Elle aura beau faire, c'est cuit pour elle.*

– *Mais les Russes ont l'air de reprendre de la vigueur : ils contre-attaquent.*

– *Oui, assurément, mais ils sont coupés de l'Angleterre et de l'Amérique. Ils ne pourront pas tenir longtemps. Pour moi, l'affaire est faite. Si les Allemands restent unis à l'intérieur, ils ont l'Europe dans leur poche et avant longtemps.*

– *En serons-nous mieux?*

– *Je le crois, oui. Il faudra forcément reprendre des échanges commerciaux normaux. Actuellement, nous sommes en guerre avec l'Allemagne et l'Italie et nous avons le blocus anglais. Nous ne pouvons pas avoir de pire situation* [16].

Face à une situation intérieure délicate et une situation militaire indécise, le gouvernement de Vichy connaît des jours difficiles. Son courroux s'abat sur de nouveaux boucs émissaires : une administration passive, des responsables locaux ou régionaux marqués par l' « ancien régime » ou par les idées de la dissidence gaulliste. Un peu partout, les pétainistes se mobilisent. A Nice, en décembre 1941, le responsable de la chambre syndicale de la maroquinerie, Gaston Vuitton, s'emporte : « Les fonctionnaires ne vivent pas en communion avec le pays. Tout se fait dans l'abstrait, dans la théorie, en ignorant totalement les réactions du bon vieux sens français. Cela me paraît extrêmement grave pour le redressement de notre pays... Il est certain que nous souffrons actuellement pour notre pays et cette souffrance continue nous rend d'autant plus maussades que vous et moi avons la perception très nette que bien des souffrances pourraient être évitées... »

Certains ne se contentent pas de critiquer, ils veulent agir. Un fervent pétainiste, le général D., avertit un haut responsable de Vichy, le commandant Hubert, de la dégradation de la situation politique en zone occupée. Sans le moindre scrupule, il établit une liste de quelques « coupables » et de leurs méfaits : « [...] Mézières est franc-maçon, de par son maire, et anglophile par-dessus le marché. A Nouzon, ça ne va guère mieux, le maire ayant autorisé les boulangers à faire des pains longs de 900 grammes que le client prend sans avoir le droit de le peser et à qui il manque 200 grammes ; à 16 à 20 de ces pains par fournée c'est 3 à 4 kilos de pain dont les boulangers profitent et avec quoi le maire cultive sa popularité. Aussi vais-je demander qu'on fasse une pétition contre lui et l'envoie au préfet. Où allons-nous avec cette absence de conscience ? »

La reprise en main de l'administration par Vichy est générale. Elle est perceptible jusqu'au Conseil d'État, réfugié à Royat. Le 19 décembre 1941, un conseiller, Alexandre Parodi, futur ministre gaulliste, écrit à sa mère une lettre pleine d'humour dans laquelle il raconte la triste évolution de la prestigieuse institution.

« [...] Le Conseil se répartit en deux groupes, l'un qui ronge son frein, l'autre terrorisé qui s'accroche aux habitudes, combien médiocres, où il s'est installé. Le triste est que le Conseil, comme institution, est en complète décadence, avec chaque jour moins d'autorité et de raisons d'être. [...]

« Rien de neuf ici, le concours du Conseil a lieu en ce moment. Devine le sujet donné le premier jour : “La renaissance et le maintien de l'ensemble des traditions françaises dans une Constitution autoritaire, hiérarchique et sociale.” C'est d'ailleurs, en y réfléchissant, un fort beau sujet, mais à condition de le traiter avec une liberté d'esprit qui n'est guère de circonstance et qu'on ne peut honnêtement demander à des jeunes gens qui jouent leur carrière et engagent leur vie sur cette composition. Le plus drôle est que ce sujet, imposé par le président du jury, convient fort mal à au moins trois de ses membres, sinon quatre sur cinq; je ne sais trop comment ils pourront se mettre d'accord pour juger – mais nous aurions eu beaucoup à dire, n'est-ce pas [17] ? »

La situation en zone occupée inquiète Vichy. Quelques lettres sur ce thème sont interceptées, telle celle de Roger C., lieutenant du 5e régiment d'infanterie, récemment rapatrié de Syrie, en permission à Nancy. L'homme est un fervent pétainiste, favorable à une collaboration avec l'Allemagne. Pourtant, il fait preuve d'une grande lucidité dans sa description de l'état d'esprit qui règne, en décembre 1941, à Nancy alors rattaché à l'Allemagne.

« J'en arrive à l'atmosphère politique : j'ai bavardé avec bien des gens, parents, amis, commerçants, fermiers, etc. Je crois pouvoir faire le point : la situation est loin d'être brillante. Elle est certainement moins bonne qu'en zone libre. Le Maréchal comme toujours est respecté. On reprend par contre la vieille antienne : lui est bien, mais son entourage, etc. En gros, je crois pouvoir dire que sur cent Nancéiens, cinquante ou soixante sont anglophiles (avec beaucoup de gaullistes), trente ou quarante sont pour le Maréchal (et contre toute collaboration), dix seulement peut-être suivent à bloc (acharnés ceux-là). Tu vois à peu près l'atmosphère.

« A quoi cela est dû : surtout, je crois, à deux causes essentielles : la première est l'atmosphère terriblement lourde qui pèse là-bas. Le vainqueur est là, installé dans les maisons, rencontré à chaque pas. Il a beau se conduire avec une correction extraordinaire (le soldat allemand cède sa place aux femmes dans l'autobus. Quand reverrons-nous cela en France ?), il est tout de même là, avec sa G... d'outre-Rhin, et il y est pour longtemps. Ajoute à cela la crainte de l'annexion qui pèse lourd sur tous les cœurs et en tout cas la crainte d'une occupation prolongée. Tu comprends alors que le sentiment dominant qui emporte tout autre raisonnement est d'abord l'envie formidable de voir partir ces gens-là d'abord, avant toute collaboration. Contre cela rien à faire, les plus beaux raisonnements n'empêchent pas ce sentiment que nous avons tort de peser sur notre politique.

« La deuxième raison est plus intéressante, car elle pourrait je crois être facilement combattue si on voulait s'en donner la peine. C'est l'ignorance totale de ce qui se passe en zone libre et dans le monde, le manque complet d'informations auxquelles croire.

« Les gens de l'Est sont en effet abandonnés à leurs journaux. (Ils ne reçoivent aucun journal de zone libre.)

« Mais comme ils sont persuadés (à tort ou à raison, et probablement en partie à raison) que les journaux parisiens et locaux sont dirigés par des Allemands, les nouvelles de ces feuilles sont systématiquement considérées comme fausses.

« A tel point, qu'on en arrive à la pénible constatation suivante : si le gouvernement du Maréchal voulait regagner des voix (ou plutôt des consciences, car les voix on s'en fout) en zone interdite, il lui faudrait demander aux journaux de là-bas de bien vouloir l'attaquer. Alors, à ce moment-là, la population viendrait à lui. Tu réalises où nous en sommes ! Reste la radio, mais elle est tellement contre-battue par la radio anglaise, que son influence reste faible... »

Le lieutenant C., tout comme son correspondant, est visiblement peiné par l'évolution de l'opinion en zone occupée. Après ce constat négatif, il faut donc trouver des solutions pour remonter la pente. Puisque la presse et la radio s'avèrent inefficaces, le lieutenant C. imagine une stratégie :

« Alors que faire ? Je crois qu'il n'y aurait qu'une chose à faire contre cela : ce serait de faire faire de la propagande parlée par des gens inspirant toute confiance. Exemple : lorsque tu es nancéien et que tu vois arriver chez toi un officier français en uniforme, né dans la ville, ayant fait la guerre et venant directement de zone libre, tu écoutes ses arguments autrement, plus sérieusement que si tu les entends à la radio (dont tu te méfies) ou si tu les lis dans les journaux sous contrôle allemand.

« Personnellement, presque partout où j'ai causé (et je t'assure que j'ai causé ! ah la la !). La conversation commençait ainsi : “ Ça fait vraiment plaisir de voir un uniforme français. Au moins, vous, on sait que vous n'êtes pas collaborateur. " Et lorsque je répondais : " Mais si, justement ", tout le monde était interloqué.

« Les gens là-bas en sont encore à croire que notre défaite est due presque uniquement à un effondrement moral, que nous étions encore au moins cinq cent mille en Syrie et un million en Afrique du Nord (la fameuse armée noire!) au moment de l'armistice de juin 1940. Lorsque tu leur dis qu'il restait à l'armistice quarante mille hommes en Syrie et vingt-sept mille en Afrique du Nord, sous réserve de matériel que l'Afrique du Nord était indéfendable. »

Après cette argumentation militaire, le lieutenant C. s'intéresse à l'aspect politique et nous trouvons dans sa lettre un passage édifiant sur l'idéologie collaborationniste chère aux cadres du régime de Vichy en cette fin 1941, alors que l'Allemagne n'a connu que des victoires.

« Lorsque tu leur dis que Pétain et Darlan marchent en plein accord; que si nous refusions toute collaboration actuellement nous serions occupés, écrasés, affamés sans pouvoir rien faire. Lorsque tu leur dis que les gaullistes ne sont qu'environ trente mille (vingt mille noirs; deux mille types très bien égarés par leur conscience, et six ou huit mille aventuriers plus ou moins véreux). Lorsque tu leur dis que collaborer ne veut pas dire s'aplatir, que si l'Allemagne gagne et reste puissante cette collaboration sauvera ce qui peut être sauvé (et au particulier Nancy). Que si l'Allemagne gagne mais s'en tire épuisée (ce que nous espérons tous), cette collaboration sauvera peut-être beaucoup plus; que si l'Allemagne perd, cette collaboration tombera d'elle-même, mais les gens qui l'ont préconisée sauront nous défendre contre le retour des maçons, des Juifs et des députés (par ordre d'estime), lorsque tu racontes tout cela, les gens commencent à réfléchir, et ce sont des oh! et des ah! »

Quelques jours avant Noël 1941, le lieutenant C. écrit à l'un de ses amis qui se prépare à rejoindre la zone occupée. Une occasion pour lui de décrire à nouveau l'atmosphère de Nancy et d'effectuer une description comparée sur la tenue des troupes allemandes et françaises.

« J'en arrive tout de suite à l'atmosphère morale et politique régnant en zone interdite, puisque c'est cela qui te préoccupe en vue de ton retour. Je t'avoue tout de suite que cela ne va pas là-bas et que j'ai quitté Nancy le cœur serré ; sans même profiter de toute ma permission.

« Pour réaliser l'atmosphère de là-bas, il faut y avoir été et avoir évolué un certain temps au milieu des tenues feldgrau. C'est terriblement lourd et pénible : une sorte d'angoisse qui pèse sur la ville du matin au soir et cela depuis des mois et des mois. On croise des " verts-de-gris " comme on dit là-bas à peu près tous les deux mètres. La tenue de ces gens est d'ailleurs absolument impeccable. Cette armée a une discipline de fer en vérité et un souci de tenue poussé au plus haut point. Les deuxièmes classes sont gantés, habillés, équipés d'une façon parfaite. En quinze jours, je n'ai pu voir ni une main dans la poche, ni un débraillé, encore moins un homme soûl, et le pillage n'existe pas. Combien pénible après cela est alors le souvenir de notre armée telle que nous le voyions, tous les deux, sur ces mêmes trottoirs en avril 1940 ! Les Nancéiens, qui sont plus patriotes et plus militaires que jamais, en ont gros sur le cœur devant cette leçon de tenue et de discipline donnée par les autres, et il faut voir avec quelle avidité ils regardent les très rares uniformes français apparaissant dans les rues, pour tâcher de voir au moins une rupture avec les habitudes passées. Hélas, mon vieux, c'est pénible à dire : les soldats français qui se promènent en Lorraine ont sensiblement la même allure qu'en mars-avril 1940. Ce sont pour la plupart des hommes du génie, chargés de réparer les ponts, et tu les vois en congé à Nancy, un brassard blanc au bras, déambuler les mains dans les poches, débraillés, le mégot au coin de la bouche, au milieu de cette armée allemande correcte et glaciale.

« Bref, j'ai retrouvé là-bas l'image Front populaire que je croyais disparue. Je te laisse à penser l'effet sur la population. Il y a de quoi en avoir les larmes aux yeux, et je me demande ce que les officiers français qui sont là-bas ont dans le ventre et combien il leur faudra de défaites pour qu'ils reprennent le commandement de leurs hommes [18]. »

Rappelons que ces soldats français négligés sont des prisonniers de guerre qui travaillent pour l'armée allemande.

En décembre 1941, le ministère de l'Intérieur réalise une synthèse des rapports fournis par les préfets de la zone occupée. L'étude de ce document confirme l'impression donnée par les dernières lettres : « Si les problèmes matériels d'intérêt immédiat restent au premier plan des préoccupations générales, les nouveaux aspects du conflit mondial font renaître les passions, sans que celles-ci ne dépassent jamais, par crainte de représailles de l'occupant, le cadre de préoccupations particulières. [...] L'immense majorité de l'opinion persiste dans sa haine de l'occupant et se refuse entièrement à suivre la politique gouvernementale de collaboration [19]... »

L'année 1941 se termine dans l'attente, la révolte et la crainte. Mais la description serait incomplète si l'on n'y ajoutait quelques mots sur les divertissements des Français qui, à dire vrai, font rarement l'objet de lettres, et pour cause ! Qui a envie de s'attarder sur l'austérité de la vie quotidienne, les loisirs limités, hormis quelques promenades et visites à des amis ou des parents, les bals interdits, les restaurants inabordables ? Alors, on lit beaucoup, on va au cinéma et surtout on écoute la radio. Seuls les nantis poursuivent leur vie mondaine sans grand dérangement, côtoyant les uniformes allemands aux présentations de collections de mode, aux vernissages, dans les grands restaurants ou au théâtre.

Voici la lettre du directeur de l'Office français d'information, ex-Havas, à Curnonsky, prince des gastronomes et écrivain, retiré à Riec-sur-Belon en Bretagne :

« Paris, le 19 décembre 1941.

« Mon bien cher Prince,

« Je n'attends pas un instant pour répondre à votre bonne lettre, et, moins modeste que vous, je pense que les ermites sont toujours heureux de recevoir des nouvelles du monde civilisé, si l'on peut appeler tout cela un monde.

« Paris jouit d'un hiver sans froidure, ce qui prouve que le Bon Dieu n'est pas mauvais diable. Cela simplifie le problème qui consiste, pour moi comme pour beaucoup de Français, à traverser la mauvaise saison avec un stock de charbon du poids de deux cents kilos.

« Les bons restaurants – car il en existe encore – sont

pleins et même pleins aux as, car il est impossible de s'y nourrir à moins de cent cinquante balles au minimum, et je ne parle pas des auberges de luxe, où le patron place négligemment non plus une matraque, mais un marteau-pilon derrière la porte.

« Les Parisiens ne manquent de rien s'ils aiment les navets... Il y en a partout, même aux Halles, bref, à rendre jaloux tous les peintres de la Création, les mauvais s'entend.

« Il y a possiblité d'entendre de bons concerts, le théâtre bat de l'aile, et quant au cinéma, n'en parlons pas. On vend des livres, mais à quel prix, Seigneur! et le moindre tableau vaut son poids de fayots... Bref, c'est la grande cavalcade, sinon le toboggan. Pourvu qu'il n'y ait pas trop de clous dans le plancher...

« Venons-en aux affaires sérieuses... Votre papier est parti, et ça va. J'attends le suivant pour mon petit Noël, et je suis d'accord avec vous sur la ligne générale.

« Ceci dit, vous me paraissez bien noir, et même noir foncé, sur le chapitre personnel. J'ai l'impression que vous baignez dans un océan de vase et d'ennui.

« Faut pas, mon vieux Prince. Faut rire quand même, et puis travailler comme une fourmi, ce qui dispense de penser à rien.

« Je lisais hier soir les lettres qu'échangèrent Toulet et Debussy. On y parle à diverses reprises d'un sieur Kurne qui vous ressemble bougrement comme un frère. Pourquoi n'écririez-vous pas une plaquette, voire un peu plus, sur J.-P. Toulet? J'imagine que, sur ce chapitre, votre poirier des souvenirs doit donner des fruits succulents... Et ça s'éditerait, et ça se vendrait, en luxe et en douce, et le bon Prince aurait quelques ors dans les fouilles...

« Donnez-moi donc votre sentiment là-dessus...

« En jugeant avoir suffisamment usé d'encre aujourd'hui – ça aussi, c'est rare –, je vous plaque, en vous priant d'être un peu plus gai, un peu moins cafardeux, bref, un vrai prince Cur que j'embrasse affectueusement, en lui faisant mes vœux pour la vache d'année qui s'avance et vient sur nous comme un nuage... Mais de quelle couleur sera-t-il [20]? »

Le procès à Riom des « responsables de la défaite » soulève contre Vichy de nombreuses personnes si l'on en croit ces lettres de soutien adressées à Léon Blum emprisonné. François Bertrand, ingénieur dans une usine de mécanique à Lyon écrit le 1er mai 1942 : « Au nom d'une bonne cinquantaine de compagnons : Cher ami Blum, je ne vous ai jamais écrit parce que j'espérais toujours que cet abominable procès n'aurait pas lieu. En présence de l'ennemi, c'est comme une véritable trahison de la France. [...] Les juges ont connu les consignes pour orienter la presse et ils acceptent d'être ainsi bafoués. Quant à l'opinion publique, vous pouvez avoir confiance. Depuis bien longtemps elle n'a que mépris pour le gouvernement de Vichy et, pour cette caricature de procès, elle est soulevée de dégoût. Les milieux ouvriers sont particulièrement indignés car ils se rendent compte parfaitement que c'est uniquement la revanche de 1936. Aussi, si vous saviez ce qu'on dit dans les usines, vous auriez confiance. »

Le 3 mars, c'est Béréhalon, responsable d'atelier à Grenoble, qui écrit à Blum : « Nous sommes en très grand nombre dans l'atelier où je travaille qui suivons attentivement les débats de votre procès. Nous sommes tous des républicains endurcis. Après la défaite de 1940, nous étions hésitants et ne savions plus que penser de nos chefs de la République. Le maréchal Pétain est venu. Nous lui avons d'abord fait confiance mais il a fallu peu de temps pour que nos yeux s'ouvrent. Les témoignages des soldats démobilisés, ceux des réfugiés, ceux des prisonniers évadés eurent sur nous le mérite de faire apparaître la vérité.

« Dès ce moment, pour ce qui me concerne, je n'avais plus de doute. La situation du pays ne pouvait s'expliquer qu'en partant du 6 février. Nous subissons un coup d'État. Quand le mot République eut disparu des en-têtes officiels, quand le maréchal Pétain eut expliqué qu'il accomplissait la Révolution nationale, quand les maires et les conseillers municipaux furent débarqués, quand les fonctionnaires furent suspendus, révoqués, quand le régime policier abject de l'ordre moral fut établi, quand tout cela fut piétiné par une poignée d'individus tarés et quand on eut mis à tous les postes importants des incapables, que le suffrage universel avait vomis à maintes reprises, nous avions déjà compris avant que ce soit terminé le grand balayage. [...] Nous comprîmes définitivement quand nous entendîmes parler de collaboration alors que nous crevions de faim et de froid parce que les Allemands nous raflaient tout.

« Républicain, je me suis félicité à plus d'une reprise de constater que c'était dans les rangs des humbles, des travailleurs, des paysans, que le patriotisme était le plus ancré, que l'amour du pays était le plus fort et que rien ne trouvait grâce devant leur farouche résolution de sauver la France de l'Allemand orgueilleux et dominateur [...] [21]. »

Au printemps 1942, l'évolution rapide de la situation militaire mobilise l'attention des Français qui peuvent écouter les radios étrangères, Londres, Sottens en Suisse. De manière tout à fait exceptionnelle, une opératrice des PTT de La Madeleine (Allier) parle, le 1er mars 1942, à bâtons rompus avec un employé de l'usine de Lignerolles. Tous les sujets sont passés en revue : les salaires, le ravitaillement, les voisins... Les temps sont durs avec les restrictions qui frappent l'ouvrier de Lignerolles : « Et le vin ! Ils n'en donnent pas ce mois-ci. Encore nous autres jeunes, ça peut aller, mais les vieux qui y sont habitués toute leur vie, ça les tue, les pauvres... » La conversation dévie ensuite naturellement sur la situation politique :

EMPLOYÉ. – *Ah! Le père Pétain est bien mal loti avec tous les gars derrière lui.*

OPÉRATRICE. – *Qu'est-ce que tu en penses, des événements actuels?*

E. – *Je crois que le gouvernement Pétain est un peu mieux que les autres et j'ai grand espoir en Darlan, mais ils sont entourés d'une bande de s....ds qui continuent exactement comme avant.*

O. – *Tu crois?*

E. – *Ça se voit bien, c'est toujours les mêmes qui ont tout* [22].

Le dialogue s'élargit ensuite à la situation internationale, la demoiselle de La Madeleine se posant la question rituelle, tout comme les Français chaque jour pendant quatre ans.

OPÉRATRICE. – *Et la guerre?*

EMPLOYÉ. – *Moi, j'ai grand espoir dans les Russes et les Américains. Eh bien, mon vieux, si les Russes gagnent, on sera malheureux.*

O. – *Mais non, mais non! On dit ça pour faire peur: ils auront bien autre chose à faire que s'occuper de nous... et puis, on aura notre mot à dire, il faut bien l'espérer.*

E. – *L'Amérique n'est pas prête, elle n'est pas plus prête qu'elle ne l'était. T'en fais pas, avec leur air de ne pas avoir l'air, ils manquent de matériel et de tout. Ils sont toujours battus!*

O. – *T'en fais pas! Ça ne va pas durer bien longtemps. Ils ont le pognon, tu comprends? Et les gars qui ont le pognon sont les bons, ça se voit bien, tu n'as qu'à regarder autour de toi, les gens qui ont de l'argent, ils n'ont pas faim.*

E. – *Ça ne fait rien, moi je n'y crois pas aux Américains. On en reparlera dans quelque temps.*

O. – *Pour le moment, ils prennent la « ratatouille ».*

E. – *Ils ont l'argent, et puis, il faut que les boches foutent le camp, du reste, une fois la guerre finie en Europe, elle sera finie... Ça s'éteindra tout seul là-bas... en tous les cas, pour le moment, c'est les « profiteurs boches » qui foutent la misère partout en Europe pour se remplir les poches.*

O. – *En tout cas, moi, je ne veux pas que les Russes gagnent.*

Nos deux bavards s'intéressent de nouveau au gouvernement. Cette fois, Laval et les ultras de la collaboration sont violemment critiqués, ce qui ne semble pas contradictoire pour l'ouvrier de Lignerolles dont le vœu est d'éliminer les dirigeants de la IIIe République.

E. – [...] *Darlan est bien, on a beau dire que c'est un marin, moi, je crois que c'est un gars bien, c'est pas comme ce s....d de Laval. Du reste, celui-là, il ne vient pas à Vichy, parce que moi, je te dis qu'il se ferait descendre.*

O. – *Il exagère.*

E. – *Ah! Il se ferait descendre! C'est comme ce s....ard de Doriot.*

O. – *Ah! Celui-là, il exagère. Il est communiste, après il est PSF ou PPF, je ne sais pas trop quoi, ensuite il va se battre contre les Russes... on n'y comprend rien.*

E. – *Il va se battre contre les Russes? Oui, oui. Il envoie les autres à la boucherie et lui il reste se chauffer les pieds au feu, c'est un joli coco! C'est comme le procès de Riom! Tu crois que c'est pas lamentable, ce qui se passe! Il n'y en aura pas un de coupable quand ils auront tous fini leurs beaux discours... et pourtant, on devrait fusiller tous les Premiers ministres depuis 1920... Je crois que Pétain les fera condamner, mais ça n'en prend pas le chemin.*

O. – *Et les Anglais?*

E. – *Les Anglais! J'en ai marre, ils commencent à énerver tout le monde en faisant les bras croisés, ils font battre tous les autres pour eux. Leurs coloniaux aussi... Non! Je te dis qu'il n'y a que les Russes pour gagner sur le boche. Du reste, j'en parle autour de moi, à l'usine, et il y en a pas mal qui ont changé d'idées*[23]*...*

Le retournement de 1942

A partir de juin 1942, l'élargissement du conflit ne fait plus de doute. La guerre sera longue et son issue incertaine. Cette période est donc celle du retour du réalisme. La France non occupée n'est plus le havre de tranquillité que l'on croyait avoir préservé en juin 1940. La politique de Pétain risque maintenant d'entraîner le pays dans la participation active de la guerre aux côtés de l'Allemagne. La popularité du Maréchal en subit le contrecoup et la dévotion dont il est entouré s'affaiblit, même s'il reste très populaire. Les critiques s'expriment davantage, gagnent du terrain. Malgré la propagande qui stigmatise les « bobards » gaullistes, comment persuader la population que les Allemands ne sont pour rien dans les difficultés que rencontre le pays?

Les relations entre l'opinion publique et le régime de Vichy se dégradent, et cela de manière constante depuis juin 1940. Autour de De Gaulle et de la Résistance s'esquisse un rassemblement concurrent pour les bonnes volontés. Le retour au gouvernement de Laval, soutenu par les Allemands, est une gifle pour le pays. Laval, symbole de la collaboration, exerce les pleins pouvoirs, mais ne peut se permettre d'ignorer le sentiment populaire. Malgré le renforcement de l'activité de censure et l'interdiction de toute publication faisant preuve d'esprit critique, l'opinion publique lui échappe. Elle n'ajoute plus foi à la propagande de Vichy et se borne à constater la dégradation de ses conditions de vie, tel ce responsable de la

Jeunesse ouvrière chrétienne qui, en juillet 1942, constatant le faible nombre de prisonniers libérés par la « relève » des ouvriers, remet en cause les campagnes de presse du gouvernement :

« Si on accordait le retour d'un prisonnier français contre le départ d'un ouvrier ou d'un remplaçant quelconque, notre devoir évident serait d'aller faire la relève et ce magnifique mouvement de solidarité nationale élèverait le pays au-dessus de lui-même. Les Allemands se garderont bien de nous tendre cette perche ! Remarque que rien de précis n'a été promis, que Laval, lui-même, n'entrouvre que de vagues perspectives... et ce qui est odieux, c'est l'exploitation éhontée de cette espérance par la propagande et la presse, dès le lendemain et les jours suivants... C'est la relève des prisonniers ! Et les gens commencent à le croire. Or, je raisonne autrement : les Allemands ont besoin de 500 000 soldats. Ils ne peuvent que les prendre parmi ce qu'il reste d'ouvriers qualifiés dans leurs usines. Seuls des ouvriers français qualifiés peuvent les relever. Voilà la relève dont il s'agit. Quant aux prisonniers, ceux qui travaillent restent aussi nécessaires, et les autres restent les otages indispensables. Laval n'est pas dupe. Mais pouvait-il faire autrement ? Vraisemblablement, les Allemands libéreront une dizaine de mille hommes, geste symbolique. Peut-être iront-ils jusqu'à 50 000 : 1 pour 10. Qu'on ne parle pas de relève[24]. »

Écouter la radio anglaise, en 1942 comme en 1941, reste indispensable si on ne veut pas se contenter des informations contrôlées par Vichy et par les Allemands. Le poste de TSF devient un auxiliaire précieux :

« Je suis en possession de mon appareil de radio – un Munora 5 lampes, puissant et excellent – mais le brouillage des émissions anglaises en langue française a été porté par Vichy à un haut degré de perfection. Nous avons très bien pris Sottens. Vous qui avez la pratique quotidienne de cet engin, vous serez bon de m'indiquer l'horaire des postes intéressants. »

Jusque dans les transports en commun, on échange des tuyaux entre auditeurs :

« Dimanche 24 mai 1942

« L'autre jour, dans le train Versailles-Paris, Germaine, debout dans la presse des voyageurs, entend la conversation de deux ouvriers. Le plus vieux dit à l'autre : " Je suis bien ennuyé, on brouille tellement la radio de Londres que la patronne s'agace et ne veut plus me laisser écouter. Alors je m'énerve, je ferme, et je n'ai plus de nouvelles. " Germaine le regarde et lui dit à mi-voix – en jetant un coup d'œil aux soldats boches qui remplissent le wagon : " Écoutez donc sur 1 500 mètres ; le pylône de Bourges servant au brouillage a sauté ; on entend de nouveau. " La figure de l'ouvrier s'illumine. " Ah ! bien alors, merci, madame, je vais en avoir une bonne soirée ! " Hélas ! Les 1 500 mètres sont de nouveau brouillés depuis trois jours. On n'entend plus rien – sauf aux petites ondes, ou bien en anglais. Mais tous ces braves gens sont suspendus à la radio de Londres, comme au seul fil qui leur donne de l'espoir [25]. »

L'activité de la RAF au-dessus du territoire français représente également un espoir pour ceux qui attendent la libération. Pour preuve cette conversation entre deux Français de la zone libre, l'un à Vichy, l'autre à Montpellier en septembre 1942 :

– *Saumur a été bombardé la nuit dernière... les casernes ont été visées... A Tours, il y a eu une alerte... oui, c'était un avion britannique... il a demandé les feux... il connaissait sans doute le code... il a fait mine d'atterrir et a lâché quelques bandes de mitrailleuses sur le terrain... Quel estomac !*

– *Ça c'est du sport ! Il y a de la joie.* [Rires.]

– *Les Allemands, ils gagnent à être connus. Au début c'était la main de fer dans le gant de velours... maintenant ils ont ôté le gant ! Moi, je les connais... je les ai eus pendant cinquante-sept mois en occupation... fallait filer doux comme des agneaux et laisser le passage sous la menace de la cravache... Quand on était par groupe de quatre... ils en prenaient un au hasard et l'embarquaient en prison ! Comment voulez-vous qu'on puisse les aimer ! Ce sont des sauvages... Ils ont fait de leur force une religion... la force excuse tout... on ne discute pas avec eux...*

– *Moi, je leur ai dit : nous sommes vaincus aujourd'hui, hier c'était nous... demain ce sera vous ! Ils étaient furieux...*

– *Ils sont en plein désaccord avec leurs idées ! L'Europe nouvelle ! La collaboration ! L'élimination... C'est la théorie du cheval et du cavalier... Nous sommes le cheval*[26] *!*

Depuis la bataille de Stalingrad, l'image de l'URSS a évolué de façon favorable dans l'opinion, qui se prend d'une certaine sympathie à l'égard des Soviétiques mais se réjouit encore plus des difficultés rencontrées par les Allemands. Si la victoire alliée est attendue avec impatience, le pays n'est pas au bout de ses souffrances. Pour s'en rendre compte, il suffit de lire la longue lettre que Mme G.H. écrit le 22 août 1942[27] :

« Nos enfants sont voués à la guerre. Ils souffrent énormément de notre situation, de notre défaite. Ils n'ont qu'une idée : revanche. Faire entrer dans la tête de ces garçons que la sagesse leur commande de s'apprêter à reconstruire en travaillant ferme dès à présent, de façon à être en état physique et moral de mener à bien la rude tâche qui les attend... impossible ; ils veulent d'abord tout démolir pour reconstruire ensuite. Et ils rongent leur frein et s'épuisent en colère et regrets stériles... mais comment blâmer leur réaction ? Si vous saviez : au milieu de l'apathie générale, combien c'est malgré tout réconfortant de sentir encore des " pur-sang " chez nous. La majorité des hommes sont de lourds chevaux, castrés, qui ne demandent qu'à rester à l'écurie devant une balle d'avoine quel que soit le maître qui la leur apporte. Je pense que quand l'heure H sonnera, tous ces jeunes donneront une impulsion nécessaire et consentiront tout de même à tempérer leur véhémence et leur exagération auprès de ceux plus rassis mais vivaces encore qui pourront les orienter dans la bonne voie... Alors je crois que le plus sage est de ne pas trop les heurter... »

Un peu plus loin, Mme G.H. constate avec lucidité :

« Mentalité française ? Lamentable ! aucun esprit de solidarité, on en arrive à se haïr entre soi, à ne plus se supporter, les hommes plus mufles et apathiques que jamais supportent de voir les Allemands se lever et céder leur place à des femmes françaises sans être honteux... et ils continuent d'occuper leur siège... eux ; j'ai honte pour nous.

« Rien ne compte que le ventre, nous n'avons rien à manger dans Paris, tout un chacun va dans les environs faire ses provisions ; la combine est reine. Le métro empli de gens doublés de leurs sacs pleins. On est pressé, étouffé, meurtri, on s'envoie des coups sournois pour passer avant le voisin. Si un incident se produit, personne ne soutiendra son compatriote. On se demande même s'il n'aura pas une ignoble satisfaction d'échapper, lui, aux ennuis pouvant découler d'une explication un peu vive avec toute cette " verdure ". »

Face à la multiplication des bombardements alliés sur les usines qui travaillent pour l'Allemagne, Mme G.H. remplit avec dévouement sa tâche de secouriste. Après le bombardement de Boulogne-Billancourt, elle critique violemment l'attitude des Allemands :

« Les pompiers ont été admirables ; ils ont sauvé, vivantes, dix personnes emmurées pendant des heures, je les ai vues et soignées. Les boches ont interdit l'organisation des secours pendant les deux premiers jours. La première nuit, interdiction aux pompiers d'user de projecteurs, ils ont cherché les gens dans les décombres ! Et quels ! (Des bombes à air liquide sur des maisons en ciment armé... une poussière ! des fers tordus, voilà ce qu'il en restait... et couronnant le tout un superbe fauteuil de peluche rose !) Ils ont cherché les gens, vous disais-je, la première nuit avec leurs petits réflecteurs de poche. On aurait sauvé au moins une centaine de victimes dans le coin où j'étais si on l'avait permis – et j'ai vu quelques jours après ce scandale ! Des enfants, lycéens de Janson-de-Sailly de l'âge de [*quatorze ans*] ramassant les pelletées de gravats, au hasard, au risque d'être tués, chargeant des morts, et quels morts ! Sur leurs frêles épaules et nous les apportant ! et transportant ensuite des cercueils à la chapelle ardente. Tant de gens, de chômeurs, l'auraient fait ce sinistre travail... interdit ! Ah ! c'était le moment de nous montrer enfin la fameuse collaboration en mettant des compagnies du génie allemand ou autorisant la venue des nôtres de zone libre – mais il fallait frapper l'opinion, il fallait allumer la haine contre l'Anglais – et naturellement le contraire s'est produit parce que si les gens ont souffert, ils ont admis que la guerre le voulait, mais ils ont compris aussi que les autres voulaient laisser mourir ceux qu'on aurait pu sauver, et l'on m'a dit à moi : " Ah ! qu'ils reviennent encore, tant pis, c'est affreux, mais qu'on en finisse ! " Depuis, ce sentiment n'a fait que grandir. Les ouvriers de Renault ont été empêchés de descendre dans les abris réservés aux Allemands, mais il y en a eu quelques-uns de démolis à coups de barres de fer. Dans les autres usines tout est prêt... pour les Allemands... »

Comme pour conjurer la tragédie qui est son lot quotidien, Mme G.H. termine sa lettre sur un trait d'humour :

« On m'a raconté ce trait bien français d'une paysanne du Nord. Là-bas, on les appelle les " haricots verts " ! Deux femmes parlent entre elles des boches. Un officier allemand comprend et les interpelle, et l'une de répondre : " Haricot vert ? Oh ! mais non, monsieur, on ne parle pas de vous ; si c'était de vous qu'on parlait on aurait dit : les mange-tout ! " Pas mal, hein ?

« Je m'arrête parce que je couvrirais des cahiers sur ce sujet. Il y aurait tant à dire, il y a tant à souffrir, mais sentir que l'on fait partie d'un tout qui n'est pour le moment que résistance passive, pour le moment, répété-je, c'est tout de même servir encore la France, même malgré elle. Je n'ai pas perdu la foi et dites-vous que le jour où ça rebardera, je ne me croiserai pas les bras, et mes garçons pourront dire que leur mère ne leur donnera pas l'exemple de la soumission bête, de la passivité et du masochisme de la défaite [28] !... »

L'occupation de la zone Sud par l'Allemagne rétablit les liaisons dans une France qui a beaucoup souffert de la séparation du pays en deux. Certains se réjouissent de cette évolution pour des raisons bien terre à terre.

Désabusés par l'activité d'une censure renforcée après l'occupation de la zone Sud, les directeurs de journaux n'ont pas la moindre marge de manœuvre et cette réflexion de Guimier, patron du *Journal* qui parle au téléphone à son rédacteur en chef à Lyon, est significative de l'état d'esprit de ceux qui « faisaient l'opinion publique » avant guerre et en sont réduits à bien peu de chose en 1942.

[...] *Voici ce qu'il faut faire : faciliter en toutes choses la tâche du gouvernement jusqu'à la limite où notre conscience le permettra. A ce moment avertir l'information et la censure et nous nous retirons sous notre tente, leur laissant la boutique* [...] *ce n'est pas la peine d'essayer de gagner de l'argent, ne pas dépasser vingt-cinq à trente mille comme tirage*[29].

L'assassinat de Darlan à Alger marque les esprits. Sans aucune prudence, deux correspondants commentent au téléphone l'événement.

MARSEILLE. – *Vous avez vu, pour Darlan?*
NICE. – *Oh! c'est formidable, hein! Moi, je n'en reviens pas.*
M. – *Nous non plus, mais qu'est-ce que vous voulez! Il a ce qu'il mérite.*
N. – *Évidemment, mais ça fait quelque chose... surtout pour nous qui l'avions vu. Il avait l'air si bien...*
M. – *Ah oui!... Mais malheureusement il n'avait que l'air*[30]...

Malgré le malheur, il faut continuer à lutter pour survivre. Le contraste entre l'ampleur du conflit et les petites préoccupations de chaque jour est insupportable à beaucoup :

« Lundi 7 septembre 1942.

« Il faut de plus en plus d'efforts pour s'absorber dans un travail qui ne touche pas directement à la guerre. L'impression que tout est devenu vain, sans importance et sans conséquence, en dehors de la lutte qui se poursuit sans nous, domine et donne à nos actes quotidiens et à toutes nos occupations un air d'irréalité et de fantomatisme. " L'attente est le plus grand des maux " – et nous vivons dans l'attente, attente des événements militaires, attente des malheurs qui peuvent atteindre des amis menacés, attente des combats d'Océan, de Méditerranée, de mer Noire ou d'Égypte, attente de lettres ou de cartes nous renseignant sur ce que font les enfants, sur leur bonne ou leur mauvaise arrivée à travers la ligne de démarcation, etc.[31]. »

Les Français de la zone libre se croyaient à l'abri de toute promiscuité avec l'armée allemande. Le 25 juin 1940, la ligne de démarcation avait coupé le pays en deux : il s'agissait d'une séparation militaire entre une zone occupée au nord et une zone libre au sud de la Loire. Mais, dès mai 1942, les agents allemands commençaient à opérer officiellement en zone libre.

Le 11 novembre 1942, la Wehrmacht franchit la ligne de démarcation et occupe la zone libre pour « prévenir un débarquement allié en Méditerranée ». L'armée d'armistice ne réagit pas et se trouve désarmée, puis dissoute. Le 26 novembre, les Allemands tentent une attaque surprise pour s'emparer de la flotte de guerre française à Toulon. La marine se saborde, plus de cinquante bateaux coulent sans avoir combattu. Seuls trois sous-marins s'échappent et rejoignent l'Angleterre. La verdure s'installe à Lyon.

Impressions sur l'arrivée des troupes allemandes à Lyon, le 11 novembre 1942.

« Miss Dowse,

« [...] Comme vous le savez sûrement par la radio, depuis le 11 novembre au matin, c'est l'occupation complète, l'envahissement total de tout... Le 11 novembre sera vraiment une date fatidique pour la France! et on a revécu les journées d'envahissement de juin 1940, mais avec la différence que le moral de tous est tout autre... enfin, pour l'instant, la " verdure " envahit tout, s'installe partout, prend tout... Le petit collège chez les Pères en est plein; il a fallu licencier les enfants; l'école libre d'Ainay a été réquisitionnée. Ils sont venus à Saint-Just, hier soir, demander des chambres et le jardin pour leurs camions, mais on les a envoyés promener... Ils ont dit qu'ils reviendraient et on les attend!... C'est Fanny qui les a reçus, on ne comprenait pas un mot de leur baragouin sauf qu'ils voulaient dormir là et Fanny leur répondait par des " non " de la tête catégoriques, en leur montrant la porte!... Depuis trois jours, les vitres sont ébranlées par leur passage. C'est infernal! On marche dessus dans la rue et je me tiens à quatre pour ne pas en étrangler quelques-uns... Par exemple, ils sont sales, fatigués, maigres, ne ressemblant plus en rien aux hommes de juin 1940... On vit des jours bien angoissants mais rudement palpitants. Les journaux français ne paraissent plus, sauf ceux qui sont carrément allemands, et on ne sait plus que ce que la radio allemande nous dit et c'est atrocement pénible, cette nuit noire complète où l'on nous mène de mensonge en mensonge sans jamais une lueur de vérité. Cela n'empêche pas que chacun la devine ou la fabrique à sa guise, la vérité, et que l'on ne voit que des gens heureux... Ce qu'il y a de bien triste, c'est qu'on a arrêté le 11 à 6 heures, du matin, pendant qu'il était encore au lit, le père de Barie, Jo, Babette et votre petite Fontaine [32]. »

1943, l'année de la confusion

Après l'invasion de la zone libre par les Allemands, l'opinion publique se rend compte que Vichy ne possède plus ni armée ni empire, les deux fondements de sa fragile légitimité. Soumis aux diktats du Reich, le gouvernement Laval constate une nouvelle montée du mécontentement. De plus, l'instauration du Service du travail obligatoire en Allemagne est mal ressentie par une opinion publique déjà soumise aux contrôles et aux mesures vexatoires de l'occupant. A la fin de l'année 1942, l'opinion publique est profondément marquée par la dégradation qui s'est opérée dans le pays depuis la défaite de juin 1940. Au plan international, les Français sont désormais persuadés que Hitler court à sa perte et que l'intervention des Américains permettra la victoire des Alliés. Grâce aux informations de la BBC, au courrier, aux conversations privées, le moral de la population est, sur ce point, à la hausse. Par ailleurs, presse écrite et radio, étroitement contrôlées par l'occupant, perdent le peu de crédibilité qui leur restait. Tout en sachant que le courrier peut toujours tomber en de mauvaises mains, on n'hésite pas à y brocarder l'envahisseur. Une habitante de Bourg-en-Bresse décrit avec ironie un régiment allemand quittant son cantonnement, le 20 avril 1943 :

« [...] Dans tous les cas, depuis, il ne s'est pas passé grand-chose, sauf le départ des Allemands, il ne reste plus ici que la Kommandantur et la gendarmerie, qui est en face de ma fenêtre, trônant (les gendarmes) sur les fauteuils qu'ils ont emportés de la Caisse d'Épargne. Ton père s'est amusé à la gare à voir charger un de leurs trains, c'est formidable la diversité des choses qu'ils emportaient, il y avait de tout! Des cibles, une quantité formidable de skis (qu'ils auraient, paraît-il, fait faire à Champagnole), des fauteuils, des chaises, des tables de nuit, des couvertures; ils ont raflé à l'hôpital toutes celles qu'on leur avait prêtées pour leurs malades! A la caserne, ils ont tout emporté : les bancs, la vaisselle, la literie, jusqu'aux portes et aux fenêtres [33] ! »

Les nerfs des Français sont mis à rude épreuve. On guette les nouvelles à la radio, attendant avec impatience le débarquement et les parachutistes anglais. La BBC entretient volontairement cette attente afin de mieux leurrer Hitler sur la date réelle des opérations.

Préfets, gendarmes français et troupes d'occupation ont du mal à « tenir le pays ». Le 16 avril 1943, le préfet de l'Eure rend compte au ministre de l'Intérieur d'un « incident » révélateur des sentiments réels du pays.

« J'ai l'honneur de vous faire connaître que le 4 avril 1943, à 14 h 45, deux avions anglo-américains sont tombés en flammes, l'un entre Léry et Poses, l'autre à Notre-Dame-du-Vaudreuil.

« Les occupants, au nombre d'une douzaine environ, s'étaient préalablement jetés en parachute.

« Appréhendant l'un de ces parachutistes, deux gendarmes ont été conspués et outragés par la foule qui a, en outre, chanté *La Marseillaise.*

« Cet incident, qui a été spontané, n'a duré que quelques minutes.

« Le même jour, vers 15 h 45 à Pont-de-l'Arche, au moment où un camion civil monté par des Allemands et transportant six parachutistes qu'ils venaient de découvrir traversant la place, une centaine de personnes ont acclamé les prisonniers. »

A la première occasion, l'exaspération des esprits se transforme en rébellion ouverte contre l'occupant et ses sympathisants. Pourtant, malgré la perspective d'une libération prochaine, l'attentisme prédomine encore. On peut expliquer ce phénomène par les difficultés de la vie quotidienne qui mobilisent les énergies et la crainte bien naturelle de la répression nazie qui dissuade les plus prudents de s'engager activement dans la lutte. Le ralliement à la Résistance « s'effectue sous des formes multiples qui couvrent un large registre et vont du silence complice à des manifestations de soutien actif[34] ».

A l'aube de l'année 1943, la France meurtrie attend la fin de l'épreuve. En guise de vœux de nouvel an, Pétain s'est borné à donner ce conseil sibyllin : « Méditez sur vos épreuves » ! Ce que la population a le plus de mal à admettre, c'est l'omnipotence d'une administration qui n'hésite pas à collaborer sans vergogne avec l'occupant pour mieux asseoir son autorité. Certains fonctionnaires n'ont pas d'état d'âme, ils obéissent aveuglément aux ordres. Les archives de la police, de la gendarmerie et des PTT fournissent de nombreux exemples de bêtise ou d'hypocrisie faisant le jeu de l'Allemagne. Mais d'autres, au péril de leur vie, choisissent de résister.

La lettre qui suit est un exemple étonnant de l'esprit « révolution nationale », autrement dit le retour aux valeurs Travail-Famille-Patrie, par lequel Pétain veut régénérer la France. Elle met en scène le général Martin, directeur général de la Gendarmerie nationale, qui se plaint au secrétaire général de l'Information des difficultés qu'il rencontre à effectuer sa mission quand les services de la propagande de Vichy ne respectent pas la discrétion qui doit accompagner les tâches de « maintien de l'ordre ». Une lettre exemplaire de l'hypocrisie d'une administration prête à obéir aux ordres les plus contestables, pourvu que le secret soit maintenu sur ses agissements.

« Vichy, le 23 octobre 1943.

« Mon attention a été attirée sur un article paru dans la presse quotidienne de la zone Sud, les 8 et 9 octobre 1943, sous le titre : " 46 terroristes condamnés à mort " et dont vous trouverez ci-joint une copie extraite du *Courrier du Centre* du 9 octobre.

« Il ressort de cet article que vingt-cinq terroristes français, armés, capturés après combat par les *gendarmes français* ont été *condamnés à mort par un tribunal de guerre allemand.*

« S'il est particulièrement souhaitable de donner une publicité étendue à la répression du terrorisme, je crois préférable que cette publication soit faite sous une forme ne risquant pas de provoquer, contre la gendarmerie, dont la tâche devient de plus en plus délicate et difficile, les réactions d'une opinion publique poussée, par une propagande néfaste, à la partialité et à l'injustice.

« C'est pourquoi je vous serais obligé de vouloir bien donner des instructions à vos services pour qu'ils évitent, dans les publications de presse ou radiophoniques, toute allusion de nature à rendre plus difficile l'exécution des missions confiées à la gendarmerie [35]. »

La fin de l'année 1943 est très pénible pour tous. La répression allemande met à mal la plupart des réseaux de résistance, les maquis connaissent un hiver difficile, les Alliés piétinent en Afrique et en Italie. La population est retombée dans son apathie. Trop de déconvenues l'ont démobilisée et toute son énergie passe dans la résolution de problèmes matériels. Pétain est désormais considéré comme un otage des Allemands et l'opinion voit avec consternation les ultras de la collaboration, comme Darnand et Henriot, prendre les commandes. Dans son Journal, Charles Rist se laisse aller au découragement :

« 29 novembre 1943.

« Plus la guerre se prolonge, plus la bassesse fondamentale qui la caractérise depuis le début apparaît avec toutes ses conséquences. C'est une régression matérielle et morale qui aurait paru incroyable il y a quelques années. Plus de matières pour faire les plus humbles réparations, ni cuir, ni acier, ni bois. La nourriture est réduite à sa plus simple expression. Moralement c'est le règne des intermédiaires sans scrupules. Partout dénonciations, arrestations, terreur. La peur décide des opinions. Ceux qui ont peur aujourd'hui font peur à ceux qui, encore triomphants il y a un an, tremblent en pensant aux représailles de demain [36]. »

Jusqu'à la fin, il faudra subir la dure loi de l'occupant, comme le raconte ce paysan savoyard, en décembre 1943 :

« Repas, dos courbé, chez Antan, où les Russes (de la Waffen SS) et les Allemands occupent les trois quarts de la ferme. Tu penses qu'il a fallu donner aux officiers le même dîner qu'à nous, sans quoi ils auraient sans doute cherché noise et puis ils ont tellement faim qu'on a pitié d'eux... Je ne sors pas davantage le soir (pour aller où?) mais les " verts " t'embrocheront vite. Ils ont volé des bons, de l'argent, un livret de famille chez Mme Ereyburger. Tout a été pillé pendant deux heures [37]. »

De 1940 à 1943, l'opinion publique française évolue d'une façon beaucoup moins claire que ne l'a laissé entendre, après la guerre, la classification de la population en trois catégories : résistants, pétainistes et collabos. La quasi-totalité des lettres que j'ai pu consulter reflète, dans son ensemble, le désarroi et la confusion. « Entre la collaboration et la résistance, il semble qu'il y ait la différence du blanc au noir. Et il est vrai que quelques êtres, dès juin 1940, ont trouvé dans leurs profondeurs, leur certitude. Mais combien ont oscillé, sans qu'on puisse bien savoir s'ils cédaient à leur intérêt, aux pressions des propagandes, à un étourdissement par les chocs de l'époque [38]. » J'ai eu le sentiment que les Français ne savaient plus distinguer l'avenir de la guerre, qu'ils hésitaient à écrire ou à téléphoner (mon corpus est sensiblement plus restreint pour cette année 1943) et que, par une sorte de lassitude, ils s'en remettaient à un destin flou.

Les enjeux de 1944

L'année 1944 est caractérisée à la fois par la dégradation rapide de la situation militaire de l'Allemagne, qui laisse augurer d'une prompte victoire des Alliés, et par la puissance en France d'une situation intérieure difficile.

Une mutation profonde est en cours. Le maréchal Pétain continue de sillonner le pays et d'être acclamé par les foules, mais une bonne partie de l'administration de Vichy collabore discrètement avec la Résistance. L'État crée la milice, qui, en soutien de la gendarmerie, se lance dans la lutte armée contre les maquis aux côtés des Allemands.

La Résistance française a pour consigne, le jour J venu,

de multiplier les sabotages pour retarder les renforts allemands dépêchés sur les lieux. Les troupes de la Wehrmacht, bien abritées derrière le colossal « mur de l'Atlantique », érigé de Dunkerque à Bayonne, se tiennent prêtes à rejeter l'assaillant à la mer en attendant que les « armes secrètes » redonnent au Reich une possibilité offensive.

L'imminence de ce conflit pousse le régime de Vichy à durcir ses positions. Les ultras de la collaboration sont entrés au gouvernement avec Philippe Henriot, responsable d'une propagande visant principalement Londres et la Résistance. Les arrestations de personnalités hostiles se multiplient, le travail obligatoire en Allemagne condamne à l'exil des milliers de Français.

Épuisés par trois années d'occupation et de privations de toutes sortes, désabusés face à ce débarquement sans cesse retardé, effrayés par l'activisme parfois confus des maquisards et les représailles qui s'ensuivent, beaucoup de Français commencent l'année 1944 dans un triste état d'esprit. « Y en a marre » est une expression qui revient souvent dans le courrier et rien ne semble venir dissiper cette lassitude. Jamais la vie n'a été aussi difficile, le ravitaillement aussi problématique, les menaces aussi nombreuses.

Concernant cette période, les lettres demeurent quasiment introuvables. La confusion régnant dans le pays n'était pas propice aux échanges de courrier. En outre, la tension qui agite le gouvernement réduit l'activité des censeurs. Ceux-ci ne recopient plus que des extraits de lettres, aussi n'ai-je retrouvé, sur cette période, que les synthèses du courrier saisi. En voici donc quelques extraits significatifs, classés par thème [39].

Le gouvernement reste le sujet de préoccupation primordial :

« Philippe Henriot est un collaborateur à bloc, mais j'admire son éloquence et, chaque jour, je me délecte à écouter sa propagande si bien exprimée. » (*Février 1944*).

« [...] il est possible que le Maréchal fasse des choses qui ne sont pas de son goût, mais qu'il juge inévitables. Le jour où il a pris les responsabilités, il les a prises entières, pressentant qu'il aurait un jour à subir tout le poids de la défaite; malgré cela, il reste et ne se dégonfle pas... » (*Février 1944.*)

« [...] Tu écoutes, j'espère, chaque jour l'éditorial d'Henriot. On a tort de ne pas faire assez souvent dans votre zone. En voilà un qui sait rudement bien bourrer les crânes. » (*Mai 1944.*)

« [...] On a tous besoin de calme. Depuis qu'ils nous soûlent avec leurs boniments, le P. Henriot et autres, ils arrivent à affoler les gens les plus calmes. » (*Mai 1944.*)

Imminence d'un débarquement toujours annoncé et sans cesse reporté, les côtes de la Manche et de la Normandie sont écrasées sous les bombes des forteresses volantes américaines. Plusieurs nœuds routiers et ferroviaires sont détruits ainsi que leurs alentours; 1200 morts à Rouen en une nuit, 750 à Boulogne-Billancourt. Dans la semaine qui précède la Pentecôte, 20 villes sont atteintes et 5 000 victimes dénombrées. Le débarquement agite, donc, les esprits à la manière du monstre du Loch Ness, par apparitions successives. Pas un Français n'imagine l'importance et la complexité de l'opération montée par les Alliés, le déferlement de la plus gigantesque armada jamais constituée dans l'histoire de l'humanité.

En février 1944 :

« L'opinion générale de Vichy est unanime à dire que le débarquement est une vaste fumisterie. »

« Pas un centimètre de la côte ne reste sans être fortifié! On peut à peine sortir de chez soi, aller chercher son pain devient un voyage au long cours. »

« Les gens contemplent les événements comme les ruminants font pour les trains. Mais peut-on avoir une autre attitude? Nous ne pouvons changer le cours des choses. »

« Vite que les Anglais débarquent, sans cela les Français ne pourront se relever... Vive le débarquement! crient toutes les populations du nord de la France. »

« Vraiment cette atmosphère est suffocante en ce moment et nous sommes las d'attendre des événements qui ne viennent pas vite et ne viendront peut-être jamais... jamais je ne me suis sentie aussi découragée qu'en ce moment. »

« Déjà à Vichy, on a demandé aux personnalités des

hôpitaux de donner la liste des employés ayant besoin de laissez-passer pour circuler en cas d'invasion. »

« On parle de soupe populaire en cas de débarquement. A Paris, les restaurants ont été recensés, ce sont eux qui distribueraient la soupe. »

« Tous les hommes seront mis dans un camp de concentration, à Vichy, l'afficheur a déjà reçu les affiches, nous devons aller au stade avec une couverture et deux jours de vivres. »

« Tout le monde attend le déclenchement de la grande aventure, mais quel sera le réflexe des Allemands ? Que feront-ils des hommes ? Quelles mesures prendront-ils sur le territoire ? Verrons-nous la même bagarre et la même misère qu'en Italie ? »

En mars 1944 :

« J'ai des tuyaux sûrs : plus question de débarquement, mais la guerre aérienne sera portée à un niveau fantastique [...] notre pauvre Paris. »

« M. Churchill avait annoncé le débarquement pour les ides de mars... ce sera pour les calendes grecques. »

« Les gens s'attendent à des coups de main dans le Nord, mais pas de débarquement massif, impossible étant donné la puissance défensive des Allemands et l'expérience qu'ils ont acquise. »

En avril à Nîmes :

« Beaucoup de dégâts sur les maisons, mais peu sur l'objectif, quelquefois à sept kilomètres du but, une paille. Ils devaient avoir bu du whisky en zone serrée. »

En mai :

« A Paris, on s'attend tous les jours à l'instauration de la soupe populaire avec suppression totale du gaz et de l'électricité. »

« Hier soir, on comptait encore seize préfets d'arrêtés. Par ailleurs, en cas d'opérations militaires sur notre territoire, on s'attend à des rafles importantes. Cette semaine, le général Bridoux, secrétaire d'État à la Défense, a adressé une protestation particulièrement énergique à un officier supérieur allemand au sujet des récentes arrestations des officiers français qui ont eu lieu. Il lui disait notamment que, dans ces conditions, il serait mieux de supprimer complètement l'armée française, lui-même était prêt à partager le sort de ses subordonnés malheureux. Mais, quoi que fassent les Allemands, ils ne supprimeraient pas l'âme de l'armée française dans le cœur des officiers français. »

Clermont-Ferrand, mai 1944 :

« On attend le débarquement avec crainte car on sait qu'il en découlera des tas de représailles, des mesures vexatoires et probablement la guerre civile... »

« Mais avec tous ces bombardements, je me demande où nous allons ! Notre pauvre France va dégringoler de plus en plus. Elle en a bien pour cent ans à se relever... »

« Les Anglais nous libèrent dix mille personnes par semaine en les envoyant au cimetière. Ceux-là sont bien libérés. »

« Les Anglo-Américains bombardent comme des sauvages, à croire qu'ils sont ivres. Ils accumulent chez nous plus de dégâts que la guerre de 1914. Leur but est de détruire chez nous le plus possible pour que le jour de la paix, ils soient nos fournisseurs. »

Le contrôle postal réalise une synthèse spéciale, entièrement consacrée au voyage de Pétain à Paris en avril 1944. Les échos des correspondances les plus enthousiastes sont mis en exergue :

« Le passage du Maréchal parmi nous a réveillé tout ce qui restait de français au fond de nos cœurs. On te dira qu'il n'y a pas eu d'enthousiasme... Ce sont ceux qui n'étaient pas place de l'Hôtel-de-Ville, qui n'ont pas assisté et entendu cette *Marseillaise* chantée spontanément par toute la foule devant le drapeau enfin retrouvé... Pour ma part, j'étais si émue, que je n'avais plus de voix. Ma gorge était serrée et je voulais crier " Vive Pétain ", mais je ne pouvais pas. »

D'autres correspondants se montrent plus critiques, voire plus lucides : « La visite du Maréchal a dû faire tressaillir de joie les gants à crispin et frémir plus d'un plumet de garde. Quant au cœur des Parisiens, j'ignore s'ils ont tressauté d'allégresse, mais je me permets d'en douter. La foule dense policière n'a pas dû ménager les ovations spontanées et réglementaires. »

Le succès de Pétain, c'est d'abord celui d'un patriotisme longtemps réprimé à Paris, comme le montrent ces témoignages contradictoires :

« Le drapeau français flottait sur l'hôtel de ville. Le Maréchal a été acclamé comme jamais. Toutes les femmes lui jetaient des fleurs. Inutile de te dire que *La Marseillaise* a été chantée à tue-tête ! [...] J'ai vu le Maréchal. Te dire ce que j'ai éprouvé est impossible. J'avais les jambes coupées par l'émotion. Pourtant je ne suis pas de son côté, mais de le voir ça m'a émue et je lui ai jeté des fleurs. »

Autre point de vue, plus réservé celui-là :

« Ne croyez pas qu'il a été acclamé comme vous dit la propagande, il y a eu des curieux sur son passage et non des admirateurs. L'accueil a été tiède. Je n'insiste pas, nous ne sommes plus en liberté... Je n'ai pas vu Pétain et je n'ai pas voulu le voir. La France, le drapeau, *La Marseillaise* ont été plus acclamés que lui. »

Les partisans de Pétain se réjouissent du succès de ce voyage, persuadés qu'il gênera la propagande gaulliste :

« C'est un camouflet pour ceux qui sont de mauvaise foi... Les radios dissidentes qui étaient désemparées seront cette fois complètement affolées. »

Pourtant, le scepticisme et la compassion pour Pétain semblent prédominer dans le courrier intercepté :

« Le pauvre Maréchal, pauvre vieux, a l'air bien triste ! »

« Pauvre vieux, que ne lui fait-on pas faire ? Il a certainement eu des acclamations, mais tout cela ne change rien à la situation. »

« Vous avez eu la visite du Maréchal. Pourquoi ne pas l'avoir salué, le pauvre, car lui n'est pas le maître, et tu sais, à quatre-vingt-huit ans, il doit commencer à débloquer un peu. »

La visite officielle de Pétain dans la capitale peut être considérée comme un épisode privilégié après ces années d'occupation. On comprend mieux les réactions de certains lorsqu'on songe que, pour la première fois depuis de longs mois, survient un événement de l'ordre de la fête nationale. L'émotion qui en découle relève plus d'un sentiment patriotique mal orienté que d'un véritable élan pour Pétain, mais, de ce bref moment de communion nationale, les Français tirent un réconfort pour affronter des mois qui s'avéreront plus rudes que les précédents.

Le courrier de 1944 reflète en effet un état de confusion mêlé de crainte à l'écoute des dernières péripéties du conflit qui déchire le monde. Curieusement, malgré la vigueur du sentiment anti-allemand, l'attentisme continue à prédominer. Les revers militaires de l'Allemagne, la répression renforcée contre les Juifs et les réfractaires au STO, les actions de la Résistance, l'impopularité de Laval et de son équipe, autant de bonnes raisons de résister. Mais bien peu sautent le pas de l'engagement actif même si la libération semble de plus en plus proche. Cette même année, la succession des attentats et des représailles est si incessante que beaucoup craignent une « guerre civile ». En outre, le maquis a la réputation d'abriter des éléments inquiétants, « étrangers, communistes, partisans du " grand chambardement ". » Beaucoup aussi commencent à culpabiliser d'avoir trop facilement accepté la domination de l'ordre allemand. Ils redoutent le moment où il faudra rendre des comptes. Toutes ces interrogations angoissantes suscitent bien des débordements d'imagination.

Février 1944 :

« Je crois à la fin de la guerre cette année, mais pas à la fin de nos misères, il y a trop de saletés et de haines accumulées. »

« Toutes les misères augmentent, pourvu que cet état de choses ne provoque pas une révolution ou des émeutes sanglantes. »

« Après la Wehrmacht, la Gestapo et la collaboration, nous aurons l'Armée rouge, le Guépéou et la soviétisation. »

« Malheureusement je ne vois pas notre pays sauvé,

remis à sa vraie place, les passions calmées, la clémence et la justice régnant partout. Hélas, nous allons vers une magnifique pagaille. »

« Il n'est que trop tôt qu'on mette hors de nuire une bande de malfaiteurs qui, sous prétexte de patriotisme, ne s'attaquent qu'aux Français. »

« Il est temps que l'on agisse si nous voulons éviter une révolution. »

« Pour fin mars, Darnand prendrait tout en main [...] si c'est vrai, ce ne sera pas drôle. »

« Ce matin, à Vichy, alors que la Gestapo était à la porte de deux officiers, ceux-ci ont tiré. Deux morts et ils ont pris la fuite. Quelles vont être les représailles? »

« Ces tueries en Haute-Savoie, ces évacuations, les réquisitions à Paris, les bombardements... Toutes ces choses atroces vont-elles continuer, se répandre partout. On est las. »

« A Nestos, tout le monde sait qu'il y a des réfractaires dans la montagne, personne ne bouge, ni police, ni garde, ni gendarme, ni public, on fait dans la culotte. »

« Les jeunes gens réfractaires qui, pour la plupart, sont bien élevés et de familles honnêtes sont encadrés de bandits et de communistes; ils sont obligés de marcher et, du vol de quelques tickets, ils en arrivent au sabotage, à l'incendie et à l'assassinat. Voilà où nous conduit la propagande anglaise... »

Une opinion qui montre que la désinformation allemande garde une certaine efficacité, jouant sur un vieux fonds de conservatisme.

Mars 1944 :

« Nous nous attendons à de pénibles événements, mais grands dieux qu'ils arrivent et que cela finisse! Les nerfs sont à bout et le courage aussi... »

« On fait des rafles à Marseille à la sortie des cinémas pour repêcher les réfractaires ou compléter les convois incomplets. »

« Dans cette région, les villes et les villages sont cernés périodiquement par la troupe et tout mâle sans distinction d'âge ni de situation est embarqué pour une destination inconnue... représailles, paraît-il, contre le recrutement pour le STO qui ne fournit que des manchots et des culs-de-jatte. »

« Toulouse est devenue le Chicago français... entre les attentats et les représailles, nous ne savons que devenir. »

Marseille, avril 1944 :

« L'intrépide lieutenant Doriot a fait hier une conférence mémorable devant une foule immense, évaluée au moins à deux cent cinquante personnes. Après cela la légion qui n'était que grenouille ne peut manquer de devenir bœuf à l'abattoir. »

En mai 1944, le courrier intercepté dans la région de Clermont-Ferrand permet d'apprécier l'étendue des craintes alors que les affrontements s'étendent :

« Celui qui aura échappé aux bombardements, à l'armée secrète, aux Allemands, aux maquisards et aux miliciens pourra dire qu'il est protégé du ciel. »

« Il y a eu une bataille entre les réfractaires et la milice. Quinze tués, cinquante-six otages et trois maisons brûlées. Je crois que, malheureusement, ce sera la révolution. »

« Je viens d'allumer mon poste, c'est Henriot : il parle bien, mais il distille bien le venin. Il y a de quoi désespérer de voir jamais l'union des Français avec des paroles pareilles. »

« Dans toutes les campagnes, il y a du terrorisme. C'est du banditisme, mais je crois que la répression du banditisme fait encore plus de carnage. »

« On ne sait plus où se tourner. En ville, on risque les rafles, en campagne l'embrigadement dans le maquis. Le mieux est de rester coi et de se camoufler le plus possible. »

« La jeunesse de notre pays est presque toute partie volontaire pour la résistance malgré les abominables combats à venir. »

« Nous ne sommes plus aux mains des boches à Aurillac. Dans les villages, ce sont les maquis troupes françaises de l'intérieur qui dirigent, c'est impeccable, on a de tout et pas cher, les œufs à quinze francs la douzaine. »

« Ces messieurs du maquis ont honoré hier de plusieurs visites, des files de voitures, ils ne savent pas très bien où se cacher, une bande infernale de gangsters qui ne fait absolument rien d'utile, vit en parasite et s'arroge des droits quelque peu abusifs (contrôle des papiers et perquisition). En dehors du brigandage, on se pavane dans de belles voitures, on fait bombance et c'est tout. »

Mai 1944, toujours :

« Depuis bientôt quatre ans que nous sommes sous la botte allemande, nous avons cru maintes fois être arrivés au fond du gouffre de l'humiliation, de la misère, du malheur, mais on ne fait que descendre de degré en degré et d'effondrement en effondrement. »

Gap :

« Nous sommes toujours comme un îlot au milieu des Allemands; tous ces gens-là partent, reviennent toujours plus nombreux, exigeants, menaçants. Ils troublent nos jours et nos nuits, nous menons une vie intenable. »

« Le pain manque à Saint-Étienne. Dans cette ville on est inquiet, car les esprits (ouvriers et mineurs) sont excités. On craint fort à un certain moment (que tu devines) que l'élément communiste ne se livre à des exactions. Nos " amis anglais " se fichent un peu de tout cela. »

D'un épicier visiblement très collaborateur :

« Marseille est toujours telle que vous l'avez laissée, d'un calme un peu inquiétant dans la période tragique que nous vivons. Ce qui n'est pas pour diminuer le gaullisme aveugle des Marseillais qui applaudissent aux bombardements qui ne les touchent pas. Affreuse mentalité. »

« Je suis persuadé qu'il y aura un assaut de Vichy par ces parachutistes. Ils se rendront maîtres de la ville et de tous les services, formeront un gouvernement dissident sous l'obédience du Comité d'Alger afin de diriger les opérations révolutionnaires. Tout est préparé déjà, soyez-en sûrs, et l'on n'attend que l'heure H! »

Digne, juin 1944 :

« Charles est bien ennuyé et ne dort plus tranquille. Il doit craindre pour sa peau et regretter de s'être mis dans la police. »

Le 6 juin 1944, les troupes anglo-américaines débarquent sur les côtes normandes et établissent de solides têtes de pont malgré la résistance acharnée des Allemands. L'opinion publique met un certain temps à réaliser l'importance de cette opération. Le 7 juin, Charles Rist note : « Ce qui domine, c'est l'anxiété. Que va-t-il se passer? Combien de temps la lutte durera-t-elle? Jusqu'où va-t-elle s'étendre? Viendra-t-elle jusqu'ici? Que feront ceux qui nous sont chers? Nous avons eu tant de déceptions! Et il y a tant d'aléas dans toute opération militaire! Déjà la radio française de Londres donne des consignes absurdes, inexécutables et dangereuses à ceux qui l'écoutent[40]. »

Après les premiers succès, l'avance des Alliés est bloquée durant sept semaines en Normandie. Selon les mots d'ordre de Londres, la Résistance multiplie les attentats afin de gêner les manœuvres des Allemands. Ces derniers se livrent à des représailles sanglantes contre les maquisards et la population civile. Certaines régions se libèrent elles-mêmes en faisant battre l'ennemi en retraite, d'autres subissent les exactions des miliciens de Vichy et des divisions SS en mouvement. La France est redevenue un champ de bataille et, en juillet 1944, l'issue des combats demeure incertaine.

« Ici un espoir fou règne partout, en dépit des difficultés et des restrictions de plus en plus nombreuses, peut-être même à cause de cela... On fixe même une date bien rapprochée. »

« Hier, des événements se sont déroulés dans la capitale berlinoise. Cet incident laisse croire que la fin est une question de quelques semaines. »

« Malgré tous les cancans, je crains fort que ce ne soit pas encore fini de sitôt. On a le temps d'en voir d'ici là! »

« Ici beaucoup de bruits circulent. On parlait hier soir de l'alliance des Allemands et des Russes. Une chose aussi monstrueuse serait-elle possible? Et alors qu'adviendrait-il de nous? »

« Ma foi, on ne meurt qu'une fois et pour mon compte peu m'importe, ce jour ou demain, pourvu que notre Nord soit délivré, peu importe, être sous une tutelle anglo-américaine ou russe, mais au moins que nous soyons délivrés de ces sales têtes de lard. »

« Les Allemands ramassent beaucoup de réfractaires... et tout le monde est las de leur présence, de leurs représailles, de leur basse police, de leurs exécutions. Tous appellent la paix et au moins la libération et ce qui est le plus terrible, quelle que soit cette libération bien souvent. »

De Nice, un policier : « Nous avons presque cessé notre activité policière, on nous a adjoint toute une mafia qui représente le maintien de l'ordre, ce qui fait que l'on ne sait plus qui arrêter. Mieux que personne nous nous rendons compte de l'anarchie actuelle. C'est effrayant. »

Parmi ce chaos, quelques-uns ont conservé le sens des réalités : l'important sera moins le statut de leur pays que la sauvegarde de leur patrimoine. Quelle erreur de ne pas avoir acheté un immeuble à Vichy !

« Je voudrais que tu ne tardes pas trop car nous avons l'intention d'acheter des valeurs ou de les placer d'une façon quelconque car il est à peu près certain que tous les billets actuels seront annulés par les Américains s'ils rentrent en France. Il n'est donc pas prudent de garder des billets et je regrette bien que tu n'aies pas acheté un immeuble à Vichy ! »

La libération proche alarme un épargnant de Vichy :« La situation financière est épouvantable. Le franc va à sa ruine et sa chute verticale est pour moi une affaire de quelques semaines. Il faut prendre une décision, ne pas conserver de bons du Trésor, garder seulement de quoi vivre pendant quelques mois, soit en billets, soit en banque et de préférence en billet de cent francs, car il est possible qu'on décide de lutter contre la thésaurisation en confisquant les billets de cinq mille et mille francs. »

Remarque anecdotique quand on imagine l'agitation qui règne et la peur qui s'empare des populations effrayées par la guerre civile en juillet 1944.

« Vichy est rempli de miliciens qui sont vraiment les déchets de l'humanité. Ils font beaucoup plus de mal que de bien et sont détestés de tout le monde. »

« La Milice a mauvaise renommée, il faut reconnaître qu'elle a tout fait pour cela. Elle manque de cadres et a accueilli dans ses rangs des indésirables pour faire nombre. C'est là qu'a été sa grande erreur. »

Nîmes :

« Le maquis ne peut pas constituer une armée car, s'il y a quelques réfractaires, il y a surtout des étrangers, des hors-la-loi, des fainéants privés de leur carte d'alimentation qui se sont mis là pour passer la belle vie à la montagne. »

« Ici, c'est le maquis qui gouverne, on les voit à peine et ne sont pas gênants et très corrects jusqu'à présent. »

« Là-haut [*Bourg-d'Oisans*] le maquis est aux mains de Polono-espagnols. Ce sont ces étrangers, douteux à tous égards qui deviennent professeurs de patriotisme! Nous aurons tout vu! »

« Quand il n'y aura plus de Français, tous assassinés et la France ravagée, ce sera la libération définitive, tous ceux qui l'ont réclamée à grands cris à ce moment, la trouveront moins réjouissante je pense. »

« Vous connaissez aussi les troubles causés par la dissidence? A Vichy, on s'attend à une Saint-Barthélemy. »

A toutes fins utiles, quelques Français espèrent se prémunir d'actes inconsidérés en affichant ouvertement des marques de leur solidarité aux libérateurs :

« Certains de nos braves compatriotes ont, pour protéger leur maison, placé sur le toit un petit drapeau français et américain croisés. C'est d'une bêtise touchante. »

En fait, pour saisir l'ambivalence des sentiments, rien ne vaut l'étude d'un fait divers majeur. L'assassinat de Philippe Henriot nous fournit une occasion exceptionnelle de décrypter cette atmosphère de confusion générale des esprits. En ce milieu d'année 1944, Henriot est le symbole vivant de la collaboration. Député conservateur entre les deux guerres, il est au côté de Pétain en 1940. Il devient un farouche partisan de l'alliance franco-allemande et est à l'origine de la Milice. Remarquable orateur, Henriot conquiert un large public par ses éditoriaux radiophoniques enflammés. Nommé secrétaire d'État à la Propagande, il multiplie les initiatives pour contrecarrer avec efficacité l'influence des idées gaullistes. Jouant sur le vieux fonds de conservatisme craintif de la population,

Henriot sait trouver les mots justes pour fustiger les bombardements alliés et dénoncer le « péril rouge » qui menace le pays. Le 28 juin 1944, un commando de résistants l'abat chez lui, à Paris. Le mois suivant, les contrôles postaux réalisent une synthèse des réactions de l'opinion publique à travers les interceptions postales examinées entre le 2 et le 5 juillet. A une large majorité, ces réactions montrent la persistance d'un mouvement de sympathie en faveur d'Henriot. Certes, on pourra penser que cette synthèse a été réalisée de manière très « sélective », pourtant ses résultats sont troublants.

« A une heure de l'après-midi nous avons appris l'assassinat de Ph. Henriot. Nous en sommes atterrés. La radio nous paraît vide, presque inutile maintenant. Quelle perte pour la France. Nous le pleurons comme un membre de notre famille tant sa voix nous était chère et familière, c'est une nouvelle et dure épreuve pour notre cher pays. Mais nous n'entendrons plus notre cher Henriot national ! Il est mort au champ d'honneur et nous seuls, Français, sommes à plaindre de sa disparition. C'est un martyr dont il faut pieusement honorer la mémoire. »

« Ici gros émois à la nouvelle de l'assassinat d'Henriot. Un catafalque est dressé au *Progrès* tout tendu de noir [*local de la Milice*] ; des milliers de fleurs jonchent le sol et nombreux sont les hommes et les femmes qui sont venus s'y recueillir et bien des larmes ont été versées. Tous ceux qui prenaient l'éditorial de ce grand tribun trouveront plus grand encore le vide causé par cette mort dramatique. »

« Je viens d'apprendre par TSF l'assassinat de Ph. Henriot. C'était le seul moyen pour des incapables, des merdeux de juifs et de métèques, de faire, sans risquer seulement une égratignure, table rase... car la table était trop chargée pour eux. Depuis six mois qu'Henriot leur cassait la tête et les oreilles, ils étaient à plat, secs, complètement anéantis, vidés, abrutis. »

« J'ai été furieux à la nouvelle de l'assassinat d'Henriot. Pour une fois que nous avions un type bien, vrai français, propre et qui (quelque opinion que l'on ait on ne peut le nier) parlait avec bon sens (chose rare à l'heure actuelle) il faut que ces salauds-là le suppriment. Quand on pense que ces cochons d'Anglais n'ont même pas eu le minimum de discrétion de citer le fait sans commentaire. Je les ai entendus de mes propres oreilles annoncer : *les patriotes (!) ont exécuté Ph. Henriot.* Ce qui prouve qu'ils en sont enchantés, si ce n'est pas eux qui ont directement provoqué ce crime. Et dire que tant de Français ne jurent que pour eux. »

« Henriot, c'était vraiment la voix de la France, “ la vigueur répondant à la perfidie, la franchise au mensonge, l'éclat des faits à l'imposture, une âpre et hautaine ironie bien française aux cauteleuses, hypocrites et souvent cyniques accusations de l'Anti-France ! ”. Après ce malaise causé par les silences ou demi-silences antérieurs, n'étions-nous pas rafraîchis et réchauffés depuis six mois par ces magnifiques éditoriaux biquotidiens, par cette chaude éloquence et cette conviction profonde ! »

En juillet 1944, les Lyonnais offrent une large gamme d'opinions. Pour certains, la victoire alliée n'est pas acquise : « Je crois les Allemands beaucoup plus forts qu'on ne le croit et de taille à rejeter les Anglais encore une fois à la mer. Evidemment, ils reculent partout, mais la bataille décisive, la dernière, n'est pas encore engagée et nul ne peut en prévoir les résultats. » Mais le conflit laisse, d'après une Lyonnaise, beaucoup de jeunes indifférents : « Les enfants traversent cette période avec une indifférence, une absence d'âme inimaginables, comme ils assisteraient à une séance de cinéma. Égoïstes et matérialistes, leur initiative se porte sur le marché noir et le troc. »

Cependant, c'est l'avenir du pays qui suscite le plus grand nombre de commentaires. De Gaulle, image emblématique, est parfois rejeté : « Ce qui est écœurant, c'est d'entendre de Gaulle vanter les “ soldats de l'intérieur ” aussi glorieux que les autres et de lui voir tendre les mains aux communistes les plus notoires. Cela promet pour l'après-guerre. »

Il rassemble aussi bien des espoirs : « De Gaulle à Londres et New York s'est bien débrouillé semble-t-il, pour faire admettre les points de vue français, montrant le rôle de la France dans la guerre, exaltant l'empire, il a l'air d'avoir une politique qui se tient et surtout de voir grand et français. »

Jusqu'à la Libération, la majorité de l'opinion publique

demeurera indécise, troublée, angoissée. Cette paralysie face aux événements de la mi-44 est balayée par le formidable souffle de liberté qui accompagne la victoire des Alliés. En témoignent les rapports de la commission du contrôle postal de Vichy qui, nonobstant la libération de la ville, continue, imperturbable, de remplir sa tâche. Ainsi, du 25 au 31 août 1944, elle recueille les premiers courriers :

« La ville a été délivrée sans douleur par les FFI, samedi dernier dans la matinée, les Allemands ayant eu le bon goût et la gentillesse de partir la veille, ce qui n'a pas empêché beaucoup de matamores de se glorifier de cette délivrance alors que le vrai maquis, les hommes réellement patriotes, se trouvent dans les environs au contact avec les détachements allemands engagés dans ce département. »

« Depuis que le drapeau américain est hissé à tous les coins de rue, tout le monde respire ici. »

Cet avis ne paraît pas faire l'unanimité puisque d'autres lettres se montrent réservées :

« On aurait pu supposer que ça irait mieux après le départ des boches, hélas ça va bien plus mal, jamais on a vu tant de pagaille et si peu de discipline, c'est lamentable. »

« Les affiches ont ressuscité la République, et déjà la politique locale bat son plein, alors que l'ennemi est à moins de quarante kilomètres. »

Avec la fin de l'année 1944, les Français reprennent goût à la liberté. Après des années de souffrances, d'inquiétudes et de craintes, ils ne sont pourtant pas au bout de leurs peines. Ils ont échappé de justesse à la guerre civile, mais seule la libération complète du territoire pourra ramener enfin la paix. Les hostilités terminées, le 8 mai 1945, se pose alors la question, toujours à l'ordre du jour, de ce qu'il convient de retenir et d'oublier de cette terrible époque. Dès août 1943, Léon Werth en avait résumé les termes : « Tout sera-t-il oublié, tout se perdra-t-il dans le souci des constructions économiques, dans la fureur de vivre et de manger, dans la frénésie de danser, dans l'obéissance à des rythmes nouveaux, qui ne seront ni celui du fox ni celui du tango [41] ? »

XIII

LES ALPES-MARITIMES UN DÉPARTEMENT PENDANT LA GUERRE

Vichy veut faire des Alpes-Maritimes une vitrine des succès de la Révolution nationale, à montrer aux milliers de personnes réfugiées et au voisin italien. Pourtant, les problèmes de ravitaillement et d'argent sont comparables, voire pires, que ceux des départements voisins. Ajoutons que des milliers de Juifs fuyant la Hollande, la Belgique ou la zone occupée se sont réfugiés sur la Côte d'Azur.

La région ouvre sur la Méditerranée, une possibilité de fuite, elle borde la frontière italienne, pays où les Juifs ne subissent pas les mêmes persécutions. De plus, Nice et Cannes ont toujours été des villes cosmopolites. On devine aisément les enjeux d'une telle situation.

Le préfet Ribière, nommé par Vichy en septembre 1940, est un homme marqué par l'idéologie du nouveau régime, violemment anticommuniste et antisémite. Les Alpes-Maritimes, sous son autorité tatillonne, doivent devenir un département modèle. L'épuration de l'administration de la IIIe République est menée tambour battant. Instituteurs, communistes et réfugiés juifs deviennent les nouveaux proscrits. C'est à Nice qu'est créé, le 5 octobre 1940, le mouvement de masse qui porte tous les espoirs de Vichy. Dix mille personnes assistent au casino municipal à la naissance de la Légion française des combattants qui rassemble les anciens combattants adeptes de Pétain. Joseph Darnand, un enfant du pays, et le père Bruckberger fondent la Légion, rassemblement d'anciens combattants, pour assurer le triomphe de la Révolution nationale dont

Nice devient la « fille aînée ». La fête de Jeanne d'Arc, en 1941, rassemble plus de cinquante mille personnes dans les rues de Nice; beaucoup pensent que Pétain est leur meilleur soutien face aux Allemands.

Si le département souffre de graves problèmes de ravitaillement pendant toute la guerre, c'est d'abord parce qu'il ne produit pas grand-chose, hormis des fruits. Les pêcheurs ne peuvent plus sortir car les ports sont minés. C'est aussi parce qu'il est à l'extrémité du pays et que les transports sont de plus en plus difficiles. Cannes et Nice ont l'impression que les wagons qui leur sont destinés sont détournés à Avignon ou à Marseille. L'inefficacité, voire la corruption, des services du Ravitaillement général bureaucratiques et inefficaces n'améliore pas l'ordinaire [1]. Les Alpes-Maritimes connaissent donc la disette, un marché noir particulièrement actif qui creuse l'écart entre riches et pauvres au moment où des milliers de réfugiés s'installent sur la Côte d'Azur.

Département sous haute surveillance, les Alpes-Maritimes gardent dans leurs archives plusieurs cartons, vestiges des travaux du contrôle technique. Le lien direct entre le contrôle technique et la répression policière y apparaît clairement. Ainsi, quelques heures seulement après l'interception d'une conversation téléphonique mentionnant la présence d'un stock de lait de marché noir dans une épicerie, la 8e section de la police d'État fait descente [2].

L'historien qui se plonge dans les archives d'un département est saisi par l'importance de l'activité du contrôle technique. Le service civil des contrôles techniques des Alpes-Maritimes a comme coordinateur le général commandant la XVe division militaire (Marseille). Deux fois par mois, il publie une synthèse des interceptions postales, télégraphiques et téléphoniques. Les commissions spécialisées réalisent également des rapports bimensuels : la commission de contrôle postal intérieur de Nice, la commission de contrôle postal international de Nice, la commission de contrôle téléphonique, la commission de contrôle télégraphique. Régulièrement, la commission de contrôle postal intérieur réalise une opération surprise dans un centre de tri postal. Le 9 mai 1941, 750 lettres sont lues à Beausoleil, le 14 mai 725 lettres à Vallauris, le

21 juin 1 149 lettres à Cannes, le 14 juin 919 lettres à Grasse.

La mauvaise qualité du ravitaillement due à des transports trop lents déclenche parfois de graves malaises comme chez cette correspondante : « Je me suis intoxiquée avec de la charcuterie ou des sardines que nous avons touchés à la place des pommes de terre. J'ai eu le bras enflé et le corps recouvert de boutons. Il y a beaucoup de gens qui ont subi le même sort que moi *. »

Parmi ces autres victimes, Françoise, seule à Nice avec ses deux enfants. Son mari, de nationalité suisse, est rentré à Berne où elle lui envoie un appel au secours : « J'ai passé des nuits atroces à rendre presque sans arrêt, j'ai souffert. Une intoxication alimentaire, sans doute, ces temps-ci j'ai mangé surtout du pain, des farineux, semoule de fèves (réserve), voulant laisser les légumes, tellement chers, aux petites. Est-ce cela ou un peu aussi le foie ? Tant de soucis, finissent quelquefois par déclencher une bonne crise, enfin je sais seulement que je suis à bout de forces. Faire les courses. Plus de citrons, j'en voulais pour me soigner, j'en ai trouvé deux à grand-peine. [...] Il y a aussi les soupes populaires organisées par les œuvres. Mais comme tu penses, je n'y aurai pas droit, et puis aussi les gosses ont encore la ressource de fouiller les poubelles et de ramasser les restes. »

Françoise a visiblement des relations difficiles avec son mari qui lui envoie des sommes minimes alors qu'elle est dans une situation dramatique : « Je suis claire, maintenant tu peux envoyer en plusieurs fois si tu préfères, mais je ne peux faire à moins de deux cents par mois, si nous étions là-bas, je te coûterais, je crois, bien davantage, à voir les tarifs en Suisse. Je suis effroyablement lasse de sentir chez toi cette hostilité, dès qu'on parle d'argent. Il semble en vérité que je veuille t'arracher de l'argent pour en faire Dieu sait quoi. [...] Je lutte sans cesse, contre les difficultés de ravitaillement, contre ma faiblesse, contre tout. Et je t'assure qu'il y a des moments où je suis littéralement à bout, actuellement en particulier et je reçois là-dessus des reproches de toi, même pas des mots de réconfort. J'en suis au point que si je n'avais pas les enfants pour me rete-

* 30 avril 1941.

nir, je ne sais trop ce que je finirais par faire. Ne plus vivre, ne plus penser, quel soulagement. »

André B., ancien combattant de 14-18, secrétaire de la Légion, est un citoyen modèle de l'ordre nouveau et pourtant, en juin 1941, il écrit à son fils une lettre qui déclenche une enquête de police serrée. André est employé à la mairie, au service du ravitaillement, tâche qu'il décrit ainsi à son fils : « Je délivre les cartes de textile... Inutile de te dire que, comme toujours, ces cartes sont provisoires si bien qu'il faudra remettre ça dans quelques mois, respirer cette odeur immonde de cette foule qui sue et qui pète en sourdine si bien que je rentre à midi abruti et, le soir, abruti et malade. »

André raconte ensuite sa vie quotidienne, le travail harassant, la recherche de nourriture « telle une bête » sans compter les désillusions politiques : « J'ajoute que j'ai plaqué le secrétariat de la Légion, on nous a mis comme chef de section un polytechnicien, ancien directeur de la Banque de France enfin le CON à l'état parfait... » Mais ce sont les difficultés du ravitaillement qui poussent à bout le vieux légionnaire : « Les épiciers de quartier vendent à 8 h 30, alors ceux qui travaillent crèvent de faim. Je leur ai dit qu'on finira par venir s'approvisionner avec un gourdin pour commencer, et un fusil s'ils ne se mettent pas au pas. Tu me connais, j'injurie toute cette bande de voyous, Marguerite se fait un mauvais sang terrible car elle craint toujours de me voir partir pour le clou. Une vieille saloperie de paysanne a vendu à Marguerite le huitième d'une petite salade ce que Marguerite a pris pour un chou, une petite carotte, un poireau gros comme le tiers d'un petit doigt et deux feuilles de céleri... Deux francs... Comme je l'ai revue le lendemain, je lui ai déclaré devant tout le monde : si vous continuez à vendre cette salade deux francs, je vous attrape par la peau tannée de votre sale cul et je vous traîne à la police, sale carcasse... Elle a baissé son prix à 1,25 franc *... »

Les difficultés du ravitaillement amènent une bonne partie de la population à contester l'activité, voire l'intégrité, des fonctionnaires du ravitaillement. Par contagion, c'est le préfet et, par voie de conséquence, le régime même de Pétain qui sont atteints, comme en témoigne cette conver-

* 19 juin 1941.

sation téléphonique de septembre 1941, entre deux amis, l'un à Cannes, l'autre à Nice :

MARCEL. – *Ah! mon pauvre Jean! Quand on te dira qu'il y a eu du changement, tu pourras lui dire que c'est en mal! Il est navrant de constater que ça va plus mal qu'avant. Les répartiteurs, les grossistes affament la ville et le préfet n'y voit rien. Il est vrai qu'il ne manque de rien. Dis-moi, Jean, il y a longtemps que tu n'as pas mangé du poisson?*

JEAN. – *Il y a plus de trois mois.*

M. – *Tu es pourtant inscrit chez un marchand...*

J. – *Oui, mais s'il n'en a pas il ne peut m'en donner.*

M. – *D'accord; dans ces conditions, que font les répartiteurs de poisson? Se faire payer grassement et ne rien foutre! C'est simple, en dehors de Mme Véran, personne n'a de poisson. Comme celle-ci ne sert que les hôtels et les gros, les petits nous pouvons crever d'envie!... Oh! mais la patience a une limite! On commence à être à bout. Il n'y a pas d'ailleurs que le poisson... La charcuterie, c'est la même chose. Pourrais-tu me dire où passe la viande de porc?*

J. – *Elle doit être très utile chez ces messieurs du ravitaillement, tu comprends?*

M. – *Il nous reste le boudin. Et on voudrait nous imposer silence par des promesses ou par la crainte?*

J. – *Sais-tu ce qu'il faudrait? Un coup de balai!*

M. – *Et comment! Entre la Légion, le Secours national et tous les gangsters du ravitaillement, Biancotto en tête et ceux de la préfecture et de la politique, il y aurait de quoi faire un joli nettoyage! Le préfet arrête, ordonne, décrète sans rien comprendre à ce qu'il fait. Il se fout pas mal si la population souffre la faim. Lui et ses amis ne manquent de rien; c'est écœurant d'être menés par des imbéciles pareils! Va-t'en à la Poularde ou dans d'autres boîtes, tu y trouveras toujours les mêmes profiteurs de la défaite. On en a assez!*

Au bord de la révolte en raison des difficultés de la vie, les ménagères sont surveillées attentivement par la police et par les membres de la Légion pleins de zèle. Leur maladresse est à l'origine de nombreux incidents comme nous pouvons l'imaginer en suivant cette conversation de septembre 1941, entre deux Niçoises :

– *Alors, qu'est-ce qu'il t'est arrivé?*

– *Eh bien! Ce matin, je vais à la Buffa* [marché] *devant ma marchande de légumes, il y avait une queue formidable, mais c'était pour des haricots. Moi, comme je ne voulais pas de haricots, mais des céleris, et tout d'un coup, une espèce de bonhomme, un de la Légion, il commence à me dire de tout, il criait. Si tu avais vu ça! Quel scandale! C'était une vraie honte! Je ne savais plus où me mettre... Il y a un agent qui vient. Alors, il lui dit que je n'avais pas fait la queue, que je passais devant tout le monde, et qu'il fallait de l'ordre et de la discipline. Si vous aviez vu comme il criait! Alors, j'ai dit que, puisque je n'achetais pas de haricots et que pour les céleris il n'y avait pas de queue, je n'avais pas à faire de queue. Alors vous ne savez pas ce qu'ils ont fait? Ils ne m'ont pas laissée prendre de légumes, ils ont tout pris...*

– *Ce sont des belles saloperies.*

– (Toujours très animée.) *Il a dit des choses, que c'en est une honte cet homme, mais l'agent n'a pas bougé... Des choses, que j'aurais honte de le dire... Je ne peux pas continuer une vie comme cela...*

– *Et encore, toi ma petite, il n'y a pas longtemps que tu es ici. Tu sais ce que j'ai mangé à midi? Eh bien, j'ai mangé deux aubergines à la poêle et une chicorée amère; et pour ce soir, je n'ai rien. Je me demande comment je vais faire maintenant que je rentre travailler à 7 heures!... Je ne mange plus de fruits, je n'ai pas eu un haricot de toute la semaine, pas une courgette...*

– *C'est lamentable! Si ça continue, je m'en retourne chez moi, je suis découragée... Et puis, il y a eu des crêpages de chignons...*

– *Ne dis rien, qu'encore un peu, ça m'arrive à moi l'autre jour.*

– *J'ai un cafard, c'est la fin de tout...*

– *Tu passes deux heures à faire la queue, et tu reviens le filet vide, et encore, tu te fais insulter.*

– *C'est un désastre...* [Gros soupirs, elle a l'air complètement abattue.]

– *Eh oui! C'est un désastre, qu'est-ce que tu veux, on a perdu la guerre. Si les hommes avaient fait leur devoir on n'en serait pas là. Je préfère ne pas y penser...*

– *Moi, je ne peux plus rester ici, je retourne chez moi, au moins, je mange à peu près et on a le calme... C'est tout juste s'ils ne m'ont pas embarquée ce matin et tout ça, pour une chose de rien du tout. Ah! je lui ai dit quand même : « Vous êtes quelque chose de propre à la Légion. »*

Quand un contrevenant tombe dans les filets des contrôleurs chargés de la répression, les arrangements sont toujours possibles. Un habitant de Rodez, interpellé à Nice, a demandé à l'un de ses amis d'intervenir discrètement. Si l'on en croit cette conversation du 6 novembre 1941, sa démarche a été couronnée de succès :

– *J'ai rencontré un camarade de Rodez... un contrôleur... qui a tout arrangé... Euh!... Je ne peux pas t'expliquer par téléphone, je ne peux pas te dire... Tu sais, c'est quelque chose de formidable à Nice, tout est réglé, pas d'amendes, il n'y aura que quelques billets de mille... je ne puis m'exprimer...*
– *Combien faut-il payer?*
– *Pas grand-chose... vingt mille francs.*
– *Tu trouves que ce n'est rien?*
– *Ce n'est rien à côté du reste. Je ne peux rien t'expliquer... Le copain de Rodez te connaît très bien; c'est une affaire!... Il faut que tu viennes avant le 15.*

La chasse à l'homme

En vertu de la loi du 3 septembre 1940, le préfet peut décider arbitrairement l'internement « administratif » de toute personne pouvant « porter atteinte à la Défense nationale ou à la sécurité publique ». Des camps de prisonniers sont installés dans l'arrière-pays, Sisteron notamment. Communistes et Juifs étrangers sont les premiers à remplir ces camps. Les activistes du régime n'hésitent pas à prêter main-forte à la police pour effectuer cette besogne. Les ultras de la Légion réunis au sein du Service d'ordre légionnaire (SOL) inquiètent même parfois les autorités par leurs manifestations. Bris de vitrines de magasins supposés juifs et altercations se multiplient. Inquiet, le secrétaire général de la préfecture raconte : « Sur la Promenade des Anglais, ils exercèrent des brutalités contre de paisibles citoyens lisant au soleil leur journal parce que leur nez semblait les apparenter à des sémites alors qu'en réalité il s'agissait, pour comble de malchance, d'officiers retraités titulaires d'un grade élevé dans la Légion d'honneur et authentiques aryens [3]. »

Les autorités policières suivent avec intérêt les efforts désespérés des Juifs étrangers réfugiés sur la Côte d'Azur pour échapper à la nasse qui se referme sur eux. Les plus fortunés peuvent « s'acheter » un exil, comme l'explique un avocat de New York à son client, Philippe Bondy, résidant à l'hôtel Carlton :

« Nous n'avons aucune difficulté maintenant pour obtenir des visas de transmigrants pour Cuba ou des visas d'immigration pour Mexico où les intéressés, ou leurs parents (correspondants), peuvent placer les dépôts nécessaires ; mais il est hors de question d'essayer d'obtenir des visas pour ces pays si les dépôts suffisants ne sont pas faits. Dans le cas de Cuba, le crédit demandé devant être établi au moment où la demande de visa est faite. La somme demandée au moment du débarquement, cinq cents dollars, doit être déposée au moment de l'arrivée soit au cours américain, soit au pesos cubain, ce dernier étant 10 pour cent meilleur marché.

« Le gouvernement mexicain réclame maintenant en dépôt : 60 000 pesos (plus de 12 000 dollars) pour chaque famille immigrante à Mexico, étant entendu que cet argent doit être investi dans quelque entreprise agricole ou industrielle dans Mexico.

« Si les intéressés ont peu de temps pour attendre, alors je recommanderai Cuba, mais, s'ils doivent attendre un nombre d'années, je recommanderai Mexico depuis qu'ils sont là-bas autorisés à travailler, et non s'ils habitent dans Cuba. En addition de ces deux pays j'aurai bientôt terminé les arrangements pour faire rentrer cent familles à Haïti, comme fermiers, mais actuellement sans être obligés d'être fermiers s'ils ne le désirent pas. Je suis allé personnellement à Haïti comme je suis allé à Cuba et Mexico et je peux recommander la terre pour un bref séjour ou pour les personnes qui désirent sincèrement avoir une ferme et devenir agriculteurs *. »

La propagande de Vichy désigne à la population les Juifs

* 24 décembre 1940.

comme responsables des malheurs du pays. Cela suffit pour ranimer l'antisémitisme latent de certains, exacerbé par l'installation de milliers de Juifs, souvent d'origine étrangère, qui considèrent la Côte d'Azur comme un refuge. Un commerçant de Nice décrit en des termes crus les sentiments qu'il éprouve face à l'arrivée des réfugiés juifs : « Nous sommes infectés par les youpins. Maintenant je comprends parfaitement les peuples qui ont fait des massacres périodiques. Avec leurs poches remplies de billets, ils sont à la fois les vendeurs et les acheteurs du marché noir. A n'importe quel prix, n'importe quoi, ils achètent tout, et les pauvres diables sont obligés de crever presque de faim. On tente de vider Nice de cette vermine et on les parque dans des villages de la montagne. Résultat, dans ces villages, les vrais Niçois sont obligés de partir car les œufs s'y vendent 10 francs pièce et le poulet 250 francs *. »

Un antisémite militant écrit de Nice au commissariat général aux Questions juives (CGQJ) pour appeler à la répression contre les « Juifs gaullistes » : « La population niçoise s'émeut de l'effervescence juive, le mécontentement est général devant l'attitude scandaleuse de tous les Israélites, flânant sur la Promenade des Anglais, remplissant les palaces, les cinémas, les boîtes de nuit, et passant leur temps à critiquer l'œuvre entreprise par le gouvernement.

« Ils sont tous " gaullistes " et ne s'en cachent pas à qui prend la patience de les interviewer discrètement.

« Tous, vêtus, chaussés de neuf, ils se procurent sans limite des produits contingentés (les Juives fument aux yeux de tous des cigarettes de marque).

« Le marché noir fonctionne sur une très large échelle dans cette cité. Les tractations ont lieu plus particulièrement dans les arrière-salles des Établissements Cintra-Vogade et Massena, place Massena.

« Une surveillance exercée discrètement dans ces établissements permettrait de s'assurer de la personnalité de certains de ces individus qui, correctement mis, portant quelquefois à la boutonnière le ruban de chevalier ou d'officier de la Légion d'honneur, sortent de leurs poches et proposent des échantillons d'étoffes à d'autres rabat-

* 16 juillet 1941.

teurs du marché noir du textile. (La tractation d'autres produits contingentés se fait par la même voie et le personnel de ces deux établissements ne semble pas ignorer ce trafic.) »

Quand un jeune militant du PPF prend quelque jours de vacances, voilà la lettre qu'il envoie à un de ses camarades : « Cher Tapé, me voilà depuis quelques jours en vacances mais ne t'en fais pas, je ne chôme pas. J'ai vu le responsable PPF de Scaffarels, le Dr X ; il m'a dit qu'ils ne faisaient rien là-haut que de la propagande orale, alors je me suis résigné à faire la même chose. C'était malheureux car, avec toute la bande de youpins qu'il y a, on aurait pu s'amuser un moment. »

Les réfugiés doivent multiplier les mesures de prudence. Significatif est le coup de téléphone que donne M. Weill, propriétaire d'un hôtel de Saint-Étienne-de-Tinée, qui héberge de nombreuses familles juives fortunées. Il téléphone de Nice pour prévenir son maître d'hôtel, sans entrer dans les détails.

WEILL. – *Maintenant, écoutez bien ce que je vous dis : jusqu'à mon arrivée, il ne faut pas faire manger les clients au restaurant, ni afficher le menu. Faites-les manger au salon.*

MAÎTRE D'HÔTEL. – *En haut, au premier étage ?*

W. – *Oui, je ne peux pas vous donner d'explication pour cela, mais faites-le.*

M. H. – *Très bien* *.

Prudence dérisoire face à la volonté des dirigeants nazis d'épurer la région avec l'aide de Vichy : 12717 Juifs sont recensés en mars 1942 dont 7554 étrangers. Dannecker, responsable de la « solution finale » pour la France, séjourne à Nice en juillet 1942 où il fait préparer par le préfet une grande rafle de Juifs étrangers. La caserne Auvarne est aménagée en camp de détention et le 28 août 610 personnes sont arrêtées dans les Alpes-Maritimes, soit 37 pour cent du total prévu [4]. Un rapport des Renseignements généraux du 2 septembre donne quelques explications à ce semi-échec : « L'opinion en est arrivée à se dresser contre l'adoption de la manière forte en raison,

* 17 février 1941.

semble-t-il, de l'ignorance où elle a été tenue des motifs des rafles. »

Au fur et à mesure les hôtels de la Côte se vident de leurs clients juifs, raflés, internés ou réfugiés dans l'arrière-pays pour échapper aux arrestations. Cette conversation entre le président de la Chambre syndicale des hôteliers de Nice et une responsable du gouvernement de Vichy à l'hôtel des Bains constitue un témoignage surprenant : les seuls à se préoccuper ouvertement des rafles de Juifs sont les hôteliers de la Côte qui perdent leurs clients.

– *Vous savez alors, madame, que nous sommes dans une situation angoissante. On nous enlève nos meilleurs clients, ce sont paraît-il des indésirables.*

– *Oui, je sais, une protestation a été faite à Vichy. Nous devons voir M. Chavin, chef de cabinet au ministère de l'Intérieur, à ce sujet.*

– *Tout cela me semble très beau, mais chaque jour la 18e brigade mobile fait le nécessaire, c'est-à-dire que nos clients sont dirigés dans des petites communes autour de Nice, comme Puget-Théniers ou dans les Basses-Alpes, Annot ou Forcalquier. Cela prend l'allure d'une véritable catastrophe. Or nous avions fait des démarches pour avoir ces fameux clients. J'estime, pour ma part, qu'au point de vue national, c'est une récupération, une sorte de vengeance, et à notre point de vue, ce sont les clients les plus intéressants.*

– *C'est certain, nous allons faire les démarches M. Denis et moi-même, auprès du ministère de l'Intérieur.*

– *De notre côté, nous demandons une audience au préfet.*

– *Bien, tenons-nous en liaison* * !

A partir de l'été 1942, de nombreux Français indignés par le sort des réfugiés juifs se mobilisent pour les aider, les nourrir, les cacher. Les organisations internationales sont sur le pied de guerre, des monastères s'ouvrent, les consulats étrangers se démènent. Américains et Suisses sont particulièrement sollicités. Le 28 décembre 1942, le

* 16 mai 1942.

Consulat suisse de Nice appelle au secours son ambassade à Vichy. Ses efforts se heurtent à l'intransigeance des fonctionnaires de Pétain.

NICE. – *J'ai l'exemple d'Israélites à qui il a été ordonné de quitter la région pour l'Ardèche et la Drôme.*

VICHY. – *Hélas! Je ne pense pas qu'il y ait grand-chose à faire pour les Israélites!*

N. – *J'ai fait une demande de rapatriement pour une femme et deux enfants, et ça n'a pas l'air de marcher.*

V. – *Oui, aucune demande de sortie de France n'est admise pour les Juifs.*

N. – *C'est cela que je ne comprends pas! N'y a-t-il rien à faire?*

V. – *Que voulez-vous, c'est assez difficile de savoir quelque chose de précis à ce sujet, il y a plusieurs personnes qui s'occupent de cela! Non, croyez-moi, il y a très peu de choses à faire; ce que vous pouvez faire, c'est signaler les cas intéressants, obtenir des préfets un sursis à cette mesure en attendant.*

N. – *J'ai le cas d'une personne : Mme Dreyfus, qui est en France depuis quarante ans, elle est propriétaire d'une villa, elle est âgée, elle est seule. Je voudrais obtenir soit qu'elle reste là, soit qu'elle passe en Suisse.*

V. – *Oui, écoutez, obtenez du préfet un sursis à cette mesure et signalez-nous par télégramme les cas intéressants. Dites au préfet que la Légation essaye de faire quelque chose.*

En décembre 1942, une rumeur court dans Nice, tous les étrangers ont reçu l'ordre de se tenir prêts à quitter le département. Voilà comment deux membres de la Légion commentent les bruits qui agitent la ville :

– *Pour ce que tu m'as dit qu'on leur avait donné l'ordre de se tenir prêts à partir dans les vingt-quatre heures, j'ai été prendre les renseignements, c'est faux.*

– *Pourtant, le légionnaire qui m'a dit cela est un type très sûr, de confiance.*

– *Je n'en doute pas, et c'est pour cela qu'il faudra le questionner pour avoir des précisions sur la source de ses renseignements parce qu'il y a les gaullistes qui en ce moment à Nice sont en train de monter les esprits pour arri-*

ver à ficher la panique et à provoquer des troubles, mais je peux t'assurer que j'ai été prendre les renseignements aux sources mêmes, j'ai été aux différents endroits que tu sais, on m'a répondu que c'était faux. Par contre, j'ai appris qu'il va y avoir des mesures dont je te parlerai demain (parce que je ne peux pas te dire cela par téléphone) contre les étrangers.

– Oui, ça je le sais, contre certains.

– Non, je peux t'assurer qu'il s'agit de tous les étrangers quels qu'ils soient.

– Ah oui, je croyais que tu voulais dire la carte d'identité pour les Juifs.

– Non, à part des Juifs, pour eux, il y a plus que la carte d'identité.

– On va leur imposer l'étoile?

– Non, le « J ».

– C'est encore pire!

*– Bah! Le résultat sera le même, mais les mesures dont je t'ai parlé sont pour faire partir tous les étrangers, Juifs ou non-Juifs, c'est une mesure qui n'est pas vieille, ça date de midi *.*

L'année 1943 est une année tragique pour la Résistance démantelée et pour les Juifs survivant encore en liberté. De véritables chasses à l'homme sont organisées par des commandos SS renseignés par des délateurs bien rémunérés. Plusieurs convois quittent Nice pour Drancy, dernière étape avant les camps de la mort. Dans l'un de ces convois, Simone Jacob, la future Simone Veil. A Marseille, la situation également dramatique fait la joie des deux membres du PPF qui se congratulent au téléphone. Les Allemands, pour mieux traquer la Résistance, ont décidé de raser le vieux quartier du port.

Un projet effrayant : raser tout un quartier pour s'assurer le contrôle de sa population. L'affaire sera menée avec une détermination et une férocité remarquables.

NICE. – *Alors, et là-bas, ça va mieux?*

MARSEILLE. – *Ça va, ça continue, il y a toujours des arrestations. Ceux qui sont en règle ça va, ceux qui ne le sont pas, on les emmène à Fréjus et de là...*

* 9 décembre 1942.

N. – *Ça n'est pas si mal. Et le vieux quartier?*

M. – *On va tout foutre par terre.*

N. – *Sans blague, et les affaires des gens, alors?*

M. – *Eh bien! On va les déménager, ils sont en train en ce moment. On va leur rendre toutes leurs affaires, sauf à ceux qui avaient des réserves occultes, évidemment!*

N. – *On a dû trouver pas mal de choses?*

M. – *Ah! C'est insoupçonnable! Vous ne pouvez pas avoir idée! Il y avait des souterrains là-dedans. C'était organisé depuis des centaines d'années en catacombes, en caves, en galeries! Alors vous vous rendez compte de tout ce qu'il pouvait y avoir là-dedans, surtout en ce moment. Ah! ils ont fait une pêche miraculeuse et un coup de filet de première! Cela a d'ailleurs été vite fait, ils ont fait des masses d'arrestations. Tous les petits et grands « maquereautiers » qui étaient là-bas n'ont pas eu le temps de se sauver, ni de jouer « aux durs », c'était très, très bien réussi!!*

N. – *Ah! tant mieux! c'est parfait, cette histoire-là, on devrait bien faire partout pareil, non seulement dans les vieux quartiers, mais partout!*

M. – *Ça n'est pas fini, ils font des rafles dans les cinémas et tous ceux qui ne travaillent pas, qui ne peuvent pas montrer un bulletin de paye, allez! oust! au bloc!*

N. – *Vous parlez d'un boulot, s'ils faisaient cela ici!*

M. – *Vous savez que tous ceux qui ne faisaient rien devaient se déclarer il y a quelques mois?*

N. – *Oui, en effet.*

M. – *Eh bien! ceux qui ne sont pas inscrits: dedans!*

N. – *Oui, mais là il doit y avoir des pauvres types qui ne sont pour rien là-dedans?*

M. – *Que voulez-vous!... Il y a au moins deux mille gendarmes et puis pas des gendarmes d'ici (c'est d'ailleurs pour cela que ça a si bien réussi!) parce que tous ceux d'ici, ils connaissaient la musique, ils se faisaient graisser la patte et laissaient glisser.*

N. – *Comme partout, quoi! Enfin, c'est un bien tout cela et, si l'on pouvait faire la lessive un peu partout comme cela, ça ne serait pas si mal!*

L'espoir renaît

Après le débarquement anglo-américain en Afrique du Nord, une bonne partie de la population niçoise commence à croire à l'éventualité d'une victoire alliée. Dans les rangs des partisans de Pétain, c'est la désillusion, comme en témoigne cette conversation entre Nice et Vichy, le 8 novembre 1942.

NICE. – *La plus grande partie des gens ici sont contents!*
VICHY. – *Bande d'imbéciles, ils ne se rendent pas compte que cet hiver ils boufferont des briques, et qu'ils seront occupés par des Italiens.*
N.– *D'autre part, la préfecture a donné l'ordre de fermer les boîtes de nuit qui sont gardées d'ailleurs par la garde mobile. Et à Vichy que se passe-t-il?*
V. – *Tout est calme, mais il y a conseil... sur reconseil...*
N. – *Pauvre Maréchal, il n'a vraiment pas de veine!*
V. – *Il faut garder toute la confiance quand même!*
N. – *A quoi bon, quand on voit la mentalité des gens! Songe qu'ici il y a deux jours, il y en avait qui buvaient le champagne pour fêter l'attaque en Égypte et qu'aujourd'hui il en a été de même dans certains restaurants!*
V. – *Quelle honte, ce sont les mêmes qui applaudissent lorsque les bombes éclatent comme ici, l'autre jour, où il y a eu d'ailleurs un blessé grave.*
N. – *Moi, ce matin j'en ai pleuré... Ça m'a fait si mal!*

Cette évolution des esprits qui chagrine fort les partisans du Maréchal, elle ne date pas de ce jour-là. Ainsi, le 31 mai 1941, la synthèse mensuelle du contrôle postal indique : « L'opinion, dans sa grande majorité, demeure toujours favorable à l'idée de la victoire anglaise où elle s'obstine à voir le seul espoir de la France de ne pas sombrer complètement sous la férule allemande [5]. »

Pourtant la plupart sont trop préoccupés par les difficultés de la vie pour agir. Journalistes et publicitaires sont privilégiés puisqu'ils peuvent se déplacer, ce qui les amène à faire des comparaisons entre la situation matérielle et le moral des différentes capitales régionales. A preuve cette conversation du 21 novembre 1942 entre le bureau Havas de Nice et celui de Lyon :

LYON. – *Y a-t-il beaucoup de départs de Nice?*

NICE. – *Oh! oui. Tous les gens foutent le camp. Du moins tous ceux qui ont la possibilité de se caser ailleurs.*

L. – *A Lyon également, et pour deux raisons : la crainte des bombardements et le manque de ravitaillement. Nous sommes arrivés au stade le plus critique. Les Niçois ont-ils bon moral?*

N. – *Lamentable! ils sont très découragés et la plupart voient dans la soi-disant occupation momentanée une implantation définitive!! Et de Paris, que racontez-vous?*

L. – *A Paris, à tous les points de vue, c'est mieux, lorsque j'y suis, je ne me plains de rien. On mange bien et relativement meilleur marché qu'en zone libre.*

N. – *C'est bien ce que ceux qui en reviennent nous racontent!*

L. – *Je vois donc qu'il ne fera pas bon de venir sur la Côte d'Azur pour la fin de l'année.*

N. – *Oh non! C'est de plus en plus moche. Restez là-haut; vous y serez mieux.*

Nice éprouve les plus grandes difficultés pour recevoir des légumes de départements plus riches. Quand un marchand de primeurs de Nice appelle un collègue de Billon, Puy-de-Dôme, en décembre 1942, s'engage un dialogue de sourds :

NICE. – *Nous n'avons aucun légume, pouvez-vous nous expédier quelque chose?*

BILLON. – *Nous non plus, nous n'en avons pas!*

N. – *Pas même des topinambours?*

B. – *Ce légume est maintenant réglementé et réservé soit au bétail, soit à l'industrie.*

N. – *Avez-vous des carottes?*

B. – *Aucune... Ici nous sommes nombreux, et tout le monde réclame des légumes! Marseille nous pose les mêmes questions que vous et nous ne pouvons rien faire.*

N. – *Avez-vous des betteraves?*

B. – *Non plus, elles sont réservées à l'alimentation du bétail.*

N. – *Avez-vous des fruits?*

B. – *Aucun. Pendant que nous en avions nous étions*

continuellement ennuyés avec les taxes, nous n'avons donc rien pu faire de sérieux.

N. – *Avez-vous des aulx?*

B. – *Là encore ce sera difficile.*

N. – *C'est terrible! si vous avez quoi que ce soit, faites-nous un wagon.*

B. – *Notre département est littéralement envahi par des gens qui viennent journellement nous demander des légumes et nous ne pouvons rien y faire.*

N. – *Je vous remercie, je compte sur vous quand même...*

En décembre 1942, le préfet, pour enrayer le marché noir a imposé aux producteurs de déclarer leurs légumes et interdit l'achat à la propriété. La police reçoit des consignes de sévérité accrue : 68 boulangers sont poursuivis pour le seul mois de mars 1943. Pour la première fois des fonctionnaires sont arrêtés. Trois membres du service de gestion des subsistances de Nice, un capitaine des douanes en février. C'est dans ce contexte agité que se situe, le 25 mars 1943, ce dialogue entre un inspecteur de police du 1er arrondissement et un cadre de la Légion. Ce dernier vient de dénoncer une affaire de marché noir. Blasé, l'inspecteur se lance dans des considérations générales avant de tirer les vers du nez de son correspondant :

– *La crise de moralité est générale et l'on trouve des gangsters dans toutes les couches de la société et même les plus élevées... Et ces histoires de marché noir ne sont que de petites affaires en proportion de certaines autres où sont compromises les plus hautes personnalités. Mais d'où tenez-vous vos tuyaux?*

– *Ah!... ils sont de source légionnaire.*

– *Naturellement!*

– *Je peux même vous dire qu'il y a une protection qui joue.*

– *Ah! Là, vous m'intéressez et dans ce cas je suis décidé à reprendre l'affaire... qui est le protecteur?*

– *Un grand qui se trouve à la préfecture annexe.*

– *A la préfecture de police?*

– *Non, je dis bien : à la préfecture annexe.*

– *Précisez, pouvez-vous me dire son nom?*

– *Non, ça n'est pas possible...*

– Dites-moi simplement le début d'un nom ou épelez-le-moi...
– Non, je suis très gêné, vous comprenez, je ne suis pas seul dans mon bureau...
– C'est ennuyeux, j'attends quelqu'un, je ne peux pas aller jusqu'à votre bureau!
– Et moi, j'ai beaucoup de mal à me déplacer sur les deux cannes! Téléphonez-moi chez moi, je serai plus libre de parler, quoique vous savez, au téléphone, il faut se méfier...
– Mais, non, mais non, voyons!
– Ah, si. si... je suis au courant...

Admirons au passage le cynisme du policier qui nie l'existence d'une activité dont il utilise tous les jours les résultats.

– Et si vous m'envoyiez simplement le nom tapé à la machine et sous enveloppe?
– Écoutez, je vais vous dire la première syllabe PUV.
– Ah, oui! Je vois, les cartes de circulation...
– C'est cela, et il y a le fils d'Untel qui a été aussi mêlé à tout cela. Il y a eu des scènes lamentables, extraordinaires, c'est bien pénible de remuer toute cette puanteur.
– Mais, qui ça « Untel »?
– Son nom commence par R, il est à Montpellier maintenant, il vaut mieux qu'il soit parti faire ses fredaines ailleurs, celui-là!..
– Ah oui! Tout cela est écœurant et c'est pareil partout où l'on se tourne!
– Je suis tellement dégoûté que je voudrais quitter la région...
– Oui, la région et la Légion!
– Non, la Légion ça n'est pas pareil!

Sabotage ou incompétence, le ravitaillement se fait dans la plus grande confusion. Le 21 janvier 1943, le directeur de la Société Générale à Nice s'arrache les cheveux. Pour son agence de soixante employés, il a demandé un wagon de légumes variés que le ravitaillement doit lui faire envoyer d'Allier. A l'arrivée du wagon, il prend son téléphone pour se plaindre à son fournisseur :

LE DIRECTEUR. – *Vous nous avez envoyé un wagon énorme de topinambours, je ne peux pas le prendre. On vous avait demandé un wagon mixte de légumes. Ce que je comprends, moi, je ne peux pas prendre ce wagon.*

– *Moi, je reçois les ordres du ravitaillement général.*

D. – *Je suis allé aussi au Ravitaillement général, à Nice, pour qu'ils prennent le wagon, on m'a dit : « Nous avons ici 90 tonnes de topinambours dont nous ne pouvons trouver l'application. » Vous avez envoyé 20 tonnes à une agence, comment voulez-vous, il y a une chose qui n'est pas imaginable.*

– *Je comprends fort bien, même un wagon de 10 tonnes pour une agence de soixante employés aurait été trop. Mais moi, je n'obéis qu'aux ordres du ravitaillement général, moi je ne peux même pas satisfaire mes clients parce que je ne suis pas libre de disposer de ma marchandise.*

D. – *J'ai demandé à des grossistes, ils n'en veulent pas.*

– *Même pour le bétail?*

D. – *Mais ici, il n'y a pas de bétail. Hier soir, il y avait des dizaines de camions, on accumulait des topinambours sur des emplacements, les dépôts sont pleins, on ne sait plus qu'en faire.*

– *Eh bien! Il y a une chose qui ne tourne pas rond, moi, on m'a donné des ordres pour expédier sur Nice encore.*

Celui qui a déjà mangé des topinambours ne peut que plaindre le personnel de la Société Générale.

Les règlements absurdes amplifient la disette, à Nice comme à Toulon :

NICE. – *Vous connaissez M. et Mme Germanetto qui habitent l'île Sainte-Marguerite?*

TOULON. – *Oui.*

N. – *Nous les avons trouvé en train de pleurer comme des enfants. Figurez-vous qu'on les oblige à vendre leur vache à l'abattoir, parce qu'on ne peut plus leur donner ni fourrage, ni foin. C'est une très bonne vache laitière qu'ils ont payée quinze mille francs. Savez-vous combien on leur donne? Deux mille francs!*

T. – *Oh!... C'est un scandale!*

N. – *Je pense bien! Surtout que c'est une vache qui rapportait beaucoup de lait, que M. Germanetto a toujours donné au ravitaillement. De plus, ils ont deux petits enfants. Alors, voilà des pauvres gens qui vont perdre de l'argent et qui vont être obligés d'aller s'inscrire « Au bon lait ». Vous croyez que ce n'est pas révoltant de voir des choses pareilles! C'est dégoûtant de voir ce qui se passe en ce moment.*

T. – *C'est quelque chose de formidable! Et on va vous dire : « Faites des enfants! » Bandes d'imbéciles qui ne pensent pas que, si nous faisons des gosses en ce moment, c'est pour en faire des tuberculeux... ou ce sera pour en faire dans vingt ans de la chair à canon... S'ils veulent des hommes, qu'ils nous donnent, au moins, de quoi les nourrir! Enfin, je m'arrête, car lorsque je suis lancée sur ce chapitre, ça me met tellement en colère que je ne m'arrêterais pas. Au revoir, Fanny...*

Et pourtant Nice garde la réputation d'un pays de cocagne. C'est ce que constate avec amertume un commerçant de Nice à l'écoute de son interlocuteur de Solignac, Haute-Vienne.

SOLIGNAC. – *Vous vous plaignez toujours là-bas, vous avez du soleil et des poissons.*

NICE. – *Il pleut, et des poissons nous n'en voyons jamais! Ce qui est pêché se vend au marché noir, surtout aux restaurants. Quant aux moules, qui arrivent en quantité, elles reviennent à moins de cinq francs, rendues à Nice, mais on n'en trouve même pas à la taxe à dix francs et, si on en veut, il faut les payer plus de vingt francs derrière le comptoir.*

Le marché noir est intense entre l'Ardèche (Saint-Péray) et Nice, à en croire cette conversation bien imprudente :

SAINT-PÉRAY. – *J'ai envoyé en mon nom deux cents kilos de pommes de terre et, comme il est au courant de mes petites affaires et que c'est un type à nous, je pense qu'il s'arrangera pour me les faire sortir sans histoires.*

NICE. – *D'où viennent-elles?*

S.-P. – *De Limoges, mais ce n'est pas marqué sur le colis que c'est des patates. Je ne t'en dis pas plus long au téléphone, tu comprends pourquoi!.*

N. – *Bon, bon, ça va.*

S.-P. – *Est-ce que tu as reçu une caisse de volailles?*

N. – *Oui, mais tu sais, ils en ont tous profité.*

S.-P. – *Nom d'un chien, mais fais attention. Il y en avait pour des milliers de francs. J'ai tout acheté au marché noir. Et la petite caisse?*

N. – *Celle du foie gras et la poule?*

S.-P. – *Oui, je l'ai envoyé de Périgueux. Tu te rends compte, j'avais pour plus de mille francs de foie gras. Nous monterons la poule à la campagne.*

N. – *Oui, si tu veux, mais pour l'argent ça ne fait rien.*

S.-P. – *Oui, je sais bien. Alors j'arrive mercredi soir à 23 h 50. Venez me chercher à la gare, car je serai très chargé. J'ai des colis très lourds. Je pense pouvoir les passer, mais ici, tu sais, ça va mal. Il y a eu des histoires et il y a beaucoup de surveillance, mais je pense que d'ici mercredi ça se sera un peu calmé et que je pourrai tout emporter.*

Le 3 mars 1943, un « invité » de marque visite Nice et Cannes : le commandant en chef du front ouest, le maréchal von Rundstedt en personne. Le Negresco de Nice a été alerté pour que le meilleur accueil soit fait au vieux maréchal qui a manifesté un souhait difficile à satisfaire en ces temps de disette. Inquiet, un responsable du Negresco appelle le patron du meilleur restaurant de Beaulieu :

– *J'ai ici deux grands personnages allemands. Ils sont couverts, vous comprenez? Ils sont en voyage officiel. Ils voudraient aller déjeuner chez vous. Vous voyez ce que c'est?*

– *Oui.*

– *Ils seront sept. Le maréchal me disait qu'il voudrait une bonne bouillabaisse. Je lui ai répondu que ce n'était pas sûr.*

– *Il aura en tout cas des rougets et une belle mostelle. Alors nous sommes déjà d'accord. Je vais essayer de lui faire cette bouillabaisse.*

– *Soignez-les bien.*

L'occupation du département par les troupes allemandes renchérit les difficultés de la vie quotidienne. Il faut s'effacer devant les officiers et les soldats qui réquisitionnent des logements par l'intermédiaire du maire.

Mme B., propriétaire à Ohoroh, doit, le 13 mars 1943, déménager en vingt-quatre heures pour laisser la place à des officiers allemands. Elle panique surtout quand elle apprend ce que son mari demeuré à Nice a laissé dans la maison.

Mme B. – *Que faire avec les armoires pleines de linge?*

– *Je ne sais pas, il faut faire un inventaire.*

Mme B. – *Je n'ai plus le temps, tout ça va être dilapidé; il faut leur laisser l'argenterie, la vaisselle, les affaires de cuisine.*

– *Il faut faire disparaître ce qui est à moi... les armes.*

Mme B. – *Ah! je ne savais pas... je ne les ai pas vues.*

– *Oui, il y en a.*

Mme B. – *Tu ne peux pas venir?*

– *Non, je ne peux pas.*

Mme B. – *J'en avais déjà donné.*

– *Il y a celles de Pierre aussi, donne-les à la mairie, ou à n'importe qui.*

Mme B. – *Tu ne crois pas qu'il vaudrait mieux tout enlever de là? Tu crois qu'ils vont se gêner, eux?*

– *Fais un inventaire, c'est la règle admise par les Allemands.*

Mme B. – *Oh la, la... je crois que je vais devenir folle, il faut courir partout; il n'y a qu'à moi qu'il arrive des histoires comme ça.*

– *Va voir le préfet à Pau et après tu feras une réclamation à Vichy.*

Mme B. – *Ah bon, il faudrait que tu me fasses le brouillon aussi.*

– *Oui, je te téléphonerai demain soir à la même heure.*

Mme B. – *Tu ne peux pas venir, toi?*

– *Non, je ne veux pas faire comme Cameran, me foutre dans leurs pattes : tu ne sais pas que c'est très grave. Fais comme ça, à demain* *.

Les Alpes-Maritimes vont encore vivre des journées tragiques. Le 11 novembre 1943, le département connaît le premier d'une longue série de bombardements anglo-américains.

La gare de la Bocca et les usines avoisinantes sont les

* 13 mars 1943.

premières cibles des bombes explosives qui atteignent également le quartier très peuplé du Grand Jas. Une habitante du quartier touché appelle lendemain une amie à la mairie de Nice.

– Mes petits sont devenus comme fous, ils n'y a plus rien à leur faire comprendre, ils ont peur de tout. Je suis malheureuse... Je vais les faire partir dans une ferme où il y a des braves gens qui les garderont jusqu'à ce que ce cauchemar soit fini... Notre maison est tout ébranlée, à côté de nous il n'y a plus rien, l'usine des scieries du Nord est rasée.

– Vous avez eu le signal d'alerte?

– Non, moi, je n'ai rien entendu... mes petits dormaient... C'est affreux! Hier on nous a amusés avec cette alerte et cette nuit on nous a bombardés, on devrait fusiller les responsables. Enfin, on dirait que c'est fait exprès! On donne l'alerte quand il n'y a pas d'avions...

– Ici on a donné l'alerte quand les avions survolaient la ville.

– C'est dégoûtant! J'en ai assez de cette vie! Que ça finisse, mais que ça finisse!

Indispensables à la réussite du débarquement allié, les bombardements anglo-américains font l'affaire du régime de Vichy qui exploite les craintes et les colères d'une population désorientée. Ceux qui comprennent la nécessité de ces bombardements et les acceptent se gardent bien de confier leurs sentiments au courrier. La diatribe de cette habitante de Cannes deux jours après le bombardement prouve comment la propagande de Vichy contre les bombardements anglo-américains rencontre un terrain favorable.

– On peut dire que ce sont de beaux salauds! Il y a des gens qui disent que les Anglais visent juste! Bien alors, qu'est-ce qu'il leur faut? On se demande comment le cerveau d'un homme peut imaginer des horreurs pareilles! On a vu des gens qui n'avaient qu'une couverture pour tout vêtement, et les pieds nus, car c'est inimaginable, toutes les maisons ont été soufflées. Cependant, ces bandits, ces cochons, il n'y a même pas de mot assez fort pour eux, ont dit qu'ils reviendraient car le pont d'Anthéor

n'a pas été détruit. Si encore, dans des cas pareils, les Français étaient solidaires entre eux! Mais non! Sur les lieux, il n'y avait pas un seul pompier, pas une seule ambulance française, il a fallu que ce soit les Allemands qui organisent les premiers secours. L'humanité tourne à la folie et à la bestialité!

XIV

LE COURRIER DES POÈTES

Quand un conflit éclate, c'est la nation tout entière qui en pâtit, sans distinction d'âge, de sexe ou de statut; de l'individu anonyme aux personnes les plus en vue, nul n'échappe aux tracasseries de la vie quotidienne ni aux souffrances qu'engendre la guerre. Dans ce dernier chapitre, nous avons rassemblé les extraits connus, assez rares finalement, de la correspondance expédiée par les écrivains les plus célèbres. On y constatera que les remarques sont souvent aussi prosaïques qu'au cœur de la France profonde, mais que leur présentation, leur tonalité donnent une image différente de l'occupation. Comme si, malgré eux, ils transmuaient le quotidien par la seule magie de leur plume.

Ce décalage fournit, selon nous, l'une des clefs les plus utiles pour saisir l'origine du malaise qui, depuis un demi-siècle, obsède l'esprit national.

La drôle de guerre des écrivains

Les meilleurs esprits de l'époque sont mobilisés au front ou à l'arrière. Les premières difficultés matérielles s'ajoutent au traumatisme qui a suivi le début des hostilités.

Un tel état de choc n'est guère propice à la création, mais il n'est pas la seule cause du mutisme de nos penseurs. Stefan Zweig dans une lettre à Romain Rolland du 10 novembre 1939 invoque d'autres causes :

« Si l'on n'écrit pas, la raison en est bien simple; mais ce n'est pas celle que vous supposez, c'est tout simplement qu'on ne le peut pas.

« N'attendez pas de moi des articles! Je n'aurai permission de publier – ou d'écrire (même à mes amis) – que la moitié ou le tiers de la vérité. La moitié ou le tiers de la vérité est un mensonge, avantageux dans la bataille. Je ne mange pas de ce pain-là. Il me faut tout dire, ou rien.

« Oui, pour détruire Hitler et l'hitlérianisme, nous sommes d'accord, pleinement d'accord – et jusqu'au bout. Nous étions les anti-hitlériens de la première heure. Nous resterons ceux de la dernière heure. Mais sur le reste, nous aurions beaucoup à dire. Cela ne nous est pas permis. Même en Suisse et dans les pays neutres, on ne dispose que d'une vérité très atténuée. " Cedat armis veritas! " Et cependant, la vérité *totale* serait si riche, si merveilleusement intéressante et instructive, oui, même si utile à dire pour les véritables hommes d'État et pour les grands historiens, qui devraient être leurs conseils!... Mais il n'en est guère au monde, de cette espèce... [...]

« Cette guerre est ruineuse pour nous particulièrement, écrivains. Nos ressources sont taries absolument, et nos charges se sont accrues. Seuls les grands « conformistes », les Duhamel, les Giraudoux, les Jules Romains s'en accommodent à merveille. La conférence de Romains à Genève est un modèle de ce que je ne ferai jamais. La montre de ces messieurs est toujours exactement accordée à l'horloge du Centre d'information *... »

Si Zweig prend Romain Rolland comme interlocuteur privilégié, c'est que ce dernier demeure l'un des rares grands esprits de cette époque confuse. Témoin cette lettre admirable qu'il avait envoyée le 5 décembre 1938 à des amis juifs allemands persécutés.

« Cher Aronson, chers amis juifs,

« Je suis comme vous gorgé d'horreur et de douleur. Plus un seul jour, plus une heure, sans que montent à nous, de tous les points de la terre, les cris de détresse de l'humanité outragée et égorgée : Allemagne, Espagne,

* Voir les références des lettres de ce chapitre au nom des auteurs dans la bibliographie générale.

Chine... – Il faut tenir pourtant et crier au monde la malédiction contre les bourreaux. – O grande Allemagne que j'ai aimée – que j'aime encore –, je sais que tes fils les meilleurs, les milliers de braves gens, terrorisés, sont écrasés de honte par les forfaits de ces déments et de ces criminels de droit commun, qui se sont emparés de ton gouvernement. Je le sais, car j'en ai reçu maintes fois la confidence épeurée. Je ne doute pas que même les plus fiers et les plus probes de ton aristocratie militaire ne soient humiliés et révoltés de l'indignité des actes d'État, auxquels il leur faut assister en silence – de ce lâche déchaînement d'une populace ameutée par ordre contre des milliers d'hommes paisibles et laborieux, de femmes et d'enfants sans défense –, de cet ignoble acheminement de toutes les forces de l'État contre une race terrassée, dont tant de citoyens ont, dans la grande guerre, versé leur sang pour l'Allemagne, dont tant de génies ont fait la gloire de l'Allemagne. – Aucun ennemi de l'Allemagne n'aurait pu lui faire l'outrage et le dommage incalculable que lui infligent ces misérables maniaques du racisme, qui la déshonorent aux yeux de l'univers. La Révocation de l'Édit de Nantes a appauvri la France monarchique, pour des siècles. La proscription du peuple juif d'Allemagne saigne celle-ci du meilleur sang de son intelligence ; et par la lâcheté, par la cruauté, par la bassesse des outrages, elle la marquera au front d'une infamie qu'il faudra des siècles pour laver. – Mais vous, amis juifs, que je vois prostrés, ne vous abandonnez pas au désespoir et au doute, qui est pire que le désespoir ! Ne doutez point de la grandeur de votre race et de la Justice, que ses Livres saints et ses prophètes ont, dans la nuit barbare des temps passés, manifestées et incarnées – comme ses grands fils des temps présents continuent d'être des précurseurs et des apôtres de la justice sociale. Votre place dans l'histoire du progrès humain est immense. Vous la payez, d'une infortune sans égale. Cette infortune vous sera gloire. Supportez-la, comme vos ancêtres de la captivité de Babylone, avec courage et foi dans l'avenir !

« Votre peuple a vu, au cours des âges, passer et crouler les empires. Il verra crouler aussi celui de ses persécuteurs d'aujourd'hui. »

Ponge utilise, lui, toute sa verve d'écrivain pour narrer à son ami Paulhan la vie quotidienne d'un soldat des services d'intendance de l'arrière en octobre 1939.

« Lundi 2 octobre 1939.

« Cher Jean,

« Il me tarde de savoir ce que vous devenez. Êtes-vous vraiment à Granville? Ce doit être beau à l'équinoxe. Parle-moi de la mer, si tu me réponds. J'en ai eu soif tout l'été, mais au moment où j'allais y partir en vacances, c'est ici que j'ai dû me rendre. (Me rendre.)

« J'aide un lieutenant petit, assez napoléonien, mais breton – avec un léger goitre exophtalmique et qui se tient très solidement debout les jambes écartées et les pieds en dehors –, à administrer un régiment de boulangers, bouchers, tonneliers.

« Nous vivons dans un château du second Empire, résidence Clermont-Tonnerre – une vraie caserne –, au milieu d'un parc assez beau (un splendide marronnier d'abord) lui-même entouré d'habitations ouvrières sordides et d'affreuses usines, et de grues fantomatiques dans une boucle de la Seine après Rouen.

« Gamelle, vaisselle à l'eau froide et à la mie de pain, états sans cesse recommencés; escaliers bruyants, chambrées d'hommes, araignées et puces – on urine par les balcons sur des sauges flamboyantes sans réussir à atteindre le bassin aux poissons rouges.

« De bon matin dans les brouillards, les hommes en bleu, les chevaux, les tonneaux et les charrettes sont agréables à contempler des fenêtres du bureau. Plus tard dans la journée, un léger écœurement se manifeste dû à l'atmosphère du même bureau. Le soir, si l'on a du courage, la cathédrale de Rouen est très belle vue de l'autre côté de la Seine avant de traverser – de passer puisque tu le veux – le pont Corneille. Le tramway du retour est plein à craquer – et il craque –, tendu de bleu, et il vous abandonne dans le noir à trois kilomètres du château. Plus tard encore, ça ronfle étonnamment un régiment d'hommes de trente-cinq à cinquante ans (vraiment presque tous aérophages).

« A part ça *Paris-Soir* a toujours le même succès de crédulité. Un homme sur dix l'achète et les autres le lisent par-dessus son épaule sur la place de l'Église : " les Russes ", " les Anglais ", " les Américains ", nos boulangers en ont plein la bouche, préalablement humectée au café-calva. Bientôt je recommencerai à écrire. Le *Parti pris*, qu'en va-t-il advenir? Je vous envoie à tous une bonne poignée de mains et à toi ma fidèle affection,

« Ton Francis Ponge. »

On apprend par ce courrier de Max Jacob du 3 janvier 1940, adressé à Liane de Pougy, qu'il était correspondant officiel chargé d'entretenir une correspondance avec les soldats du Front. La fin de la lettre se termine par un clin d'œil à la censure.

« Ma bonne chère princesse, mon cher Georges,

« Mon métier c'est d'écrire au front à 81 adresses. Ces jours-ci les lettres arrivent par vagues de fond et s'étalent en monceaux. Avec l'arrière-pensée de vous écrire à vous d'abord depuis avant Noël, je le fais à des presque inconnus sans pouvoir sortir de ce " tonneau des Danaïdes ". J'appelle mes correspondants " Les Danaïdes "; il y en a d'admirables. On parle de l'esprit frondeur des Français, je n'en vois pas un seul qui songe à autre chose qu'à l'acceptation, l'obéissance et la discipline; il y a chez cette jeunesse française beaucoup d'innocence et de fraîcheur de pensée, il y a aussi des âmes idéalistes qui ont enfin le droit de se montrer sublimes et mon dévouement épistolier est récompensé. Nous sommes à une époque " retours ". Chacun redevient lui-même : un athée de mes amis est redevenu chrétien, un monsieur sur le point de quitter sa femme lui revient, un banquier, né jadis dans les élégances, me demande s'il faut porter la jugulaire du casque sous la lèvre ou sous le menton. Époque de retour sauf pour les lettres qui, non parvenues à leur destinataire, ne reviennent pas... De là des vaudevillesqueries. Mais laissons mes Danaïdes... [...]

« Je pense que la censure laissera passer ma compassion sans la traiter de défaitisme (nul plus que moi ne croit à l'étranglement de Hitler, je crois même que la Russie ne le laissera rien faire en Orient), ceci pour les censeurs de la correspondance. »

L'amour, toujours

Le quotidien est omniprésent dans ces échanges épistolaires, mais plus encore l'état des sentiments. Les écrivains ont peut-être cette grâce ou cette absence de retenue qui les incite à épancher leur cœur à profusion. J'ai retenu cinq exemples étonnamment similaires : les lettres de Jean-Paul Sartre et de Simone de Beauvoir, celles de Joë Bousquet, de Jean Cocteau, de Roger Martin du Gard et de Max Jacob. Elles datent de la période de la drôle de guerre.

La première lettre de Simone, du 4 septembre 1939, dépeint le Paris du temps de guerre :

« [...] les sergents de ville avaient de superbes casques tout neufs et rutilants et en bandoulière de petites musettes couleur mastic contenant leurs masques ; on commençait à voir quelques civils avec ces mêmes musettes, maintenant ils portent presque tous la musette mastic ou le long cylindre gris, et même les putains le soir font le trottoir avec le masque au côté – les devantures sont toutes adornées de bandes de papier jaune ou bleu, on les croirait toutes cassées et hors d'usage ; très peu de monde dans les rues et un air drôlement morne tout partout. Beaucoup de stations de métro sont barrées avec des chaînes et d'énormes pancartes annoncent la station ouverte la plus proche ; le métro est très restreint, il n'y a presque plus d'autobus et ce jour-là il n'y avait pas de taxis ou presque. Maintenant on en trouve de nouveau. Les autos d'ailleurs sont superbes à voir, l'avant peinturluré de bleu et les phares bleus qui ressemblent à d'énormes pierres précieuses. »

La seconde expédiée de Quimper le 20 septembre 1939 relate l'étonnant voyage en train à destination de la Bretagne :

« Mon amour,

« [...] J'ai somnolé, toute gourde, sans ennui mais un peu écœurée de ces femmes qui attigeaient vraiment ; les deux qui étaient avec l'homme emportaient d'énormes ballots d'argenterie et elles n'en finissaient pas de raconter des histoires extravagantes d'espions ; elles soupçonnaient des nuées d'espions sur les toits, sur les essieux du train, sans doute, car elles épiaient les bruits, les odeurs : " J'ai vu un éclair ", disait l'une avec un frisson – " Qu'est-ce que ça sent ? Ça sent drôle ", disait une autre ; et tout le compartiment retenait son souffle. On était à côté des W-C et chaque fois que le couvercle de la cuvette se relevait avec un claquement, les gens tressaillaient, croyant à une explosion. »

Jean-Paul Sartre est mobilisé et, comme nous l'a appris un courrier de Jean Paulhan, il officie dans les services de météorologie des armées. Cette activité lui laisse énormément de temps libre. Il peut ainsi écrire tout à loisir, moyen efficace de pallier son ennui :

« [...] C'est le vide total des journées qui rend les humeurs irritables et à propos de rien. Finalement je suis assez bien avec le gros Juif Pieter et les deux autres sont seuls dans leur coin. Cet après-midi " toute la classe ", sergent, adjudant, observateur et les sondeurs (sauf Keller qui rotait dans un coin) ont abordé avec vivacité les problèmes sociaux. C'est curieux comme la guerre développe l'*envie*. Envie des sous-officiers de réserve contre les sous-officiers d'active qui touchent leur solde, envie des non-fonctionnaires contre les fonctionnaires qui touchent leur traitement, envie des paysans contre les ouvriers de l'arrière qui touchent leur salaire. Le sergent-chef Naudin, qui est un excellent type mais puérillement envieux, étant paysan, sergent de réserve et, naturellement, non-fonctionnaire, envie tout le monde à la fois. » (*Février 1940.*)

Une permission a permis à Satre de voir son Castor. Plus cruelle est la séparation.

« 15 février 1940.

« Mon cher petit Castor, mon amour,

« Je ne peux toujours pas bien vous dire ce que c'est qu'un sentiment dans ma tête mais ce que je peux vous dire c'est que votre petit visage aux yeux pleins de larmes que je voyais par-dessus le dos des soldats de mon compartiment m'a tout bouleversé d'amour. Qu'il était beau, ce visage, mon charmant Castor, je ne connais rien de plus beau au monde et ça m'a fait tout fort et rendu tout humble de penser que c'était *pour moi* qu'il était si beau. Mon amour je ne suis pas triste du tout mais dans un drôle d'état tendre et actuellement encore je ne puis penser à votre visage sans que les larmes ne me viennent. Je ne voudrais pas que vous ayez été triste, mon amour. J'imagine que le lycée vous a un peu asséchée forcément. Mais il y a dû avoir cette heure de battement (je vous ai vue tourner lentement sur vous-même et partir) qui était pénible et ça me faisait lourd sur le cœur, de penser que vous étiez triste et que je ne pouvais pas vous prendre dans mes bras et bien vous embrasser. Maintenant c'est passé et c'est irrémédiable. Pourtant on ne fait qu'un, ma petite fleur, rien qu'un. Je vous aime plus encore, si c'est possible, après cette permission qu'avant. Je ne vous dirai pas que vous êtes parfaite, parce que ça vous agace et c'est bien en effet le genre de truc que Xavière et Pierre peuvent se dire avec une complicité sournoise. Mais vous êtes ce que je connais de mieux de toutes les façons, tout ce que j'aime vous l'avez et vous l'avez au mieux. Je vous aime de toutes mes forces. Ça n'est pas des " signes " ce que j'écris là. »

3 mars 1940, l'ennui, le désœuvrement accablent Sartre, la drôle de guerre s'éternise.

« Mon charmant Castor,

« Cette journée m'a coulé entre les doigts. Au-dehors c'était un vrai dimanche, juste avec le genre de temps pâle et ensoleillé qui convient et les promeneurs dans les rues, un dimanche à fendre le cœur. Mais je l'ai à peine aperçu. Au Foyer c'était aussi dimanche, par la grande proportion des " paysans " qui venaient à la ville. Car par les besognes qu'on leur demande les 160 types du QG qui sont ordinairement ici représentent une aristocratie. Et le dimanche les peigne-culs des batteries ou des chasseurs qui sont dans les villages environnants " descendent " ici. Le Foyer est plein de visages lents et impassibles, de types mal bâtis et costauds, aux grosses mains noueuses qui restent là à rêver dans l'état d'attente militaire, qui ressemblent à ces soldats minables de l'active que l'on voit traîner dans les villes de garnisons, simplement un peu vieillis et qui donnent nettement à penser, ce qu'on voit mal ici la plupart du temps, c'est que le soldat français est un paysan. Dimanche dernier, j'ai oublié de vous le dire, il y en a trois qui déambulaient, le nez en l'air. Tout d'un coup ils m'avisent : " Eh mon gars, le cinéma, y en a pas ici ? – Non, il n'y en a pas. " Alors baissant la voix : " Et le bordel, où c'qu'il est ? " Ça faisait très *Train de 8 h 47*. Ils ont été profondément choqués quand je leur ai dit qu'il n'y en avait pas. »

8 mars 1940, une vieille dame, animatrice de casernements, surprend Sartre.

« [...] Un jeune homme à lunettes m'a fait la conversation et j'allais me remettre au travail quand une vieille dame rousse qui fait l'animatrice ici m'a dit : " Vous êtes toujours à écrire, vous feriez rudement mieux de faire un ping-pong avec moi. " Le matin elle avait déjà tourné autour de moi – je l'agace à tant lire – et avait avisé *La Commune* d'Ollivier.

« " Oh ! Oh ! communiste ? m'a-t-elle dit. – Mais non, madame. – Eh bien moi je dis : les communistes il faut les envoyer tous en Russie. J'ai été quatre ans là-bas et je sais ce que c'est. Faire comme en Amérique : vous n'êtes pas contents ici, eh bien allez là-bas. Et sans leur payer l'argent du voyage : démerdez-vous ! " Cette expression fort militaire m'a surpris dans cette bouche. Mais c'est que la gaillarde n'est pas salutiste, c'est quelque volontaire et j'imagine qu'en son beau temps elle a usé plus de paires de couilles que l'armée française de souliers. Pas absolument antipathique, d'ailleurs. J'ai donc accepté de faire le ping-pong. Elle m'a battu au premier jeu, je l'ai battue au second et nous commencions le troisième quand la balle est allée se loger sous la scène. Il a fallu déplacer je ne sais combien de madriers, nous nous sommes mis à quatre et suions sang et eau. Sur quoi on l'a appelée ailleurs et la partie a pris fin mais nous jouerons la belle demain. »

12 avril 1940, les artistes sont des incompris !

« [...] Un capitaine est venu – fringant. École de guerre, dîne avec le général – et m'a dit : " Et celui-là qui a l'air effondré que fait-il ? ” Je n'avais pas du tout l'air effondré mais j'avais la gueule que j'ai quand je travaille. “ Un travail personnel, mon capitaine. – Mais quoi ? – Un écrit. – Un roman ? – Oui mon capitaine. – Sur quoi ? – Ça serait un peu long à vous expliquer. – Enfin il y a des femmes qu'on baise et des maris cocus ? – Naturellement. – C'est très bien. Vous avez de la chance de pouvoir travailler. ” Sur quoi, j'ai été acheter des petits pains pour le dîner et il a dit aux secrétaires non sans une pointe de mélancolie : “ Les auteurs, il ne faut pas les voir de près. – C'est son costume qui ne lui va pas ”, a dit le bon Pieter indigné. »

La lettre qui suit est de Joë Bousquet, héros de la Première Guerre mondiale qui s'est retrouvé paralysé à la suite d'une blessure de guerre. Bon nombre de ses amis écrivains viennent lui rendre visite dans le Midi ou entretiennent une correspondance. Cet homme vit en reclus et communique par le truchement de l'écriture sa vision des événements.

« Carcassonne.
« Vendredi 25 octobre 1939.
« La guerre.

« Ma petite fille,

« Sans doute est-il écrit que nous tremblerons toujours...

« Dès maintenant je sens que le bonheur est mort. Nous garderons notre angoisse affreuse jusqu'à l'heure de la catastrophe. Il ne nous restera que ce que nous avons cherché à atteindre au-delà du réel. C'était donc cela le siècle le plus éclatant. Il ne nous présentait rien pour nous satisfaire et rien ne nous semblait désirable de ce qui était aussi fragile que nous.

« Tu sais combien j'avais tout oublié, tout abandonné, pour enrichir le réel d'un peu de songe. Cette année me souriait... Je ne puis soudain que penser à la vanité de nos espoirs. Parce que des hommes, tout un peuple, ont renoncé à leur dignité. Parce qu'on les avait humiliés peut-être jusqu'à les faire douter d'eux-mêmes. On voudrait prier Dieu, tellement cette perspective est hideuse...

« Et cependant, une sorte de voix, si discrète encore que ses accents paraissent traduits du silence, doucement nous dit : “ Et c'est pourquoi le moindre souffle de vie chantait plus haut que le bonheur. " Quand je pense à l'avenir, je ne peux pas être tout à fait triste parce que ses ténèbres s'éclairent de mes souvenirs comme un ciel qui se couvre d'étoiles et plus je serai malheureux, plus mes instants d'amour me seront présents et ensoleillés. Ah! tout ce qui s'éloigne ne s'éloigne qu'en nous, et vivre c'est découvrir dans son cœur un espace infini que la tristesse attendue éclaire de plus de lueurs. De même que dans un visage le rayon bleu des yeux nous retient il y a, dans les nuits d'amour, des lumières couleur de mer auxquelles l'on était insensible, mais qui, par la hauteur qu'elles avaient au-dessus du présent, sont demeurées intouchées par le temps et paraissent s'approcher à mesure qu'il neige sur nous des années, prêtes à nous retrouver dans l'instant mortel où nous nous perdrons pour toujours... Elles veulent qu'à de certains instant de notre vie il n'y ait qu'un souvenir déterminé pour nous aider à vivre comme si nous étions le lieu des délices où la vie s'éprend de la vie... C'était, c'est toi, ce soir...

« Un peu de ton être rôde autour de moi. Il m'aide à vivre des heures mauvaises. Puisse ma pensée être un voile aussi doux, à ta chair que l'azur de tes yeux au rêve que sur eux j'aventure. »

Jean Cocteau vit aussi mal sa séparation avec l'être aimé, Jean Marais, mobilisé en 1940.

« Mon Jeannot,

« Prions notre ciel et notre étoile et confions-nous à Dieu. Je ne vis plus en pensant à ces avions qui te survolent et à ce qu'ils préparent. Je n'avais qu'une chance, c'était d'aller à T. et les permis sont supprimés. J'ai demandé hier à Dubois. C'est impossible... Je n'ai pas encore une ligne de toi depuis la tempête. Je voudrais savoir ce qui se passe et je crains que les courriers ne marchent mal.

« Ce soir il a fallu jouer devant une recette de mille cinq cents francs (une salle très gentille) et dans le malaise que tu devines. Je crois mon ange que le vrai drame commence et que nous serons peut-être séparés par le silence. Sache que je t'écris chaque soir et que je dépose ma lettre en bas pour qu'elle parte le matin. Bébé m'angoisse, il est très sombre et enregistre de mauvaises ondes. Moi je n'existe que par toi. J'en arrive à me trouver seul et à ne plus savoir avec qui parler ou déjeuner ou dîner. Sans toi je suis *seul au monde*. Fasse le ciel que ces horribles gens ne détruisent pas notre petit appartement ni nos souvenirs de la Madeleine. Notre avenir ne doit pas être menacé. Car il est inscrit dans la légende et la légende est toujours la plus forte.

« Mon ange, j'habite ton clocher. »

Ce sont des questions bien plus graves qui tourmentent Roger Martin du Gard qui ne tolère pas que certains continuent leur petite vie sans réagir. Lettre à André Gide, écrite de Bellême le 15 avril 1940.

« [...] La question, c'est bien une des graves questions du moment : les rapports entre les combattants et le pays qui est derrière. Il y a *rupture* entre ces deux mondes, le monde de ceux dont l'existence est coupée de toutes ses racines, prise par l'action, le contact du risque, de la mort ; et le monde de ceux qui continuent leur vie, tant bien que mal, dans le cadre de toujours. (Cela pourrait changer. Il suffirait que la France soit ravagée par les bombardements aériens. Ne le souhaitons pas, mieux vaut la rupture !) Il reste que je suis souvent *épouvanté* de voir tant de gens poursuivre leur paisible vie d'habitudes, sans paraître rien entendre des craquements souterrains, sans que rien ne semble ébranler leur confiance en la stabilité de ce sol où ils vaquent à leurs affaires... Il reste aussi que, ce qui m'étonne, ce n'est pas que la NRF ne parle pas de la guerre : c'est qu'elle ne soit pas totalement occupée par le souci du nouveau monde que ce formidable conflit va faire surgir de tous ces décombres. Car, si la guerre est un cataclysme effroyable, je pense que la fin de la guerre et son accouchement fatal d'un monde très différent – socialement, économiquement – sera plus effroyable encore. (Et, ce disant, je me cramponne à la certitude – aidé ces jours-ci par le bruit de ces bulletins de victoire – que, dans cet enjeu colossal (*renaissance* ou *destruction*), c'est la renaissance qui nous est réservée. Mais n'est pas encore exclue l'hypothèse de la destruction !... »

Dans la lettre qu'adresse Max Jacob à Marcel Jouhandeau, le 9 mai 1940, on sent poindre révolte et crainte d'un homme converti quelques années plus tôt à la religion catholique.

« Saint-Benoît-sur-Loire,
« le 9 mai 1940.

« Très cher Marcel.

« C'est aux chrétiens de donner l'exemple! et plus leur auditoire est vaste plus cet exemple a d'évidence, plus leur devoir aussi est indiqué. Exemple bien facile et devoir " doux et léger " comme il est dit du fardeau de Jésus, *mais pourquoi vouloir* toujours que le devoir soit difficile? J'avoue que parmi les innombrables inimitiés que je dois à mes maladresses la tienne m'était la plus douloureuse; aussi le " devoir " a-t-il été une grosse joie. J'ai profondément renoncé à tout mais certes pas à l'amitié. Renoncé à la peinture parce que j'ai compris l'inaccessible de la vraie, et l'inutilité de la fausse. Renoncé à la littérature parce que mon époque est passée. Renoncé à dire des vérités terrestres depuis que j'ai eu le malheur de dire celles qui concernent la famille d'Apollinaire – à la grande fureur générale (je doute que Paulhan m'ait pardonné...!?... malgré ce que tu me dis de son amitié). [...]

« Je fais visiter la Basilique aux officiers permissionnaires et à des familles oisives. Les pourboires vont aux œuvres de la paroisse et de l'armée aussi, je pense! Quant à moi je vois l'humanité mieux que jamais / dans cette foule / et en somme, elle est moins laide qu'autrefois et moins stupide. Les gens sont bienveillants, appliqués à apprendre et ne se *scandalisent... que des miracles, oui*. Ils devinent très bien quand on ment et sentent bien la beauté quand elle est évidente. (Espère donc dans le succès final de tes œuvres et surtout de Requiem... Lux.)

« C'est cela, viens en juillet! Il n'y a pas à craindre que j'aille en vacances. J'ai perdu ma mère en 38 et mes frère et sœur ne m'attirent pas en Bretagne. Je ne sais pas aller ailleurs. D'autre part je crains des invasions germaniques qui me retiendraient hors de mon trou de rat / si je m'absentais / et m'interdiraient d'y revenir. Où irai-je alors?

« Je t'embrasse certes. »

La fin d'un monde

La défaite ne ralentit pas les échanges épistolaires. Mais les interrogations matérielles se doublent d'une réflexion sur l'échec de la civilisation des Lumières, échec vécu cruellement par Joë Bousquet.

« Ma conduite doit vous paraître singulière Mais vous la comprendrez mieux quand vous aurez lu ma lettre. Si douloureuses que soient les nouvelles reçues, je n'ai plus trouvé le moyen d'en souffrir, il n'y avait plus en moi d'illusion, aucun espoir du haut duquel tomber. Depuis la mort de mon père, je vis un véritable cauchemar. Je comprends pourquoi ce pays a été voué à la souffrance. Tout y a été dénaturé, et les plus hautes vertus lui ont été mortelles. Ce sont les meilleurs d'entre nous qui ont été le plus funestes. La sagesse, la prévoyance, l'épargne, l'horreur du neuf ont lentement préparé dans le concret des intérêts particuliers la ruine de l'intérêt général. Hélas ! je peux en porter témoignage : j'étais ce qu'on appelle un grand mutilé, un de ceux qui avaient beaucoup donné. Honnêtement, je dois avouer qu'il n'y avait plus de place pour moi dans la société moderne. J'ai dû souvent convenir que la vie était injuste – je parle avec modération. Et j'ai eu la lâcheté de me faire le complice de cet abaissement. Nous exigions d'être heureux.

« Un temps est fini, un autre temps commence. Ce qui meurt, c'est ce que la vie avait abandonné. Que de fausses valeurs ruinées ! Il ne nous reste que notre âme et l'amour des biens éternels. C'est beaucoup.

« J'ai été très malade la nuit dernière. Et tout ce matin, j'ai dansé dans mon lit. Dans l'après-midi, j'essayais de m'endormir quand André Gide est arrivé, exténué de fatigue et de chagrin, sans un coin où loger – et, par-dessus le marché, fort inquiet d'un petit malentendu avec Alibert que je devais, coûte que coûte, dissiper avant que leur rencontre n'ait lieu. Vous m'avez demandé, au moment où je venais à bout, de convaincre Gide qu'il n'y avait entre eux rien de sérieux. Votre entrée aurait entraîné une catastrophe. Aussi ai-je laissé faire Marie. Ma crise de la nuit dernière ne m'aurait pas empêché de vous recevoir avec le plus grand plaisir.

« Une autre vie commence pour moi avec cette ère de désastres. Je n'attendrai pas un jour pour devenir – et pour le temps qui me sépare de ma mort – l'homme de demain. J'oublie tout ce que j'ai écrit, je ne veux penser qu'à l'avenir. La meilleure revanche à prendre contre un vainqueur impitoyable, c'est d'écrire des livres qu'il soit obligé de traduire dans sa langue. Je vais travailler comme un forcené.

« Afin de garder le contact avec ceux qui jouent un rôle dans ma vie, je prendrai des dispositions pour être seul à certaines heures. Et vous me préviendrez quand vous voudrez me voir pour que je m'assure quelques moments de liberté. Tous ces jours-ci ont été intenables à cause de l'afflux des Parisiens. Atmosphère étouffante. Les épaves de la vie la plus brillante, jetées par la guerre dans une chambre d'infirme, fanées comme des images d'un autre siècle, ce monde de revenants frappés de stupeur.

« L'arrivée de Gide m'a désaltéré. Tremblant et claquant des dents, je me sentais incapable de parler ; et, Marie qui marmottait un nom impigeable ! j'avais fait signe que je ne pouvais pas recevoir, quand il s'est levé comme une flamme, ce nom dans mon esprit : si c'était André Gide ! A Jean-Louis qui était près de moi, j'ai dit : “ Va voir si ce n'est pas Gide. – Mais je ne le connais pas. – Tu le reconnaîtras tout de même, va. ” *(Juin 1940.)*

Cabris, le 23 juillet 1940, André Gide s'adresse à Roger Martin du Gard. Son opinion sur la classe politique française est sans détours au lendemain du désastre.

« Cher,

« Après un long et assez fatigant voyage, j'ai pu enfin rallier Cabris, avec la joie de retrouver tous les amis en bonne santé. La veille, j'avais déjeuné avec les rescapés de la NRF et dîné à Carcassonne avec Benda puis roulé depuis deux heures du matin dans des trains surbondés.

« Tous les récits que l'on entend laissent douter s'il reste encore grand-chose à sauver de la France. Le désordre, l'incurie, l'impéritie, la bêtise, la veulerie, qui nous ont menés où nous en sommes, dépassent ce que je pouvais imaginer. Dans l'état où nous étions, une victoire était inespérable, et nous ne pouvions sans aveuglement nous lancer dans l'atroce aventure qui nous laisse aujourd'hui prostrés.

« Ce que vous avez dû voir à Vichy a dû éteindre en vous toute espérance, si tant est que vous en eussiez encore. Ce n'est qu'en me réfugiant dans l'immatériel (oh! sans mysticisme, du reste; ne craignez rien!) que je retrouve un semblant de sérénité, et dans ce qui ne dépend pas des hommes. (L'été ne m'a jamais paru plus splendide.) »

Le panorama brossé par Jean Paulhan à Jules Supervielle, le 25 juillet 1940, résume fidèlement le désarroi des gens de lettres et cet égocentrisme qui fait passer avant tout l'envie d'écrire, d'éditer pour survivre.

« [...] Aragon, passé par Dunkerque, a été de nouveau cité. Petitjean, évacué, a eu sa plaie infectée, a dû perdre deux nouveaux doigts. Michaux doit être vers Grasse. Gide était ici avant-hier (il ne croit guère à la victoire anglaise, s'avoue " épaté " par Hitler). Benda, à Carcassonne, travaille à son Plaidoyer (mais songera-t-on à le poursuivre?). Eluard est près d'ici, à côté de Robin, enchanté (de quoi? De tout. Il dit que la vie est enfin claire, qu'on sait "où l'on va "). – Moi non. Ou plutôt, si : je suppose que les Français, s'ils se résignent à devenir une nation de 15e ordre, se résigneront moins volontiers à mener un train de vie de 15e ordre. Enfin, patience. Je croyais, il y a quelques jours encore, qu'il viendrait assez vite un temps où l'on pourrait parler de ces derniers mois sans trop de tristesse ni de honte. Je le crois un peu moins. [...]

Gaston G[allimard] semble très découragé. (Bien que rassuré sur le sort de Claude, que l'on sait précisément prisonnier.) Il n'y a pas moyen de lui parler d'édition. – Je pense que la NRF paraîtra le 1er septembre. – Donne-moi des nouvelles de *tous* tes enfants. De Claude Roy, je ne sais rien. Écris, ne nous oublie pas. Nous vous embrassons tous deux très fort. »

Un mois plus tard, il n'a guère changé d'avis (20 août 1940) :

« Enfin, crois-tu que la France est définitivement perdue? (Car enfin, si bonnes que soient leurs intentions, ce n'est pas Baudoin ou Mireaux qui nous sauveront de la ploutocratie : ils sont ploutocrates; ni Laval, du parlementarisme : il est devenu millionnaire en huit ans de Parlement.) Et comment croire à une Renaissance qui débute par le parjure et la lâcheté? J'ai la même angoisse qui revient, chaque fois que j'y songe. Comptes-tu sur de Gaulle? Mais je crains, malgré tout, que l'Angleterre ne nous ressemble trop. Attendons.

« Mais dis-moi ce que tu penses de tout cela. J'ai vu hier Guehenno, qui a assisté, à Clermont, à toute la débandade : les officiers (avec femmes et enfants) passant les premiers jours dans leurs *voitures régimentaires*. Les hommes, les cinq jours suivants. Puis l'arrivée des premiers Allemands, parfaitement beaux, impeccables; et les gens s'empressant, non pas tout de même autour d'eux, autour des chiens qu'ils avaient avec eux (de beaux chiens aussi).

« Jouhandeau (qui s'avoue d'ailleurs " gagné " par la discrétion allemande) m'écrivait de Paris : " Si peu de morts, tant de prisonniers. L'on voit bien que ce n'est pas une guerre. C'est une révolution. " Le mot de Benda n'était pas si faux, sur les gens qui " redoutent d'être vainqueurs ". Mais on ne sait dans cette immense trahison, dans cette trahison même pas concertée, toute naturelle, à qui s'en prendre.

« Dis-moi si tu as encore quelque espoir, quelque confiance dans la France, si tu crois que tout peut y être refait. »

Les vicissitudes du commun

« Cette carte inter-zones de Francis Ponge à Jean Paulhan traduit l'isolement et le besoin de nouvelles de Ponge.

« *[Carte inter-zones]*

« *Après avoir complété cette carte strictement réservée à la correspondance d'ordre familial, biffer les indications inutiles. – Ne rien écrire en dehors des lignes.*

« ATTENTION *– Toute carte dont le libellé ne sera pas* UNIQUEMENT *d'ordre familial ne sera pas acheminée et sera probablement détruite.*

« *Roanne,* le 15 décembre 1940.

« Quand j'ai reçu ton mot ~~*en bonne santé*~~ me donnant *rendez-vous* ~~*fatigué*~~ à Vichy, j'étais au lit ~~*légèrement, grave-*~~

~~ment~~ malade, ~~blessé~~. Maintenant ça va ----*~~tué~~*. J'ignorais le sort des Vilette *~~-prisonnier.~~*

« Si tu me donnais leur adresse? Je voudrais leur écrire *~~sans--nouvelles--de~~*-----------.--*~~La--famille~~*------------------*~~va bien~~*------------ Nul *besoin de provisions* -------------ni *d'argent.* mais plutôt de bonnes *nouvelles, ~~bagages.~~* Depuis que tu es *de retour à* Paris,

« j'aimerais savoir que tu *travailles* comme auparavant... Armande *va entrer à l'école de* Roanne. Elle en est plus heureuse que nous *~~a-été-reçu~~*---*~~aller-à~~*-------*~~le~~*-----------------------------------

« Écris-moi bientôt que Germaine et toi, vos enfants, Bernard [Groethuysen] et Alix et aussi Gaston [Gallimard] allez bien. Et Léon-Paul [Fargue]? (Personne n'en parle.)

~~Affectueuses~~ Pensées, ~~Baisers~~ fraternelles à tous

« Signature.

« FRANCIS ».

On a beau être écrivain, passer de la zone libre en zone occupée ne se fait pas sans mal si l'on en croit cette lettre de Montherlant à Peyrefitte.

« (Nice) 11 mars 1941.

« Mon cher,

« Je vous écris de Nice, où je suis venu consulter. Les demandes d'ausweis de moi et de " Mother divine " partent aujourd'hui. La mienne demandant " à partir du 20 avril " ; la sienne, " au plus tôt ". Tout cela appuyé par Grasset et Gallimard. Ne sais ce qu'il en adviendra. Mais certaine lecture vous fera comprendre que, après avoir été enflammé, je finis par me dire : " Pourquoi? " Cependant, si j'ai l'ausweis, j'irai. Mais toujours me disant : " Vraiment, pourquoi? " S'il est un paradis sur terre, il est à Grasse, qu'il faut appeler " Grâce ". Quant à Mother divine, inutile de dire qu'elle est empoisonnée à l'idée de rentrer à Paname. »

Le 21 août 1941, Gide, ému des mauvaises nouvelles qui lui arrivent de son ami Paul Valéry, lui écrit ce petit mot : « Je souffrirai à te savoir parmi les heureux de ce monde et les profiteurs. Mais la pensée de ta gêne m'est insupportable et non plus seulement parce que tu en souffres, mais parce que en te nuisant, elle nous prive. Que vers la fin d'une vie d'effort et de travail, après tout ce que tu as donné au monde, à nous tous, tu puisses être " dans le besoin " cela me révolte, m'indigne, me paraît monstrueux.

« Que parmi tous ceux et celles qui t'admirent, il n'y en ait pas qui sachent t'approvisionner simplement de café, de sucre et de tabac ! C'est inimaginable. »

Jean Paulhan relate à Marcel Jouhandeau, le 5 septembre 1941, la joie qui envahit les Parisiens à l'annonce de l'attentat contre Laval, la rumeur ayant couru de son décès :

« Cher Marcel,

« Je crois que, lorsqu'on m'a annoncé la mort de Pierre Laval, j'ai d'abord songé à la peine que tu pourrais en avoir. (Car dans le XIXe où j'étais ce soir-là, l'on avait d'abord annoncé la mort. Et quelle joie étrange dans ce petit bistro qui s'était aussitôt rempli d'ouvriers ou de chômeurs qui ne *parlaient* pas, dont aucun ne disait la raison qu'il avait de se sentir bien. Simplement ils se touchaient au passage et changeaient de place pour se toucher, s'offraient la bouteille de saccharine, parlaient de la pluie d'un ton soudain allègre. Je n'oublierai pas ce petit vieux relieur qui *tremblait* de joie, avec une figure si sage d'ordinaire et brusquement égarée. Ainsi a dû commencer, ou se préparer du moins la Commune. C'était une joie étrange, et qui devenait effrayante. Mais, je te l'ai dit, j'ai d'abord songé à ta peine. Aujourd'hui, il semble sauvé.) »

Paulhan toujours se fait du souci pour ses amis. Ici c'est la situation « délicate » de Chagall qui le préoccupe lorsqu'il s'adresse à Paul Valéry le 18 octobre 1941 :

« Bien cher ami,

« Marc Chagall, qui n'était français que depuis quelques années, est proposé par le ministère de la Justice (avec quelques milliers de Juifs) pour la dénaturalisation.

« Est-ce que cette mesure n'est pas injuste ? Est-ce qu'elle n'est pas (pour le dire naïvement) mauvaise pour la France ? Marc Chagall est, je vous le promets bien, un grand peintre. Un mot de vous – soit au Maréchal, soit à M. Alibert – suffirait à le maintenir français.

« Je suis à vous, affectueusement. »

L'amitié plutôt que les considérations générales, le talent comme contrepoint à l'exclusion : Paulhan adopte ici une attitude voisine de celles que nous avons décrites plus tôt.

Pour les écrivains et les poètes aussi, l'occupation est une époque douloureuse où les privations de toutes sortes ne leur sont pas épargnées. Leur sensibilité est profondément heurtée par les événements dont ils sont les témoins atterrés. Significative, cette lettre de François Mauriac à Louis Clayeux, du 19 décembre 1941.

« Mon petit Louis,

« Moi non plus, ça ne va pas. Les nouvelles d'aujourd'hui : ce coup terrible porté aux États-Unis (Pearl Harbor) ! On est fatigué de vivre dans un charnier, fatigué de ces propagandes, de cette tuerie mécanique, idiote, de cette organisation de l'horreur qui se prolonge en chiourmes éternelles : enfer sans compter les supplices du " purgatoire ". Qu'estcequecéqueça? Assez! Assez! Et Pétain qui dresse ses listes de proscriptions et entasse les Juifs dans des camps de travail parce qu'il y a des attentats la nuit...

« Louis, tu as froid, tu souffres, tu es seul. Tu as peut-être faim... et tu pourrais être ici, nous partagerions des choux indigestes et des saucisses douteuses. Louis, tout est horrible. Impossible d'être bon, de bénir la vie. Du moins pour moi. J'ai voulu être sauvé. Non, rien à faire. Que tu dois être malheureux, chez toi, enfermé à partir de 6 heures. Oh, pauvre Louis... Et ça va durer, empirer, finir dans quelle abomination?

« Je t'embrasse, Fr. »

Voici un courrier qui n'est guère dans le ton des précédents. C'est une lettre de réclamation de Paul Léautaud, datée du 10 février 1942 et adressée aux PTT. L'écrivain se plaint que ses notes de téléphone soient trop élevées et que le fonctionnement du service soit mauvais :

« Madame,

« J'ai reçu le relevé de mes communications téléphoniques pour janvier : 37 unités, 44 francs. Je paie, parce que je suis las de réclamer comme j'ai eu à le faire souvent, mais je ne crois pas avoir téléphoné autant pendant janvier. Je téléphone à peu près une fois par semaine, mettons même deux, presque toujours le même numéro : Gobelins 14-40. Très fréquemment on m'appelle pour le Robinson 12-51, ou pour un numéro que je n'ai pas retenu, qui est M. le Curé des Blagis. Pas plus tard que ce matin : on me sonne, j'arrive à l'appareil et je m'entends dire : " Monsieur le Curé, comment allez-vous ? " Alors, je me dis que des erreurs analogues doivent se produire en sens inverse, qui grossissent mon compte.

« Une autre curiosité est celle-ci, depuis quelques mois. J'ai un numéro à demander. Il me faut quelquefois attendre près de dix minutes à l'appareil. On finit par venir, mais on me laisse ensuite en plan, jusqu'à ce qu'une autre voix me demande ce que je veux. Pendant ce temps j'entends les voix de ces dames fort animées, jusqu'à ce qu'une autre personne encore vienne me demander ce que je désire. J'avoue que, durant les derniers froids, mon téléphone installé dans une pièce vraie glacière, je ne me suis pas toujours amusé à attendre ainsi. Je suis confus de vous le dire : il y a quelque chose qui ne va pas et qui n'est pas d'aujourd'hui.

« Excusez, Madame, cette petite réclamation et agréez mes hommages.

« P. Léautaud,

« Abonné Léautaud : Robinson 12-61. »

La lassitude généralisée après quatre ans de guerre et de privations, l'incertitude face aux risques d'une guerre civile, des sentiments répandus en juillet 1944 et qui sont ceux de Roger Martin du Gard dans sa lettre à Georges Duhamel le 28 juillet 1944.

« L'avenir a beau s'éclairer, il reste sombre à mes yeux. La confusion des esprits paraît sans remède. Qui réconciliera les diverses tendances de ce pays déchiré qu'un tragique destin oblige, pour se relever, à verser, de ses propres mains, le sang des siens, et à accumuler lui-même les ruines et les désastres sur son vol ? “ Fasse le ciel, écrivait Goethe à Iéna, que nous vivions assez longtemps pour pouvoir considérer les événements sous l'angle voulu. ” Hélas, je crains que cette amère consolation nous soit aussi refusée. Ceux de mon âge n'auront jamais le temps de prendre le recul nécessaire. Nous mourrons sans bien savoir à quoi nous avons assisté et irrémédiablement dégoûtés du spectacle... Triste fin ! J'espérais mieux. »

Après quatre années d'un long tunnel, Romain Rolland fait pour son ami Jean Richard Bloch un rapide bilan de cette période noire.

« Paris, le 8 novembre 1944.

« Bien cher ami, nous avons été heureux de revoir votre écriture, d'entendre votre voix. Votre lettre du 1er octobre nous a rejoints à Paris, où j'étais venu pour consultations et soins médicaux : car – vous avez raison de le dire : “ Il n'y a pas de fumée sans feu ” – j'ai été bien malade, ces deux dernières années, et peu s'en est fallu que je meure, l'an passé : le cœur, les poumons, l'intestin, toute la machinerie était à bout – hormis la tête, qui continuait d'observer et de noter, même aux instants où elle déraisonnait. A présent, c'est moins grave, mais souvent pénible, et j'ai grand-peine à marcher, à cause des essoufflements. Bon ! C'est normal, j'ai 79 ans.

« Nous n'avons pas pendant ces années quitté Vézelay (où nous comptons rentrer, vers le 20 de ce mois). De nos hauts murs, qui nous emprisonnaient, sans nous défendre, nous avons vu d'abord se dérouler, pendant des jours, le lamentable exode dans la plaine. Nous avons été longtemps occupés, surveillés de près, nous attendant à tout, on ne sait comment épargnés, grâce à la présence invisible de Jean-Christophe – qu'on aurait bien voulu annexer – « en l'épurant ». Depuis deux ans, les grandes forêts qui nous entourent se hérissaient de Résistants et préparaient les embuscades où sont venues tomber, ces mois derniers, les colonnes en retraite des Allemands. Pour le bouquet nous avons eu, à la fin d'août, une petite bataille de Vézelay, avec canons, maisons brûlées – un jouet, dans les monstrueuses mêlées qui ont ravagé le monde. Mais en venant ici, quelle émotion de retrouver intacte la merveilleuse beauté de Paris – et de penser qu'il s'en est fallu de si peu qu'elle fût détruite ! [...]

« Bloqué dans le silence de Vézelay, et de plus en plus à mesure que la guerre se prolongeait, privé de toutes communications avec le reste de la France, seulement relié à la marche des Destins par la radio de Londres (on entendait très mal celle de Moscou) il ne me restait de recours que dans la pensée. J'ai amassé beaucoup de songeries, beaucoup de travail à publier, j'ai achevé notamment la série de mes Beethoven (cette musique, qui m'a été un compagnon si fidèle, aux plus mauvais jours) ; Albin Michel va publier deux volumes de moi sur Péguy. – Mais le présent, mais l'avenir, ont-ils encore le temps de s'intéresser au passé ? »

Le 2 février 1945, l'Allemagne nazie lutte encore et l'avenir est incertain. Roger Martin du Gard fait part à André Gide de sa vision de l'avenir.

« [...] Courage surhumain de tout un peuple, mis au service de la plus indéfendable des causes !... Je suis cet hallali avec une curiosité douloureuse. J'attends la curée. Ça va être atroce... Je n'ai pourtant, au fond du cœur, aucune pitié pour l'Allemagne. J'ai terminé l'autre guerre sans avoir eu, en quatre ans, aucun sentiment de haine. *Je ne puis en dire autant aujourd'hui.* J'ai assisté, depuis deux ans, à Nice, et cet été, dans le Lot, à trop d'atrocités. On ne peut pas " comprendre ", on ne peut pas pardonner ! Un peuple capable d'avoir accepté, et avec exaltation, un régime qui usait ouvertement de ces méthodes ; un peuple où ce régime a pu recruter une armée entière de fonctionnaires " loyaux " qui ont consenti à devenir de sauvages tortionnaires ; un peuple capable de produire une armée entière de cruels raffinés, de sadiques ingénieux et jamais rassasiés des souffrances de leurs victimes ; ce peuple-là ne mérite aucune indulgence et l'humanité serait en droit de l'exterminer. Quand on a su, de source proche, indéniable, au jour le jour, ce qui se passait dans les caves de la Gestapo, ici, ailleurs, partout, dans toutes les villes de France, dans toutes les villes de tous les territoires occupés d'Europe, non, il n'y a pas de pitié possible. Ce ne sont pas les crimes de quelques-uns, parmi une population soumise et non consentante. La proportion des policiers tortionnaires par rapport à la population allemande est significative. C'est un peuple qui produit donc presque naturellement ce genre de monstres... On ne peut passer l'éponge et innocenter le peuple allemand, même quand le régime nazi sera tombé. J'accepte qu'on lui arrache brutalement et pour longtemps ses griffes. Si je suis d'avis qu'une certaine " épuration " était nécessaire en France, j'estime qu'en Europe l'épuration est plus urgente encore, et que l'Allemagne doit être rendue responsable et mise hors d'état de nuire à l'avenir.

« Mais là où je ne marche plus, c'est quand je vois à quels moyens on songe pour atteindre ce but. On rencontre partout des gens paisibles, devenus enragés, qui veulent morceler l'Allemagne, stériliser tous les mâles, les emmener en esclavage pour la reconstruction des pays dévastés !... Ce n'est pas par justice ou par charité que je m'insurge contre ces vengeances délirantes. C'est parce que je crois qu'on ne saurait commettre pire erreur, aller davantage à l'encontre du but souhaité, qui est de réduire l'Allemagne à l'impuissance. Je cherche, j'attends une voix autorisée qui, du camp des Alliés, propose une solution raisonnable. Pour moi, une chose prime tout : éviter que ça recommence, ne pas semer la haine et le besoin de revanche. On ne tient pas indéfiniment en tutelle un peuple fier et guerrier, féru d'honneur à sa manière, capable de toutes les abnégations, soulevé par un ardent patriotisme. On ne fondera rien de durable sur la terreur et l'humiliation. Ne recommençons pas les fautes de 1918-1930 ! Un seul moyen de désarmer l'Allemagne, de la débarrasser peu à peu des virus qui lui empoisonnent le sang et qui ne font que prospérer et se multiplier dans l'infortune : il faut la *rendre heureuse*. Il faut la rendre assez heureuse, assez satisfaite de son sort, pour qu'elle renonce à vouloir changer la face du monde. Je crois à la puissance délétère du bien-être, de la prospérité. J'imagine une Allemagne *émoussée par le bonheur*. »

CONCLUSION

Ce livre est une plongée dans les arcanes de la raison d'État, une exploration des « crimes du pouvoir » et des pratiques secrètes qu'il n'hésite pas à utiliser pour assurer son existence. L'interception de la correspondance privée est l'un des crimes clandestins, toujours nié et toujours pratiqué par les fonctionnaires anonymes de l'appareil d'État. Violant allégrement les principes de loyauté et de discrétion attachés au service postal, nos gouvernants ont utilisé systématiquement ce procédé. Un procédé si ancien qu'il porte un nom latin, la perlustration, de *perlustro*, « je regarde de près ».

L'appétit de puissance de l'État, son absence totale de scrupule se situe dans la lignée d'Euripide qui disait : « S'il faut violer la justice, il faut le faire pour régner. » Une devise que Vichy a reprise à son compte. Sous Pétain, on assiste à une hypertrophie sans précédent de la raison d'État, cet impératif au nom duquel le pouvoir en place s'autorise à transgresser le droit au nom de l'« intérêt public ». Vichy est un régime fragile, mais autoritaire et violent comme tous ceux qui ont peur. Soucieux de connaître l'évolution d'une opinion publique à qui la liberté d'expression est refusée, le pouvoir utilise toutes les possibilités techniques pour intercepter les correspondances des Français. Une situation sans précédent, tout un pays surveillé par ces mystérieux « contrôles techniques », outil secret de la raison d'État, sphinx impénétrable qui informe le gouvernement, structure puissante mais invisible au commun des mortels.

C'est d'un tout autre œil que l'on appréhende aujourd'hui la politique répressive de Vichy. On a longtemps accusé les Français d'avoir, par le biais de lettres anonymes, contribué à l'arrestation de Juifs, de résistants et d'autres éléments exclus par l'Ordre nouveau. L'image de millions de lettres de délation qui encombraient les bureaux de la Gestapo et de Vichy projetait une ombre sur notre passé. Ce livre apporte un éclaircissement sur ce sujet particulièrement sensible. Ces arrestations n'étaient la plupart du temps que les conséquences de l'activité sinistre des « contrôles techniques ». Nos recherches n'ont identifié qu'un nombre très limité de lettres de dénonciation. Ce n'est pas un voisin jaloux ou une concierge soupçonneuse qui a entraîné telle ou telle arrestation, mais le courrier écrit sans précaution qui, intercepté, était à l'origine de l'arrestation de l'envoyeur ou du destinataire.

Il est incroyable qu'il ait fallu cinquante ans pour que cette réalité soit mise au jour. Certes quelques historiens avaient noté la pratique des interceptions de courrier comme sondage de l'opinion publique *, mais c'est la première fois que la fonction répressive des « contrôles techniques » est exposée! Comment expliquer la persistance, si longtemps, d'un tel secret? Beaucoup d'archives ont été détruites et aujourd'hui, dans les départements, les préfets décident seuls de ce qu'ils veulent bien laisser consulter sur cette époque. A Paris, les documents sont souvent mal identifiés, dispersés, et il m'a fallu passer de longs mois avant de reconstituer le puzzle.

Ces récits juxtaposés, ces conversations tenues il y a cinquante ans nous permettent d'avoir une vision nouvelle d'une époque qui n'en finit pas de susciter interrogations et commentaires. Anecdotes, aventures individuelles, opinions et sentiments des Français de 1939 à 1945 nous aident à mieux comprendre l'évolution de notre pays et de ses habitants durant ces années critiques. Dans ces correspondances interceptées nous sentons le poids extraordinaire des difficultés matérielles et psychologiques de l'époque, l'amertume laissée par la déliquescence de l'avant-guerre et, à partir de mai 1940 « le véritable bombardement d'événements successifs auxquels ont été sou-

* Voir les ouvrages de MM. Poujol, Austin, Laborie et Peschanski.

mis les Français * ». Un pays accablé par le désarroi qui a succédé à la défaite, la France coupée en deux, l'ennemi héréditaire triomphant sans aucune perspective de renversement. Un cauchemar vécu bien plus terrible que les privations pourtant sévères, partout des êtres séparés, déracinés, des proches prisonniers. Le silence sur ces années terribles s'explique certes en partie par la volonté des gaullistes et des communistes de préserver l'unité nationale après la Libération, il pourrait bien être le révélateur d'un refus des témoins de l'époque de se souvenir de ces temps maudits au cours desquels ils ont tant souffert, se sont tant trompés, ont été tant manipulés que toute évocation de cette période leur est douloureuse.

Je suis conscient des douleurs et des souvenirs pénibles que j'ai peut-être réveillés, mais je ne crois pas que cet ouvrage s'inscrive dans un mouvement d'opprobre contre une population qui, égarée par ses dirigeants, aurait fait le jeu du nazisme triomphant – même si nous devons nous interroger encore sur l'attitude de certains.

Ces courriers nous donnent de nombreuses illustrations de la compromission des élites et de l'administration de l'époque avec l'occupant, par intérêt, par aveuglement et par bêtise. Que des hommes qui n'étaient ni des traîtres ni des bandits aient fait de telles erreurs, voilà qui amène de douloureuses interrogations. On comprend mieux le silence chargé de culpabilité, ce « syndrome de Vichy » qui est peut-être l'un des fondements du mal français. Comment faire le partage entre l'honnête fonctionnaire contraint de s'adapter à l'Ordre nouveau et les artisans d'une collaboration de raison? Faut-il voir les chefs d'entreprise de l'époque comme des hommes soucieux de faire tourner l'outil de travail, évitant ainsi la déportation de leur personnel, ou comme des profiteurs de guerre ravis d'exécuter les commandes de guerre allemandes? Complémentairement aux récits et aux mémoires déjà publiés, notre travail fournit nombre d'éléments significatifs sur les réactions des Français face aux mesures autoritaires de Vichy et de l'occupant. Il apporte une contribution à l'étude du « champ historique » que constituent la vie quotidienne, l'opinion publique, la culture. Si la France des années noires apparaît encore souvent comme

* J.-P. Azéma, *1940, l'année terrible.*

un pays vendu, déchu, où seule une poignée de résistants a sauvé l'honneur et la dignité du pays, à la lecture de ce livre nous voyons que la réalité était singulièrement plus complexe. Combien de réactions et d'opinions réconfortantes dans ce courrier dès 1941, quelle lucidité et quelle générosité dans certaines correspondances!

A la fin de ce travail, nous avons une vue plus concrète de ce qu'a été l'attitude des Français pendant l'Occupation et des preuves tangibles du rôle ignoble de l'administration de Vichy. Les Français se sentent confusément coupables dès qu'on leur parle de l'Occupation. Mais cette culpabilité concerne d'abord et avant tout le gouvernement de Vichy, son administration (police, justice, armée, PTT...) qui ont massivement collaboré, trahissant la France pour se maintenir au pouvoir et ce, au prix de son honneur. Seule, une minorité de résistants permit au pays de ne pas sombrer dans la honte.

Ce livre peut être aussi considéré comme une leçon pour l'honnête homme d'aujourd'hui : il doit garder sa vigilance, car personne ne peut se considérer comme entièrement à l'abri des crimes qui se commettent au nom de la raison d'État.

NOTES

I. LE CONTRÔLE TECHNIQUE

1. Georges Bonnet, *Dans la tourmente,* Plon, 1971.
2. AN 2W54, Cour suprême de justice, cabinet du général Watteau.
3. *Ibid.*
4. *Ibid.*
5. F 714924, rapport du 5 juin 1940.
6. *Ibid.*
7. AN AJ 41 177.
8. Roger Austin, « Surveillance and Intelligence under the Vichy Regime : the service du Contrôle technique, 1939-1945 », revue *Intelligence and National Security,* vol. 1, janvier 1989.
9. 16 mars 1941. F 60-154.
10. F7 14926.
11. F7 14929.
12. F7 14930.
13. Pierre Laborie, *L'Opinion publique sous Vichy.*
14. Décret secret du 17 août 1942. F 60154.
15. F 60 514.
16. *Ibid.*
17. AN BB 301718.
18. CDJC XVII 29 (108).
19. Note du 2 septembre 1942, CDJC XXXVIII 25e.
20. CDJC CC XXXVI-78.
21. CDJC CCXXXVIII-19.
22. ADAM 16W F817.
23. F. Rouquet et C. Scalisi, *Une administration française face à la Seconde Guerre mondiale : les PTT.* Doctorat d'histoire, université de Toulouse-Le Mirail.
24. AN F90 bis 2098.
25. Note pour M. Desmarais, attaché au cabinet du secrétaire d'État, secrétariat général de la Poste et des Bâtiments, juillet 1942.
26. M. Paul, *Histoire des PTT pendant la Seconde Guerre mondiale (1939-1945*).
27. AN BB 301723.
28. *Ibid.*
29. Conversation du 31 août 1941, F 9021618.
30. H. Tristant, Censure allemande, 1939-1945, IHTP RFd 1353.
31. DSA, ingérences allemandes AN, AJ 41/73.
32. Note allemande du 4 janvier 1943. *Ibid.*
33. Lettre de Laval à de Brinon du 6 janvier 1943. AN AD 41 722.
34. 1er décembre 1942, note de la section militaire de liaison. *Ibid.*
35. 9 décembre 1942, note de la DSA. *Ibid.*

36. 17 mai 1943, note de la DSA. *Ibid.*
37. Note de la CAA, Aussenstelle, Paris, 24 mai 1944. AN AJ 41 1365
38. Lettre du 12 avril 1943. *Ibid.*
39. Lettre du 24 avril 1943. *Ibid.*
40. Lettre du directeur de la DSA du 29 juillet 1944. *Ibid.*
41. Note du détachement français de liaison de Paris à la DSA. An AJ 411365.
42. Note de la DSA signée Guérard, 16 février 1944. *Ibid.*
43. Télétype secret de la DFA à la DSA, 1er mars 1944. *Ibid.*
44. Télétype secret de la DSA à la DFA, 4 mars 1944. AN AJ 411365.
45. Note de la DSA, 8 mars 1944. *Ibid.*
46. AN F7 14936.

II. LES MALHEURS DE LA GUERRE

1. AN AJ 41 121.
2. *Ibid.*
3. AN F7 14925.
4. Archives privées.
5. ADAM, 13 mai 1941. 166 W 17.
6. AN FIa 3806.
7. AN F41 827.
8. Archives privées.
9. AN F41 828.
10. ADAM 166 W 17.
11. AN F7 14929.
12. AN F7 14925.
13. AN F7 14930.
14. *Ibid.*
15. AN F7 14929.
16. AN F7 14925.
17. AN F41 827.

III. LE RAVITAILLEMENT

1. Archives privées.
2. AN FIa 3806.
3. AN AJ 41 121.
4. *Ibid.*
5. Archives privées.
6. Archives privées.
7. Archives privées.
8. *L'Ain, 1939-1945.* Archives départementales de l'Ain.
9. AN AJ 41 121.
10. Charles Rist, *Une saison gâtée. Journal de la guerre et de l'Occupation, 1939-1945.*
11. AN F7 14927.
12. AN F7 14926.
13. AN F7 14928.
14. AN FIa 3806.
15. AN FIa 14826.
16. *Ibid.*
17. AN F7 14925.
18. AN F7 14927.
19. ADAM 166W17.
20. AD Nièvre 999W 1752.
21. ADAM, 166W18, 16 octobre 1942.
22. Roger Martin du Gard, *Correspondance.*

IV. L'ÉCONOMIE FRANÇAISE SOUS CONTRÔLE

1. Procès de Nuremberg, document 6812.
2. Yves Durand, *La Seconde Guerre mondiale.*
3. Richard Kuisel, *Capitalisme et État en France.*
4. Cité par Paxton, *La France de Vichy*, p. 145.
5. Fernand Picard, *L'Épopée de Renault.*
6. A. Sauvy, *La Vie économique des Français de 1939 à 1945.*

V. LES ALLEMANDS EN ZONE LIBRE

1. AN AJ 41 121.
2. AN F6 0514.
3. AN F7 14925.
4. AN AJ 41 499.

VI. LES PRISONNIERS

1. Citée par Jean Guitton, *Pages brûlées*, 1984.
2. Jean Guitton, *op. cit.*
3. AN BB 30 1718.
4. Cité par Henri Calef, *Le Sabordage de la IIIe République.*
5. AN BB 30 1718.
6. *Ibid.*
7. *Ibid.*

VII. LE SERVICE DU TRAVAIL OBLIGATOIRE

1. E. Jäckel, *La France dans l'Europe d'Hitler.*
2. ADAM 166 W 18.

IX. LA PERSÉCUTION DES JUIFS

1. AN, archives du cabinet de Brinon.
2. AN F7 14932.
3. ADAM 166W18.
4. *Ibid.*
5. Note de l'inspecteur général Girodet, chef de la délégation française pour les Transmissions auprès du Militärbefehlshaber en France, à Monsieur le chef du gouvernement, direction des services de l'armistice-transmission à Vichy. AJ 41 722.
6. Archives du CGQJ, CDJC, CCXXXVI - 61.
7. ADAM 166W18.
8. AN F60 416.
9. AN FIa 3806.
10. AN F7 14928.
11. AN F7 14926.
12. AN F7 14931.
13. AN F7 14936.
14. *Ibid.*

X. LES COLLABOS

1. AN F7 14926.
2. Dossier MSR, F7 15273.
3. AN F7 14928.

4. ADAM 166W18.
5. AN F7 14932.
6. ADAM 166W19.
7. AN F7 14933.
8. Cité par Pierre Laborie, *L'Opinion publique sous Vichy, op. cit.*
9. ADAM 166W18.
10. *Ibid.*
11. AN F7 14935.
12. AN F7 14932.
13. Document IHTP.
14. AN FIa 3806.

XI. LES RÉSISTANTS

1. AJ 40 878.
2. ADAM 166W17.
3. AN F7 14930.
4. AN F7 14926.
5. *Ibid.*
6. AN F7 14930.
7. ADAM 166W18.
8. AN AJ 40 878.
9. AN F7 14928.
10. AN AJ 40 889, 13 septembre 1941.
11. AN F7 14933.
12. *Ibid.*
13. AN F7 14926.
14. AN F7 14928.
15. Cité par Pierre Laborie, *L'Opinion publique sous Vichy, op. cit.*
16. Archives privées.
17. AN F7 14926.
18. ADAM 166W19, 29 mars 1943.
19. AN F7 14930.
20. AN F7 14926.
21. AN F7 14935.
22. AN F7 14932.
23. AN F7 14933.

XII. UNE OPINION PUBLIQUE VERSATILE

1. AJ 40 870.
2. *Ibid.*
3. *Ibid.*
4. AN AJ 41 359.
5. AN AJ 41 260.
6. ADAM 166W18, 26 mai 1941.
7. AN AJ 41 121.
8. AN F7 14935.
9. AN F7 14926.
10. CDJC CCXXXIX-45.
11. CDJC CCXXXIX-54.
12. AN F7 14930.
13. AN F7 14929.
14. AN F7 14933.
15. AN AJ 41 25.
16. AN F7 14928.
17. AN F7 14926.
18. Ces lettres viennent du carton AJ 41 121.
19. AN 72 AJ 257.
20. AN AJ 40 687.

21. AN BB 30 1718.
22. AN F7 14930.
23. *Ibid.*
24. AN F7 14927.
25. Charles Rist, *Une saison gâchée, op. cit.*
26. AN F7 14932.
27. AN F41 827.
28. AN FIa 3806.
29. ADAM 166W18, 29 novembre 1942.
30. *Ibid.*, 27 décembre 1942.
31. Charles Rist, *Une saison gâchée, op. cit.*
32. AN F7 14931.
33. *Ibid.*
34. Pierre Laborie, *L'Opinion publique sous Vichy, op. cit.*
35. Archives du CGQJ, CDJ.
36. Charles Rist, *Une saison gâchée, op. cit.*
37. AN F7 14930.
38. Léon Werth, *Déposition, Journal 1940-1944*, Paris, Viviane Hamy, 1992.
39. AN, cartons F7 14936, F7 14937, F60 829.
40. Charles Rist, *Une saison gâchée, op. cit.*
41. Léon Werth, *op. cit.*

XIII. LA GUERRE AU MIROIR DES ALPES-MARITIMES

1. J.-L. Panicacci, *Les Alpes-Maritimes de 1939 à 1945, un département dans la tourmente.*
2. Les lettres et les conversations citées dans ce chapitre proviennent toutes des cartons conservés aux Archives départementales des Alpes-Maritimes : 30W6891 (synthèses), 166W17, 166W18, 166W19.
3. Cité par J.-L. Panicacci, *op. cit.*
4. *Ibid.*
5. ADAM 30 W6891, 31 mai 1941.

XIV. LE COURRIER DES POÈTES

1. *Lettres à Mauriac*, Grasset, 1981.

CHRONOLOGIE

1939

23 août	Signature du Pacte germano-soviétique
1er septembre	Les troupes allemandes envahissent la Pologne
3 septembre	La Grande-Bretagne puis la France se déclarent en état de guerre avec le Reich
6 septembre	Des troupes françaises pénètrent en Sarre
17 septembre	L'Armée rouge envahit la Pologne
26 septembre	Dissolution du Parti communiste français
28 septembre	Le Reich et l'Union soviétique se partagent la Pologne
29 septembre	Chute de Varsovie

1940

20 janvier	La Chambre vote la déchéance des députés communistes
29 février	Instauration des cartes d'alimentation
10 mai	Début de l'offensive allemande à l'Ouest Invasion de la Belgique et des Pays-Bas
13 mai	Les *Panzer* franchissent la Meuse
19 mai	Gamelin est limogé, Weygand nommé généralissime
4 juin	Chute de la poche de Dunkerque
5 juin	Dernier remaniement du cabinet Reynaud : de Gaulle nommé sous-secrétaire d'État à la Défense nationale et à la Guerre
6 juin	Les lignes de défense françaises sont enfoncées

10 juin	Entrée en guerre de l'Italie aux côtés de l'Allemagne Le gouvernement quitte Paris
10 juin	Séance privée puis officielle de l'Assemblée nationale : vote à une très large majorité des pleins pouvoirs constituants
14 juin	Les troupes allemandes pénètrent dans Paris
16 juin	Démission de Paul Reynaud. Le maréchal Pétain, président du conseil
17 juin	Formation du cabinet Pétain
18 juin	De Gaulle gagne Londres. Premier « Appel » à la « Résistance »
22 juin	A Rethondes, les plénipotentiaires français signent la convention d'armistice franco-allemande
25 juin	Entrée en vigueur de l'Armistice
27 juin	En zone occupée, l'occupant promulgue une ordonnance sur les Juifs
30 juin	Les Chantiers de la jeunesse sont institutionnalisés
8 août	Fixation du montant des frais d'occupation
29 août	Création de la Légion française des combattants
17 septembre	Renforcement des restrictions
3 octobre	Premier Statut des Juifs de Vichy
24 octobre	Pétain rencontre Hitler à Montoire
11 novembre	Manifestations d'étudiants à Paris et en zone occupée
22 novembre	Rencontre Hitler-Laval
24 novembre	A Montoire, Pétain et Hitler conviennent du principe d'une collaboration politique
25 novembre	Darlan rencontre Hitler près de Beauvais
13 décembre	Révolution de palais à Vichy : Laval est déchu de ses fonctions et arrêté

1941

1er février	Fondation du RNP par Déat et Deloncle Flandin démissionne ; Darlan est nommé vice-président du Conseil et ministre des Affaires étrangères
Avril	La ration journalière de pain passe à 275 grammes
14 mai	Arrestation à Paris de Juifs étrangers
22 juin	Le Reich envahit l'URSS
12 août	Discours du « Vent mauvais » de Pétain

14 août	Serment de fidélité imposé aux hauts fonctionnaires. Attentat du colonel Fabien au métro Barbès
27 août	Attentat contre Laval et Déat
4 octobre	Promulgation de la Charte du travail
22 octobre	Exécution de 98 otages dont 27 à Châteaubriant
7 décembre	Les Japonais attaquent Pearl Harbor, les États-unis en guerre

1942

2 janvier	Jean Moulin parachuté en France
19 février	Ouverture du procès de Riom
27 mars	Premier convoi de déportation de Juifs
28 mars	Sauckel est chargé de recruter la main-d'œuvre pour la « guerre totale »
Avril	Installation de la Gestapo en zone occupée
17 avril	Démission de Darlan
18 avril	Laval rappelé au gouvernement
1er mai	Manifestations patriotiques dans bon nombre de villes de zone Sud
22 juin	La « Relève ». Laval : « Je souhaite la victoire de l'Allemagne »
15-16 juillet	Grande rafle du Vél'd'Hiv
4 septembre	Loi établissant le STO
6 septembre	Début de la bataille de Stalingrad
8 novembre	Débarquement anglo-américain en Afrique du Nord
11 novembre	La Wehrmacht pénètre en zone Sud
27 novembre	L'armée d'armistice est désarmée ; sabordage de la flotte à Toulon

1943

30 janvier	Création de la Milice française par Vichy
1er février	Darnand secrétaire général de la Milice française
2 février	Capitulation de von Paulus à Stalingrad
15 février	Service du travail obligatoire pour les jeunes de 20 à 22 ans
5 avril	Léon Blum, Édouard Daladier et le général Gamelin transférés en Allemagne
Mai	Dissolution des Chantiers de jeunesse

27 mai	Première réunion du Conseil national de la Résistance
3 juin	Fondation à Alger du Comité français de libération nationale
10 juin	Débarquement anglo-saxon en Sicile
4 juillet	Premier bombardement massif de la Ruhr
5 octobre	Libération de la Corse
13 novembre	Le chef de l'État français cesse d'exercer ses fonctions

1944

1er janvier	Darnand secrétaire général au Maintien de l'ordre
6 janvier	Henriot secrétaire d'État à l'Information
20 janvier	Institution des cours martiales
26 avril	Le maréchal Pétain visite Paris
2 juin	Création du gouvernement provisoire de la République française
6 juin	Débarquement allié en Normandie
	La Résistance exécute les différents plans programmés par les Alliés
13 juin	Darnand. Secrétaire d'État à l'Intérieur
28 juin	Philippe Henriot est abattu par des résistants
7 juillet	Assassinat de Georges Mandel par la Milice
9 juillet	Libération de Caen
12 juillet	Dernier Conseil des ministres à Vichy
19 juillet	Prise de Saint-Lô
20 juillet	Attentat manqué contre Hitler
9 août	Ordonnance rétablissant la légalité républicaine
12 août	Rencontre Laval-Herriot
25 août	Libération de Paris
28 août	Libération de Marseille
29 août	Libération de Nîmes, Montpellier, Narbonne
30 août	Libération de Rouen, Reims
31 août	Épernay, Châlons-sur-Marne, Saint-Dizier libérés

FONDS D'ARCHIVES CONSULTÉS

BB 30. Ministère de la Justice de Vichy.
1718 Cour suprême de justice de Riom, 1941.
1723 Organisation des contrôles techniques, 1940.

FIa. Ministère de l'Intérieur, administration générale, commissariat à l'Intérieur d'Alger, 1943-1944.
3 806 Contrôles techniques, Alger, 1943.

F7 Police générale.
12 828 Fonds secrets.
Sûreté nationale, 1939-1946.
14 924 Synthèses des contrôles techniques 1941, 1942. Exemplaire de Pierre Laval.
14 925 CT régions.
14 926 CT Vichy 1941-1944.
14 927 CT Toulouse 1941-1944.
14 928 CT Lyon et Marseille 1941-1944.
14 929 CT Synthèse Lyon, Marseille 1941-1944.
14 930 CT Clermont 1941-1944.
14 931 CT Lyon et Marseille 1941-1944.
14 932 CT Montpellier 1941-1944.
14 933 CT Dossiers thématiques 1941-1944.
14 934 CT Écoles des Chantiers de jeunesse 1941-1943.
14 935 CT Alger 1941-1942.
14 936 CT Synthèses 1943-novembre 1944.

F 41 Services de l'information du gouvernement de Vichy
155 Contrôles techniques presse.
Services de l'information à Alger, novembre 1942-août 1944.
828, 829 Contrôles techniques, Alger.

F 60 Secrétariat général du gouvernement et services du Premier ministre.
416 Contrôles techniques AOF et AEF 1941.
514 Organisation du service des contrôles techniques.
569 Contrôles postaux 1940.
829 Gouvernement provisoire, Dakar et Alger. Contrôles techniques 1943-1944.

F 90 Ministère des PTT.
21 607 Contrôle postal allemand.
21 618 Organisation des contrôles techniques.
21 619 Statistique des saisies.
21 622 Incidents avec les autorités d'occupation.
21 623 Histoire des transmissions.

AJ 39 Commissariat général des Chantiers de jeunesse.
77 Contrôle postal Chantiers 1941-1942.
AJ 40 Archives allemandes de la Seconde Guerre mondiale.
412 Organisation de l'administration militaire allemande.
539 Administration française des Télécommunications.
551 Partis collaborateurs français.
870, 873, 878, 888 Correspondance à la Kommandantur 1940-1942.
AJ 41 Direction des services de l'armistice (DSA).
24,25 CT Synthèses 1941-1942.
121, 122 CT concernant la vie économique 1940-1942.
260 Répression du communisme dans le Nord.
722 Contrôle du téléphone par les autorités allemandes.
1106, 1122, 1365 Ingérences postales des Allemands.
2 095 Secrétariat d'État aux PTT.
72 AJ Archives du Comité d'histoire de la Seconde Guerre mondiale
257 L'opinion publique en France 1940-1942.
2 W Cour suprême de justice, procès de Riom.
54 CT écoutes téléphoniques 1939-1940.
57 Contrôle postal militaire, commission XA 1939-1940.
71 Interceptions de courrier de Georges Mandel.
72 Fonds secrets, gouvernement Raynaud.
Archives du Centre de documentation juive contemporaine (CDJC)
Interceptions de courriers et de conversations téléphoniques communiquées par le contrôle technique au commissariat général aux Questions juives.
Documents émanant des commissions de contrôle postal et téléphonique conservés aux Archives des Alpes-Maritimes, 1940-1942.
Fonds du Cabinet du préfet, CT 4-17. Rapports décadaires, de quinzaine, mensuels, synthèses des interceptions effectuées, 1941-1942
30 W 6891 Rapports décadaires, de quinzaine, mensuels, synthèses des interceptions effectuées, décembre 1942.
166 W 17, 18, 19 Rapports d'enquêtes sur interceptions postales et téléphoniques, décembre 1940-décembre 1941, novembre 1942-mars 1944.

BIBLIOGRAPHIE

Actes du colloque franco-allemand tenu à Bonn en 1978 sur les rapports franco-allemands de 1936 à 1939.

Amaury Philippe, *Les Deux Premières Expériences d'un « ministère de l'Information » en France*, Paris, Librairie générale de droit et de jurisprudence, 1969.

Amouroux H., *La Grande Histoire des Français sous l'Occupation*, Paris, Laffont, 1976-1988 (8 vol. parus).

Arendt H., *Du mensonge à la violence*, Paris, Calmann-Lévy, 1969.

– ,*Le Système totalitaire*, Paris, Le Seuil, 1972.

Arnoult P., *Les Finances de la France sous l'occupation*, PUF, 1951

Aron R., *Histoire de l'épuration*, Fayard, 1969.

– , *Histoire de la libération de la France*, Fayard, 1959.

– , *Histoire de Vichy*, Fayard, 1954.

Azéma J.-P., *De Munich à la Libération, 1931-1944*, Paris, Le Seuil, « Points Histoire 114 », 1979.

– , *La Collaboration, 1940-1944*, Paris, PUF, 1975.

Baudot Marcel, *L'Opinion publique sous l'Occupation : l'exemple d'un département français, l'Eure, 1939-1945*, Paris, PUF, 1960.

Beauvoir S. de, *Lettres à Sartre*, Paris, Gallimard, 1990.

Becker J.-J., *La France en guerre, 1914-1918. La grande mutation*, Bruxelles, Complexe, 1988.

Bédarida F., *La Stratégie secrète de la drôle de guerre*, Paris, Presses de la Fondation nationale des sciences politiques, 1969.

Bédarida F. et Azéma J.-P., avec Peschanski D. et Rousso H. (dir.), *Le Régime de Vichy et les Français*, Paris, Fayard/IHTP, 1992.

Bellanger C., Michel H., Lévy C., *Histoire générale de la presse française de 1940 à 1958*, Paris, PUF, 1975, t. IV.

Benjamin W., *Correspondance 1929-1940*, Aubier.

Becker J.-J., « L'opinion », *in* René Rémond (dir.), *Pour une histoire politique*, Paris, Le Seuil, 1989.

Benoist-Méchin J., *De la défaite au désastre. Les occasions manquées*, t I, *1940-1942*, Paris, Albin Michel, 1984.

Berl E., *La Fin de la IIIe République*, Paris, Gallimard, 1968.

Bernanos G., *Essais et Écrits de combat*, Paris, Gallimard, « La Pléiade », 1971.

Berstein S., *Histoire du Parti radical*, Presses de la Fondation nationale des sciences politiques, 1980-1982, 2 vol.

Bertin-Maghit J.-P., *Le Cinéma sous l'Occupation de 1940 à 1946*, Paris, Olivier Orban, 1989.

Bertram M. Gordon, *Collaborationism in France during the Second World War*, Ithaca et Londres, Cornell University Press, 1980.

Billig J., *Le Commissariat général aux questions juives*, Paris, Éditions du Centre, 3 vol., 1955, 1957, 1960.
Bloch M., *L'Étrange défaite. Témoignage écrit en 1940*, Paris, Colin, 1957.
Blum L., *L'Œuvre de Léon Blum, 1940-1945*, Paris, Albin Michel, 1955.
Bok S., *Secrets*, New York University, 1983.
Bood M., *Les Années doubles*, Paris, Laffont, 1974.
Bourdé G., *La Défaite du Front populaire*, Paris, Maspero, 1977.
Bourderon R. et Williard G., *La France dans la tourmente, 1939-1944.*, Paris, Éd. sociales-Messidor, « Essentiel », 1982.
Bourdet C., *L'Aventure incertaine*, Paris, Stock, 1975.
Bousquet J., *Lettres au Poisson d'or*, Paris, Gallimard, 1967.
– , *Voyages de ce temps*, Rougerie, 1963.
Bouthillier Y., *Le Drame de Vichy*, Paris, Plon, 1951, vol. 2, *Les Finances sous la contrainte*.
Braudel F. et Labrousse E. (sous la direction de), *Histoire économique et sociale de la France*, t. IV, vol. 2, *1914-1950*, Paris, PUF, 1980.
Brun G., *Technocrates et technocratie en France, 1918-1945*, Paris, Albatros, 1985.
Burrin Ph., *La Dérive fasciste. Doriot, Déat, Bergery 1933-1945*, Paris, Le Seuil, 1986.
Calef H., *Le Sabordage de la IIIe République*, Paris, Perrin, « Verités et Légendes », 1988.
Canetti E., *La Conscience des mots*, Paris, Hachette, 1984.
Cassou J., *La Mémoire courte*, Paris, Minuit, 1953.
Cathala P., *Face aux réalités : la direction des finances françaises sous l'Occupation*, Le Trialet, 1949.
Cépède M., *Agriculture et Alimentation en France durant la Seconde Guerre mondiale*, Paris, Génin, 1961.
Chadeau E., *L'Économie du risque. Les entrepreneurs 1850-1980*, Paris, Olivier Orban, 1988.
Chauvel J., *Commentaire de Vienne à Alger*, Paris, Fayard, 1972.
Cobb R.C., *Vivre avec l'ennemi*, Le Sorbier, 1984.
–, *French and Germans and French. A personal Interpretation of France under two Occupations, 1914-1918/1940-1944*, Hanovre-Londres, University Press of New England, 1983.
Cocteau J., *Lettres à Jean Marais*, Paris, Albin Michel, 1982.
–, *Journal, 1942-1945*, Paris, Gallimard, 1989.
Collectif : « Histoire sociale, Sensibilités collectives et Mentalités, Mélanges Robert Mandrou », PUF, 1985.
Collectif : *La Guerre des ondes. Histoire des radios de langue française pendant la Seconde Guerre mondiale*, Paris-Lausanne, Colin-Payot, 1985, 382 p., « France », par J.-L. Crémieux-Brilhac et H. Eck.
Collectif : *Vichy et les Français*, sous la dir. de J.-P. Azéma et F. Bédarida, Paris, Fayard, 1992.
Coston H., *Partis, journaux et hommes politiques*, Lectures françaises, décembre 1960.
Cotta M., *La Collaboration*, Paris, Armand Colin, « Kiosque », 1964.
Courtois S., Peschanski D., Rayski A., *Le Sang de l'étranger*, Paris, Fayard, 1989.
Crémieux-Brilhac J.-L., *Les Français de l'an 40*, 2 vol., Paris, Gallimard, 1990.
Darlan A., *L'amiral Darlan parle*, Amiot-Dumont, 1963.
Debu-Bridel, *L'agonie de la IIIe République*, Éd. du Bateau ivre, 1948.
Delage C., *La vision nazie de l'Histoire*, L'Age d'homme, 1989.
Delarue J., *Trafics et crimes sous l'Occupation*, Fayard, 1968.
–, Histoire de la Gestapo, Fayard, 1987.
Délégation française auprès de la Commission allemande d'armistice, 5 vol., Paris, Imprimerie nationale, 1947-1959.
Delmas A., *A gauche de la barricade*, Paris, Éd. de l'Hexagone, 1950.
Dorgelès R., *La Drôle de guerre, 1939-1940*, Paris, Albin Michel, 1957.
Durand Y., *Vichy, 1940-1944*, Paris, Bordas, 1972.
–, *La France dans la IIe Guerre mondiale, 1939-1945*, Paris, Colin, « Cursus », 1989.
–, *La Vie quotidienne des prisonniers de guerre dans les stalags, les oflags et les kommandos (1939-1945)*, Paris, Hachette, 1987.

Duroselle J.-B., *Politique étrangère de la France. La Décadence, 1932-1939*, Paris, Imprimerie nationale, 1979 : nouvelle éd., Le Seuil, « Points Histoire » 63, 1983.
–, *L'Abîme, 1939-1945*, Paris, Imprimerie nationale, 1982.
–, *La France et la Belle Époque*, Richelieu, 1972.
–, *Histoire diplomatique de 1919 à nos jours*, Paris, Dalloz, 1978.
–, *Clemenceau*, Paris, 1988.
Duval R., *Histoire de la radio en France*, Paris, A. Moreau, 1979.
Eck H. (sous la direction de), *La Guerre des ondes. Histoire des radios de langue française pendant la Deuxième Guerre mondiale*, Paris-Communauté des radios publiques de langue française et Colin, Lausanne-Payot, Bruxelles-Complexe, Québec–Hurtubise, 1985.
Edgar-Bonet G., *Ferdinand de Lesseps. Après Suez, le pionnier de Panama*, Paris, Plon, 1959.
Églises et chrétiens dans la Deuxième Guerre mondiale (actes du colloque tenu à Lyon en 1978), Lyon, Presses universitaires de Lyon, 1981.
Ehrmann H.W., *La Politique du patronat français, 1936-1955*, Paris, Colin, 1959.
Ellul J., *Propagandes*, Paris, Colin, 1962.
Enquête sur les événements survenus en France de 1934 à 1945, Paris, Imprimerie de l'Assemblée nationale, 1951, 9 vol.
Enzensberger H.M., *Politique et Crime*, Paris, Payot, 1967.
Estèbe J., *Les Ministres de la République*, Paris, FNSP, 1982.
Evrard J., *La Déportation des travailleurs français dans le IIIe Reich*, Paris, Fayard, 1971.
Fabre-Luce A., *Journal de la France, mars 1939-juillet 1940*, JEP, 1940, édition définitive, Paris, Fayard, 1969.
Faligot R. et Kauffer R., *Les Résistants. De la guerre de l'ombre aux allées du pouvoir (1944-1949)*, Paris, Fayard, 1989.
Fall of France : Causes, Conférence of May 1980. Monographs on Europe, Center for European Studies, Harvard University, 1980.
Fall of France : Results, mêmes références, Harvard University, 1982.
Ferrari G., *Histoire de la raison d'État*, 1860.
Ferro M., *Pétain*, Paris, Fayard, 1987.
Fischman S., *The Wives of French Prisoners of War, 1940-1945, PHD*, Harvard University, 1987.
Fonvielle-Alquier F., *Les Français dans la drôle de guerre*, Paris, Laffont, 1971.
La France et l'Allemagne entre les deux guerres mondiales, Actes du colloque tenu à Paris-IV, Nancy, Presses universitaires de Nancy, 1987.
Frank R., *Le Financement du réarmement français, 1935-1939*, Publications de la Sorbonne, 1982.
Frank R., Rousso H., « Quarante ans après : les Français et la Libération », *L'Histoire*, 67, mai 1984.
Frank R., Rousso H., Beltran A. (dir.) *La Vie des entreprises sous l'Occupation. Une enquête à l'échelle locale* (à paraître).
Fridenson P., Straus A., *Le Capitalisme français XIXe-XXe siècle*, Paris, Fayard, 1987.
Friedmann G., *Journal de guerre, 1939-1940*, Gallimard, Paris, 1987.
Garçon F., *De Blum à Pétain. Cinéma et société française, 1936-1944*, Paris, Le Cerf, 1984.
Gaulle C. de., *Lettres, Notes et Carnets*, Paris, Plon, 1980.
Gervereau L., Peschanski D. (dir.), *La Propagande sous Vichy, 1940-1944*, Nanterre, Édition de la BDIC, 1990.
Gide A., Martin du Gard R., *Correspondance 1935-1951*, Gallimard, 1968.
Girardet R., *Mythes et Mythologies politiques*, Paris, Le Seuil, 1986
Godelier M., *L'Idéel et le Matériel*, Paris, Fayard, 1984.
Gordon B., *Collaborationism in France during the Second World War*, Ithaca et Londres, Cornell University Press, 1980.
Grenadou E. et Prévost A., *Grenadou, paysan français*, Paris, Le Seuil, 1966.
Grosser A., *Hitler. La presse et la naissance d'une dictature*, Colin, 1960.
Guéhenno J., *Journal des années noires*, Paris, Gallimard, 1947.
Guérin A., *La Résistance : chronique illustrée 1930-1950*, Paris, Livre-Club Diderot, 1972-1976, 7 vol.

Guérin D., *Fascisme et Grand Capital*, Paris, Gallimard, 1945.
Hillesum E., *Une vie bouleversée, Journal 1941-1943*, Paris, Le Seuil, 1985.
–, *Lettres de Westerbork*, Paris, Le Seuil, 1988.
Histoire générale de la presse française, sous la direction de Bellanger C., Godechot J., Guiral P., et Terrou F., Cf. Albert P. *in* t. III, *1871-1940*, Paris, PUF, 1972, et Bellanger C., Levy C., et Michel H., *in* t. IV, *1940-1958*, Paris, PUF, 1975.
Hoffmann S., *Essais sur la France. Déclin ou renouveau?*. Paris, Le Seuil, 1974.
Huret M., *Ciné-actualités. Histoire de la presse filmée, 1895-1980*, Paris, Veyrier, « Cinéma », 1984.
Hytier A., *Two years of French Foreign Policy, Vichy, 1940-1942*, Genève, Droz, 1958.
Jäckel E., *La France dans l'Europe de Hitler*, Paris, Fayard, 1968.
Jacob M., *Lettres à Liane de Pougy*, Paris, Plon, 1980.
Lettres à M. Jouhandeau, Proz, 1979.
Jeanneney J., *Journal politique, septembre 1939-juillet 1942*, éd. présentée par J.-N. Jeanneney, Paris, Colin, 1972.
Jouvenel B. de, *Un voyageur dans le siècle, 1903-1945*, Paris, Laffont, 1979.
Kaspi A., *Les Juifs pendant l'Occupation*, Paris, Le Seuil, 1991.
Kedward H.R., *Resistance in Vichy France*, Oxford, 1978 (trad. et publié aux Éd. du Champ Vallon, 1989, sous le titre *Naissance de la Résistance dans la France de Vichy*, préface de J.-P. Azéma).
–, *Occupied France. Collaboration and Resistance*, 1940-1944, Oxford-New York, Blackwell, 1985.
Klarsfeld S., *Vichy-Auschwitz*, Paris, Fayard, 1983 (2 vol.).
Laborie P., *Résistants, vichyssois et autres. L'évolution de l'opinion et des comportements dans le Lot de 1939 à 1945*, Paris, Éditions du CNRS, 1980.
–, « L'évolution de l'opinion publique », *in La Propagande sous Vichy 1940-1944*, Paris, Musée d'histoire contemporaine, 1990.
–, *L'Opinion française sous Vichy*, Paris, Le Seuil, 1990.
–, « De l'opinion publique à l'imaginaire social », *Vingtième Siècle, Revue d'histoire*, Paris, Presses de la Fondation nationale des sciences politiques, avr.-juin 1988.
Lacouture J., *De Gaulle*, t. I, *Le Rebelle, 1890-1944*, Paris, Le Seuil, 1984.
Lazzeri C. et Reynié D., *Le Pouvoir de la raison d'État*, Paris, PUF, 1992.
Lequin Y. (sous la direction de), *Histoire des Français, XIXe-XXe siècle. Un peuple et son pays*, t. III, Paris, Colin, 1983-1984.
Lévy A., « Du secret », *Nouvelle revue de psychanalyse*, n° 14, Paris, 1976.
Lévy C., *Les nouveaux temps et l'idéologie de la collaboration*, Paris, Presses de la Fondation nationale des sciences politiques, 1974.
–, « L'opinion française devant le régime de Vichy, 1944 », *in* Colloque « La libération de la France », Paris, Éd. du CNRS, 1974.
Lévy-Leboyer M., *La Position internationale de la France. Aspects économiques et financiers. XIXe-XXe siècle*, EHESS, 1977.
Margairaz M., *L'État, les finances et l'économie, histoire d'une conversion 1932-1952*, C.H.E.F.F., 1991.
Marrus M.R. et Paxton R.O, *Vichy et les Juifs*, Paris, Calmann-Lévy, 1981.
Mazarin, *Bréviaire des politiciens*, réed. Clime, 1983.
Michel H., *Vichy année 1940*, Paris, Laffont, 1966.
–, *Histoire de la Résistance en France*, Paris, PUF, 1972.
–, *La Guerre de l'ombre*, Paris, Grasset, 1970.
–, *Paris résistant*, Paris, Albin Michel, 1982.
Miller G., *Les Pousse-au-jouir du maréchal Pétain*, Paris, Le Seuil, 1975.
Milward A.S., *The German Economy of War*, Londres, 1966.
–, *The New Order and the French Economy*, Oxford Univ. Press, 1970.
Milza P., *Fascisme français, passé et présent*, Paris, Flammarion, 1987.
Miquel P., *La IIIe République*,Paris, Fayard, 1989.
Moscovici S., *La Psychanalyse, son image et son public*, Paris, PUF, 1961.
–, *L'Age des foules*, Paris, Fayard, 1981.
Moulin de Labarthète H. du, *Le Temps des illusions*, Genève, A l'enseigne du Cheval ailé, 1947.
Mysyrowicz, *Autopsie d'une défaite. Origines de l'effondrement militaire français 1940*, Lausanne, L'age d'Homme, 1973.

Noguères H., *La Vie quotidienne des résistants de l'armistice à la Libération*, Paris, Hachette, 1984.
–, (en collaboration avec Degliame-Fouché M.), *Histoire de la Résistance*, Paris, Laffont, 1961-1985, 5 vol.
Novick P., *L'Épuration française, 1944-1949*, Paris, Balland, 1985.
Ory P., *Les Collaborateurs, 1940-1945*, Paris, Le Seuil, « Points Histoire 43 », 1976.
Padioleau J., *L'Opinion publique, examen critique, nouvelles directions*, Paris, Mouton, 1981.
Paillat C., *Dossiers secrets de la France contemporaine*, Paris, Robert Laffont, 1970.
Panicacci J.-L., *Les Alpes-Maritimes de 1939 à 1945, un département dans la tourmente*.
Paulhan J., *Correspondance*, Paulhan-Ponge, Paris, Gallimard, 1986.
–, *Lettres inédites*, Klincksick, 1975.
– ,*Choix de Lettres*, Paris, Gallimard, 1992.
Paxton R.W., *La France de Vichy*, Le Seuil, 1990.
Péan P., *Secret d'État*, Paris, Fayard, 1986.
Peschansckі D., « Une tentative avortée d'encadrement de la société 1941-1942 », *Annales ESC*, avril-mai 1988, et « Encadrer ou contrôler? », *in* Laurent Gervereau et Denis Peschanski (dir.), *La Propagande sous Vichy, 1940-1944*, Paris, BDIC, 1990.
–, *Vichy 1940-1944*, archives de guerre, A. Tasca, CNRS, 1986.
Picard F., *L'Épopée de Renault*, Paris, Albin Michel, 1976.
Poujol J., *L'Œil et l'Oreille de Vichy*, PTT-Erté, 1986.
Ragache G. et J.-R., *La Vie quotidienne des écrivains et des artistes sous l'Occupation*, Paris, Hachette, 1988.
Rapport de la Commission d'enquête sur les événements en France de 1933 à 1945, Assemblée nationale, Paris, 1951, Imprimerie des JO.
Rayski A., *Le Choix des Juifs sous Vichy*, Paris, Paris, la Découverte, 1993.
Rebatet L., *Les Décombres*, Paris, Denoël, 1942.
Rémond R., *Notre siècle*, 1918-1988, Paris, Fayard, 1988.
–, « Scandales politiques et démocratie », *Études*, juin 1972.
Renouvin P., *Histoire des relations internationales*, t. 8, *Les Crises du XXe siècle*, vol. 2, Paris, Hachette, 1967.
Renouvin P. et Rémond R., (sous la direction de), *Léon Blum chef de gouvernement, 1936-1937*, Paris, Presses de la Fondation nationale des sciences politiques, 1981, (1re éd. 1967).
Revue d'histoire de la Deuxième Guerre mondiale, Paris, PUF. « Résistants et collaborateurs », *L'Histoire* n° 80, juillet 1985.
Rioux J.-P., *La France de la Quatrième République*, t. I, *L'Ardeur et la nécessité, 1944-1952*, Paris, Le Seuil, « Points Histoire », 115, 1980.
–, *La France de la Quatrième République*, t. II, *L'Expansion et l'impuissance, 1952-1958*, Paris, Le Seuil, 1980.
–, (sous la direction de), « Politiques et Pratiques culturelles dans la France de Vichy », *Cahiers de l'Institut d'histoire du temps présent*, n° 8, juin 1988, Paris, IHTP/CNRS.
– *Frissons fin de siècle*, Paris, *Le Monde*, 1990.
–, « Survivre », *L'Histoire*, 80, juillet-août 1985, pp. 84-100.
–, « Ambivalences en rouge et bleu : les pratiques culturelles des Français pendant les années noires », *in* Jean-Pierre Rioux (dir.), *La Vie culturelle sous Vichy*, Bruxelles, Éditions Complexe, 1990, pp. 41-60.
–, « L'exode : un pays à la dérive » puis « Les rutabagas sont arrivés », *L'Histoire*, 129, janvier 1990, pp. 64-70 et 128-135.
Rist C., *Une saison gâtée. Journal de la guerre et de l'Occupation, 1939-1945*, Paris, Fayard, 1983.
Rousso H., *Un château en Allemagne : Sigmaringen, 1944-1945*, Paris, Ramsay, 1980.
–, « Vichy, le grand fossé », *Vingtième Siècle*, 5, janvier-mars 1985.
–, *Le Syndrome de Vichy*, Paris, Le Seuil, 1987.
–, « Vichy face à la mainmise allemande sur les entreprises françaises », Colloque Wiesbaden : « La France et l'Allemagne », 1988.

–, « Les paradoxes de Vichy et de l'occupation : Contraintes, archaïsmes et modernité », à paraître dans P. Fridenson et A. Strauss, *Capitalisme et croissance française* XIXe-XXe *siècle : Freinages, dynamismes, modernisation*, Paris, Fayard.
–, « L'aryanisation économique », article paru dans *Yod*, 1983.
–, *Les Années noires*, Paris, Gallimard, « Découvertes », 1992.
Sartre J.-P., *Lettres au Castor et à d'autres*, t. I, 1926-1939 ; t. II, 1940-1963, Paris, Gallimard, 1983.
Sauvy A., *La Vie économique des Français de 1939 à 1945*, Paris, Flammarion, 1978.

Thuau E., *Raison d'État et Pensée politique*, Éditions Universitaires, Paris, 1966.

Vaillé E., *Le Cabinet noir*, PUF, 1950.
Veillon D., *La Mode sous l'Occupation*, Paris, Payot, 1990 ;
–, *La Collaboration, textes et débats*, Paris, Librairie générale française, « Le Livre de Poche », 1984.
Vichy 1940-1944. Archives de guerre d'Angelo Tasca, éd. par D. Peschanski, Milan-Paris, Feltrinelli-CNRS, 1986.
Werth L., *Déposition, Journal 1940-1944*, Paris, Viviane Hamy, 1992.
Wormser O. et Michel H., *Tragédie de la déportation, 1940-1945*, Paris, Hachette, 1954.
Wright G., *L'Europe en guerre 1939-1945*, Paris, Colin, 1971.

Documents

Kriegsgefangenenpost
POUR PARIS
METTRE LE NUMÉ
DE L'ARRONDISSEM
OFL
400
Capitaine Jean Savary
Gefangenennummer 13130
Oflag XVII A
Deutschland allemagne

Suisse
PARIS XVI
10 45
27 · IX
1939
RUE SINGER
UTILIS
TELEGR
POUR QU
Mademoiselle Marcelle Bayle
Hôtel Touring-Balance
13 place de Longemalle
Genève
OUVERT

PAR AVION
Par avion - Via Lisbonne
par NEW-YORK
MARTINIQUE
POSTES
10F
5F
1F
FORT DE FRANCE
MARTINIQUE
CONTROLE POSTAL
2
MARTINIQUE
Madame L. STEHLE
19, Avenue Pasteur
Ganges - Hérault
FRANCE

Kriegsgefangenenpost
Besetztes Gebiet
An
Empfangsort: LA FERTÉ-MACÉ
Straße:
Land: =ORNE=
Landesteil (Provinz usw.)
12
Geprüft
Gebührenfrei!

CONTROLE POSTAL MILITAIRE
POSTES
50
4 Rue du Cardinal de Polignac
Le Puy
(Hte Loire)

99

207

Q A SECRET

N° 3198 SQ/A.

Pge 59

DÉCISION

LETTRE RETENUE EN ATTENDANT
DÉCISION DE LA C.G.C.P. VICHY.

Date de l'interception : 11/8/41.

Date du document intercepté : 9/8/41.

Laval

EXPÉDITEUR ET ORIGINE	INTERMÉDIAIRE UTILISÉ	DESTINATAIRE
Mme Marie Cassagne au quartier de Tourné Longages (Hte Garonne).		M. LUNZ Hôtel Régina Ch. 118 TOULOUSE. (Hte Gne).

DIRECTION
DES
SERVICES DE L'ARMISTICE

ENTRÉE

Date: 18 AOUT 1941

Numéro:

Classement:

CONFIDENTIEL

EN AUCUN CAS

Il ne doit être fait directement état auprès de tiers de la présente interception, qui ne vaut que comme une indication dont la source n'a pas à être révélée.

RÉSUMÉ

Références: Rapports directs entre le public français et l[es]
Commissions allemandes de Contrôle (Note 3012/S
de la Vice Présidence du Conseil du 3 Juillet [illegible]
Demande de rapatriement d'un prisonnier soutien de famill[e]
-demande adressée par la femme du prisonnier-Cette person[ne]
a déjà eu une entrevue avec le délégué de la Croix Rouge
allemande.

Copie de la lettre.

Longages, 9 Août 1941.

Monsieur

"Je viens vous remercier de l'amabilité que vous avez e[u]
[e]nvers moi, car à l'instant je viens de recevoir des no[u]-
velles de mon mari du 6 juillet.
"Cher Monsieur lors de l'entrevue que vous avez daigné [...]
"corder j'aurais tant voulu vous communiquer ma triste [...]
"tuation, je suis seule avec ma fillette de 10 ans pour
"travailler notre propriété de 12 hectares, mon père est
" vieux et malade en plus j'ai à soulager la grande mis[ère]
"où est plongée ma belle-mère veuve, infirme depuis 20 [...]
"avec une fillette de 14 ans, habitant le village sans [...]
"cune ressources.
"Depuis septembre 1940 j'ai demandé aux autorités franç[aises]
" de transmettre à votre gouvernement une demande de li[bé]-
"ration de mon mari, comme chef d'exploitation, mais n'ay[ant]
"jamais obtenu satisfaction je me permets de vous le tr[ans]-
"mettre directement, car vous êtes brave et bons, mon ma[ri]
"me le dit sur ses lettres, faisant grand éloge de la mag[ni]-
"fique organisation de votre pays, aussi j'ai grande con[-]
"fiance et le ferme espoir que vous le ferez libérer p[our]
"mettre fin à cette immense détresse. ./.

DESTINATAIRES :

-C.G.C.P. VICHY ....6 Ex. /
-M. Le Préfet de la Hte Garonne .....1 Ex.
-Archives ......1 Ex.

61 N° A MAS du 8/6/ Date : 7/6/42 Heure : 8h.55

SECRET

Référence : N°

DEMANDEUR : Hôtel Splendid

DEMANDÉ : Délégation allemande

Personne ayant parlé : SCHEID

Personne ayant parlé : Inspecteur MEYER

N° de l'abonné : C.34-89

N° de l'abonné : 223

Lieu MARSEILLE Dép^t B.D.R.

Lieu La Ciotat Dép^t B.D.R.

CONFIDENTIEL. - EN AUCUN CAS il ne doit être fait directement état au près de tiers de la présente interception, qui ne peut que comme une indication dont la source n'a pas à être révélée.

RESUMÉ :

Texte : Traduit de l'allemand

S - Pourrais-je parler à Monsieur le Colonel Comte Von BAUDERIN(o.
Dé- Il n'est pas là !
S - Qui est à l'appareil ?
M - Inspecteur MEYER .
S - Bonjour Monsieur l'Inspecteur.Je viens de recevoir un télégram de COLOGNE : ma maison est détruite !...
M - Mon pauvre vieux ! ... à la suite des bombardements de COLOGNE et d'ESSEN ?
S - Oui .
M - C'est terrible,terrible !
S - Je voudrais partir immédiatement pour savoir ce qu'il est adve des miens !
M - Naturellement,passez vers midi au bureau vous faire établir un permission .
S - Merci ...
M - Où habitez-vous ?
S - Prés de la Poste .
M - Oui,je connais...vous avez d'autres détails ?
S - A COLOGNE tout est détruit,il ne subsiste plus rien !
M - Mon Dieu,mon Dieu c'est effrayant ! Et ESSEN ?
S - C'est pareil : il n'y a que des ruines ! D'aprés le dernier té gramme que j'ai reçu le quartier de la Poste de COLOGNE est en tièrement démoli .
M - Quelle catastrophe,une si belle ville ...
S - Vous pensez si je suis inquiet !
M - Je vous comprends,faites-vous établir une permission d'une se maine !
S - Merci Mr l'Inspecteur !

Salutations .-

MA

CONFIDENTIEL

EN AUCUN CAS

il ne doit être fait directement état auprès de tiers, de la présente interception, qui ne vaut que comme une indication dont la source n'a pas à être révélée.

2986/MA

Décision LETTRE ACHEMINEE

Date de l'interception : 24.7.42.

Date du document intercepté 20.7.42.

EXPÉDITEUR & ORIGINE	INTERMÉDIAIRE UTILISÉ	DESTINATAIRE
X..... LE MOULIN - CONSTANTINE (Algérie)		Madame D. MOREL MARSAT (P.D.D.)

Résumé:

Etat d'esprit d'un jeune qui s'engage à la Légion Tricolore.

EXTRAIT:....

".....

Et nous , nous attendons la décision du Comité de la Légion Tricolore, concernant la demande de Titou, car après avoir reçu tout le dossier d'engagement et l'avoir lu , il a signé et j'ai joins mon consentement par une lettre , le coeur fier, mais tellement angoissé.

Il ne part pas en coup de tête .Il voit tout le sacrifice de son geste :"Une Révolution se fait dans le monde, m'écrivait-il, seuls ceux qui y participeront pourront en récolter les fruits . Les Français sont mauvais ,la France est tombée bien bas , c'est précisément pour cela que nous devons changer les uns, relever notre pauvre pays.

Penser à la séparation,aux blessures, à la mort même, n'est pas digne de notre idéal . Ne pas mettre en pratique nos paroles est une lâcheté . Votre peine sera grande ,la mienne aussi, mais je pars servir Dieu . Or ma devise est ! Messire Dieu premier servi, car telle elle est, en tant que scout et chrétien . Je suis au deuxième âge de la formation, n'oubliez pas que je vais avoir 18 Ans . Je sais que ce sera dûr, que je souffrirai ,mais justement c'est là que je me formerai , que j'aviverai ma Foi . Je vais défendre la civilisation chrétienne , ma décision est irrévocable .Papa ne tarde pas davantage à présenter ,à appuyer ma demande, et il termine sa dernière lettre par ces lignes du Cal Baudrillart: "En vérité ,cette légion constitue à sa manière une chevalerie nouvelle, ces légionnaires sont les Croisés du XX siècle . Que leurs âmes soient bénies ! le tombeau de Christ sera délivré!".. Il y en a comme cela plusieurs pages . J'ai rangé ces lignes que je conserve précieusement . En les lisant j'en pleurais d'émotion . Quel noble enfant ! Comme je lui donnais , comme dernier argument : "J'espère qu'Hitler aura liquidé la Russie dans 3 ou 4 mois ,mais je ne suis pas prophète , et si ça dure2 ans encore tu auras oublié maths, sciences, etc.... et tu voulais préparer l'Ecole de l'Air ? Alors,me regardant bien en face, il me dit simplement : "Comment, c'est toi papa, qui t'arrêtes à de semblables considérations ,par les temps que nous vivons ? Transmets ma demande et ne t'occupes pas de la suite".

.....

Destinataires :

S.C.C.T.
ARCHIVES.

DSA

TABLE

Troisième Partie

COMBATTANTS ET VICTIMES

Quatrième Partie

REGARDS CROISÉS SUR LES ANNÉES NOIRES

Cet ouvrage a été composé et réalisé par la
SOCIÉTÉ NOUVELLE FIRMIN-DIDOT (Mesnil-sur-l'Estrée)
pour le compte de LA LIBRAIRIE PLON
76, rue Bonaparte, 75006 Paris

Achevé d'imprimer en septembre 1993

Imprimé en France
N° d'édition : 12331 - N° d'impression : 25042
Dépôt légal : septembre 1993